있는 그대로
소중한 너에게

저자 **정 기 남**
(아침일기)

애플북

프롤로그 _

소중한 나를 찾아가는 여정

　우리는 살아가면서 종종 나 자신을 잃어버린 채 타인의 기대와 사회적 기준 속에 갇혀 살곤 합니다. 그 과정에서 나의 감정은 뒷전으로 밀리고, 진정한 나의 소리를 듣지 못한 채 하루하루를 바쁘게 살아갑니다. 하지만 중요한 것은, 지금이라도 괜찮다는 것입니다. 나를 돌아보고, 나와 다시 연결되는 여정을 시작할 수 있다는 사실을 기억하세요.

　이 책은 여러분이 스스로의 가치를 발견하고, 외면했던 나의 진짜 모습을 마주하는 데 도움을 주고자 합니다. 우리는 모두 불완전하지만, 그 불완전함 속에서도 자신만의 독특함과 아름다움을 찾아갈 수 있습니다. 여러분은 언제나 소중하며, 그 소중함은 변하지 않습니다.

　이 여정은 한 번에 끝나는 것이 아닙니다. 천천히, 한 걸음씩 나를 향해 다가가는 과정입니다. 그 과정에서 실수하고 넘어질 수 있지만, 그 모든 순간이 나를 더 깊이 이해하고 사랑하게 만드는 배움의 시간이 될 것입니다. 여러분이 이 책을 통해 스스로를 용서하고, 한 걸음씩 나아갈 수 있기를 바랍니다.

지금 이 순간, 나 자신에게 따뜻한 말을 건네세요.
"나는 나의 모든 모습 그대로 충분히 소중해."

이 말 한마디가 여러분에게 큰 위로와 용기를 줄 것입니다.

목차

프롤로그 _ 소중한 나를 찾아가는 여정 • 4

1부 _ 마음을 들여다보는 시간

언제부터 나를 외면했을까? 10
자기 자신과 대화하는 방법 25
마음의 소리에 귀 기울이기 44
감정의 파도에 휩쓸리지 않는 법 63
지금 이 순간을 살아가기 84

2부 _ 부족한 나도 괜찮아

불완전함의 아름다움 106
나의 결점은 나만의 독특함 125
타인의 시선에서 자유로워지기 144
내 자신을 있는 그대로 받아들이기 163
실수와 실패는 성장의 과정 183

3부 _ 비교에서 벗어나는 법

타인과 나를 비교하는 습관 버리기 204
나만의 길을 찾는 여정 222
내 삶의 의미를 발견하기 240
성공의 기준을 다시 정의하기 259
삶의 속도를 나만의 방식으로 조절하기 280

4부 _ 내 안의 빛을 찾아서

내면의 자원을 발견하는 순간들 302

나를 빛나게 하는 것들 322

나의 잠재력을 깨우기 343

내 안의 강점을 사랑하기 364

내 삶을 비추는 빛이 되다 386

5부 _ 나를 소중히 여기기

자존감을 키우는 작은 습관들 410

일상 속 나를 돌보는 방법 429

나 자신과의 약속 지키기 448

내 안의 고요함 찾기 467

나를 사랑하는 연습 485

6부 _ 있는 그대로 소중한 너에게

내 삶의 주인공은 나 506

있는 그대로의 나를 받아들이기 524

소중한 나를 위한 응원 543

나에게 전하는 위로의 말 562

오늘도 빛나는 나에게 580

에필로그 _ 삶의 여정에서 소중한 나 • 600

1부

마음을 들여다보는 시간

언제부터 나를 외면했을까?

01

 어느 순간부터 나는 나 자신을 잊고, 바쁜 일상에 휩쓸려 살아온 것 같았습니다. 남들 눈에 어떻게 비칠까, 내가 얼마나 더 잘해야 할까 하는 생각들이 쌓이면서, 나 자신을 바라보는 시간을 점점 놓치고 말았지요. 그렇게 나를 향한 시선은 흐려지고, 타인의 기대 속에서만 내 모습을 찾으려 했던 것 같습니다.

 우리는 종종 '내가 누구인지'에 대해 깊이 생각할 시간을 가지지 않습니다. 하루하루 바쁜 일상을 살아가다 보면, 나를 돌아볼 기회조차 없이 살아가게 됩니다. 그러다 보면 어느새 나의 감정은 뒤로 밀리고, 마음의 소리에 귀 기울이는 법도 잊어버린 채 살아가고 있는 자신을 발견하게 됩니다.

 하지만 이 글을 읽는 여러분께 전하고 싶은 메시지는 바로 이것입니다. '지금이라도 괜찮다'는 겁니다. 우리는 언제든지 다시 나를 돌아볼 수 있고, 나를 돌볼 수 있습니다. 나를 외면했다는 자책감에 휩싸일 필요도 없어요. 중요한 건, 그동안 외면해 왔던 나를 이제라도 다시 들여다보고, 그 마음에 따뜻한 위로와 사랑을 건네는 것입니다.

 내면을 들여다보는 순간, 우리는 알게 됩니다. 나를 외면한 것이 나의 잘

못이 아니었다는 사실을요. 그저 삶의 파도에 밀려 잠시 길을 잃었을 뿐입니다. 중요한 것은 이제라도 그 길을 다시 찾겠다고 마음먹는 것입니다. 나를 위해 따뜻한 시간을 내어, 나와 대화하는 법을 다시 배워 나가는 과정 속에서, 우리는 진정한 치유와 회복을 시작하게 됩니다.

여러분이 이 글을 통해 나를 다시 바라보고, 스스로를 용서하고, 한 걸음씩 나아가길 바랍니다. 당신은 언제나 소중하고, 그 소중함은 결코 변하지 않습니다.

어쩌면 우리는 자신도 모르는 사이에 나를 외면하는 법을 배웠는지도 모릅니다. 어릴 때부터 우리는 다른 사람의 기대에 부응하고, 그 기대 속에서 '좋은 사람'으로 보이기 위해 노력하는 시간이 많았습니다. 나의 감정보다 타인의 시선에 신경을 쓰며, '나답지 않은 나'로 살게 된 순간들이 쌓여갔죠. 언제부터인지 정확히 알 수는 없지만, 어느 순간부터 나의 마음은 뒷전으로 밀리고, 내가 진짜 원하는 것들은 우선순위에서 멀어지기 시작했습니다.

우리는 가끔 누군가에게 맞추기 위해 나 자신을 억누르고, 그 결과 마음속 깊이 나를 잃어가는 경험을 하게 됩니다. 나의 진짜 모습과 감정을 직면하는 것이 두렵기도 하고, 혹은 바쁜 삶 속에서 이를 외면하는 것이 더 쉬웠을지도 모릅니다. 그렇게 우리는 스스로에게 중요한 질문을 하지 않게 됩니다. '내가 진정으로 원하는 것은 무엇인가?' '나는 정말로 행복한가?'

라는 질문은 시간이 지나며 점점 희미해집니다.

그러나 이런 과정은 자연스러운 삶의 일부일 뿐입니다. 우리는 모두 살아가면서 자신을 잃어버리는 순간들을 겪습니다. 그 순간이 찾아왔을 때, 비로소 우리는 나를 되찾는 여정을 시작할 기회를 얻게 되는 것이죠. 중요한 것은 나를 외면했던 시간들이 지나갔다고 해서, 내가 돌이킬 수 없는 상처를 입은 것이 아니라는 점입니다. 오히려 그 시간들은 나를 더 깊이 이해하고, 진정한 나로서 살아갈 힘을 길러준 소중한 배움의 과정이 될 수 있습니다.

이제 다시 나를 들여다볼 시간이 왔습니다. 외면했던 나의 감정과 다시 마주할 용기를 가지세요. 마음 깊은 곳에는 그동안 표현하지 못했던 슬픔, 기쁨, 아픔, 그리고 희망이 모두 담겨 있습니다. 나의 마음을 들여다보고, 그 안에 있는 감정들을 따뜻하게 받아들이는 순간, 나 자신과의 진정한 연결이 시작됩니다.

지금부터라도 나를 외면한 시간에 대해 스스로를 용서하고, 다시 나와 친해지는 여정을 시작해보세요. 스스로를 이해하고 사랑하는 과정이 곧 진정한 치유의 첫걸음입니다.

나를 외면했다는 사실을 깨달았을 때, 우리는 종종 두려움과 불안감에 휩싸입니다. '지금까지 내가 무얼 놓치고 있었을까?'라는 생각이 머리를 채우고, 그동안 내가 미뤄둔 감정들이 한꺼번에 몰려오기도 합니다. 하지만 이 순간이야말로 나를 다시 찾을 수 있는 중요한 기회입니다. 나를 외면한 시간을 후회하는 대신, 이제 나와 다시 마주하는 시간을 시작해보세요.

이 과정은 갑작스럽게 이루어지지 않습니다. 나를 오랫동안 외면해 왔던 만큼, 다시 나를 돌아보는 것도 차근차근 한 걸음씩 나아가는 시간이 필요합니다. 먼저 스스로에게 이렇게 질문해 보는 건 어떨까요? '나는 왜 나를 외면했을까?' 이 질문은 단순해 보이지만, 답을 찾기 위해서는 내 안의 깊은 감정과 마주해야 합니다.

때로는 나를 외면했던 이유가 두려움일 수도 있습니다. 우리는 스스로의 부족함이나 결점을 인정하는 것이 힘들어, 차라리 이를 감추고 지나가려고 하곤 합니다. 하지만 중요한 건 나의 결점이나 실패가 나를 정의하는 것이 아니라는 사실입니다. 우리 모두는 완벽하지 않으며, 그 불완전함 속에서 성장할 수 있는 힘을 발견하게 됩니다.

그리고 나를 외면하게 만든 또 하나의 이유는 아마도 끊임없는 비교와 타인의 시선일 것입니다. 우리는 사회 속에서 타인과 비교당하고, 그 비교 속에서 나의 가치를 의심하게 됩니다. 타인이 정해놓은 기준에 맞추기 위해 애쓰는 동안, 정작 나 자신이 진정으로 원하는 것들은 점점 잊혀져 갑니다. 그러나 이제 우리는 그 굴레에서 벗어나야 합니다. 나 자신을 있는 그대로 받아들이고, 타인의 잣대가 아닌 내 안에서 나를 평가하는 법을 배워야 합니다.

다시 나를 들여다보는 이 시간은 새로운 시작입니다. 이 과정에서 나의 상처와 결점, 불완전함을 마주하는 것이 두려울 수 있지만, 그 모든 것이 나를 이루고 있다는 사실을 기억하세요. 나의 감정, 나의 생각, 나의 선택 모두가 소중하며, 그 속에서 나는 성장하고 있습니다. 나를 외면한 시간을 지나 이제는 나와 진정으로 화해하는 시간입니다.

지금 이 순간, 스스로에게 따뜻한 위로의 말을 건네보세요. '괜찮아, 지금부터 다시 시작해도 늦지 않아.' 이 말 한마디가 나에게 용기를 주고, 다시 나를 향해 한 발짝 다가가는 힘이 되어줄 것입니다. 우리 모두는 그 자체로 소중하고, 언제든 다시 나를 찾고 나아갈 수 있습니다.

이제는 나와의 관계를 다시 회복할 때입니다. 나를 외면했던 시간들이 길었다면, 그만큼 나와의 거리도 멀어졌을 것입니다. 하지만 다시 나에게 다가가는 것은 결코 불가능한 일이 아닙니다. 마치 오랜 친구를 다시 만나듯, 천천히 그리고 자연스럽게 그 거리를 좁혀나가는 과정이 필요할 뿐입니다. 그 첫걸음은 나의 마음을 인정하고 받아들이는 데서 시작됩니다.

우리가 흔히 겪는 착각 중 하나는 나의 감정이 '옳다'거나 '그르다'는 식으로 판단하는 것입니다. 때로는 슬픔이나 불안 같은 감정이 나쁘다고 생각해 억누르려 하고, 행복이나 기쁨만을 추구하려 하죠. 하지만 모든 감정은 그 자체로 존재의 이유가 있고, 그 감정을 통해 우리는 스스로를 더 깊이 이해할 수 있습니다. 슬픔은 나에게 무엇이 중요한지를 알려주고, 불안은 내가 무엇을 두려워하는지를 보여줍니다. 그 감정들을 억누르기보다는 받아들이고, 그 속에 담긴 메시지를 읽어보세요. 그러면 비로소 나 자신과의 소통이 시작될 것입니다.

자신과의 대화는 복잡하거나 거창하지 않아도 됩니다. 하루를 마무리하며 '오늘 나는 어떤 감정을 느꼈는가?', '지금 나의 마음은 어떤 상태인가?'와 같은 간단한 질문을 던지는 것만으로도 충분합니다. 중요한 건 그 질문에 답할 때, 솔직하게 나의 마음을 들여다보는 것입니다. 감정이 혼란스럽고 무거울 때도 있을 것이고, 그저 평범한 일상처럼 느껴질 때도 있겠지요. 그 모든 순간을 있는 그대로 받아들이는 것이 진정한 자기 대화의 시작입니다.

나와 대화하는 시간이 쌓일수록, 우리는 더 이상 외면하지 않고 나의 진짜 모습을 마주하게 됩니다. 처음에는 낯설고 어색할 수 있지만, 점차 그 속에서 편안함을 찾을 수 있을 것입니다. 내가 느끼는 감정을 있는 그대로 바라보고, 그 안에서 무엇을 원하고 있는지 깨닫는 순간이 올 것입니다. 그리고 그때, 우리는 비로소 나 자신과 진정으로 연결되었다는 것을 느끼게 될 것입니다.

마음을 들여다보고, 나와 대화하는 시간을 가지는 것은 곧 나를 소중히 여기고 돌보는 일입니다. 이 과정에서 내가 느끼는 감정과 경험은 더 이상 억눌러야 할 대상이 아니라, 나를 더 깊이 이해하게 해주는 소중한 자산입니다. 지금부터라도 매일 나와 대화하며, 그동안 잊고 지냈던 나의 진짜 마음을 하나씩 꺼내어 주세요. 그 과정 속에서 우리는 더 강하고, 더 온전한 나로 성장하게 될 것입니다.

나를 향한 첫걸음은 바로 지금부터 시작입니다. 내가 어떤 사람인지, 무엇을 원하는지, 내 마음의 소리는 무엇을 말하고 있는지 귀 기울여 보세요. 그 안에서 우리는 우리가 그동안 외면했던 진정한 나를 만나게 될 것입니다.

우리가 나 자신을 외면한 순간들을 떠올려보면, 그 시기마다 나름의 이유와 상황이 있었습니다. 바쁘고 복잡한 삶 속에서, 우리는 종종 타인의 기대나 사회의 기준에 맞추어 살아가느라 정작 자신이 무엇을 원하는지, 어떤 감정을 느끼는지에 대해 깊이 생각할 시간을 잃곤 합니다. 하지만 중요한 것은 지금부터라도 나를 들여다보고, 나 자신을 다시 알아가는 시간이 필요하다는 것입니다.

이제 우리는 나를 외면하게 만든 그 이유들을 이해할 때입니다. 사회적 기준에 얽매여 나를 가두지 말고, 내가 진정으로 원하는 삶이 무엇인지 스스로에게 물어보는 시간이 필요합니다. 남들의 시선과 기대에만 맞추기보다는 나만의 속도와 방식으로 살아갈 수 있는 용기를 가지세요. 타인과 비교할 때 느꼈던 불안과 조급함은 잠시 내려두고, 오롯이 나 자신과 마주하는 순간들을 만들어보세요.

혹시 지금 나 자신을 외면했다고 느끼는 당신에게 필요한 것은 따뜻한 위로와 용서입니다. 우리가 때로는 자신을 돌보지 못하고, 바쁘게 살아가느라 놓쳐버린 순간들이 있더라도 그것이 잘못된 것은 아닙니다. 그 모든 과정이 나를 성장시키고, 지금의 나를 만들어준 중요한 경험이었기 때문입니다. 지금 나를 돌아보고, 그동안 나에게 소홀했던 시간을 용서하며, 한 발 한 발 나아가면 됩니다.

이 과정을 시작하는 데는 많은 것이 필요하지 않습니다. 하루에 몇 분이라도 나와의 대화를 시작하는 것만으로 충분합니다. 가만히 눈을 감고, 깊게 숨을 들이마신 후, 내 마음이 지금 어디에 있는지 느껴보세요. 그리고 그 감정들이 떠오를 때, 그 감정들을 판단하거나 억누르지 않고 있는 그대로 바라봐 주세요. 그것이 슬픔이든, 기쁨이든, 혼란이든, 그 모든 감정은 당신 안에 담긴 소중한 메시지입니다.

나를 외면한 순간들이 많을수록 다시 나와 연결되는 것이 어려울 것 같지만, 그 과정은 결코 두려워할 필요가 없습니다. 오히려 그 시간들이 나에게 더 큰 이해와 사랑을 가르쳐 줄 것입니다. 그리고 그 이해의 과정 속에서 우리는 더 깊이 성장하고, 스스로를 진정으로 소중히 여기는 법을 배우게 될 것입니다.

이제는 나를 향해 손을 내밀어 보세요. 그 손은 늘 기다리고 있었고, 당신이 그 손을 잡을 준비가 되었을 때 언제든지 다시 이어질 수 있습니다. 나를 외면했던 시간들은 지나갔고, 이제는 나를 향한 사랑과 이해로 가득 채울 수 있는 새로운 시간이 다가오고 있습니다. 나 자신에게 따뜻한 미소를 지으며, 이렇게 말해봅시다. "나는 충분히 소중하고, 나를 있는 그대로 사랑할 자격이 있어."

당신의 여정은 여기서부터 시작입니다. 나를 외면했던 시간들은 더 이상 과거의 상처가 아닌, 나를 더 단단하게 만들어 줄 기회가 될 것입니다. 지금부터라도 스스로를 존중하고, 나의 목소리에 귀 기울이며, 나와 다시 연결되는 순간을 만들어보세요.

나와 다시 연결되기 위해 가장 중요한 것은 지금 이 순간을 온전히 느끼고 받아들이는 것입니다. 우리는 과거의 후회나 미래의 불안 속에서 자주 길을 잃습니다. 과거의 실수나 아픔을 되새기며 스스로를 책망하거나, 아직 오지 않은 미래를 걱정하며 불안에 휩싸이기도 하지요. 하지만 우리가 살고 있는 유일한 시간은 바로 '지금, 이 순간'입니다.

'지금 이 순간' 나를 들여다보는 것은, 나의 현재 상태를 인정하고 그 안에서 무언가를 찾아가는 과정입니다. 때로는 이 순간이 고요하고 평온할 수도 있지만, 반대로 혼란스럽고 무겁게 느껴질 때도 있을 것입니다. 중요한 건 그 순간을 있는 그대로 받아들이는 용기입니다. 평온한 순간이든, 어려운 순간이든, 지금의 나를 마주하고 그 자체로 받아들일 때, 우리는 비로소 자기 자신과 진정으로 연결될 수 있습니다.

현재의 나를 인정한다는 것은 그동안 외면해왔던 나의 모든 모습을 긍정하는 것을 의미합니다. 기쁠 때뿐만 아니라 슬플 때, 지치고 불안할 때도 그 감정들을 억누르지 않고 있는 그대로 바라보는 것이죠. 그러면 그동안 숨겨두었던 감정들이 비로소 나에게 말을 걸어오기 시작합니다. '지금 이 순간, 나는 무엇을 느끼고 있는가?' '내 마음이 하고 싶은 말은 무엇인가?' 이 질문을 스스로에게 던져보세요. 답은 언제나 나의 마음 속에 있습니다.

우리는 때로 너무 바빠서, 또는 너무 힘들어서 나의 감정을 제대로 느끼지 못한 채 하루를 보낼 때가 많습니다. 하지만 지금부터라도 나를 위한 시간을 조금씩 내어보는 것은 어떨까요? 짧은 시간이라도 좋습니다. 아침에 눈을 뜨고 잠시 눈을 감고 나의 호흡을 느끼거나, 하루를 마무리하며 내가 오늘 어떤 감정을 느꼈는지 스스로에게 물어보는 것만으로도 충분합니다. 그 작은 순간들이 쌓여, 나와의 연결이 점점 더 깊어질 것입니다.

지금 이 순간을 살아간다는 것은, 나를 있는 그대로 바라보며 나에게 집중하는 것을 의미합니다. 타인의 기대나 사회적 기준에서 벗어나, 오로지 나를 위한 시간을 가지는 것이죠. 그 시간을 통해 우리는 자신에게 귀 기울이는 법을 배우고, 나의 진짜 목소리를 발견하게 됩니다. 그리고 그 순간, 우리는 더 이상 외면당한 내가 아니라, 나를 소중히 여기는 삶의 주인공이 될 수 있습니다.

이제 당신에게 중요한 것은 지금 이 순간, 나와 마주하는 일입니다. 나의 감정을 억누르거나 외면하지 않고, 있는 그대로 느끼고 받아들이는 것입니다. 그 과정 속에서 우리는 비로소 나 자신을 이해하고, 진정한 평화와 안정감을 찾게 될 것입니다. 삶의 바쁨 속에서도 잠시 멈추어 서서, '지금, 나는 무엇을 느끼고 있는가?'를 묻는 시간을 가지세요. 그 순간이 바로 나와의 연결을 회복하는 첫걸음입니다.

스스로에게 이렇게 말해보세요. "나는 지금 이 순간에도 충분히 소중해. 그리고 나는 나의 감정을 존중할 자격이 있어." 이 말 한마디가 당신의 마음속 깊은 곳에서 따뜻한 위로와 용기를 불러일으킬 것입니다.

나와 다시 연결되고, 내 감정을 온전히 받아들이는 과정은 나를 더 깊이 이해하고 성장시키는 여정의 시작입니다. 하지만 이 여정은 결코 완벽함을 목표로 하는 것이 아닙니다. 때로는 내 마음을 들여다보는 것이 불편하고 어렵게 느껴질 수 있습니다. 그럴 때는 조금 더 여유를 가지고, 스스로를 재촉하지 말아야 합니다. 우리에게 필요한 건 완벽한 치유가 아니라, 그저 한 걸음씩 나아가는 용기입니다.

삶이 늘 평탄하지만은 않듯이, 우리의 감정도 다양한 얼굴을 하고 있습니다. 기쁨과 행복만이 우리를 이루는 것이 아니라, 슬픔, 불안, 분노와 같은 감정도 우리가 살아있음을 증명하는 중요한 부분입니다. 이 감정들은 결코 나쁜 것이 아니며, 그 안에 우리가 이해해야 할 메시지가 숨어 있습니다. 나를 외면했던 순간들 역시 그 속에서 우리가 배워야 할 무언가를 가지고 있습니다.

때로는 혼자서 나를 마주하는 것이 어려울 때도 있을 것입니다. 그럴 때는 주변의 사람들과 나누는 대화를 통해 나 자신을 더 잘 이해할 수 있습니다. 가족이나 친구, 혹은 나의 이야기를 들어줄 수 있는 사람에게 마음을 열고 솔직하게 나의 감정을 이야기해보세요. 그 과정 속에서 타인의 따뜻한 말 한마디나 공감이 큰 힘이 될 수 있습니다. 나 자신을 더 잘 이해하게 되고, 혼자서 짊어졌던 마음의 무게가 조금 가벼워질 수도 있습니다.

또한 나와 대화하는 시간에 너무 많은 답을 찾으려 애쓰지 않아도 괜찮습니다. 모든 감정에 대한 명확한 답을 내리지 못하더라도, 그저 그 감정을 있는 그대로 느끼고 바라보는 것만으로도 충분한 성장이 이루어집니다. 우리가 감정을 억누르지 않고 마주할 때, 그 안에서 자연스럽게 해답이 찾아올 것입니다. 스스로에게 많은 것을 요구하지 말고, 그저 현재의 나를 있는 그대로 받아들이세요.

스스로와의 연결을 다시 회복하기 위해 필요한 것은 나를 비난하는 것이 아니라, 나를 존중하고 배려하는 마음입니다. 나의 부족함을 용서하고, 그 안에서 나의 아름다움을 발견하는 것이죠. 타인과의 비교 속에서 나를 평가하는 대신, 내 삶의 고유한 여정을 걸어가고 있음을 인정해야 합니다. 내 삶의 속도와 방식은 나만의 것이며, 그 자체로 소중하다는 것을 기억하세요.

이제 한 가지 질문을 던져볼까요? "나는 지금 무엇을 바라고 있는가?" 이 질문은 당신이 진정으로 원하는 것이 무엇인지 발견할 수 있도록 도와줄 것입니다. 타인의 시선이나 기대가 아닌, 나 자신의 바람과 소망을 중심으로 다시 나아가는 시간이 필요한 순간입니다. 그 답은 단순할 수도 있고, 복잡할 수도 있지만, 그 모든 과정은 나를 이해하고 성장시키는 중요한 발걸음이 될 것입니다.

우리의 마음은 언제나 답을 알고 있습니다. 다만 그 답을 발견하는 데 시간이 걸릴 뿐입니다. 지금 이 순간, 나는 나를 들여다보는 시간을 가질 수 있는 충분한 용기를 가지고 있습니다. 그 용기만으로도 우리는 한 걸음 더 나아갔고, 앞으로도 계속 나아갈 수 있습니다.

이제부터는 조금씩 나를 사랑하는 법을 배워봅시다. 나의 상처와 결점도, 나의 기쁨과 슬픔도 모두 소중하다는 것을 깨달으며, 나를 있는 그대로 받아들이는 시간이 되기를 바랍니다.

지금까지 우리는 자신을 외면했던 순간들을 되돌아보고, 그 이유를 이해하는 여정을 시작했습니다. 하지만 이제는 한 걸음 더 나아가, 그 외면했던 시간들이 나에게 어떤 가르침을 주었는지 살펴볼 때입니다. 나를 외면한 경험은 고통스러울 수 있지만, 그 안에는 우리가 배워야 할 중요한 메시지가 담겨 있습니다.

나를 외면한 이유가 무엇이든, 그 순간들은 나의 내면이 나에게 말하고 싶은 것들을 더 깊이 이해할 기회를 주었습니다. 타인의 시선에 맞추려고 애쓰는 동안, 나의 진짜 마음이 어떻게 무시되었는지를 깨닫는 순간, 우리는 비로소 나를 돌볼 수 있는 길을 찾게 됩니다. 이제 우리는 그동안 외면해왔던 나의 진짜 모습을 인정하고 받아들일 준비가 되어 있습니다.

그렇다면 그동안 나를 외면하면서 나에게 어떤 상처가 생겼을까요? 그리고 그 상처를 어떻게 치유할 수 있을까요? 먼저 나의 감정을 억누르며 살았던 시간들은 나의 마음에 무게감을 남겼을 것입니다. 그 무게감이 얼마나 컸던지, 때로는 숨조차 쉬기 힘들게 느껴졌을지도 모릅니다. 하지만 그 감정들을 억누르고 외면하는 대신, 이제는 그 감정들과 마주할 수 있는 용기를 가질 때입니다.

나의 상처는 나를 약하게 만드는 것이 아닙니다. 오히려 그 상처들 속에서 우리는 더 큰 성장과 회복의 힘을 발견할 수 있습니다. 상처를 무시하고 외면하는 대신, 그 안에 담긴 감정과 아픔을 솔직하게 바라보는 순간, 우리는 그 상처를 치유할 수 있는 첫걸음을 내딛게 됩니다. 그리고 그 첫걸음은 바로 나 자신을 향한 따뜻한 이해와 사랑에서 시작됩니다.

그동안 나를 외면했던 시간이 길었다면, 지금 나를 마주하는 시간이 어색하거나 불편할 수 있습니다. 하지만 천천히, 조금씩 나에게 다가가는 과정을 즐겨보세요. 스스로를 향해 이런 말을 건네보세요. "나는 나의 상처를 있는 그대로 받아들이고, 그 안에서 배움을 얻을 수 있어." 이 한 마디가 당신에게 큰 위로와 용기를 줄 것입니다.

 삶은 완벽할 수 없습니다. 우리는 모두 불완전한 존재이고, 그 불완전함 속에서 성장해 나가는 여정을 살아갑니다. 그 여정에서 때로는 나를 외면하는 순간들이 찾아오기도 하고, 그 과정 속에서 우리는 상처를 입기도 합니다. 하지만 그 모든 경험은 나를 더 단단하게 만들고, 내면의 힘을 기를 수 있는 소중한 자산이 됩니다.

 이제 나의 상처를 품고, 그 안에서 내가 배운 것들을 소중히 여기는 시간을 가지세요. 그 상처들이 나를 더 강하게 만들었고, 그 과정을 통해 나는 나를 더 깊이 이해하게 되었습니다. 나를 외면했던 시간들 또한 나를 성장시켜준 중요한 과정이었다는 사실을 깨닫는 순간, 우리는 비로소 나를 향한 진정한 사랑을 시작할 수 있게 됩니다.

 마지막으로, 나에게 이렇게 말해봅시다. "나는 완벽하지 않아도 충분히 소중해. 그리고 나는 나의 상처까지도 사랑할 수 있어." 이 말이 당신의 마음에 깊이 닿아, 더 큰 힘과 위로를 줄 것입니다.

자기 자신과 대화하는 방법

02

　자기 자신과의 대화는 단순해 보이지만, 사실 우리 삶에서 가장 중요한 대화 중 하나입니다. 우리는 매일 수많은 사람들과 이야기를 나누지만, 정작 가장 중요한 상대인 나 자신과는 얼마나 깊이 소통하고 있을까요? 자기 자신과 대화하는 법을 배우는 것은 나를 이해하고 돌보는 첫걸음입니다. 그리고 그 첫걸음은 나에게 진실하고 따뜻한 질문을 던지는 데서 시작됩니다.

　자신과의 대화를 시작하는 가장 좋은 방법은 아주 작은 질문을 던지는 것입니다. "나는 지금 무엇을 느끼고 있는가?" 이 간단한 질문 하나만으로도 우리는 내 마음속에 억눌려 있던 감정과 생각들을 꺼낼 수 있습니다. 때로는 이런 질문조차 생소하게 느껴질 수 있습니다. 너무 오랜 시간 나 자신을 무시하거나 외면하며 살아왔기 때문에, 처음에는 마음속 깊은 감정을 꺼내는 것이 어색할 수도 있죠. 하지만 그 어색함을 견디며, 나의 내면에 귀 기울이는 것이 중요합니다.

　자신과 대화하는 과정에서 가장 필요한 것은 판단을 내려놓는 것입니다. 우리는 종종 자신의 감정에 대해 옳고 그름을 따지려고 합니다. "나는 왜 이런 감정을 느끼지?" "이런 감정은 느끼면 안 되는 거 아닌가?" 하고 스스로를 비난하기도 하죠. 하지만 모든 감정은 그 자체로 의미가 있고, 우리의 내면에서 나오는 자연스러운 반응입니다. 나의 감정을 비판하기보다는, 그 감정이 나에게 무엇을 말하고 있는지 들어보는 것이 중요합니다.

자기 자신과 대화하는 과정에서 또 하나 기억해야 할 것은 인내심입니다. 우리는 하루아침에 모든 답을 찾을 수 없으며, 그럴 필요도 없습니다. 스스로와의 대화는 차분하고 느리게 진행되어도 괜찮습니다. 매일 몇 분씩 나에게 집중하는 시간만으로도 충분합니다. 중요한 것은 꾸준함입니다. 오늘은 어떤 감정을 느끼고 있는지, 내일은 무엇이 나에게 기쁨을 주었는지, 이런 사소한 대화를 통해 우리는 점점 나와 더 가까워질 수 있습니다.

그리고 이 대화 속에서 중요한 또 하나의 요소는 자비입니다. 우리는 종종 자신에게 너무 가혹합니다. 실수를 했을 때, 또는 원하는 대로 일이 풀리지 않았을 때, 우리는 자기 자신을 질책하고 괴롭히는 경향이 있습니다. 그러나 나 자신과의 대화는 따뜻하고 너그러운 것이어야 합니다. 실수를 했더라도, 잘못된 선택을 했더라도, 그 순간에도 우리는 여전히 소중하고 사랑받을 자격이 있다는 사실을 기억해야 합니다.

자기 자신과의 대화는 일방적인 독백이 아닙니다. 그것은 나를 알아가고, 나의 진짜 모습을 이해하는 대화입니다. 이 대화를 통해 우리는 나의 감정과 생각을 있는 그대로 받아들이고, 그 안에서 나를 성장시키는 힘을 얻게 될 것입니다.

자기 자신과의 대화를 시작하는 것은 마치 오랜 시간 잊고 지냈던 친구와 다시 만나 이야기를 나누는 것과 비슷합니다. 처음에는 어색하고, 어디서부터 시작해야 할지 막막할 수 있습니다. 하지만 한 번 용기를 내어 나에게 질문을 던지기 시작하면, 우리는 점점 자연스럽게 대화를 이어나갈 수 있습니다. 중요한 건 대화를 지속하는 과정 속에서 얻는 작은 깨달음들입니다.

자신과의 대화를 깊이 있게 만들기 위해서는 마음을 편안하게 해주는 환경을 만들어보세요. 하루 중 잠시나마 조용한 공간에 앉아 나만의 시간을 가질 수 있는 순간을 만들어보는 것입니다. 좋아하는 음악을 틀거나, 따뜻한 차를 한 잔 마시면서 나와 대화할 수 있는 환경을 마련하는 것도 좋은 방법입니다. 외부의 소음에서 벗어나 내면의 소리를 들을 수 있는 시간을 만들면, 그동안 내가 듣지 못했던 나의 마음속 이야기를 천천히 마주할 수 있을 것입니다.

자신과의 대화는 때때로 글을 통해 이루어질 수도 있습니다. 직접 자신의 감정을 글로 써보는 것은 생각보다 훨씬 강력한 힘을 발휘합니다. 우리가 글을 쓰면서 느끼는 감정은 머릿속에서만 떠다니는 생각보다 훨씬 더 구체적이고 명확해지기 때문입니다. '나는 지금 어떤 감정을 느끼고 있지?' '무엇이 나를 불안하게 만들고 있나?' 같은 질문을 스스로에게 던지고, 그에 대한 답을 천천히 적어보는 것입니다. 글로 써 내려가다 보면, 그 동안 막연하게 느껴졌던 감정들이 하나씩 풀리며, 나 자신을 더 잘 이해하게 될 것입니다.

또한, 우리는 나 자신에게 보다 긍정적인 언어를 사용하는 연습이 필요합니다. 스스로를 비난하거나 비판하는 대신, 나에게 응원의 메시지를 전해보세요. "나는 충분히 잘하고 있어," "지금 나의 감정도 소중해," 같은 간단한 말들이지만, 그것들이 나에게 미치는 영향은 큽니다. 자기 자신에게 따뜻한 언어를 사용하면 할수록, 우리는 스스로를 더 존중하고 사랑하는 법을 배워갈 것입니다.

자기 자신과의 대화는 나를 판단하거나 평가하기 위한 것이 아닙니다. 그것은 나를 더 이해하고, 내가 어떤 사람인지 알아가는 과정입니다. 우리는 모두 복잡한 감정과 생각을 가진 존재이고, 그 감정들이 항상 명확하거나 쉽게 정리되지는 않습니다. 하지만 자신과 대화를 나누는 과정에서 우리는 감정을 억누르기보다는 있는 그대로 바라볼 수 있게 됩니다. 그 감정들이 나의 일부라는 것을 인정하고, 그 안에서 나의 진짜 모습을 발견할 수 있는 기회가 주어지는 것입니다.

이 대화를 통해 우리는 점점 나를 이해하는 데서 더 나아가, 나를 수용하고 존중하는 단계로 나아가게 됩니다. 자기 자신과의 대화는 단순한 감정 정리가 아니라, 나의 진정한 자아를 받아들이고, 스스로를 사랑하는 길로 인도하는 중요한 열쇠입니다. 날마다 조금씩 나와 대화를 나누며, 나에게 숨겨진 목소리에 귀 기울이는 순간, 우리는 진정한 자기 이해와 평화를 찾을 수 있을 것입니다.

자기 자신과 대화하는 법을 익히기 시작하면, 우리는 비로소 나를 향한 진정한 이해와 공감의 문을 열게 됩니다. 그 과정에서 중요한 것은 '정직함'입니다. 나 자신에게 솔직하지 않으면 진정한 대화가 이루어지지 않습니다. 때로는 내 감정이 복잡하고 혼란스러울 때가 있습니다. 그럴 때일수록 솔직하게 그 감정을 직면하는 것이 필요합니다. 나의 불안, 두려움, 외로움 같은 감정들을 피하지 않고 그대로 바라볼 용기가 필요합니다.

우리는 살면서 여러 가지 이유로 솔직하게 감정을 표현하지 못하는 경우가 많습니다. 타인의 기대에 부응하려 하거나, 사회적 기준에 맞추기 위해 내 본연의 모습을 억누르고 살아가기도 합니다. 하지만 자기 자신과의 대화는 그 누구의 눈치도 볼 필요가 없습니다. 오로지 나 자신에게만 솔직하면 되는 것입니다. 그러니 내 마음을 조금 더 자유롭게 열어보세요. 스스로에게 물어보세요. "지금 나는 정말로 무엇을 느끼고 있는가?" 그 질문에 대한 대답이 어둡고 불편하더라도 괜찮습니다. 중요한 건 그 답을 있는 그대로 받아들이고 인정하는 것입니다.

자기 자신과의 대화는 자기 연민의 과정이기도 합니다. 우리는 종종 너무 냉정하게 자신을 평가합니다. '왜 이렇게밖에 못했을까?', '나는 왜 항상 이런 문제를 겪을까?'와 같은 부정적인 질문들이 자꾸만 머릿속을 채우기도 합니다. 하지만 자기 대화는 나를 질책하는 과정이 아닙니다. 오히려 자기 자신에게 따뜻한 이해와 연민을 보내는 시간입니다. 우리가 나를 비난하는 대신, 나의 실수를 인정하고 그것을 통해 배울 수 있을 때, 우리는 비로소 성장하게 됩니다.

실수를 했을 때 나 자신에게도 용서를 구하는 것이 중요합니다. 우리는 타인에게는 쉽게 용서를 빌지만, 정작 나 자신에게는 용서를 구하지 않는 경우가 많습니다. 그러나 자기 자신을 용서하는 것은 나를 향한 연민의 가장 중요한 부분입니다. "나는 그때 최선을 다했어. 비록 결과가 마음에 들지 않더라도, 나는 그 순간의 나를 이해하고 사랑할 거야." 이처럼 나 자신에게 용서의 말을 건넬 때, 우리는 진정으로 나와 화해할 수 있습니다.

또한, 자기 자신과의 대화는 과거뿐만 아니라 미래를 바라보는 데에도 큰 힘이 됩니다. 나와 대화하는 시간을 가짐으로써 우리는 내가 진정으로 무엇을 원하고, 어떤 방향으로 나아가고 싶은지를 명확히 알 수 있습니다. 이를 통해 우리는 무작정 앞으로 나아가는 것이 아니라, 나의 길을 더 분명하게 설정할 수 있는 힘을 얻게 됩니다.

스스로에게 이렇게 물어보세요. "나는 앞으로 어떤 삶을 살고 싶은가?" 이 질문은 단순하지만, 그 답을 찾는 과정은 우리에게 큰 의미를 줍니다. 타인의 기대에 부응하는 삶이 아니라, 내가 진정으로 원하는 삶의 방향을 찾아가는 여정이 될 것입니다. 그 과정에서 얻은 깨달음은 나의 내면을 더욱 강하게 만들고, 내가 나아갈 길을 더욱 밝히게 될 것입니다.

이제부터는 자신과의 대화를 일상으로 만들어보세요. 나의 감정, 생각, 그리고 꿈을 솔직하게 바라보고 대화하는 과정 속에서 우리는 더 나은 나로 성장할 수 있습니다. 이 대화를 통해 우리는 자기 자신을 진정으로 사랑하고, 그 사랑을 바탕으로 더 풍요로운 삶을 살아갈 힘을 얻게 될 것입니다.

자기 자신과 대화하는 방법을 익히는 과정은 스스로를 더 잘 돌보는 것과도 깊이 연결되어 있습니다. 우리는 종종 다른 사람들을 돌보고 배려하느라, 정작 나 자신에게는 소홀해지기 쉽습니다. 나와의 대화를 통해 우리는 '나도 돌봄이 필요한 존재'라는 사실을 다시 깨닫게 됩니다. 나에게 필요한 것은 외부의 인정이나 타인의 칭찬이 아닌, 내가 나를 온전히 사랑하고 돌보는 마음입니다.

우리가 자신에게 따뜻한 말을 건네고, 마음을 돌볼 때, 그 작은 순간들이 모여서 우리의 내면을 더욱 단단하게 만듭니다. '지금 나는 괜찮다', '이만하면 충분하다'라는 간단한 말이 얼마나 큰 위로가 될 수 있는지 우리는 자주 잊곤 합니다. 자기 자신과의 대화는 이런 말들을 나 자신에게 건네는 시간이기도 합니다. 그동안 너무 달려오느라 지친 마음을 잠시 쉬게 하고, 나에게도 쉼과 위로가 필요하다는 사실을 받아들이는 것입니다.

하루 중 잠깐이라도 나와 대화를 나누는 시간을 만들어보세요. 아침에 눈을 뜨고, 거울 앞에서 스스로에게 미소를 지어 보이거나, 하루가 끝난 후 조용히 나의 생각과 감정들을 돌아보는 것도 좋습니다. 그 시간은 나를 다시 충전시키는 중요한 시간입니다. 그동안 외면해왔던 나의 목소리를 들을 수 있는 시간이기도 하죠. 내 마음의 소리가 무거울 수도 있지만, 그것을 억누르지 말고 따뜻하게 들어주는 것이 필요합니다. 그 소리를 있는 그대로 받아들이고 공감하는 순간, 우리는 더 깊은 치유를 경험하게 됩니다.

자기 자신과의 대화를 통해 나의 꿈과 목표를 더 명확히 설정할 수 있는 기회도 생깁니다. 우리는 종종 일상 속에서 많은 일을 해내느라 진정으로 내가 바라는 것이 무엇인지 생각할 여유조차 잃어버리곤 합니다. 하지만 나와의 대화 속에서 나의 꿈과 목표를 다시 떠올리며, 내가 무엇을 위해 나아가고 싶은지 구체적으로 생각할 수 있습니다. 이는 삶에 대한 방향성을 다시 찾는 과정입니다.

무엇보다 자기 자신과의 대화를 할 때는 긍정적인 언어와 태도를 유지하는 것이 중요합니다. 비판적인 말보다는 격려하는 말, 나를 작게 만드는 대신 나를 키워주는 말을 선택하세요. 우리는 때로 스스로를 너무 엄격하게 대하는 경향이 있지만, 그러기보다는 나 자신에게 너그럽고 따뜻한 마음을 주는 것이 훨씬 중요합니다. "나는 지금 충분히 잘하고 있어," "지금의 나도 소중해"라는 말은 단순하지만, 큰 힘을 줍니다.

자기 자신과 대화하는 법을 익히는 것은 꾸준한 연습이 필요합니다. 처음에는 어색할 수 있지만, 점차 익숙해지면서 우리는 더 자연스럽게 나와의 대화를 이어갈 수 있게 될 것입니다. 그리고 그 과정에서 나에 대한 이해와 사랑은 더욱 깊어질 것입니다. 자기 자신과의 대화는 단순히 마음의 치유를 넘어, 나를 향한 진정한 사랑을 키워가는 과정입니다.

나와의 대화를 통해 얻는 평화는 다른 사람과의 관계에도 긍정적인 영향을 미칩니다. 내가 나를 온전히 사랑하고 이해할 때, 우리는 타인을 더 깊이 이해하고 사랑할 수 있는 여유를 가지게 됩니다. 나에게 따뜻한 말을 건네는 연습을 계속할 때, 그 따뜻함은 자연스럽게 주변으로도 퍼져나갑니다. 자기 자신과의 대화는 결국 나를 넘어 세상과 더 따뜻하게 연결되는 첫걸음입니다.

자기 자신과 대화하는 법을 익히다 보면, 우리는 종종 나의 내면에서 느껴지는 감정들이 생각보다 복잡하고 미묘하다는 사실을 깨닫게 됩니다. 기쁨과 슬픔, 불안과 평온, 분노와 용서 등 서로 상반되는 감정들이 내 안에 공존하며, 그 모든 감정들이 나의 일부라는 사실을 받아들이는 것이 중요합니다. 나와의 대화는 이러한 복잡한 감정들을 억누르지 않고 자연스럽게 풀어내는 과정입니다. 나의 감정을 인정하고 이해하는 순간, 그동안 쌓여 있던 마음의 짐들이 조금씩 가벼워지기 시작합니다.

자신과의 대화에서 중요한 또 하나의 요소는 '자신의 목소리를 듣는 법'

입니다. 우리는 종종 외부의 목소리에 지나치게 귀를 기울이다가, 정작 내 안의 진짜 목소리를 놓치곤 합니다. 나의 선택과 결정들이 타인의 기대나 사회적 압박에 의한 것이 아니라, 나의 진정한 목소리에서 비롯된 것인지를 점검하는 것이 필요합니다. 자기 자신과의 대화를 통해 내 안의 목소리에 귀를 기울이는 법을 배우면, 우리는 더 이상 외부의 판단이나 평가에 휘둘리지 않고 나의 길을 걸어갈 수 있는 힘을 얻게 됩니다.

이 과정에서 도움이 되는 방법 중 하나는 '감정 일기'를 쓰는 것입니다. 하루 동안 느낀 감정들을 솔직하게 적어보는 것만으로도 나 자신을 더 잘 이해하는 데 큰 도움이 됩니다. 하루 중 가장 행복했던 순간, 가장 불안했던 순간, 그리고 그 순간 나에게 들려주고 싶은 말은 무엇이었는지를 적어보세요. 그 작은 기록들이 쌓이면, 우리는 나의 감정 패턴을 파악하게 되고, 더 나아가 그 감정들이 나에게 어떤 메시지를 주고 있는지 알게 됩니다. 나의 감정을 글로 풀어내는 과정 속에서 나는 더 깊이 나 자신을 이해하게 되고, 스스로에게 필요한 것들을 알 수 있게 됩니다.

또한, 자기 자신과의 대화를 지속적으로 이어가기 위해서는 '자기 돌봄의 습관'을 기르는 것이 중요합니다. 나를 위한 작은 루틴을 만들어보세요. 하루 중 짧은 시간이라도 나만의 공간에서 나와 대화하는 시간을 가지는 것입니다. 매일 잠시라도 나의 마음 상태를 점검하고, 스스로를 위로하는 말 한 마디를 건네는 것만으로도 큰 변화를 느낄 수 있을 것입니다. 이 시간은 나를 충전시키고, 나에게 필요한 힘과 용기를 북돋아주는 귀한 시간이 될 것입니다.

그리고 우리는 자기 자신과의 대화에서 '침묵'의 중요성도 깨달아야 합니다. 때로는 너무 많은 생각과 감정이 얽혀 있을 때, 나와의 대화는 오히려 침묵 속에서 이루어지기도 합니다. 그 순간을 억지로 채우려 하기보다는, 그 침묵 속에서 나를 바라보는 법을 배우는 것도 중요합니다. 아무런 말을 하지 않아도 괜찮습니다. 침묵 속에서 스스로를 느끼고, 그 안에서 평온함을 찾을 수 있습니다. 그 순간 우리는 진정으로 나 자신과 함께 있는 법을 배워가는 것입니다.

자기 자신과의 대화는 언제나 쉽지는 않습니다. 때로는 그 과정에서 불편함을 느낄 수도 있고, 내가 직면하고 싶지 않은 진실과 마주할 때도 있을 것입니다. 하지만 그 모든 과정이 나를 더 깊이 이해하고, 더 사랑하게 되는 귀중한 여정임을 잊지 마세요. 나와의 대화 속에서 우리는 더 강해지고, 나를 지탱해줄 내면의 힘을 얻게 됩니다.

이제 당신에게 필요한 것은 바로 지금 이 순간, 자신에게 귀 기울이는 것입니다. 당신의 마음속 목소리를 들어보세요. 그 목소리는 당신을 향한 따뜻한 사랑과 이해를 담고 있습니다. 그 목소리를 신뢰하고, 나 자신과의 대화를 지속하는 동안, 우리는 점점 더 온전한 나로 성장하게 될 것입니다.

자기 자신과 대화하는 법을 깊이 익히다 보면, 우리는 내가 원하는 것과 필요로 하는 것에 대해 더욱 명확하게 깨닫게 됩니다. 우리가 살면서 나에게 가장 필요한 것이 무엇인지 놓치는 순간이 많습니다. 타인의 기대와 사회적 요구에 따라 움직이다 보면, 내 진정한 바람이 무엇인지, 나의 내면에서 무엇을 갈망하고 있는지를 간과하기 쉽죠. 그래서 나 자신과의 대화는 내가 진정 원하는 삶을 발견하는 중요한 도구가 됩니다.

먼저, 나에게 묻습니다. "나는 무엇을 원하고 있을까?" 이 질문은 단순한 듯하지만, 그 답을 찾는 과정은 깊이 있는 내면의 탐구를 요구합니다. 나의 삶을 어떻게 꾸려나가고 싶은지, 내가 진정으로 이루고자 하는 것이 무엇인지 질문을 던져보세요. 그리고 답이 곧바로 떠오르지 않더라도 걱정하지 마세요. 나와의 대화는 시간이 필요한 과정입니다. 중요한 것은 그 질문을 꾸준히 던지며, 답을 찾는 길에서 흔들리지 않는 것입니다.

내가 원하는 것과 필요로 하는 것을 발견하게 되면, 우리는 그 방향으로 한 걸음 더 나아갈 수 있는 용기를 얻게 됩니다. 그리고 그 과정에서 우리는 자신에게 신뢰를 보내는 법을 배우게 됩니다. 자기 자신과의 대화는 단순히 감정을 풀어놓는 것이 아니라, 그 안에서 나 자신을 더 신뢰하고 믿는 과정을 키워나가는 것입니다. 자신을 믿고, 자신의 선택을 존중하는 마음이 생길 때, 우리는 비로소 더 주체적인 삶을 살아갈 수 있습니다.

자기 자신과의 대화는 때때로 기대하지 않았던 깨달음을 안겨줍니다. 대화 중에 떠오르는 작은 생각들이 새로운 통찰로 이어질 때가 있습니다.

"내가 진짜 원하는 것은 이것이 아니었구나"라든지, "나는 지금까지 너무 많은 걸 놓치고 있었구나" 같은 생각들이 떠오를 수 있습니다. 그 깨달음들은 때로는 혼란스럽게 느껴질 수도 있지만, 그것이 나를 더 깊이 이해하게 만드는 계기가 될 것입니다. 그런 순간들은 나를 향한 성장의 신호입니다.

자신과의 대화는 우리가 살아가는 매일매일의 삶 속에서도 이어져야 합니다. 중요한 결정 앞에서, 또는 작고 일상적인 선택 앞에서도 우리는 스스로에게 묻는 시간을 가질 필요가 있습니다. "이 선택은 나를 위한 것인가?"라는 질문을 던지며, 내가 진정으로 원하는 것을 추구하고 있는지 확인해 보세요. 타인의 시선이나 기대가 아닌, 내 안에서 우러나오는 소리에 귀 기울이며 우리는 더 진실된 선택을 할 수 있게 됩니다.

또한 자기 자신과의 대화에서 중요한 것은 '현재'에 집중하는 것입니다. 미래에 대한 불안이나 과거에 대한 후회는 우리의 마음을 흐트러뜨릴 수 있습니다. 그러나 지금 이 순간에 집중하며 나 자신과 대화를 나눌 때, 우리는 진정한 평화와 안정을 찾을 수 있습니다. 나의 현재 감정, 나의 현재 상태에 집중하며 그 안에서 나에게 필요한 것이 무엇인지 알아차리는 것이죠. 그 과정을 통해 우리는 더 명확한 자기 이해와 내면의 평온을 얻게 됩니다.

마지막으로, 자신과의 대화는 끊임없는 '자기 사랑'의 연습입니다. 우리는 살아가면서 수많은 도전을 마주하고, 때로는 실패를 경험하기도 합니다. 그럴 때마다 나 자신을 격려하고 위로하는 것이 바로 나와의 대화를 통해 이루어집니다. 나를 비난하거나 실망하지 않고, 오히려 나를 더욱 따뜻하게 보듬어줄 수 있는 시간이 되는 것이죠. 그 속에서 우리는 더 강하고, 더 온전한 나로 자라나게 됩니다.

자기 자신과의 대화는 우리를 깊이 이해하게 만들고, 나 자신에게서 사랑과 평화를 찾는 과정입니다. 지금 이 순간, 나와의 대화를 시작해보세요. 그 속에서 나에게 진정 필요한 것이 무엇인지, 내가 진짜로 원하는 것이 무엇인지를 발견하게 될 것입니다.

자기 자신과의 대화를 이어가는 과정에서 우리는 중요한 선택의 기로에 서게 됩니다. 나의 삶에서 무언가를 결정할 때, 외부의 목소리보다는 나 자신의 내면의 소리에 귀 기울이는 법을 배우는 것입니다. 외부에서 주어지는 조언이나 충고가 때로는 유용할 수 있지만, 그것이 항상 나에게 맞는 해답은 아닙니다. 결국 나의 삶을 살아가는 주체는 나 자신이기 때문입니다. 이럴 때 자기 자신과의 대화는 방향을 잃지 않게 해주는 나침반 같은 역할을 합니다.

우리가 흔히 결정을 내릴 때, 불안이나 두려움이 앞설 수 있습니다. '이 선택이 맞을까?', '다른 길을 선택하면 더 나았을까?'와 같은 질문들이 머릿속을 가득 채울 때도 있죠. 하지만 그 순간에 가장 중요한 것은 자신의 목소리를 믿는 것입니다. 내가 진정으로 원하는 것은 무엇인지, 내가 무엇을 소중히 여기는지를 기준으로 선택을 내리면, 그 선택은 나의 삶에서 더욱 의미 있는 길로 이어질 것입니다. 나의 선택을 믿고, 그 결정을 존중하는 것은 자기 자신을 향한 신뢰의 또 다른 표현입니다.

자기 자신과의 대화를 통해 우리는 더 깊이 있는 질문을 할 수 있습니다. "나는 지금 이 결정을 통해 무엇을 얻고 싶은가?", "이 선택이 나의 가치를 반영하고 있는가?"와 같은 질문들을 던지면서 우리는 우리의 선택이 일관성을 가지고 있는지 점검할 수 있습니다. 그러면 우리는 더 이상 외부의 기준에 맞추기보다는 나의 내면에 맞춘 선택을 할 수 있게 됩니다. 이렇게 자신에게 던지는 질문들은 단순한 선택을 넘어서, 나의 삶 전체를 더 깊이 있게 바라보는 도구가 됩니다.

자기 자신과 대화를 나누는 과정에서 우리는 또한, 우리의 약한 면이나 부족한 점을 마주할 수 있습니다. 종종 우리는 이러한 면들을 외면하거나 숨기려 하지만, 사실 그것들도 나의 일부입니다. 나의 약점이나 실수를 인정하고, 그것들과 함께 성장하는 것이 진정한 자기 이해로 나아가는 길입니다. 자기 자신에게 이렇게 말해보세요. "나는 완벽하지 않지만, 그 완전하지 않음 속에서도 성장할 수 있어." 이 한 마디는 우리가 더 이상 나를 비난하는 대신, 나를 격려하고 나의 여정을 인정할 수 있게 해줍니다.

또한, 자기 자신과의 대화는 우리가 더 큰 목표와 꿈을 이루기 위한 길을 열어줍니다. 스스로에게 정직하게 질문을 던질 때, 우리는 내가 진정으로 바라는 것에 한 발 더 가까워집니다. "나는 왜 이 목표를 세웠는가?", "이 꿈이 나에게 어떤 의미가 있는가?"라는 질문을 던지며, 우리는 단순히 목표를 달성하는 것이 아닌, 그 목표가 내 삶에 가져다줄 깊은 의미를 발견할 수 있습니다. 이는 우리로 하여금 더 나은 방향으로 나아가게 하는 동력이 됩니다.

중요한 것은 나와의 대화가 계속해서 이어져야 한다는 점입니다. 한 번의 대화로 모든 답을 얻을 수는 없습니다. 자기 자신과의 대화는 끊임없이 이루어지는 과정이며, 그 과정 속에서 우리는 더 명확한 길을 찾아가게 됩니다. 때로는 답이 금방 나오지 않더라도, 그 질문을 던지고 고민하는 그 자체가 의미 있는 과정입니다. 시간이 지나면서 우리는 내가 진정으로 원하는 것이 무엇인지 더 명확하게 알게 될 것이고, 그것을 향해 한 걸음씩 나아갈 수 있을 것입니다.

마지막으로, 자신에게 이렇게 말해보세요. "나는 나의 길을 찾고 있고, 그 길에서 나는 나를 믿을 수 있어." 이 단순한 확신이 나에게 힘이 되어줄 것입니다. 우리가 자신과 대화를 나누는 과정 속에서 얻게 되는 신뢰와 확신은, 결국 우리가 더 나은 나로 성장할 수 있는 밑거름이 될 것입니다.

자기 자신과의 대화는 결국 '자기 수용'으로 이어집니다. 나와 끊임없이 대화하는 과정을 통해, 우리는 나 자신을 있는 그대로 받아들이고 존중하는 법을 배우게 됩니다. 이 과정에서 우리는 내면 깊숙이 숨겨진 감정과 상처를 발견할 수 있습니다. 그 상처들은 과거의 실수나 실패, 혹은 나 스스로를 충분히 사랑하지 못했던 시간들로 인해 생겨났을지도 모릅니다. 하지만 이 모든 것은 내가 성장하는 데 필요한 과정이었고, 이제는 그 상처마저도 나의 일부로 받아들여야 합니다.

자기 자신과의 대화는 내가 완벽하지 않다는 것을 인정하는 것에서 시작됩니다. 우리는 누구나 실수를 하고, 때로는 실패를 경험합니다. 중요한 것은 그 실수나 실패가 나를 정의하는 것이 아니라는 점입니다. 나는 여전히 소중한 존재이며, 그 과정 속에서 더 나은 나로 성장할 기회를 얻게 되었다는 사실을 받아들이는 것입니다. 스스로에게 따뜻하게 말해보세요. "내가 부족한 부분도 나의 일부야. 그리고 그것마저도 나를 더 특별하게 만들어."

자기 수용의 또 다른 중요한 부분은 나의 감정들을 있는 그대로 인정하는 것입니다. 때로 우리는 부정적인 감정, 예를 들어 분노, 슬픔, 불안 등의 감정을 억누르려 합니다. 그러나 이 감정들도 내가 느끼는 중요한 감정들이며, 그 자체로 나에게 어떤 메시지를 전달하고 있습니다. 자기 자신과의 대화를 통해, 그 감정들이 나에게 무엇을 말하고 있는지 들어보세요. "왜 나는 지금 이런 감정을 느끼고 있을까?"라는 질문을 던지고, 그 감정을 억누르지 않고 그대로 받아들여야 합니다. 그럴 때 우리는 그 감정의 원인을 더 깊이 이해하게 되고, 그로 인해 내면의 평화를 찾을 수 있습니다.

자기 자신을 수용하는 것은 단지 감정만이 아니라, 나의 선택과 삶의 방식까지도 포함합니다. 우리는 모두 각자의 길을 걷고 있으며, 그 길은 남들과 비교할 수 없는 고유한 여정입니다. 때로는 내 선택이 남들과 다르다는 이유로 불안해질 수 있습니다. 하지만 나 자신과의 대화 속에서 깨달아야 할 것은, 남들의 길이 나에게 맞지 않을 수도 있다는 점입니다. 내가 나에게 맞는 선택을 하고, 그 선택을 존중하는 것이 진정한 자기 수용입니다.

이 과정은 또한 다른 사람과의 관계에도 긍정적인 영향을 미칩니다. 내가 나 자신을 수용하고 존중할 때, 우리는 타인의 차이와 독특함도 자연스럽게 받아들일 수 있게 됩니다. 남들과 비교하거나 경쟁하는 대신, 나와 타인의 고유한 여정을 존중하고 이해하는 법을 배웁니다. 이것이야말로 진정한 내적 평화로 이어지는 길입니다. 나 자신을 있는 그대로 받아들이는 순간, 우리는 더 이상 외부의 기준에 얽매이지 않게 되며, 그 안에서 자유롭게 성장할 수 있게 됩니다.

자기 자신과의 대화에서 가장 중요한 것은 '끊임없는 용기'입니다. 때로는 내가 마주하기 어려운 진실과 마주할 때도 있지만, 그 진실을 통해 우리는 더욱 성숙해지고 나 자신을 더 깊이 사랑하게 됩니다. 그 진실을 직면하는 용기와 나를 사랑하는 마음이 우리의 삶을 더 단단하게 만들어 줄 것입니다. 자신에게 솔직하게 말해보세요. "나는 완벽하지 않지만, 그럼에도 불구하고 나는 충분히 소중하고 가치 있어."

마지막으로, 자기 자신과의 대화는 단 한 번으로 끝나는 것이 아닙니다. 나와의 대화는 삶이 끝나는 순간까지 계속됩니다. 매일 나에게 집중하는 시간을 가지며, 그 안에서 나를 이해하고 수용하는 과정을 지속할 때, 우리는 더 나은 나로 변화하게 될 것입니다. 자신과의 대화는 결국 나를 사랑하고 존중하는 방법을 배우는 과정입니다. 그 대화를 통해 당신은 더욱 강하고 온전한 존재로 성장할 수 있을 것입니다.

마음의 소리에 귀 기울이기

03

　우리는 일상을 살아가며 외부의 소음에 익숙해져 있습니다. 사회적 기대, 타인의 목소리, 끝없는 정보의 홍수 속에서 정작 나의 내면에 귀 기울이는 시간을 잃어버리곤 하죠. 그러나 우리의 마음은 언제나 그 자리에 있으며, 그 소리에 귀 기울이는 순간 우리는 진정한 나 자신과 만날 수 있습니다. 마음의 소리는 나의 감정, 나의 바람, 그리고 나의 진정한 욕구를 말해주는 중요한 신호입니다. 그 소리를 들을 때, 우리는 비로소 나에게 가장 중요한 것이 무엇인지 알게 됩니다.

　마음의 소리에 귀 기울인다는 것은 내면의 작은 목소리를 들을 수 있는 능력을 키우는 것입니다. 이 소리는 종종 부드럽고 미약해서, 바쁘고 소란스러운 삶 속에서는 쉽게 놓치기 마련입니다. 하지만 그 소리를 무시하거나 외면하는 대신, 그 안에 담긴 메시지를 읽어보세요. "지금 내가 무엇을 원하는가?" 이 단순한 질문이 바로 그 시작입니다. 마음은 우리에게 필요한 것을 이미 알고 있습니다. 우리가 해야 할 일은 그 소리에 귀 기울이고, 그 감정에 따라 행동하는 용기를 가지는 것입니다.

　마음의 소리는 단순한 감정의 흐름을 넘어, 나의 진정한 상태를 알려주는 나침반과도 같습니다. 기쁘고 평온할 때는 마음이 안정되고, 불안하거나 슬플 때는 그것이 나에게 무언가 해결되지 않은 감정이 있음을 말해줍니다. 감정에 따른 반응이 아니라, 그 감정의 원인과 의미를 이해하려는 노력이 필요합니다. 마음속 불안이나 걱정이 들 때, 그것을 억누르지 말고 "왜 내가 이런 감정을 느끼고 있지?"라고 스스로에게 물어보세요. 그러면 그 감정의 뿌리를 찾고, 필요한 조치를 취할 수 있는 힘을 얻게 됩니다.

마음의 소리에 귀 기울이는 것은 나를 위한 시간과 공간을 만드는 것에서 시작됩니다. 하루 중 짧은 시간이라도 조용히 앉아, 나의 생각과 감정을 정리해보는 시간을 가져보세요. 그 순간들은 바쁘게 살아가는 우리에게 귀중한 휴식이 될 것입니다. 조용한 공간에서 스스로에게 귀 기울일 때, 우리는 그동안 놓쳤던 마음의 진짜 소리를 들을 수 있습니다. 마치 깊은 산속에서 바람 소리를 듣는 것처럼, 우리의 마음은 언제나 우리에게 말을 걸고 있음을 깨닫게 될 것입니다.

중요한 것은, 마음의 소리를 들을 때 그 소리를 비난하거나 판단하지 않는 것입니다. 내가 느끼는 감정이 긍정적이든 부정적이든, 그것은 모두 나의 진정한 상태를 반영하는 중요한 메시지입니다. 기쁨은 그 자체로 축복받아야 하며, 불안은 그 원인을 이해하고 치유할 수 있는 기회로 여겨져야 합니다. 마음의 소리에 귀 기울일 때, 우리는 더 이상 감정에 휘둘리지 않고, 오히려 그 감정을 통해 나를 이해하고 성장할 수 있는 힘을 얻게 됩니다.

이제부터라도 나의 마음을 들여다보는 연습을 시작해보세요. 내 마음이 지금 어떤 상태에 있는지, 그 감정이 나에게 무엇을 말하고 있는지를 들어보세요. 그 소리를 존중하고 그 안에 담긴 메시지를 귀하게 여기는 순간, 우리는 비로소 나 자신을 깊이 이해하게 되고, 더 큰 평온함을 얻을 수 있습니다.

마음의 소리에 귀 기울이는 과정은 우리 자신과의 연결을 회복하는 여정입니다. 마음은 종종 말없이 나에게 무언가를 전하려고 합니다. 그 메시지는 때로는 희미하고, 때로는 분명하게 다가오지만, 중요한 것은 그 소리를 듣고 이해하려는 우리의 태도입니다. 마음의 소리는 내가 필요로 하는 것, 내가 진정으로 원하는 것, 그리고 나의 내면에서 지금 무엇이 일어나고 있는지를 알려주는 나침반 같은 역할을 합니다.

가장 먼저 해야 할 일은 마음의 소리를 존중하는 것입니다. 우리에게 불편한 감정이 들 때, 그것을 무시하거나 억누르지 않고 그 감정을 있는 그대로 받아들여야 합니다. 우리는 흔히 슬픔이나 분노, 불안 같은 부정적인 감정을 피하려고 하지만, 그 감정들도 우리에게 중요한 메시지를 담고 있습니다. 예를 들어, 내가 무언가에 화가 나거나 답답함을 느낄 때, 그 감정은 나의 경계를 지키지 못했거나 내 가치관에 어긋나는 일이 있었음을 알려주는 신호일 수 있습니다. 그러니 그 감정을 억누르는 대신, "왜 내가 이런 감정을 느끼고 있을까?"라고 스스로에게 물어보는 것이 중요합니다.

이 과정은 쉽지 않을 수 있습니다. 특히 바쁜 일상 속에서는 마음의 소리를 듣는 것이 어려울 때가 많습니다. 우리는 종종 외부의 소음에 압도되어 나의 감정을 인식하지 못한 채 하루를 보냅니다. 하지만 마음의 소리에 귀 기울이는 습관을 들이면, 우리는 그 소음을 차단하고 내면의 목소리에 집중할 수 있는 힘을 얻게 됩니다. 짧은 시간이라도 나 자신에게 집중하는 순간을 만들어보세요. 산책을 하거나, 명상을 하거나, 그저 가만히 앉아 내 감정을 느끼는 것도 좋습니다. 이러한 순간들은 마음의 소리를 더 명확하게 듣게 해줄 것입니다.

마음의 소리를 들으면서 중요한 것은 판단하지 않는 태도입니다. 내가 느끼는 감정이 맞거나 틀리다고 판단하기보다는, 그 감정이 나에게 말하려는 것이 무엇인지 알아가는 것이 핵심입니다. 불안한 감정이 든다면, 그 불안이 나에게 무엇을 경고하고 있는지, 무엇을 변화시켜야 하는지를 살펴보세요. 불안이나 두려움은 단순히 부정적인 감정으로 치부될 것이 아니라, 우리를 더 안전하고 행복한 방향으로 이끌기 위한 신호일 수 있습니다. 그 신호에 귀 기울여야 우리는 삶에서 더 나은 선택을 할 수 있습니다.

우리가 마음의 소리에 귀 기울일 때 얻는 가장 큰 이점은 내면의 평화입니다. 내 감정을 이해하고 그 안에 담긴 메시지를 받아들이면, 우리는 더 이상 감정에 휘둘리거나 압도되지 않게 됩니다. 오히려 그 감정을 통해 나 자신을 더 깊이 이해하고, 나에게 필요한 것이 무엇인지 명확하게 알 수 있습니다. 이 과정은 나 자신에게 친절하게 대하는 법을 배우는 것이기도 합니다. 마음의 소리를 듣고, 그 소리를 존중하는 것은 곧 나를 사랑하는 행위입니다.

마지막으로, 마음의 소리에 귀 기울인다는 것은 나를 신뢰하는 것과도 같습니다. 우리는 내면의 목소리를 들을 때 비로소 나 자신을 믿고, 내가 어떤 길을 선택해야 하는지에 대한 확신을 얻게 됩니다. 외부의 소리보다 나의 목소리에 더 집중할 때, 우리는 진정한 나의 길을 찾을 수 있습니다. 마음의 소리를 듣고 그 소리에 따라 나아가는 순간, 우리의 삶은 더 의미 있고 충만해질 것입니다.

마음의 소리에 귀 기울이는 과정은 우리에게 참된 내면의 지혜를 선물합니다. 그동안 외부의 요구에 귀 기울이느라 놓쳤던 나의 진짜 목소리를 발견하는 순간, 우리는 새로운 통찰과 깨달음을 얻게 됩니다. 이 소리는 나의 감정뿐만 아니라, 나의 꿈과 바람을 명확히 알려주기도 합니다. 마음의 소리에 귀 기울일수록 나는 무엇을 원하는지, 무엇을 위해 살아가고 있는지를 더 잘 알 수 있습니다.

우리가 마음의 소리를 듣는다는 것은 나의 진정한 욕구를 찾아가는 여정이기도 합니다. 우리는 종종 타인의 기대나 사회적 기준에 맞추기 위해 나의 바람을 희생하곤 합니다. 그로 인해 진짜 내가 원하는 것이 무엇인지 잊어버린 채, 남의 삶을 살아가는 듯한 기분이 들 때가 많죠. 하지만 마음의 소리에 귀 기울이는 순간, 나의 진정한 바람이 다시 깨어납니다. 그리고 그 바람은 나를 나답게 만들고, 내 삶을 더욱 풍요롭고 행복하게 이끌어줄 것입니다.

마음의 소리는 또한, 내가 가고자 하는 방향을 더 분명하게 알려줍니다. 우리는 가끔 선택의 기로에서 혼란스러워할 때가 있습니다. 이 길이 맞는지, 저 길이 더 나은지 고민하며 망설이기도 합니다. 하지만 이럴 때일수록 마음의 소리를 듣는 것이 중요합니다. 그 소리는 이미 내가 어느 길로 가야 할지 알고 있습니다. 마음 깊숙이 자리 잡은 나의 목소리는 나를 올바른 방향으로 이끌어줄 것입니다. 우리는 그저 그 소리에 귀 기울이고, 그 목소리를 믿고 따라가면 됩니다.

마음의 소리를 들을 때 중요한 것은 '느림'의 가치입니다. 우리는 빠르게 변화하는 세상에서 살다 보니, 언제나 서두르고 급하게 결정을 내리려는 습관을 가지고 있습니다. 그러나 마음의 소리는 그리 급하지 않습니다. 마음의 진짜 목소리는 조용하고, 천천히 다가옵니다. 그래서 우리는 잠시 멈추어 서서 그 소리를 기다리고 들을 필요가 있습니다. 때로는 답을 찾는 데 시간이 걸리더라도, 그 느림 속에서 우리는 더 깊이 나를 이해하게 될 것입니다.

또한, 마음의 소리에 귀 기울인다는 것은 나의 직관을 믿는 것이기도 합니다. 우리는 논리적이고 이성적인 판단에 의지하느라, 때로는 내면의 직관을 무시할 때가 많습니다. 하지만 우리의 마음은 때로 이성보다 더 정확하게 나를 인도합니다. 내면의 직관은 나의 경험과 감정, 그리고 깊은 곳에 숨겨진 나의 지혜를 기반으로 하여 나에게 가장 좋은 선택을 알려줍니다. 마음의 소리를 들을 때 우리는 그 직관을 신뢰하고, 그에 따라 움직이는 용기를 가지게 됩니다.

마지막으로, 마음의 소리를 들을 때 우리는 더 이상 외부의 기준에 휘둘리지 않게 됩니다. 다른 사람의 의견이나 기대에 흔들리지 않고, 나만의 길을 확신하며 나아갈 수 있게 되죠. 마음의 소리는 언제나 나를 위한 길을 안내해줍니다. 그것은 타인의 길이 아니며, 오직 나를 위한 길입니다. 그 길을 따르는 것이 진정한 자유와 행복으로 가는 길입니다.

이제부터라도 내 마음의 소리에 더 귀 기울여 보세요. 그 소리는 나에게 필요한 모든 것을 이미 알고 있습니다. 그 소리에 따라 한 걸음씩 나아갈 때, 당신의 삶은 더욱 깊이 있는 평화와 만족으로 가득할 것입니다. 마음의 소리는 결코 나를 배신하지 않으며, 언제나 나에게 최선의 길을 알려줄 것입니다.

마음의 소리에 귀 기울이는 일은 삶의 여정을 더 풍요롭게 만드는 중요한 기술입니다. 그 소리를 들을 때, 우리는 더 이상 외부의 기준이나 요구에 휘둘리지 않고, 오롯이 나 자신에게 충실한 선택을 할 수 있게 됩니다. 그리고 무엇보다, 그 소리를 들을 때 우리는 나 자신과 더 깊은 연결을 느끼게 됩니다. 마음의 소리는 단지 감정이나 생각을 넘어서, 나의 존재 그 자체와 대화하는 방식이기도 합니다.

이 과정을 통해 우리는 '진정한 나'를 만나는 기회를 얻게 됩니다. 그동안 바쁜 삶 속에서 나는 누구였을까요? 타인의 기대에 맞추느라, 혹은 사회가 요구하는 역할에 충실하느라 정작 나 자신을 외면했을지도 모릅니다. 하지만 마음의 소리는 그 외면했던 나 자신을 다시 만나게 해줍니다. 내가 정말로 바라는 것, 내가 소중하게 여기는 것, 그리고 나만의 고유한 가치를 발견하게 되는 순간, 우리는 더 이상 외부의 평가에 흔들리지 않고 자신감 있게 나아갈 수 있습니다.

마음의 소리는 우리에게 선택의 자유를 줍니다. 많은 경우, 우리는 선택의 순간에 두려움을 느끼곤 합니다. 잘못된 결정을 내릴까 봐, 또는 실패할까 봐 걱정하는 마음에 망설이게 됩니다. 하지만 마음의 소리를 들으면 우리는 더 이상 두려움에 얽매이지 않습니다. 그 소리는 우리가 직관적으로 옳다고 느끼는 방향으로 이끌어주기 때문입니다. 나의 직관이 말하는 것을 신뢰하는 순간, 우리는 더 큰 자유를 느끼며, 그 선택이 나를 위한 최선이라는 확신을 가지게 됩니다.

그리고 이 소리는 우리가 어려운 시기에 더욱 필요합니다. 때로는 삶이 힘들고 복잡할 때, 우리는 무엇을 해야 할지 몰라 혼란에 빠지게 됩니다. 그럴 때일수록 마음의 소리에 귀 기울이는 것이 중요합니다. 겉으로는 복잡하고 문제가 얽혀 있는 것처럼 보이지만, 마음속 깊은 곳에서는 이미 해

답을 알고 있는 경우가 많습니다. 우리가 스스로에게 충분한 시간을 주고 그 소리를 들을 때, 그 안에서 길을 찾게 되는 순간이 옵니다. 혼란 속에서도 우리를 지탱해주는 것은 바로 내면의 목소리입니다.

마음의 소리를 들으려면 무엇보다 '신뢰'가 필요합니다. 그 소리는 때로 논리적이지 않을 수 있고, 즉각적인 답을 주지 않을 수도 있습니다. 그러나 그 소리를 신뢰할 때, 우리는 나 자신에 대한 믿음을 키울 수 있습니다. 내가 나에게 보내는 신호를 믿고, 그 신호에 따라 움직일 용기가 생길 때, 우리는 더 이상 흔들리지 않고 앞으로 나아갈 수 있습니다. 그것이 바로 내면의 힘입니다. 나를 신뢰하는 힘은 외부에서 오는 것이 아니라, 오직 내 안에서 나오는 것입니다.

마음의 소리에 귀 기울인다는 것은 결국 나 자신과 하나가 되는 길입니다. 그 소리는 나의 진정한 욕구와 바람을 알려주고, 내가 누구인지를 분명하게 보여줍니다. 우리는 그 소리를 듣는 법을 배움으로써 더 온전한 나로 살아갈 수 있습니다. 더 이상 외부의 소음에 휩싸여 방향을 잃지 않고, 내면의 지혜에 따라 나의 삶을 이끌어 갈 수 있습니다.

이제, 마음의 소리에 더 귀 기울여 보세요. 그 소리는 언제나 나에게 말을 걸고 있습니다. 그 소리를 존중하고, 그 안에 담긴 지혜를 신뢰할 때, 우리는 더 단단한 나를 만나게 될 것입니다. 마음의 소리는 나의 인생에서 가장 중요한 조언자입니다. 그 목소리가 내 길을 밝히고, 나를 더 깊은 평화로 이끌어줄 것입니다.

마음의 소리에 귀 기울이는 과정은 끊임없는 연습을 요구합니다. 우리는 늘 바쁘게 살아가고, 외부에서 들려오는 수많은 목소리에 둘러싸여 있기 때문에, 내면의 작은 소리를 놓치기 쉽습니다. 하지만 그 소리에 집중하는 순간, 우리는 더 이상 주변의 소음에 휘둘리지 않고 내 안의 평화로 돌아갈 수 있습니다. 그 평화 속에서 비로소 나의 진정한 소리가 선명하게 들려옵니다.

마음의 소리를 듣는 데 필요한 가장 중요한 요소는 '침묵'입니다. 우리 삶에서 조용한 시간을 만들어내는 것이야말로 내면의 소리를 제대로 들을 수 있는 첫걸음입니다. 우리는 너무 바쁜 나머지, 스스로를 돌볼 시간을 잃고, 그러다 보면 내 마음의 목소리도 놓치게 됩니다. 하지만 잠시 멈추어 조용한 시간을 가질 때, 마음은 그제야 천천히 나에게 이야기를 시작합니다. 이때 중요한 것은 그 침묵을 두려워하지 않고, 그 속에서 나의 내면과 다시 연결될 기회를 찾는 것입니다.

마음의 소리에 귀 기울이기 위해서는 '지금, 이 순간'에 집중하는 법도 배워야 합니다. 우리는 종종 과거의 후회나 미래에 대한 불안 속에서 방황하지만, 내 마음의 진짜 소리는 항상 현재에 있습니다. 내가 지금 느끼고 있는 감정, 내가 지금 경험하고 있는 상태가 바로 마음의 소리가 들려오는 곳입니다. 그러니 과거의 실수나 미래에 대한 걱정에서 벗어나, 오롯이 지금 이 순간에 집중해보세요. 그 순간에 나의 진짜 감정이 무엇인지, 그리고 그것이 나에게 무엇을 말하려 하는지 알 수 있게 될 것입니다.

마음의 소리를 듣는 것은 내가 누구인지를 다시금 확인하는 일입니다. 그동안 나는 나 자신을 제대로 바라보지 못했을지도 모릅니다. 외부에서 나에게 던져진 역할이나 기대 속에서 진정한 나를 발견하는 것이 어렵게 느껴질 때가 많았을 것입니다. 하지만 마음의 소리는 그 모든 외부의 프레임을 벗어던지고, 나의 진짜 모습을 그대로 보여줍니다. 나는 무엇을 원하고, 무엇을 소중히 여기며, 무엇을 위해 살아가고 싶은지 마음의 소리를 들으면 분명해집니다.

그렇다고 해서 항상 마음의 소리가 뚜렷하거나, 내가 원하는 답을 즉각적으로 주는 것은 아닙니다. 때로는 그 소리가 모호하게 들릴 수도 있고, 그 답을 찾는 데 시간이 걸릴 수도 있습니다. 그럴 때 우리는 인내심을 가져야 합니다. 마음의 소리는 우리가 충분히 그 소리에 귀 기울일 준비가 되었을 때 비로소 명확해집니다. 너무 서두르지 말고, 그 소리가 자연스럽게 드러날 때까지 기다리는 것이 필요합니다.

마음의 소리에 귀 기울이는 과정은 나와의 신뢰를 쌓는 시간이기도 합니다. 우리는 종종 나 자신을 믿지 못할 때가 있습니다. 스스로의 선택을 의심하고, 다른 사람들의 조언이나 의견에 더 의존하려고 합니다. 하지만 마음의 소리를 듣는 연습을 하다 보면, 우리는 조금씩 나 자신을 더 믿게 될 것입니다. 나의 내면에 이미 충분한 지혜가 있고, 그 지혜가 나를 옳은 길로 인도한다는 믿음을 갖게 됩니다. 그 믿음은 나를 더 단단하게 만들어 줄 것입니다.

마지막으로, 마음의 소리를 들었다면 그 소리에 따라 행동하는 용기도 필요합니다. 단순히 소리를 듣는 것에 그치지 않고, 그 소리가 이끄는 대로 나아가야 합니다. 그것이 비록 다른 사람들과는 다른 길일지라도, 내 마음이 말하는 방향으로 가는 것이 결국 나에게 진정한 행복을 가져다줄 것입니다. 마음의 소리를 따라가는 것이 때로는 두려울 수 있지만, 그 소리를 신뢰할 때 우리는 더 자유롭고, 더 충만한 삶을 살 수 있을 것입니다.

지금 이 순간, 나의 마음은 나에게 무엇을 말하고 있을까요? 그 소리에 귀 기울이고, 그 소리가 이끄는 방향으로 한 걸음 나아가 보세요. 그 길이야말로 나를 더 온전하게 만들어주는 길입니다.

마음의 소리에 귀 기울이기 위해 필요한 또 다른 중요한 요소는 '수용'입니다. 우리는 종종 마음이 전해주는 감정을 쉽게 받아들이지 못하고, 그 감정을 외면하려 하거나 억누르려는 경향이 있습니다. 불안, 두려움, 슬픔 같은 감정들은 부정적으로 느껴지기 때문에, 그것들이 나에게 다가올 때 우리는 피하고 싶어집니다. 하지만 마음의 소리를 진정으로 듣는다는 것은 그 소리가 전달하는 모든 감정을 있는 그대로 수용하는 것입니다.

때로는 나의 감정이 혼란스럽고 복잡할 수 있습니다. 내가 왜 이런 기분을 느끼는지조차 명확하지 않을 때도 있지요. 그럴 때 중요한 것은 판단하지 않고 그 감정 자체를 인정하는 것입니다. "나는 지금 이런 감정을 느끼고 있구나"라고 스스로에게 말해보세요. 그 감정이 긍정적이든 부정적이든, 그 감정이 나에게 어떤 메시지를 전하려는지 충분히 시간을 들여 느끼고 받아들이는 과정이 필요합니다. 억누르지 않고 받아들이는 순간, 우리는 그 감정의 원인을 더 깊이 이해하게 되고, 스스로를 더 잘 돌볼 수 있게 됩니다.

수용의 또 다른 측면은 '있는 그대로의 나'를 받아들이는 것입니다. 마음의 소리는 내가 완벽하지 않다는 사실을 가르쳐줍니다. 우리는 완벽해지기 위해 애쓰지만, 사실 완벽하지 않은 나도 충분히 가치 있는 존재라는 것을 인정해야 합니다. 마음의 소리에 귀 기울이는 과정에서, 우리는 나의 결점과 약점을 발견할 수 있습니다. 하지만 그것을 부정하거나 숨기기보다는, 그 자체로 나를 이루는 중요한 부분임을 받아들여야 합니다. 나의 불완전함을 인정하는 순간, 우리는 스스로를 더 너그럽게 대할 수 있게 됩니다.

마음의 소리를 들을 때, 우리는 종종 내가 그동안 외면해왔던 욕구와 마주하게 됩니다. 삶의 바쁜 일정 속에서, 나는 나 자신이 진정으로 원하는 것들에 대해 깊이 생각하지 못했을 수 있습니다. 하지만 마음은 언제나 나에게 그 욕구를 상기시킵니다. "나는 무엇을 원하고 있을까?"라는 질문을 스스로에게 던져보세요. 그 질문에 대한 답은 마음속 깊은 곳에 자리 잡고 있으며, 그 답을 발견하는 순간 우리는 우리 자신에게 더 충실한 삶을 살아갈 수 있습니다.

그리고 나의 마음이 전하는 소리를 이해한 후에는 그 소리에 맞는 행동을 해야 합니다. 단순히 마음의 소리를 듣는 것만으로는 충분하지 않습니다. 내가 느끼는 감정과 욕구가 나에게 무엇을 원하고 있는지를 알아차렸다면, 이제는 그에 따라 움직일 차례입니다. 마음은 나에게 단순히 느끼는 것 이상을 요구합니다. 마음이 가리키는 방향으로 용기 있게 나아가는 것이 나 자신에게 충실한 삶을 사는 방법입니다. 이 과정이 바로 내면의 소리에 귀 기울이고, 그 소리에 따라 나의 길을 선택하는 것이죠.

마음의 소리를 따르는 것이 때로는 불안하게 느껴질 수 있습니다. 익숙하지 않은 길을 걸어야 할 수도 있고, 타인의 기대와는 다른 선택을 해야 할 때도 있습니다. 그러나 그 불안감을 받아들이고, 나의 내면이 말하는 대로 한 발짝 나아가는 용기를 가져보세요. 마음의 소리를 따르는 길은 결국 나에게 가장 의미 있는 길이며, 그 길에서 우리는 진정한 자유를 경험하게 될 것입니다.

마지막으로, 마음의 소리에 귀 기울이는 것은 지속적인 과정입니다. 그 소리는 일시적인 것이 아니라, 언제나 나와 함께 있습니다. 삶의 어느 순간에든 내가 나의 목소리를 들을 수 있다는 사실을 잊지 마세요. 바쁘고 복잡한 일상 속에서도 나의 마음과 연결될 시간을 자주 가지며, 그 소리를 듣는 연습을 이어가면, 우리는 더욱 깊이 있는 평화와 만족을 얻게 될 것입니다. 마음의 소리는 언제나 나에게 길을 안내해 줄 것입니다.

마음의 소리에 귀 기울이는 일은 결국, 나 자신과 더 깊이 소통하는 방법을 배우는 것입니다. 우리는 종종 타인의 목소리나 외부 환경에 의해 내 마음의 소리를 묵살할 때가 많습니다. 하지만 그럴수록 우리는 내면의 불안정함을 느끼게 되고, 내가 진정으로 무엇을 원하는지 혼란스러워집니다. 내 마음의 소리는 나의 가장 진실한 욕구와 감정을 반영하며, 그 소리를 무시할 때, 우리는 점점 나 자신과 멀어지게 됩니다. 반대로 그 소리에 귀를 기울일 때, 우리는 비로소 나와 깊이 연결되고 나 자신을 더 잘 이해할 수 있게 됩니다.

이 과정에서 중요한 것은 '진실한 대화'를 나와 나누는 것입니다. 마음의 소리를 듣기 위해서는 정직한 대화가 필요합니다. 때로 우리는 스스로를 속이며, 내가 원하는 것을 제대로 바라보지 않으려 할 때가 있습니다. 하지만 마음은 그 진실을 숨기지 않습니다. 마음의 소리가 전하는 메시지가 불편할지라도, 그것을 있는 그대로 받아들이는 것이 나를 더 깊이 이해하는 시작점이 됩니다. 이 정직한 대화는 내가 두려워하거나 회피하고 싶었던 감정들을 마주하는 용기를 요구합니다.

마음의 소리는 우리에게 방향성을 제시해 주기도 합니다. 인생의 중요한 순간에 결정을 내려야 할 때, 마음의 소리는 이미 나에게 가장 적합한 선택을 알고 있습니다. 하지만 그 소리를 듣기 위해서는 주변의 소음을 줄이고, 나의 내면에 집중하는 시간이 필요합니다. 마음의 소리를 무시한 채, 외부의 목소리에만 의존하면 우리는 더 혼란스러운 길을 걸을 수 있습니다. 중요한 결정 앞에서 잠시 멈추고, 나의 마음이 전하는 진정한 소리를 들으세요. 그 소리는 당신이 가야 할 방향을 가르쳐줄 것입니다.

또한 마음의 소리를 듣는 과정은 우리에게 '자기 신뢰'를 키우는 데 도움을 줍니다. 내 마음의 소리에 귀를 기울이고, 그 소리에 따라 결정을 내리기 시작하면 우리는 점점 나 자신을 더 믿게 됩니다. 스스로의 선택에 대한 신뢰는 외부의 평가나 기준에 의존하지 않고도 나의 삶을 주체적으로 이끌어가는 힘을 줍니다. 내가 내린 결정이 완벽하지 않을 수도 있지만, 중요한 것은 그 선택이 나의 내면에서 나왔다는 사실입니다. 나의 마음을 따르는 것이 나에게 가장 올바른 길이라는 확신을 가지는 것이야말로 진정한 자기 신뢰입니다.

이 과정에서 우리는 '인내심'도 배워야 합니다. 마음의 소리는 때로 명확하게 들리지 않을 때도 있습니다. 모든 답을 즉시 얻을 수 없으며, 그것을 찾는 데 시간이 필요할 수도 있습니다. 하지만 그 답이 늦더라도, 우리는 서두르지 말고 그 소리가 명확해질 때까지 기다리는 법을 배워야 합니다. 마음의 소리는 조용하고 은밀하게 다가올 때가 많기 때문에, 그 소리를 들으려면 마음을 평온하게 유지하고, 끈기 있게 기다릴 줄 알아야 합니다. 그 인내 속에서 우리는 더 깊은 내면의 지혜를 발견하게 될 것입니다.

마음의 소리에 귀 기울인다는 것은 결국 나를 사랑하는 일입니다. 나의 감정과 욕구를 존중하고, 나의 결정을 스스로 지지하는 것이 나를 아끼고 사랑하는 방법입니다. 외부의 평가에 좌우되지 않고, 내가 나의 목소리에 충실할 때, 우리는 비로소 진정한 나 자신을 살아갈 수 있습니다. 나의 마음은 언제나 나의 행복과 평안을 위해 일하고 있습니다. 그 마음의 소리에 더 자주 귀 기울이고, 그 소리를 따라가 보세요.

마지막으로, 마음의 소리를 듣는 일은 나의 인생에서 가장 중요한 연습입니다. 우리는 살아가면서 수많은 도전을 마주하고, 그 속에서 방향을 잃을 때도 있습니다. 하지만 언제나 내 안에는 나를 이끌어줄 소중한 목소리가 존재하고 있습니다. 그 소리에 귀 기울이고, 나 자신을 신뢰하는 순간, 우리는 어떤 도전 앞에서도 흔들리지 않고 나아갈 힘을 얻게 될 것입니다.

마음의 소리에 귀 기울이는 과정은 나와 세상을 더 깊이 연결하는 중요한 도구입니다. 우리가 마음속 깊은 곳에서 들려오는 소리를 들을 때, 우리는 더 이상 타인의 목소리에 휘둘리지 않고, 나만의 삶의 길을 걸어갈 수 있게 됩니다. 그것은 곧 나를 있는 그대로 받아들이고, 나의 삶을 내가 주도적으로 이끌어 가는 첫 걸음입니다.

내면의 소리를 들으려면, 우리가 살아가는 순간순간에 집중하는 훈련이 필요합니다. 우리는 종종 과거의 실수에 얽매이거나 미래에 대한 걱정 속에 갇히게 됩니다. 하지만 마음의 소리는 언제나 '지금 여기'에 있습니다.

현재의 순간에 몰입할 때, 비로소 우리는 마음이 보내는 미묘한 신호들을 감지할 수 있게 됩니다. 현재에 머무르는 것이란, 과거의 후회도, 미래의 불안도 내려놓고 오로지 지금 내가 어떤 감정을 느끼고, 어떤 선택을 하려는지 온전히 느끼는 것입니다.

지금 이 순간 내가 느끼는 감정이 어떤 것이든, 그것을 판단하지 말고 그대로 받아들이는 것이 중요합니다. 기쁨이든, 슬픔이든, 불안이든, 모든 감정은 나에게 소중한 메시지를 담고 있습니다. 마음의 소리는 때로는 불안과 걱정의 형태로 나타날 수도 있지만, 그 감정이 나를 약하게 만드는 것이 아니라, 오히려 더 강하게 만들어 줄 중요한 기회를 제공해줍니다. 불안이 들 때, 그 감정이 나에게 무엇을 알려주고자 하는지 귀 기울여 보세요. 그 불안은 단순한 두려움이 아니라, 더 나은 방향으로 나아가기 위한 신호일 수도 있습니다.

마음의 소리를 듣고 나의 감정을 수용하는 것이 나를 더 성장하게 만듭니다. 우리는 종종 부정적인 감정을 무시하려 하거나 억누르려는 경향이 있습니다. 하지만 마음의 소리는 우리가 억누르려 할 때 더 크게 울립니다. 그것은 그 감정이 우리에게 전달해야 할 중요한 메시지가 있기 때문입니다. 그 메시지를 수용하고 그 감정과 함께 시간을 보낼 때, 우리는 내면의 힘을 더욱 강하게 키울 수 있습니다.

이 과정에서 중요한 것은 '자기 자신에 대한 신뢰'입니다. 내면의 소리에 따라 행동할 때, 그 선택이 남들이 보기에 이상해 보일 수도 있고, 때로는 불안할 수도 있습니다. 하지만 중요한 것은 나의 선택을 내가 믿고 지지하는 것입니다. 자기 자신을 믿는다는 것은, 내가 내리는 선택이 나에게 최선의 길을 안내하고 있다는 확신을 가지는 것입니다. 타인의 시선이나 의견에 흔들리지 않고, 오로지 내 마음의 소리에 따라 나아가는 그 순간이야말로 진정한 나의 삶을 살아가는 길입니다.

마음의 소리에 귀 기울이는 것은 결국 나 자신을 깊이 사랑하는 일입니다. 나의 모든 감정과 생각을 존중하고, 그 안에서 나를 있는 그대로 받아들이는 것이죠. 우리는 완벽하지 않지만, 그 불완전함 속에서 나 자신을 사랑하고 인정할 때, 비로소 진정한 자기 수용이 이루어집니다. 그 수용을 통해 우리는 더 자유롭게, 더 당당하게 살아갈 수 있습니다.

지금, 당신의 마음은 어떤 이야기를 하고 있나요? 그 소리를 들을 준비가 되었나요? 마음의 소리는 언제나 당신을 향해 열려 있고, 당신이 필요할 때 그 소리는 가장 솔직한 진실을 전달해줄 것입니다. 그 소리를 믿고, 그 소리에 따라 삶을 이끌어가세요. 마음의 소리는 결코 당신을 실망시키지 않을 것입니다.

감정의 파도에 휩쓸리지 않는 법

04

 감정은 마치 바다의 파도처럼 우리에게 끊임없이 밀려옵니다. 때로는 평온하고 부드러운 물결이지만, 때로는 거칠고 강한 파도가 우리의 일상을 휘감기도 합니다. 그러나 이 파도 속에서 중요한 것은, 그 감정에 휩쓸리지 않고 중심을 잡는 법을 배우는 것입니다. 감정은 자연스러운 것이며, 우리가 그것을 억누를 필요는 없습니다. 다만 그 감정이 나의 전부가 되는 것이 아니라, 감정이 지나가도록 허용하면서도 나의 중심을 잃지 않는 법을 익히는 것이 필요합니다.

 감정에 휩쓸리지 않는다는 것은 그 감정을 무시하거나 억누르는 것이 아닙니다. 오히려 그 감정을 인정하고 받아들이는 것이 첫걸음입니다. 우리가 슬픔, 분노, 불안 같은 감정을 느낄 때, 그 감정은 나에게 어떤 중요한 신호를 보내고 있을 수 있습니다. 그 감정을 억누르면 오히려 그 파도는 더 커질 수 있습니다. 하지만 그 감정을 인정하고, "지금 나는 이런 감정을 느끼고 있구나"라고 스스로에게 말하는 순간, 우리는 그 감정의 파도를 평온하게 마주할 수 있습니다.

 감정의 파도를 피할 수는 없지만, 그 파도 속에서도 나의 마음을 잔잔하게 유지하는 방법은 있습니다. 그것은 바로 '나의 중심'을 찾는 일입니다.

감정이 밀려올 때 우리는 그 감정에 사로잡혀 나 자신을 잃을 때가 많습니다. 하지만 감정이 지나가는 동안에도 나는 여전히 나라는 사실을 기억해야 합니다. 감정은 나의 일부분일 뿐이지, 나의 전부가 아닙니다. 감정이 나를 잠시 흔들 수는 있지만, 그 감정이 나의 존재를 대신할 수는 없습니다. 중심을 잃지 않기 위해서는 내가 누구인지, 무엇을 중요하게 여기는지를 마음속 깊이 간직해야 합니다.

이때 중요한 것은 '거리 두기'입니다. 감정은 매우 강렬할 수 있으며, 그 강렬함이 우리를 덮치면 마치 그 감정이 나의 모든 것을 차지하는 듯한 착각이 들 때도 있습니다. 그러나 그럴 때일수록 한 걸음 물러서서 그 감정을 바라보는 연습이 필요합니다. 감정과 나 사이에 약간의 거리를 두고 그 감정을 바라보세요. "지금 나는 슬픔을 느끼고 있구나", "지금 나는 화가 나고 있구나"라고 스스로에게 말해보는 것입니다. 이렇게 감정과 거리를 둘 때, 우리는 감정에 휘말리기보다는 그 감정이 지나가도록 허용하는 여유를 가질 수 있습니다.

감정의 파도를 잔잔하게 마주하는 또 하나의 방법은 호흡입니다. 감정이 휘몰아칠 때 우리는 숨이 가빠지고, 긴장이 몸에 쌓이게 됩니다. 이때 천천히 깊은 숨을 들이쉬고 내쉬며, 몸과 마음을 진정시키는 것이 도움이 됩니다. 심호흡을 통해 우리는 감정의 격렬함을 가라앉히고, 마음의 고요를 다시 찾아갈 수 있습니다. 마음속 파도가 높아질 때, 그 파도에 그대로 몸을 맡기는 것이 아니라, 호흡을 통해 파도 속에서 균형을 유지하는 법을 배우는 것이죠.

마지막으로, 감정의 파도 속에서 나를 지키는 가장 강력한 도구는 '자기 연민'입니다. 감정에 휩쓸렸을 때 우리는 스스로를 비난하거나 실망할 수 있습니다. 하지만 그 순간에도 나 자신에게 따뜻한 말을 건네는 것이 중요합니다. "괜찮아, 이 감정도 지나갈 거야"라고 스스로에게 말해보세요. 감정은 영원히 지속되지 않으며, 시간이 지나면 반드시 잔잔해집니다. 그 사실을 기억하고, 나 자신을 너그럽게 바라볼 때 우리는 감정의 파도 속에서도 잃지 않고 나아갈 힘을 얻게 될 것입니다.

감정의 파도는 우리가 막을 수 없지만, 그 파도에 휩쓸리지 않고 나의 중심을 지킬 수 있는 방법은 언제나 우리에게 있습니다.

감정의 파도에 휩쓸리지 않기 위해서는, 먼저 그 파도가 오는 것을 알아차리는 것이 중요합니다. 우리는 감정이 차오를 때 종종 그 감정에 몰입하거나 휩싸여, 스스로 그 감정에 빠지고 있다는 사실조차 깨닫지 못할 때가 많습니다. 하지만 감정이 밀려오는 초기 신호를 감지할 수 있다면, 우리는 더 쉽게 그 감정과 거리를 둘 수 있게 됩니다. 슬픔, 분노, 불안 같은 감정들이 천천히 올라오는 순간을 느끼고, 그 감정이 나를 지배하기 전에 잠시 멈춰 서는 것이죠.

이때 필요한 것은 '멈춤의 기술'입니다. 감정이 나를 휘감기 시작할 때,

잠시 멈추어 그 감정을 바라보는 연습을 해보세요. 그 감정에 대해 생각하기 전에, 나의 신체와 마음에 어떤 변화가 일어나고 있는지 관찰하는 것입니다. 예를 들어, 분노가 올라올 때 심장이 빠르게 뛰고 손이 떨릴 수도 있습니다. 불안할 때는 숨이 가빠지고 가슴이 답답할 수도 있죠. 이 신체적 반응들을 느끼는 순간, 우리는 그 감정에 즉각적으로 반응하지 않고, 한 발짝 물러나서 그 감정을 바라보게 됩니다.

그다음으로 중요한 것은, 감정이 전해주는 메시지를 이해하려는 노력입니다. 감정은 우리의 적이 아닙니다. 오히려 그 감정은 나에게 중요한 메시지를 전달하려고 합니다. 분노는 내가 어떤 경계를 넘었다는 신호일 수 있고, 불안은 내가 아직 준비되지 않은 상황에 직면했음을 알려주는 것일 수 있습니다. 이 감정들은 우리에게 소중한 정보를 주고 있기 때문에, 그것을 무시하거나 억누르기보다는, 그 메시지를 듣고 이해하는 태도가 필요합니다.

우리가 감정을 받아들이고, 그 감정이 전하는 메시지를 이해하는 순간, 우리는 그 감정이 나에게서 물러가는 것을 느낄 수 있습니다. 그 감정이 사라지는 것이 아니라, 나와의 거리를 두고 흐르기 시작하는 것이죠. 감정은 물처럼 흐르는 것이지, 나를 붙잡고 있는 것이 아닙니다. 우리가 그 감정에 맞서거나 거부할 때 오히려 그 감정은 더 강하게 남아있지만, 그것을 인정하고 허용할 때, 감정은 자연스럽게 흘러가게 됩니다.

또 하나의 중요한 방법은 '자기 돌봄'입니다. 감정의 파도가 높을 때, 우리는 나 자신을 돌보는 법을 잊어버리기 쉽습니다. 그 감정에 휩쓸려 스스로에게 가혹해지거나, 나의 상태를 외면하게 되죠. 하지만 그럴 때일수록 스스로에게 따뜻한 배려와 위로를 건네야 합니다. 감정이 나를 괴롭힐 때, 나 자신을 더욱 아끼고 돌보는 시간을 가져보세요. 잠시 나를 위한 공간을 마련하고, 내가 좋아하는 음악을 듣거나 책을 읽으며 마음을 진정시키는 것도 좋습니다. 그 작은 순간들이 나에게 큰 위로가 되어 줄 것입니다.

그리고 중요한 것은, 감정의 파도가 언제나 계속되는 것은 아니라는 사실입니다. 감정은 영원하지 않습니다. 우리는 종종 감정에 휩싸일 때 그 감정이 나를 영원히 지배할 것처럼 느끼지만, 사실 감정은 시간에 따라 변화하고 사라집니다. 그것을 기억하는 것이 중요합니다. 내가 지금 느끼는 슬픔, 분노, 불안이 시간이 지나면 잔잔해지고 사라질 것이라는 사실을 인식하는 것만으로도 우리는 그 감정의 격렬함 속에서 평온을 찾을 수 있습니다.

마지막으로, 감정의 파도에 휩쓸리지 않으려면 우리에게는 '일관된 연습'이 필요합니다. 감정은 늘 우리 곁에 있기 때문에, 우리는 매일 감정을 마주하고, 그것을 다루는 법을 연습해야 합니다. 이 과정에서 우리는 조금씩 더 나은 방법을 찾게 되고, 감정이 나를 덮치더라도 중심을 잃지 않는 법을 배워갑니다. 이 연습을 통해 우리는 감정의 파도를 더욱 평온하게 마주할 수 있으며, 결국 더 단단한 내면을 가질 수 있게 될 것입니다.

감정의 파도가 밀려올 때마다, 나는 그 파도를 넘어설 수 있는 힘을 가지고 있다는 사실을 기억하세요.

감정의 파도에 휩쓸리지 않는다는 것은 내가 그 감정을 완전히 통제하는 것이 아니라, 그 감정 속에서 나 자신을 잃지 않는 법을 배우는 것입니다. 감정은 우리 삶에서 피할 수 없는 부분이며, 그것이 없다면 우리는 중요한 순간에 반응할 수 없을지도 모릅니다. 하지만 그 감정이 지나치게 커져서 나의 판단이나 행동을 좌우할 때 문제가 생기죠. 따라서 감정을 건강하게 받아들이고, 그 안에서 평정을 유지하는 연습이 필요합니다.

먼저, 우리는 감정이 나의 일부일 뿐이라는 사실을 기억해야 합니다. 때로는 감정에 깊이 빠져들어, 그 감정이 나의 전부인 것처럼 느낄 때가 있습니다. 하지만 감정은 내가 느끼는 하나의 반응일 뿐이지, 나의 본질은 아닙니다. 감정이 강하게 다가올 때 스스로에게 이렇게 말해보세요. "지금 나는 이 감정을 느끼고 있지만, 이 감정이 내가 아니다." 이 짧은 문장은 나와 감정 사이에 건강한 거리를 만들어줍니다. 그 거리를 통해 우리는 감정의 물결 속에서도 나 자신을 잃지 않고, 나의 중심을 유지할 수 있게 됩니다.

또한, 감정을 바라보는 시선을 바꾸는 것도 큰 도움이 됩니다. 우리는 종종 부정적인 감정을 피하려 하거나 억누르려는 경향이 있습니다. 슬픔, 분노, 불안 같은 감정은 나에게 불쾌함을 주기 때문에, 그것들을 밀어내려고 합니다. 그러나 감정은 억누를수록 더 강해지고, 더 오래 남습니다. 오히려 그 감정을 호기심과 따뜻한 시선으로 바라보는 것이 중요합니다. "내가 지금 이 감정을 느끼는 이유는 무엇일까?", "이 감정이 나에게 무엇을 말하려 하는 걸까?"라고 스스로에게 물어보는 순간, 우리는 감정을 이해하게 되고, 그것을 건강하게 처리할 수 있습니다.

감정을 다루는 과정에서 중요한 또 하나의 요소는 '균형 잡기'입니다. 우리는 종종 감정의 극단으로 치우치기 쉽습니다. 기쁨이나 행복 같은 긍정적인 감정은 무조건 끌어안으려 하고, 부정적인 감정은 피하려고만 합니다. 하지만 우리의 삶은 다양한 감정이 어우러져야만 온전해집니다. 부정적인 감정도 그 자체로 중요한 역할을 합니다. 그것들은 우리의 한계를 알게 해주고, 변화가 필요하다는 신호를 줍니다. 감정의 파도 속에서 중심을 잡으려면, 긍정적인 감정과 부정적인 감정 모두를 균형 있게 받아들이는 것이 중요합니다. 양쪽의 감정을 있는 그대로 받아들이는 그 순간, 우리는 감정의 파도에 흔들리지 않는 법을 배워가게 됩니다.

또한, 감정의 파도가 몰아칠 때는 나만의 '안전 지대'를 찾는 것이 필요합니다. 이 안전 지대는 물리적인 공간일 수도 있고, 마음속에서 평온을 찾는 방법일 수도 있습니다. 우리에게 평안을 주는 작은 습관이나 장소는 감정의 소용돌이 속에서 나를 지탱해주는 큰 힘이 됩니다. 평소에 자신에게 위로가 되는 활동들을 정리해두고, 감정이 격렬할 때 그 활동에 의지해보세요. 이때 중요한 것은 그 활동들이 나에게 진정한 평안을 줄 수 있어야 한다는 것입니다. 단순히 감정을 잊기 위한 방법이 아니라, 그 감정을 온전히 받아들이면서도 나를 보호할 수 있는 방법이어야 합니다.

마지막으로, 감정의 파도를 마주할 때 우리에게 필요한 것은 '끊임없는 연습'입니다. 감정을 다스리는 것은 단번에 이루어지지 않습니다. 우리는 매일의 삶 속에서 다양한 감정을 경험하게 되고, 그때마다 중심을 잡는 연습을 해야 합니다. 이 연습이 쌓이면, 우리는 점점 더 감정에 흔들리지 않고 나 자신을 지킬 수 있게 됩니다. 그리고 이 과정을 통해 우리는 더 성숙하고 단단한 내면을 갖추게 될 것입니다.

감정의 파도 속에서도 당신은 충분히 자신을 지켜낼 수 있습니다. 그 파도가 잠시 세차게 휘몰아치더라도, 당신은 그 안에서 중심을 잃지 않고, 평온을 되찾을 수 있는 힘을 가지고 있습니다.

감정의 파도에 휩쓸리지 않기 위해서는 자신의 내면에 깊이 뿌리를 내리는 연습이 필요합니다. 바람이 거세게 불어도 뿌리 깊은 나무는 흔들리지 않듯이, 우리도 마음의 중심을 잃지 않고 감정의 물결을 견뎌낼 수 있습니다. 감정은 그때그때 다르게 찾아오지만, 우리의 내면이 안정되어 있다면 어떤 감정이든 평온하게 받아들일 수 있습니다. 이 평온은 외부에서 오는 것이 아니라, 내 안에서 나오는 것입니다.

그렇다면 어떻게 마음의 중심을 잡을 수 있을까요? 우선 '내가 통제할 수 있는 것과 통제할 수 없는 것'을 구분하는 연습이 중요합니다. 우리는 종종 감정의 원인이 되는 상황을 통제하려고 애쓰지만, 실제로는 그 상황을 바꿀 수 없는 경우가 많습니다. 반면, 내가 통제할 수 있는 것은 나의 반응입니다. 상황이 어떻든, 그 상황에 내가 어떻게 반응할지는 내가 선택할 수 있습니다. 감정에 압도될 때마다 스스로에게 이렇게 물어보세요. "이 상황에서 내가 통제할 수 있는 것은 무엇인가?" 그 질문에 대한 답을 찾는 순간, 우리는 감정에 휩쓸리지 않고 나의 선택을 할 수 있는 힘을 얻게 됩니다.

또한, 감정의 파도가 밀려올 때 우리가 가장 흔들리는 이유 중 하나는 '내 감정이 틀렸다고 느끼는 것'입니다. 슬픔, 불안, 분노 같은 감정은 우리가 피하고 싶은 감정이기에, 그런 감정을 느끼면 스스로를 비난하거나, 감정을 억누르려 합니다. 그러나 감정에는 옳고 그름이 없습니다. 그저 나에게 필요한 순간에, 나의 상태를 알려주는 신호일 뿐입니다. 따라서 우리가 해야 할 일은 그 감정을 틀렸다고 여기지 않고, 그 감정이 나에게 무엇을 말하려고 하는지 들어주는 것입니다.

이때 중요한 것은 '감정을 있는 그대로 바라보는 연습'입니다. 감정이 올라올 때 그것을 억누르거나 부정하지 말고, "지금 나는 이 감정을 느끼고 있다"라고 스스로에게 말해보세요. 그 감정을 있는 그대로 인정하는 순간, 우리는 그 감정에 휩쓸리지 않고 그 감정을 더 명확하게 바라볼 수 있게 됩니다. 예를 들어, 내가 불안을 느낀다면, 그 불안이 나에게 무엇을 말하려 하는지 차분히 들어보세요. 그 감정이 왜 생겼는지, 그리고 그 감정이 나에게 어떤 메시지를 주고 있는지 이해할 때, 우리는 그 감정을 통해 성장할 수 있습니다.

감정을 다루는 또 하나의 방법은 '마음의 여유를 주는 것'입니다. 감정이 강하게 밀려올 때는, 그 감정에 즉각적으로 반응하는 것이 아니라 잠시 시간을 두고 나의 반응을 준비하는 것이 좋습니다. 감정에 급하게 휘둘리지 않기 위해서는 감정과 나 사이에 여유를 두는 법을 익혀야 합니다. 감정이 올라오면, 그 즉시 반응하지 않고 잠시 멈추어 호흡을 가다듬어 보세요. 그러면 우리는 더 차분한 마음으로 그 감정을 대할 수 있게 됩니다.

마지막으로, 감정의 파도를 마주할 때 우리가 배워야 할 것은 '흐름을 받아들이는 것'입니다. 감정은 자연스럽게 흘러가는 것이지, 그 자리에 영원히 머물러 있는 것이 아닙니다. 우리는 때로 감정이 사라지지 않을 것 같은 두려움을 느끼지만, 감정은 시간과 함께 흐릅니다. 그 흐름을 받아들이고, 감정이 자연스럽게 지나가도록 허용할 때, 우리는 그 감정에 휩쓸리지 않고 오히려 그 감정의 흐름 속에서 자신을 지킬 수 있는 힘을 얻게 됩니다.

결국, 감정의 파도를 잔잔하게 마주하는 방법은 내면의 평온을 찾는 것입니다. 어떤 감정이든지 간에 그것을 나의 적으로 여기지 말고, 나의 동반자로 생각하세요. 그 감정을 있는 그대로 받아들이고, 그 속에서 나의 중심을 잃지 않는 연습을 하다 보면 우리는 더욱 강해질 것입니다. 감정은 흘러가고, 우리는 그 안에서 더 단단해질 것입니다.

감정의 파도를 잔잔하게 마주하는 과정에서 우리가 기억해야 할 가장 중요한 원칙 중 하나는 '감정은 변한다'는 사실입니다. 슬픔이든, 분노든, 기쁨이든 감정은 고정된 것이 아니라 시간이 흐르면서 자연스럽게 변화합니다. 그 변화하는 속성을 이해할 때, 우리는 감정에 휩쓸리지 않고 오히려 그것을 받아들이고 지나가도록 허용할 수 있습니다. 지금 느끼는 감정이 아무리 강렬하게 느껴진다 하더라도, 그 감정은 영원히 머물지 않습니다. 결국 시간이 지나면 다른 감정이 찾아올 것이며, 그 과정 속에서 우리는 더 깊은 내면의 평정을 찾을 수 있습니다.

감정이 변화하는 이 자연스러운 흐름을 받아들이기 위해서는, 그 감정에 매달리지 않는 태도가 필요합니다. 때로는 기쁨의 순간에 그 기쁨을 오래 붙잡아 두고 싶어 하거나, 반대로 불안할 때는 그 감정이 사라지지 않을 것 같은 두려움에 빠질 수 있습니다. 하지만 감정이 변하고 흘러간다는 사실을 알면 우리는 더 이상 그 감정에 매달리거나, 그 감정에 사로잡히지 않게 됩니다. 우리는 그 감정이 지나가도록 허용하는 법을 배우는 것이죠.

이때 필요한 것은 '감정의 흐름을 관찰하는 자세'입니다. 감정이 밀려올 때 그 감정을 억누르지 말고, 그 흐름을 따라가는 연습을 해보세요. 감정은 마치 강물처럼 자연스럽게 흘러갑니다. 우리는 그 흐름을 막을 수 없고,

막으려 하면 오히려 더 큰 저항을 느끼게 됩니다. 하지만 그 흐름을 그대로 받아들이고 관찰할 때, 우리는 감정의 파도를 자연스럽게 넘길 수 있습니다. 감정이 올라올 때마다 그 감정이 어디서 시작되었고, 나에게 어떤 영향을 주고 있는지를 차분히 바라보는 것이 중요합니다. 그 순간, 우리는 감정의 힘에 휘둘리지 않고 오히려 감정의 흐름을 따라가는 유연함을 얻게 됩니다.

또한, 감정의 파도에 휩쓸리지 않기 위해서는 '자기 자신에게 관대해지는 법'을 배워야 합니다. 우리는 감정을 느끼는 것 자체에 대해 죄책감을 느끼거나, 너무 감정적이라고 스스로를 비난할 때가 있습니다. 하지만 감정은 우리 삶의 자연스러운 부분이고, 감정을 느끼는 것은 인간으로서 당연한 일입니다. 때로는 내가 느끼는 감정이 지나치게 과하거나, 상황에 어울리지 않는다고 느낄지라도, 그 감정을 억누르거나 부정하지 말고 있는 그대로 받아들이세요. 스스로에게 "지금 내가 느끼는 감정은 자연스러운 것이고, 나는 그 감정을 느낄 자격이 있어"라고 말해보세요. 그 말 한마디가 우리 마음속 깊은 곳에서 큰 위로가 될 것입니다.

자기 자신을 돌보는 시간도 잊지 말아야 합니다. 감정의 파도가 세차게 밀려올 때는 일상에서 잠시 벗어나 나를 위한 시간을 갖는 것이 중요합니다. 감정을 다스리는 방법 중 하나는 나에게 평화를 주는 활동에 몰입하는 것입니다. 산책을 하거나, 명상을 하거나, 차분한 음악을 들으며 나를 돌보는 순간, 감정의 파도는 조금씩 잦아들게 됩니다. 감정에 빠져 허우

적거리는 대신, 나 자신에게 휴식과 여유를 줄 때 우리는 다시 평정심을 찾을 수 있습니다.

마지막으로, 감정의 파도를 넘어설 때 가장 큰 힘이 되는 것은 '긍정적인 자기 대화'입니다. 우리는 종종 부정적인 감정을 느낄 때, 스스로에게 상처가 되는 말을 하곤 합니다. "왜 이렇게 쉽게 화를 내지?", "왜 이렇게 예민할까?" 같은 비판적인 말들이 나를 더 깊은 감정의 소용돌이로 빠뜨립니다. 하지만 그 순간, 나 자신에게 따뜻한 말을 건네는 것이 중요합니다. "지금 이런 감정을 느낄 수 있어. 괜찮아, 이 감정도 곧 지나갈 거야"라고 말해보세요. 그 말은 마치 물결이 잦아들듯이, 감정의 파도를 서서히 가라앉히는 역할을 할 것입니다.

감정의 파도는 우리가 막을 수 없지만, 그 안에서 우리는 스스로를 지키고 평정을 찾을 수 있습니다. 감정은 영원하지 않으며, 그 흐름 속에서 우리는 더 단단해지고, 더 넓은 마음으로 세상을 바라볼 수 있게 될 것입니다.

감정의 파도가 몰아칠 때, 우리는 때로 그것에 휩쓸려 모든 것이 그 감정에 의해 결정된다고 느낄 수 있습니다. 하지만 중요한 것은, 감정이 우리의 행동을 결정하는 것이 아니라 우리가 그 감정에 어떻게 반응하느냐가 중요하다는 사실입니다. 감정을 억누르거나 피하려고 하기보다는, 그것을 자연스럽게 받아들이고 현명하게 대응하는 법을 배우는 것이 진정한 내면의 성숙을 가져다줍니다.

감정의 파도가 몰아칠 때 우리가 할 수 있는 첫 번째 단계는 '반응하기 전에 숨 고르기'입니다. 감정이 강렬할 때는 즉각적으로 반응하고 싶은 충동이 생깁니다. 특히 분노나 좌절감이 올라올 때는 그 감정에 따라 행동하고 싶은 마음이 더욱 강하게 들죠. 하지만 그 감정에 즉시 반응하는 대신, 잠시 멈추어 깊은 숨을 쉬어보세요. 심호흡을 하면서 감정과 내가 일체가 되는 대신, 그 감정을 바라보는 거리를 만들어보는 것입니다. 이 작은 멈춤이 우리의 행동을 더욱 성숙하게 만들어 줄 것입니다.

감정이 밀려올 때, 스스로에게 이렇게 물어보는 것도 큰 도움이 됩니다. "이 감정이 나에게 무엇을 말하고 있는 걸까?" 감정은 단순히 불편한 경험이 아니라, 우리 내면의 중요한 메시지를 담고 있습니다. 내가 느끼는 불안이 지금 나에게 어떤 신호를 주고 있는지, 나의 슬픔이 무엇을 말하려고 하는지 들어보세요. 그 감정이 전하는 메시지를 알아차리는 순간, 우리는 그 감정에 휩쓸리지 않고 오히려 더 명확하게 내 마음을 이해하게 됩니다.

그다음 단계는 '감정과 나 사이의 경계를 설정하는 것'입니다. 감정은 우리의 일부이지만, 그것이 나를 완전히 지배하게 놔두어서는 안 됩니다. 감정에 휩쓸리지 않기 위해서는 그 감정과 나 자신을 분리하는 연습이 필요합니다. "지금 나는 이 감정을 느끼고 있지만, 그 감정이 내가 아니야"라고 스스로에게 말해보세요. 이 말은 감정이 나의 전부가 아니라는 사실을 상기시켜주고, 그 감정에서 자유로워질 수 있는 기회를 줍니다. 감정은 흘러가는 것이지, 나의 정체성이 아니며 내가 누구인지를 규정하지 않는다는 사실을 인식하는 것이 중요합니다.

이와 더불어, 우리는 감정이 우리를 휩쓸기 전에 '현실에 발을 딛고' 있어야 합니다. 감정은 종종 우리를 과거의 후회나 미래의 불안으로 끌어들입니다. 그러나 우리가 지금 이 순간, 현실에 집중할 때, 그 감정은 더 이상 우리를 휘두를 힘을 잃게 됩니다. 감정의 파도가 거세게 밀려올 때, 현실에 집중하는 작은 방법을 실천해보세요. 내 주변의 공기, 소리, 그리고 발 밑의 땅을 느끼며 지금 이 순간을 인식하는 것입니다. 이러한 현실적인 접점이 우리를 감정의 혼란 속에서 건져내어, 평온한 중심으로 돌아오게 해줍니다.

마지막으로, 감정의 파도를 견디는 과정에서 우리는 '자기 돌봄'의 중요성을 잊지 말아야 합니다. 감정에 지치고 힘들 때는 나 자신을 돌보는 시간이 더욱 필요합니다. 단순히 감정을 처리하는 데 급급한 것이 아니라, 나의 마음과 몸이 충분한 휴식을 취하고 치유될 수 있는 시간을 줘야 합니다. 나에게 위로가 되는 작은 습관을 실천해보세요. 따뜻한 차 한 잔을 마시거나, 좋아하는 음악을 들으며 나 자신과 평화로운 시간을 보내는 것도 좋습니다. 감정의 파도 속에서 나 자신을 아끼고 돌보는 것이야말로, 우리가 더욱 강하고 유연하게 성장할 수 있는 힘이 됩니다.

감정의 파도는 피할 수 없지만, 그 안에서 우리는 스스로를 잃지 않고 살아갈 수 있는 방법을 배울 수 있습니다. 그 파도를 바라보고, 그것을 있는 그대로 받아들이며, 나 자신을 돌보는 과정을 통해 우리는 더욱 강한 내면을 키울 수 있습니다. 감정의 파도 속에서도 우리의 마음은 평온할 수 있으며, 그 평온함 속에서 우리는 더욱 성장하게 될 것입니다.

감정의 파도를 마주할 때, 우리는 종종 그것에 맞서 싸우거나 도망가고 싶은 충동을 느낍니다. 감정이 우리를 지배하고 있을 때는 그 감정에서 벗어나고 싶다는 강렬한 욕구가 생기기 때문입니다. 하지만 감정과 싸우는 것은 오히려 그 감정을 더 크게 만들 수 있습니다. 감정을 억누르려 하거나 피하려고 할수록 그 감정은 더 깊어지고 강해집니다. 그러니 감정을 적으로 여기기보다는, 마치 자연 현상을 대하듯 받아들이는 태도가 필요합니다.

감정의 파도는 우리가 제어할 수 없는 자연스러운 현상과 같습니다. 그 파도가 얼마나 크게 밀려오든, 결국에는 사라지게 마련입니다. 감정을 억누르는 대신, 그 감정이 흘러가도록 내버려 두는 것이 중요합니다. 내가 느끼는 슬픔이나 분노, 불안은 그 순간에 나에게 필요한 감정일 수 있습니다. 그 감정이 나를 어떻게 변화시키고 성장하게 할 수 있을지 이해하려는 태도로 접근해보세요. 때로는 그 감정이 우리를 더 나은 길로 이끄는 중요한 신호일 수 있습니다.

감정에 휩쓸리지 않으려면, 우리에게는 '수용의 자세'가 필요합니다. 감정을 완벽하게 통제하려는 것은 불가능합니다. 슬픔, 화, 두려움 같은 감정들은 우리의 의지와 상관없이 찾아올 수 있습니다. 그럴 때 우리는 그 감정을 억누르거나 회피하는 것이 아니라, 그 감정을 있는 그대로 인정하고 받아들이는 것이 중요합니다. "지금 내가 화가 나는구나", "지금 나는 슬프구나"라고 스스로에게 말하는 것만으로도 그 감정은 우리에게서 조금씩 거리를 두기 시작합니다. 감정을 수용하는 순간, 우리는 그 감정에서 자유로워질 수 있는 첫걸음을 내딛게 됩니다.

감정에 대한 수용이 이루어진 다음에는, 그 감정이 나에게 어떤 의미를 주는지 탐구하는 시간이 필요합니다. 감정은 단순한 반응이 아니라, 우리의 내면에서 일어나는 변화를 알려주는 중요한 신호입니다. 불안이 밀려온다면, 그 불안이 나에게 어떤 메시지를 전달하려는 것인지 궁금해해보세요. 그것은 내가 무엇인가를 준비하지 않았거나, 혹은 변화에 대한 두려움이 자리하고 있다는 신호일 수 있습니다. 그 신호를 이해할 때 우리는 감정을 더 깊이 받아들이고, 그것을 통해 자신을 더 잘 돌볼 수 있는 방법을 찾게 됩니다.

그 과정에서 중요한 것은 '자기 자신을 지지하는 힘'입니다. 감정의 파도가 몰아칠 때, 우리는 스스로에게 너무 가혹하게 대하지 말아야 합니다. 감정을 느끼는 것은 전혀 잘못된 것이 아닙니다. 오히려 그것은 우리가 인간으로서 당연히 겪는 과정입니다. 스스로에게 따뜻한 말 한 마디를 건네며, "이 감정은 지나갈 거야. 나는 이 감정을 이겨낼 수 있어"라고 자신에게 말해보세요. 나를 지지하고 격려하는 그 작은 행동이 우리에게 큰 위로와 용기를 줄 것입니다.

마지막으로, 감정의 파도 속에서 우리는 '성장의 기회'를 발견할 수 있습니다. 감정은 우리의 약점을 드러내고, 그 약점을 통해 우리는 더 단단한 사람이 될 수 있습니다. 슬픔이 찾아올 때, 그 슬픔을 견디는 과정에서 우리는 더 큰 내면의 힘을 얻게 됩니다. 불안이 밀려올 때, 그 불안이 나를 더 준비된 사람으로 만들어줄 수 있습니다. 감정은 단순한 반응이 아니라, 우리를 더 강하게 만들고, 더 넓은 마음을 가지게 하는 기회가 될 수 있습니다.

감정의 파도는 언제든 찾아올 수 있습니다. 그러나 그 파도 속에서도 우리는 자신을 잃지 않고, 오히려 그 감정을 통해 더 깊이 성장할 수 있습니다. 감정을 두려워하지 말고, 그 감정을 있는 그대로 받아들이세요. 그 속에서 우리는 더 강해지고, 더 평온한 마음을 가질 수 있을 것입니다.

감정의 파도를 바수하는 일은 매 순간 우리에게 도전이 되지만, 그 도전 속에서 우리는 자신을 더 깊이 이해하고 성장하는 기회를 얻게 됩니다. 감정에 휩쓸리지 않고 그것을 잘 다루는 법을 익힌다는 것은, 단순히 감정을 억누르거나 무시하는 것이 아닙니다. 오히려 감정을 건강하게 받아들이고, 그것을 통해 나 자신을 더 잘 돌보는 능력을 키우는 것입니다.

이 과정에서 중요한 것은 '나 자신과의 대화'입니다. 감정이 몰려올 때, 우리는 종종 그 감정에 압도되어 스스로를 비난하거나 좌절하기 쉽습니다. "왜 내가 이렇게 약할까?" 혹은 "왜 또 이런 감정을 느끼는 걸까?"와 같은 질문들이 우리를 더 깊은 감정의 소용돌이로 몰아넣습니다. 하지만 그럴 때일수록 자기 자신과 따뜻하게 대화하는 법을 배워야 합니다. 스스로에게 다정한 목소리로 "지금은 힘들지만, 나는 이 감정을 이겨낼 수 있어"라고 말하는 것이 필요합니다. 자기 자신과의 대화가 우리의 내면을 다독이고 안정시켜줄 것입니다.

또한, 감정에 휩쓸리지 않으려면 '감정의 파도에 몸을 맡기는 법'을 배워야 합니다. 우리는 감정을 통제하려고 할 때 오히려 더 큰 저항을 느낍니다. 감정은 자연스러운 것이기 때문에, 억누르거나 피하려고 할수록 더 강해지기 마련이죠. 그러나 그 감정이 밀려올 때, 그저 흘러가도록 허용하는 태도를 가져보세요. "이 감정도 잠시 왔다가 사라질 거야"라고 자신에게 말하며, 그 감정의 흐름에 몸을 맡기면, 우리는 그 감정을 더 부드럽게 받아들일 수 있습니다. 이때 중요한 것은 그 감정에 휩쓸리는 것이 아니라, 그 감정이 지나가는 과정을 지켜보는 것입니다.

또한, 우리는 '균형 잡기'를 연습해야 합니다. 감정의 파도 속에서 균형을 잡는다는 것은, 그 감정에 완전히 몰두하지도, 그것을 외면하지도 않는 것을 의미합니다. 긍정적인 감정이든 부정적인 감정이든, 그것을 지나치게 끌어안으면 우리의 마음은 점점 그 감정에 의해 좌우되기 쉽습니다. 그러나 적당한 거리를 두고 그 감정을 바라보는 연습을 하면, 우리는 그 감정 속에서 중심을 잃지 않고 균형을 유지할 수 있습니다. 감정이 들 때마다 잠시 멈추어, 그 감정과 나 사이의 거리를 확인해보는 습관을 길러보세요. 그러면 우리는 감정에 끌려다니기보다는 그 안에서 스스로를 지키며 살아갈 수 있게 될 것입니다.

감정의 파도를 다스리는 또 하나의 방법은 '자기 자신을 위한 작은 휴식'을 찾는 것입니다. 감정이 강하게 몰아칠 때는 잠시 그 상황에서 벗어나 나만의 평온한 시간을 갖는 것이 도움이 됩니다. 산책을 하거나, 명상하거나, 조용히 내 감정과 생각을 정리할 수 있는 시간은 감정의 소용돌이 속에서 우리를 지켜줄 작은 피난처가 될 수 있습니다. 그 시간 동안 우리는 나 자신을 더 잘 돌보고, 감정의 무게에서 벗어나 마음의 안정을 찾을 수 있습니다.

마지막으로, 감정의 파도를 이겨내기 위해서는 '자기 신뢰'가 필요합니다. 감정에 휩쓸리지 않는다는 것은 내가 그 감정을 이겨낼 수 있다는 믿음을 가지는 것입니다. 때로는 감정의 힘이 너무 강하게 느껴져서, 그 감정에 완전히 압도될 것 같을 때도 있습니다. 그러나 그럴 때일수록 나 자신을 믿고, 그 감정을 넘어설 수 있다는 확신을 가져야 합니다. 감정은 일시적인 것이고, 우리는 그 감정을 이겨낼 충분한 힘을 가지고 있습니다. 이 사실을 스스로에게 상기시키며 나아갈 때, 우리는 더 강한 마음과 평온함을 얻을 수 있습니다.

결국, 감정의 파도는 우리를 시험하는 도구가 아니라, 우리가 더 성숙하고 단단한 내면을 갖추도록 돕는 과정입니다. 그 파도 속에서 우리는 흔들릴지라도, 결국에는 그 경험을 통해 더 큰 자신감을 얻게 될 것입니다.

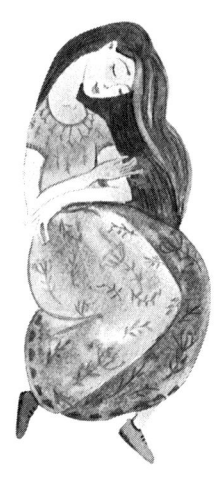

지금 이 순간을 살아가기

05

지금 이 순간을 살아간다는 것은, 우리가 흔히 알고 있는 것보다 훨씬 더 깊은 의미를 지니고 있습니다. 과거에 얽매이거나, 아직 오지 않은 미래에 대한 불안 속에서 살아가는 것은 우리에게서 현재를 빼앗아갑니다. 그러나 지금 이 순간에 집중하는 삶은, 우리가 그 어떤 순간보다도 충만하고 온전한 삶을 살 수 있도록 해줍니다. 이 순간은 지나간 과거도 아니고, 아직 오지 않은 미래도 아닌, 오직 '지금'만이 존재하는 유일한 시간입니다.

많은 사람들이 "지금 이 순간을 살아라"라는 말을 듣지만, 실제로 그 의미를 이해하고 실천하는 것은 쉽지 않습니다. 우리는 일상 속에서 많은 걱정과 생각으로 인해 현재의 순간을 놓치기 마련입니다. 하지만 지금 이 순간에 집중하는 법을 배우면, 우리는 더 이상 지나간 일에 후회하거나, 아직 오지 않은 일에 불안해하지 않게 됩니다. 오로지 '지금'을 살며, 이 순간을 온전히 경험하는 것, 그것이야말로 우리에게 주어진 가장 큰 선물입니다.

'지금'을 살아가기 위해서는 먼저 내 주변을 관찰하는 것부터 시작할 수 있습니다. 지금 이 순간, 내가 앉아 있는 공간, 들리는 소리, 내 주변에 있는 것들을 천천히 바라보세요. 그 속에서 우리가 얼마나 많은 것들을 놓치고 있었는지 깨닫게 될 것입니다. 바람의 움직임, 나무의 흔들림, 사람들의 움직임, 그리고 내가 느끼는 작은 감각들까지, 모든 것이 이 순간에 존재합니다. 우리는 이 작은 것들을 느끼고, 그 안에서 평화를 찾는 법을 배워야 합니다.

또한, 현재를 살아가기 위해서는 '마음의 여유'를 가지는 것이 중요합니다. 우리는 너무 바쁘게 살아가다 보니, 현재를 느낄 시간이 없을 때가 많습니다. 해야 할 일들에 쫓기고, 미래에 대한 걱정 속에서 현재의 소중함을 잊곤 합니다. 하지만 그럴 때일수록 잠시 멈추어 서서 지금 이 순간을 바라보는 것이 필요합니다. "지금, 나는 여기 있다"라는 단순한 문장이 우리에게 큰 위로와 평온을 줄 수 있습니다. 이 순간을 온전히 살아가는 것은 그리 거창한 일이 아닙니다. 오히려 작은 멈춤 속에서 우리는 현재의 가치를 깨닫게 됩니다.

지금 이 순간을 살아가기 위해서는 '과거와 미래에 대한 집착을 내려놓는 것'도 중요합니다. 우리는 종종 과거의 실수에 대한 후회나, 미래에 대한 두려움 속에서 살아갑니다. 그러나 그 모든 것은 지금 이 순간에 영향을 미칠 수 없습니다. 과거는 이미 지나갔고, 미래는 아직 오지 않았습니다. 지금 우리가 할 수 있는 것은 오직 이 순간을 살아가는 것뿐입니다. 이 순간에 집중하고, 지금 내가 할 수 있는 작은 일들에 최선을 다할 때, 우리는 더 이상 과거와 미래에 얽매이지 않고 자유로워질 수 있습니다.

마지막으로, 지금 이 순간을 살아가는 것은 '나 자신에게 충실한 삶'을 사는 것과도 연결됩니다. 우리는 너무 자주 타인의 기대나 외부의 요구에 따라 살아가며, 정작 나 자신이 진정으로 원하는 것이 무엇인지 놓치곤 합니다. 그러나 지금 이 순간을 살아간다는 것은, 나의 진정한 욕구와 마음에 귀 기울이고, 그것에 따라 행동하는 삶을 의미합니다. 지금 이 순간, 내가 무엇을 원하고, 무엇을 소중히 여기는지를 느껴보세요. 그것이야말로 나에게 가장 충실한 삶을 사는 첫걸음이 될 것입니다.

지금 이 순간을 살아가는 법을 배우는 것은, 우리 삶을 더 깊이 느끼고, 더 온전하게 경험하는 과정입니다. 이 순간에 집중할 때, 우리는 더 이상 시간에 쫓기지 않고, 더 충만한 삶을 살아갈 수 있습니다.

지금 이 순간을 살아간다는 것은 단순히 지금을 인식하는 것 이상의 의미를 지닙니다. 그것은 우리의 마음과 생각이 '지금'에 완전히 몰입해 있는 상태를 말합니다. 흔히 말하는 '마음챙김'의 상태가 바로 그것입니다. 우리는 일상에서 많은 시간을 머릿속에서 보내곤 합니다. 과거의 기억에 사로잡히거나, 미래의 불확실함에 대해 걱정하면서 말이죠. 하지만 진정한 평화는 과거나 미래가 아닌 '지금'에 존재합니다. 지금 이 순간을 살아가는 것, 그 자체가 우리에게 가장 깊은 평온을 줍니다.

이 순간에 몰입하기 위해서는 우선 '나의 감정과 생각을 알아차리는 연습'이 필요합니다. 하루를 살면서 우리가 얼마나 많은 생각에 빠져 있는지

자주 알아차리지 못합니다. 하지만 지금 이 순간, 내가 무슨 생각을 하고 있는지, 그리고 그 생각이 나의 감정을 어떻게 이끌고 있는지를 주의 깊게 살펴보세요. 생각이 걱정이나 불안으로 향할 때 그것을 억누르려 하지 말고, "지금 내가 이런 생각을 하고 있구나"라고 인정하는 것만으로도 그 생각과 감정은 더 이상 나를 휘두르지 않게 됩니다.

'지금'에 집중하는 또 하나의 방법은 작은 일상 속에서 의미를 찾는 것입니다. 우리는 종종 큰 목표나 성취에만 집중하느라 작은 순간들을 놓치곤 합니다. 하지만 삶의 아름다움은 그런 작은 순간들 속에 숨어 있습니다. 아침에 마시는 따뜻한 커피 한 잔, 창밖으로 보이는 햇살, 혹은 잠시 쉬면서 느끼는 바람의 온도처럼 말이죠. 이런 소소한 일상의 순간들 속에서 우리는 지금을 더 깊이 느낄 수 있습니다. 작은 것에 집중하면 할수록 우리의 삶은 더욱 충만해집니다.

'지금 이 순간을 살아가기'는 또한 '자신에게 친절해지는 법'을 배우는 과정입니다. 우리는 때때로 과거의 실수를 떠올리며 자신을 자책하거나, 아직 이루지 못한 목표에 대한 부담감으로 스스로를 몰아붙일 때가 있습니다. 하지만 지금 이 순간에 충실하기 위해서는, 나 자신에게 좀 더 너그럽고 자애롭게 대하는 법을 배워야 합니다. 나의 현재 상태를 있는 그대로 받아들이고, 스스로를 비난하지 않는 것, 그것이 지금을 온전히 살아가는 첫걸음입니다. "지금의 나는 충분해"라는 말이 나에게 큰 힘이 되어줄 것입니다.

또한, 우리는 '지금 이 순간을 살아가는 법'을 배우면서 더 나은 결정을 내리게 됩니다. 현재에 집중하는 삶은 우리의 직관을 더욱 예리하게 만들고, 내가 진정으로 무엇을 원하는지 명확하게 알 수 있도록 도와줍니다. 우리가 과거나 미래에 사로잡혀 있을 때는 그만큼 현재의 선택에 집중할 수 없지만, 지금 여기에 머무를 때는 내가 해야 할 선택이 무엇인지 더 선명하게 다가옵니다. 그 선택은 타인의 기대나 사회의 기준이 아닌, 나의 진정한 목소리를 반영한 선택일 것입니다.

마지막으로, 지금 이 순간을 살아가기 위해 필요한 것은 '감사하는 마음'입니다. 감사는 우리가 현재의 순간을 더욱 소중히 여기게 하고, 그 순간을 살아가는 데 힘을 줍니다. 지금 내가 누리고 있는 것들에 감사하는 마음을 가질 때, 우리는 더 이상 부족함에 집착하지 않고, 나의 삶을 긍정적으로 바라보게 됩니다. 감사는 우리 삶을 풍요롭게 만들며, 그 속에서 우리는 진정으로 '지금'을 살 수 있게 됩니다.

지금 이 순간은 다시 돌아오지 않는 소중한 시간입니다. 그 순간에 충실할 때, 우리는 더 이상 과거나 미래에 얽매이지 않고, 현재의 평화 속에서 살아갈 수 있습니다.

지금 이 순간을 살아가기 위해서는 끊임없는 훈련이 필요합니다. 우리는 대부분의 시간을 무의식적으로 살아가며, 생각이 끊임없이 과거와 미래를 오가고 있습니다. 이런 반복적인 사고 패턴 속에서 벗어나, 현재에 머무르기 위해서는 의식적인 노력이 요구됩니다. 그렇다고 해서 지금 이 순간을 완벽하게 살아야 한다는 부담을 느낄 필요는 없습니다. 중요한 것은 그 순간을 자각하는 작은 연습들이 우리 삶에 큰 변화를 가져온다는 사실입니다.

첫 번째 연습은 '지금 여기에 있는 나를 인정하는 것'입니다. 우리는 종종 스스로를 과소평가하거나, 현재의 상황이 만족스럽지 않다고 느낄 때가 많습니다. 하지만 지금 이 순간에 충실하려면, 지금의 나를 있는 그대로 받아들이는 자세가 필요합니다. 내가 완벽하지 않더라도 괜찮습니다. 지금의 나도 충분히 가치 있고 소중하다는 사실을 인식해야 합니다. 지금 내가 처한 상황도 마찬가지입니다. 모든 것이 완벽하지 않더라도, 그 순간에 최선을 다하는 것만으로도 충분합니다. 스스로에게 "지금 이 상태로도 괜찮아"라고 말해보세요. 그 작은 인정이 나를 현재에 더 집중하게 만들어줍니다.

두 번째는 '작은 것에서 시작하는 마음챙김'입니다. 지금 이 순간을 살아가는 것은 거창한 일이 아닙니다. 일상 속에서 우리가 쉽게 할 수 있는 작은 실천들로 시작할 수 있습니다. 예를 들어, 하루에 5분만이라도 휴식을 취하며 숨쉬기에 집중하는 시간을 가져보세요. 깊고 천천히 들이쉬고 내쉬면서 지금 이 순간 나의 몸과 마음이 어떤 상태인지 느껴보는 것입니다. 짧은 시간이지만, 그 순간은 오롯이 '지금'을 살아가는 중요한 경험이 됩니다. 이처럼 작은 마음챙김 연습을 통해 우리는 현재에 더 깊이 연결될 수 있습니다.

세 번째로 중요한 것은 '집중하는 힘을 기르는 것'입니다. 우리는 늘 여러 가지 생각과 계획 속에서 한 가지에 집중하기 어려워합니다. 하지만 지금 이 순간을 온전히 살기 위해서는 한 가지 일에 몰두하는 훈련이 필요합니다. 식사를 할 때는 식사에만 집중하고, 대화를 나눌 때는 상대의 말에 온전히 귀 기울이는 것입니다. 이 단순한 행동들이 모여, 우리가 현재의 순간에 충실하게 살 수 있도록 도와줍니다. '한 가지에 집중하기'는 지금 이 순간을 더 풍요롭게 느끼게 하고, 우리의 삶에 만족감을 더해줄 것입니다.

또한, '생각을 멈추는 연습'도 필요합니다. 우리는 종종 생각의 흐름에 휩쓸려 현재를 놓치곤 합니다. 과거의 후회나 미래에 대한 걱정에 빠져 있을 때, 스스로를 이끌어내어 생각을 잠시 멈추고 지금의 순간에 집중하는 것이 중요합니다. 생각을 멈추는 것은 생각 자체를 없애는 것이 아니라, 그 생각이 나를 지배하지 않도록 하는 것입니다. 생각에 휘둘리지 않고, 오히려 나의 의지로 지금 이 순간을 선택하는 힘을 길러야 합니다.

마지막으로, '매 순간 감사하는 태도'는 우리를 현재에 더 머무르게 하는 강력한 도구입니다. 지금 이 순간을 감사하는 마음으로 바라보면, 우리는 그 안에서 평온과 충만함을 느끼게 됩니다. 감사는 우리의 시야를 넓혀주고, 부족함 대신 현재 내가 가진 것에 집중하게 합니다. 내가 누리고 있는 소소한 행복들, 나를 둘러싼 환경에 감사하는 순간, 우리는 그 어느 때보다도 깊이 지금을 살아가고 있음을 깨닫게 됩니다. "지금 이 순간, 나는 충분히 행복해"라고 마음속으로 되새겨보세요. 그 말이 당신의 현재를 더욱 빛나게 해줄 것입니다.

　지금 이 순간을 온전히 살아가는 것은 단순한 시간이 흐르는 것이 아니라, 그 시간을 진정으로 느끼고 경험하는 것입니다. 그 순간순간을 소중히 여길 때, 우리는 더 충만한 삶을 살 수 있고, 지금 여기에서의 평화를 찾을 수 있습니다.

　지금 이 순간을 살아가는 것의 또 다른 중요한 요소는 '불확실성을 받아들이는 법'을 배우는 것입니다. 우리의 삶은 예측할 수 없는 일들로 가득 차 있고, 그 불확실성 때문에 때로는 불안해질 수 있습니다. 하지만 그 불확실성 속에서 우리는 지금 이 순간을 더욱 가치 있게 느낄 수 있습니다. 불확실함이 주는 불안감 대신, 그 속에 숨어 있는 가능성을 바라볼 때 우리는 그 어떤 상황에서도 현재에 집중하며 살아갈 수 있는 힘을 얻게 됩니다.

　불확실성을 받아들인다는 것은, 아직 일어나지 않은 일에 대해 지나치게 걱정하지 않는 태도를 갖는 것입니다. 우리는 종종 미래에 대한 두려움 속에서 지금을 놓치곤 합니다. 하지만 불확실한 미래를 걱정하는 대신, 지금 내가 할 수 있는 작은 것에 집중해보세요. 예를 들어, 내가 지금 내릴 수 있는 작은 결정, 지금 할 수 있는 작은 행동들이 곧 나의 미래를 만들어갈 것입니다. 그 작은 행동들이 쌓여 더 나은 내일을 가져온다는 사실을 믿고, 현재에 충실하는 것이야말로 불확실성을 넘어서서 살아가는 방법입니다.

지금 이 순간을 살아가기 위해 필요한 또 다른 중요한 자세는 '내려놓음'입니다. 우리는 때때로 너무 많은 것들을 붙들고 살아갑니다. 과거의 상처, 해결되지 않은 문제, 그리고 내가 통제할 수 없는 일들에 대한 집착은 나를 더욱 무겁게 만들 뿐입니다. 하지만 그 집착을 내려놓고, 나에게 주어진 지금 이 순간에만 집중할 때, 우리는 더 자유로워질 수 있습니다. 내려놓는다는 것은 포기하는 것이 아니라, 나에게 필요한 것만을 남기고 불필요한 짐들을 덜어내는 것입니다. 그럴 때 우리는 진정으로 가벼운 마음으로 현재를 살아갈 수 있습니다.

'내려놓음'을 실천하는 또 다른 방법은 '기대감을 줄이는 것'입니다. 우리는 종종 미래에 대한 큰 기대를 품고, 그 기대에 미치지 못할까 봐 불안해합니다. 하지만 기대감이 클수록, 현재의 작은 성취들이 주는 기쁨을 놓치게 됩니다. 기대감을 줄이고, 지금 나에게 주어진 작은 성취를 있는 그대로 받아들이는 것이 중요합니다. 현재 내가 이룬 작은 일들에 감사하며 그 성취감을 느끼는 순간, 우리는 더 이상 미래에 대한 부담 없이 지금을 충만하게 살아갈 수 있습니다.

'지금'을 온진히 살아가는 또 다른 방법은 '주변 사람들과의 관계를 더 깊이 느끼는 것'입니다. 우리는 종종 타인과의 관계 속에서 현재를 놓치기 쉽습니다. 과거의 오해나 갈등, 혹은 미래에 대한 불안 때문에 지금 이 순간, 눈앞에 있는 사람과의 소중한 교감을 잃어버리곤 하죠. 하지만 지금 이 순간을 살아가기 위해서는 내가 함께하는 사람들과의 대화와 교감에 온전히 집중해야 합니다. 그들과의 대화 속에서, 그 순간을 진정으로 느끼고 경험할 때, 우리는 더 깊은 관계를 맺을 수 있습니다. 현재의 대화와 소통 속에서 우리는 더 큰 평온과 만족을 얻을 수 있습니다.

마지막으로, 지금 이 순간을 살아가는 것이 주는 가장 큰 선물은 '삶의 충만함'입니다. 현재에 머무는 삶은 그 어떤 순간보다도 우리에게 만족감을 줍니다. 내가 가진 것에 감사하며, 그 순간을 온전히 살아가는 것은 불필요한 걱정과 불안을 덜어내고, 오로지 지금을 경험하게 합니다. 지금 내가 보고, 듣고, 느끼는 모든 것이 내 삶의 일부임을 인정하고, 그 안에서 작은 기쁨을 찾는 것이 진정한 행복입니다. 그것이 바로 지금 이 순간을 살아가는 삶이 주는 기쁨입니다.

현재를 살아가는 이 작은 연습들이 쌓일 때, 우리는 더 이상 과거나 미래에 사로잡히지 않고, 오로지 '지금'을 살아가는 사람으로 변화하게 됩니다.

지금 이 순간을 살아가는 것은 때때로 '용기'를 필요로 합니다. 우리는 과거에 얽매이거나 미래를 걱정하는 데 익숙해져 있기 때문에, 지금 이 순간에 온전히 머무는 것이 두렵게 느껴질 수 있습니다. 그러나 지금 이 순간을 살아간다는 것은 불확실한 미래에 대한 두려움 속에서도, 내가 통제할 수 있는 현재에 집중하는 것을 의미합니다. 이 순간을 살아가는 용기는 더 이상 걱정 속에서 허우적대지 않고, 지금 할 수 있는 작은 것에 집중하면서 나의 삶을 주체적으로 이끌어나가는 힘을 줍니다.

많은 사람들이 지금 이 순간에 집중하기보다는 과거의 실수나 상처에 머무르거나, 아직 오지 않은 미래에 대한 불안 속에서 살고 있습니다. 하지만 우리가 할 수 있는 것은 과거나 미래에 대한 집착을 내려놓고 지금 이 순간에 온전히 존재하는 것입니다. 과거를 바꿀 수 없고, 미래를 예측할 수 없다면, 나에게 주어진 유일한 시간은 바로 '지금'입니다. 내가 가진 시간은 오직 이 순간뿐이라는 사실을 깨달을 때, 우리는 그 순간을 더 소중히 여길 수 있습니다.

지금 이 순간을 살아가기 위해 필요한 또 다른 중요한 자세는 '지금의 나를 있는 그대로 인정하는 것'입니다. 우리는 종종 더 나은 내가 되어야 한다는 생각에 사로잡히곤 합니다. 지금의 모습이 부족하거나 완벽하지 않다고 느끼면서, 나 자신을 있는 그대로 받아들이기 어려워하죠. 그러나 지금 이 순간을 살아가는 삶은 현재의 나를 그대로 인정하는 데서 시작됩니다. 내가 완벽하지 않아도, 실수를 하고 부족해도 괜찮습니다. 지금 이 순간의 나도 충분히 가치 있고 소중하다는 사실을 깨닫는 것이 중요합니다.

'있는 그대로의 나'를 받아들이면, 우리는 더 이상 과거의 실수에 얽매이거나 미래의 불확실성에 불안해하지 않게 됩니다. 내가 부족하다는 사실을 인정하면서도, 그럼에도 불구하고 내가 충분하다는 믿음이 있을 때 우리는 비로소 지금 이 순간에 집중할 수 있게 됩니다. 더 이상 나 자신을 몰아붙이지 않고, 내가 이 순간에 할 수 있는 것에 최선을 다하며 살아가는 것, 그것이 바로 지금 이 순간을 살아가는 태도입니다.

또한, '작은 순간들의 아름다움'을 발견하는 것이 지금을 살아가는 삶의 핵심입니다. 우리는 종종 큰 목표나 성취에만 집중하느라, 매일매일의 작은 기쁨들을 놓치고 살아갑니다. 하지만 삶은 큰 성취에서만 의미를 찾는 것이 아닙니다. 작은 것들에서 아름다움을 발견하고, 그 순간의 기쁨을 느끼는 것이 진정한 삶의 충만함을 경험하게 해줍니다. 아침에 창밖을 바라보며 느끼는 햇살의 따스함, 좋아하는 음료를 마시며 느끼는 순간의 행복, 그리고 사랑하는 사람과의 대화 속에서 얻는 작은 위로들처럼 말이죠. 이런 작은 순간들이 쌓일 때 우리는 진정으로 지금을 살아가는 삶을 누릴 수 있습니다.

마지막으로, 지금 이 순간을 살아가기 위해서는 '완벽함을 내려놓는 것'이 필요합니다. 우리는 완벽한 삶, 완벽한 상태를 추구하다 보면 오히려 현재의 소중함을 놓치게 됩니다. 완벽해야만 행복할 수 있다는 착각은 지금 이 순간을 살아가는데 큰 장애물이 될 수 있습니다. 지금 나의 삶이 완벽하지 않더라도, 그 속에서 만족할 수 있는 법을 배우는 것이 중요합니다. 완벽함을 추구하는 대신, 지금 내가 누리고 있는 것들 속에서 행복을 찾는 태도가 필요합니다.

지금 이 순간을 살아가는 것은 과거와 미래의 얽매임에서 벗어나, 오직 지금 내 앞에 주어진 순간을 온전히 경험하고 그 안에서 작은 기쁨을 찾아가는 과정입니다. 그 순간들이 쌓일 때 우리는 더 이상 시간에 쫓기지 않고, 나 자신에게 충실한 삶을 살아갈 수 있게 됩니다.

지금 이 순간을 살아가는 것에는 '감사하는 마음'이 함께할 때 더욱 큰 힘을 발휘합니다. 우리는 때때로 현재의 순간을 당연하게 여기고, 지나가 버린 후에야 그 순간이 얼마나 소중했는지 깨닫게 됩니다. 하지만 지금 이 순간을 진정으로 살아가려면, 내가 지금 누리고 있는 것들에 대한 감사함을 느끼는 것이 중요합니다. 그것은 큰 성취나 특별한 상황이 아닐지라도, 일상의 작은 부분들에서 감사함을 발견하는 연습을 통해 가능합니다.

아침에 눈을 뜨고 하루를 시작할 수 있음에, 오늘 나에게 주어진 기회에, 그리고 내 곁에 있는 사람들에게 감사하는 마음을 가지는 것만으로도 우리의 삶은 훨씬 더 충만해집니다. 감사는 우리의 시선을 '부족함'에서 '충만함'으로 돌려놓습니다. 더 많은 것을 바라기보다는, 이미 내가 가지고 있는 것들에 만족하는 마음이 지금 이 순간을 더욱 특별하게 만들어줍니다. 감사함을 느끼며 하루를 시작할 때, 그날의 모든 순간들이 더 밝고 평화롭게 다가오게 됩니다.

또한, 감사하는 마음은 우리를 '현재'에 머물게 합니다. 미래에 대한 걱정이나 과거에 대한 후회를 내려놓고, 지금 이 순간에 집중할 수 있도록 도와줍니다. 우리가 무엇을 잃었거나, 무엇을 얻지 못할지에 대한 두려움 대신, 지금 내게 있는 것들에 대한 감사함을 느낄 때, 우리는 더 이상 과거나 미래에 얽매이지 않고 지금 이 순간을 살게 됩니다. 작은 일에 감사할 수 있는 사람은 그 순간순간의 기쁨을 더 깊이 느낄 수 있는 법입니다.

'감사'가 지금 이 순간을 살아가는 중요한 열쇠라면, 또 하나의 열쇠는 '받아들임'입니다. 지금을 온전히 살아가기 위해서는, 나 자신과 내 상황을 있는 그대로 받아들이는 자세가 필요합니다. 우리는 때때로 현재의 나를 비난하거나, 지금의 상황이 충분하지 않다고 느끼며 불만을 가질 때가 많습니다. 그러나 지금 이 순간을 살기 위해서는, 나 자신을 있는 그대로 인정하고 받아들이는 것이 필수적입니다. 내가 바꾸지 못하는 것들에 대해 집착하기보다는, 내가 통제할 수 있는 것에 집중하면서 살아가는 것이 지금을 살아가는 방법입니다.

받아들임은 단순히 포기하는 것이 아니라, 나의 한계와 상황을 인정하고 그 안에서 최선을 다하는 것입니다. 지금의 나에게 만족하지 못하고, 끊임없이 더 나은 나를 꿈꾸는 것은 결국 현재의 순간을 놓치게 만듭니다. 하지만 지금 나의 상태를 있는 그대로 받아들이고, 내가 할 수 있는 작은 일에 집중할 때, 우리는 더 이상 불안해하지 않고 현재에 충실할 수 있습니다. 지금 이 순간을 살아간다는 것은, 내가 이 순간에서 할 수 있는 최선을 다하면서도, 그 결과에 연연하지 않고 그 과정 자체를 즐기는 것을 의미합니다.

또한, 지금을 살아간다는 것은 '느림의 미학'을 이해하는 것과도 관련이 있습니다. 우리는 빠르게 움직이고, 빠르게 성취하고, 빠르게 결과를 얻으려는 세상 속에서 살아가고 있습니다. 하지만 지금 이 순간을 살아가기 위해서는, 때로는 느리게 가는 것이 필요합니다. 서두르지 않고, 천천히 걸으며 주변의 소소한 아름다움을 느끼는 시간이 필요합니다. 빠르게 지나치는 삶 속에서는 놓치는 것들이 많기 마련입니다. 느림 속에서 우리는 더 많은 것들을 보고, 느끼고, 경험할 수 있습니다.

지금 이 순간을 온전히 살아가기 위해서는 이 느림의 미학을 배워야 합니다. 그 느림 속에서 우리는 지금의 순간을 더 깊이 음미할 수 있고, 스스로에게 더 많은 여유를 줄 수 있습니다. 결국, 삶의 속도를 늦추고 지금을 천천히 경험하는 것이야말로, 우리가 진정으로 현재를 살아가는 법입니다.

지금 이 순간을 살아간다는 것은 감사하고, 받아들이고, 느리게 걸으며 그 순간을 소중히 여기는 것을 의미합니다. 그 작은 연습들 속에서 우리는 더 큰 평화와 만족을 느낄 수 있으며, 지금 이 순간이 주는 기쁨을 온전히 누리게 될 것입니다.

지금 이 순간을 살아간다는 것은 '내 안의 소리에 귀 기울이는 시간'을 의미하기도 합니다. 우리는 일상의 바쁜 흐름 속에서 내면의 목소리를 종종 잊곤 합니다. 사회적 요구, 타인의 기대, 그리고 끊임없이 쏟아지는 정보 속에서 나 자신이 진정으로 원하는 것이 무엇인지 잊어버린 채 살아가기도 합니다. 그러나 지금 이 순간을 온전히 살아가려면, 무엇보다도 내 마음의 소리에 귀 기울이는 연습이 필요합니다. 나의 진짜 욕구와 바람을 알아차리는 것이야말로, 지금 이 순간을 진정으로 살아가는 첫걸음입니다.

내면의 소리에 귀 기울인다는 것은 단순히 생각에 잠기는 것이 아니라, 나의 마음이 보내는 작은 신호들을 인식하는 것입니다. 하루 중 잠시 시간을 내어 나 자신에게 질문을 던져보세요. "지금 나는 어떤 감정을 느끼고 있지?", "내가 진정으로 원하는 것은 무엇일까?" 이런 질문들은 지금 이 순간을 살아가는 데 중요한 도구가 됩니다. 내 마음의 진정한 소리를 들을 때, 우리는 더 이상 외부의 소음에 휘둘리지 않고, 나만의 길을 찾아갈 수 있게 됩니다.

또한, 지금 이 순간을 살아간다는 것은 '완벽함을 추구하지 않는 것'과도 연결됩니다. 우리는 종종 완벽함을 기준으로 삼고, 그 기준에 도달하지 못하면 자신을 탓하거나 좌절하곤 합니다. 하지만 지금 이 순간에 충실하기 위해서는 그 완벽함을 내려놓고, 있는 그대로의 나를 받아들이는 것이 필요합니다. 내가 실수를 했더라도, 모든 것이 계획대로 흘러가지 않더라도, 그 순간을 온전히 경험하며 최선을 다하는 것이 중요합니다. 완벽함은 목표가 아니라 과정 속에서 스스로에게 친절해지는 길을 찾는 데 있습니다.

'완벽하지 않은 지금'을 받아들이는 순간, 우리는 현재의 순간을 더욱 풍성하게 느낄 수 있습니다. 실수와 불완전함도 나의 성장 과정의 일부임을 깨닫고, 그 과정을 즐기는 것이야말로 지금을 사는 방법입니다. 지나치게 미래의 성공에만 집착하는 대신, 오늘 하루의 작은 성취에 감사하는 마음을 가져보세요. 그 작은 순간들이 모여서 더 큰 성취로 이어지게 될 것입니다.

지금 이 순간을 살아가는 또 하나의 방법은 '작은 행복을 발견하는 것'입니다. 우리는 종종 인생의 큰 목표에만 집중한 나머지, 일상 속 작은 기쁨을 놓치곤 합니다. 하지만 지금 이 순간을 살아가는 것은 그런 소소한 행복들을 알아차리는 것에서 시작됩니다. 따뜻한 햇살을 느끼며 산책하는 순간, 좋아하는 음식을 천천히 음미하는 시간, 사랑하는 사람과 함께 나누는 대화 속에서 우리는 작은 행복들을 발견할 수 있습니다. 이 작은 행복들은 우리에게 평온과 만족감을 주고, 그 순간을 더욱 특별하게 만들어줍니다.

마지막으로, 지금 이 순간을 살아가는 것은 '있는 그대로의 삶을 받아들이는 법'을 배우는 과정입니다. 우리 모두는 각자의 삶 속에서 예상치 못한 일들을 마주하게 됩니다. 때로는 계획대로 흘러가지 않는 일들, 예상치 못한 어려움들에 맞닥뜨리기도 합니다. 그러나 그럴 때일수록, 그 순간을 있는 그대로 받아들이는 것이 필요합니다. 내가 통제할 수 없는 것들을 내려놓고, 지금 이 순간 나에게 주어진 것들을 최선을 다해 누리는 것이 진정한 삶의 태도입니다.

지금 이 순간에 충실하게 살아가기 위해서는, 내가 가진 것에 감사하며, 그 안에서 내가 할 수 있는 최선을 다하는 것만으로 충분합니다. 현재의 순간을 있는 그대로 받아들이고, 그 안에서 작은 행복을 발견하며, 내 마음의 소리에 귀 기울이는 삶을 선택할 때, 우리는 더 이상 과거나 미래에 휘둘리지 않고 지금을 살아갈 수 있습니다. 그리고 그 안에서 진정한 평화와 만족을 찾을 수 있습니다.

　지금 이 순간을 살아가는 것은 단순히 매 순간을 경험하는 것을 넘어, 그 순간을 온전히 '누리는 것'을 의미합니다. 우리는 흔히 일상을 그저 흘러가는 대로 살아가고, 그 과정에서 중요한 의미를 놓치곤 합니다. 하지만 그 순간들을 진정으로 '누리기' 위해서는 우리가 지금 마주한 상황에 몰입하는 태도가 필요합니다. 이 몰입이야말로, 우리가 더 충만하고 의미 있는 삶을 살아갈 수 있게 해줍니다.

　'몰입'은 단순히 무언가에 집중하는 것을 넘어서, 그 순간을 진정으로 즐기고 그 안에서 나의 모든 감각을 사용하여 경험하는 것입니다. 예를 들어, 차 한 잔을 마시는 순간에도 우리는 그 향기, 맛, 그리고 따스함을 온전히 느낄.수 있습니다. 친구와 대화를 나눌 때에도 그 사람의 표정, 목소리, 그리고 그 대화에서 나누는 감정에 몰입할 수 있습니다. 이처럼 매 순간을 깊이 누리는 경험은, 우리가 과거나 미래에 얽매이지 않고 '지금'에 존재할 수 있도록 도와줍니다.

지금 이 순간을 진정으로 누리기 위해서는, '작은 것들에서 기쁨을 찾는 법'을 배워야 합니다. 우리는 종종 큰 성취나 눈에 띄는 사건에서만 행복을 찾으려 하지만, 진정한 행복은 일상의 작은 순간들 속에 숨어 있습니다. 내가 좋아하는 책을 읽는 시간, 햇살 가득한 창가에서 잠시 쉬는 시간, 그리고 친구와의 짧은 대화 속에서도 우리는 깊은 만족과 행복을 느낄 수 있습니다. 이 작은 기쁨들을 알아차리는 것은, 우리가 지금 이 순간을 온전히 살아가고 있음을 깨닫게 해주는 중요한 요소입니다.

또한, 지금 이 순간을 살아가기 위해서는 '판단하지 않는 마음'을 기르는 것이 필요합니다. 우리는 끊임없이 나 자신과 내 상황, 그리고 주변 사람들을 판단하며 살아갑니다. 그러나 그 판단은 종종 우리의 마음을 불안하게 만들고, 지금 이 순간의 평온을 깨뜨리게 됩니다. 지금 이 순간을 온전히 누리기 위해서는, 있는 그대로의 상황과 나 자신을 판단하지 않고 받아들이는 연습이 필요합니다. 내가 느끼는 감정이나 경험하는 상황을 판단하는 대신, 그 자체로 받아들이고 경험하는 것입니다. 그럴 때 우리는 더 깊이 지금에 머물 수 있게 됩니다.

또한, 우리는 '스스로에게 너그러워지는 법'을 배워야 합니다. 지금 이 순간을 살아가는 데 있어 가장 큰 장애물 중 하나는 자기 자신에 대한 비판과 완벽함에 대한 강박입니다. 우리가 스스로에게 지나치게 엄격할 때, 그 순간을 온전히 즐기지 못하게 됩니다. 하지만 자신에게 너그러운 마음을 가지면, 우리는 더 자유롭게 현재를 살아갈 수 있습니다. 때로는 실수를 하거나 계획대로 일이 진행되지 않더라도, 그 순간을 있는 그대로 받아들이고, 나 자신을 격려하는 것이 중요합니다.

지금 이 순간을 온전히 누리기 위해서는, '호흡'이라는 단순한 행위에 집중하는 것도 큰 도움이 됩니다. 우리는 매일 수천 번의 호흡을 하지만, 그 호흡에 집중하는 일은 거의 없습니다. 그러나 지금 이 순간에 깊이 머무르기 위해서는, 나의 호흡에 의식적으로 집중하는 것이 필요합니다. 천천히 들이쉬고, 깊게 내쉬며, 나의 몸과 마음이 어떻게 반응하는지 느껴보세요. 이 간단한 행위가 우리의 생각을 멈추고, 현재의 순간에 집중하게 만들어줍니다.

마지막으로, 지금 이 순간을 진정으로 살아가기 위해서는 '감사하는 마음'을 잃지 않는 것이 중요합니다. 감사는 우리의 마음을 현재에 머물게 하고, 지금 내 앞에 있는 것들의 소중함을 깨닫게 해줍니다. 우리는 종종 더 많은 것을 바라기 때문에 지금 내가 가진 것들에 대한 감사를 잊어버립니다. 그러나 지금 이 순간, 내가 누리고 있는 작은 것들에 감사할 때, 우리는 더 이상 부족함을 느끼지 않고, 충만한 삶을 살아가게 됩니다.

지금 이 순간을 살아가는 삶은 과거나 미래가 아닌, 오직 '지금'에 충실하며 그 순간을 온전히 누리는 것입니다. 그 순간에 집중하고, 작은 기쁨들을 발견하며, 판단 없이 받아들이는 삶 속에서 우리는 더 큰 만족과 행복을 느낄 수 있습니다.

2부

부족한 나도 괜찮아

불완전함의 아름다움

06

우리는 완벽함을 추구하는 세상 속에서 살아가고 있습니다. 하지만 완벽이란 무엇일까요? 사람마다 완벽의 기준은 다르고, 그 기준에 도달하려는 과정에서 우리는 종종 스스로를 힘들게 하곤 합니다. 그러나 진정한 아름다움은 완벽함이 아닌, 오히려 우리의 불완전함 속에서 발견될 때가 많습니다. 우리가 가진 결점과 부족함이야말로 나만의 고유한 매력이며, 그것이 우리를 특별하게 만듭니다.

불완전함은 나를 더 인간답게 만들어주는 요소입니다. 만약 모든 것이 완벽하다면, 우리는 더 이상 성장할 필요가 없고, 삶 속에서 배움과 변화를 경험하지 못할 것입니다. 하지만 우리는 불완전하기 때문에 더 나아지기 위해 노력하고, 그 과정에서 스스로를 더욱 깊이 이해하게 됩니다. 그 불완전함이 나를 계속해서 앞으로 나아가게 하는 힘이 되어줍니다.

또한, 불완전함 속에서 우리는 진정한 연결을 느낄 수 있습니다. 우리의 결점이나 약점을 솔직하게 인정하고 받아들일 때, 다른 사람들과 더 깊이 연결될 수 있는 기회를 얻게 됩니다. 완벽한 사람보다, 결점을 인정하고 함께 나누는 사람이 훨씬 더 인간적으로 다가옵니다. 나의 부족함을 통해 상대방도 자신을 더 솔직하게 표현할 수 있고, 그 안에서 우리는 서로를 더 잘 이해하게 됩니다. 불완전함은 우리를 더 따뜻한 관계로 이끌어주며, 그 안에서 진정한 유대감을 느낄 수 있습니다.

불완전함 속에서 발견되는 아름다움은 나 자신에게도 큰 위로를 줍니다. 더 이상 완벽하려고 애쓰지 않아도 된다는 사실은 우리에게 커다란 해방감을 안겨줍니다. 완벽하지 않아도 괜찮고, 실수를 해도 괜찮다는 믿음은 나를 더 자유롭게 하고, 그 자유로움 속에서 진정한 나의 가치를 발견할 수 있습니다. 나의 결점이 나를 약하게 만드는 것이 아니라, 오히려 나를 더 강하게 만들어주는 경험임을 받아들이게 됩니다.

마지막으로, 불완전함을 인정하는 것이야말로 나를 사랑하는 첫걸음입니다. 나는 완벽하지 않지만, 그럼에도 불구하고 나는 충분히 소중하고 아름답습니다. 내 모습 그대로의 나를 사랑할 수 있을 때, 우리는 더 이상 외부의 기준에 흔들리지 않고, 나 자신을 있는 그대로 받아들이게 됩니다. 그것이야말로 진정한 자존감이고, 그 속에서 우리는 더욱 행복한 삶을 살 수 있게 됩니다.

불완전함 속에서 우리는 더 나은 사람이 되고, 더 깊이 연결되며, 더 큰 자유를 느낄 수 있습니다. 그것이 바로 불완전함이 주는 진정한 아름다움입니다.

불완전함은 우리가 예상하지 못한 방식으로 아름다움을 드러내는 순간들을 선사합니다. 결점과 실수는 때때로 우리의 삶을 더 복잡하게 만들고, 우리가 원하지 않는 방향으로 끌고 가기도 합니다. 하지만 그 과정에서 우리는 나 자신에 대해 더 많이 배우고, 진정한 성장의 기회를 얻게 됩니다. 완벽하게 계획된 삶보다, 때때로 예상치 못한 불완전함 속에서 우리는 더 풍부한 경험을 쌓게 됩니다. 이 과정이 바로 삶의 다채로움이자 불완전함의 아름다움입니다.

불완전함을 받아들이는 순간, 우리는 더 이상 다른 사람의 기대나 사회의 기준에 얽매이지 않게 됩니다. 나는 완벽하지 않아도, 지금 이 모습 그대로도 충분히 괜찮다는 사실을 인식할 때, 비로소 내 마음에 평화가 찾아옵니다. 우리는 흔히 '완벽해야만 사랑받을 자격이 있다'고 생각하지만, 그 믿음을 내려놓으면 마음이 훨씬 더 가벼워집니다. 나는 나의 실수와 부족함을 통해 성장하고 있으며, 그 과정이 나를 더 풍부하게 만든다는 사실을 깨닫는 것이 중요합니다.

불완전함 속에서 우리는 나 자신을 더 깊이 이해하게 됩니다. 내가 잘하지 못하는 부분이나 약한 부분은 때로 나를 좌절하게 만들지만, 그것을 인정하는 순간 나는 더 넓은 시각을 가질 수 있습니다. 나의 약점과 부족함을 인정하고 받아들일 때, 나는 그것을 채워가기 위한 방법을 찾기 시작합니다. 그 과정에서 우리는 더 많은 경험을 쌓고, 더 깊은 배움을 얻게 됩니다. 결국, 불완전함은 나 자신을 더 깊이 이해하고, 나를 더 잘 돌보는 길로 이끌어줍니다.

또한, 불완전함은 우리를 더 겸손하게 만듭니다. 내가 완벽하지 않다는 사실을 깨닫고 인정하는 순간, 우리는 더 이상 타인에게 엄격한 기준을 적용하지 않게 됩니다. 나의 부족함을 인정할 때, 타인의 부족함도 더 너그럽게 받아들일 수 있습니다. 이는 우리가 더 따뜻한 관계를 맺고, 서로의 불완전함을 포용하며 함께 성장할 수 있는 기회를 제공합니다. 불완전함 속에서 우리는 더 큰 유대감과 연대감을 느끼며, 서로를 이해하고 지지하는 관계를 형성하게 됩니다.

불완전함을 인정하는 것은 실패를 두려워하지 않는 마음을 가지는 것과도 연결됩니다. 실패는 불완전함의 한 부분일 뿐, 나의 가치를 결정짓는 것이 아닙니다. 우리는 실패를 통해 배우고, 더 나은 방향으로 나아갈 수 있습니다. 실패를 인정하고 그 속에서 배움을 찾는 태도는 우리를 더 강하게 만들어줍니다. 나의 불완전함은 나를 약하게 만드는 것이 아니라, 오히려 나를 더욱 단단하고 유연하게 만들어주는 중요한 요소입니다.

결국, 불완전함의 아름다움은 나의 모든 결점과 약점을 있는 그대로 받아들이는 데서 시작됩니다. 그 속에서 우리는 진정한 나 자신을 만나고, 나의 가치를 인정하게 됩니다. 나의 불완전함을 사랑할 수 있을 때, 우리는 더 이상 남들과 자신을 비교하지 않고, 나만의 속도와 방식으로 살아갈 수 있게 됩니다. 불완전함 속에서 발견되는 아름다움은 우리에게 더 큰 자유와 평화를 선물해줍니다.

불완전함 속에서 발견되는 아름다움은 우리의 삶을 더욱 풍부하게 만들어줍니다. 완벽하지 않음에도 불구하고 우리가 자신을 받아들이고 사랑할 때, 우리는 삶의 진정한 자유를 얻게 됩니다. 불완전함을 받아들인다는 것은, 더 이상 나 자신을 채찍질하지 않고, 있는 그대로의 나를 존중하는 것을 의미합니다. 이 과정에서 우리는 점점 더 자기 자신과 깊은 평화를 이루게 됩니다.

　우리는 불완전함을 통해 더 큰 성장의 기회를 얻습니다. 완벽한 삶에서는 배움의 여지가 적지만, 우리의 불완전함은 끊임없이 도전과 변화를 요구합니다. 내가 부족한 부분을 인정하고 그것을 채우기 위해 노력하는 과정에서 우리는 더 많은 것을 배우고, 더 깊이 성장하게 됩니다. 이런 과정이 반복될수록 우리는 삶을 대하는 태도가 더욱 성숙해지고, 자신만의 특별한 길을 만들어 나가게 됩니다.

　또한, 불완전함을 인정하는 것은 우리 자신에게 관대해지는 법을 배우는 중요한 과정입니다. 우리는 종종 스스로를 너무 엄격하게 대하며, 자신의 부족함에 실망하거나 자책할 때가 많습니다. 하지만 불완전함이야말로 우리가 인간답게 살아가는 방식이라는 사실을 기억해야 합니다. 우리는 완벽하지 않기 때문에 더욱 인간적이고, 그 속에서 삶의 진정한 의미를 찾을 수 있습니다. 스스로에게 관대해질 때, 우리는 더 이상 불필요한 비난에 얽매이지 않고, 마음의 여유를 가지며 살아갈 수 있습니다.

불완전함은 또한 우리에게 감정적으로 더 성숙한 관계를 맺을 수 있는 기회를 줍니다. 완벽함을 고집할 때 우리는 다른 사람들과의 관계에서 긴장감이나 불편함을 느낄 수 있지만, 서로의 불완전함을 인정할 때는 그 관계가 훨씬 더 깊어지고 진솔해집니다. 타인의 부족함을 받아들이고, 나의 부족함을 솔직하게 드러내는 순간, 우리는 진정한 소통과 공감을 경험할 수 있습니다. 이런 관계 속에서 우리는 서로에게 더 많은 위로와 지지를 줄 수 있으며, 그 안에서 함께 성장할 수 있습니다.

나의 불완전함은 나만의 고유한 흔적입니다. 그 결점들은 나를 더욱 독특하고 특별하게 만들어줍니다. 우리는 모두 각자의 불완전함을 가지고 살아가며, 그것이 바로 우리의 이야기를 더 풍부하게 만듭니다. 나의 실수와 실패는 나의 일부분일 뿐, 그것이 나의 전체를 정의하지 않습니다. 오히려 그 실수와 실패는 나를 더 강하고 단단하게 만들어주는 밑거름이 됩니다. 우리가 불완전함을 있는 그대로 받아들일 때, 그 속에서 우리는 더 큰 용기와 희망을 얻게 됩니다.

마지막으로, 불완전함을 인정하는 것은 우리의 삶을 더욱 창의적으로 만드는 요소가 됩니다. 완벽함을 추구할 때 우리는 고정된 틀 안에서만 움직이려 하지만, 불완전함을 받아들이면 우리는 더 많은 가능성을 상상할 수 있게 됩니다. 실수에서 배운 것들을 바탕으로 더 나은 해결책을 찾고, 새로운 길을 개척할 수 있게 되는 것입니다. 불완전함 속에서 우리는 더욱 창의적이고 유연하게 삶을 대하며, 그 과정에서 스스로를 더 깊이 발견하게 됩니다.

불완전함의 아름다움은 우리가 완벽할 필요 없이, 있는 그대로의 나를 사랑할 때 비로소 드러납니다. 그것이 바로 삶의 진정한 자유이며, 나 자신에게 주는 가장 큰 선물입니다.

불완전함 속에서 우리는 삶의 유연함을 배웁니다. 완벽을 추구하는 마음은 우리를 자주 긴장하게 만들고, 실패에 대한 두려움으로 이어지기도 합니다. 하지만 불완전함을 받아들이는 순간, 우리는 더 이상 그 두려움에 휩싸이지 않고, 실패마저도 성장의 과정으로 받아들일 수 있게 됩니다. 이 유연함은 우리가 변화하는 상황에 더 잘 적응하게 하고, 예기치 않은 일들 속에서도 평온을 유지할 수 있는 힘을 줍니다.

불완전함을 받아들인다는 것은 내가 할 수 있는 최선을 다하되, 결과에 얽매이지 않는다는 뜻이기도 합니다. 우리가 완벽을 추구할 때는 결과에만 집중하게 되지만, 불완전함을 인정할 때는 그 과정 자체에 의미를 부여하게 됩니다. 실수하고, 시행착오를 겪는 것도 중요한 과정입니다. 결과가 완벽하지 않더라도, 그 과정에서 내가 배우고 성장했다면 그것만으로도 충분히 가치 있는 일입니다.

또한, 불완전함은 우리에게 '열린 마음'을 선물합니다. 내가 완벽하지 않음을 인정할 때, 다른 사람의 부족함도 더욱 쉽게 받아들이게 됩니다. 우리는 종종 타인의 실수나 단점을 비난하는 경향이 있지만, 불완전함을 받아들이면 그러한 비난에서 자유로워질 수 있습니다. 나 역시 완벽하지 않기 때문에 타인도 그럴 수 있다는 것을 이해하게 되면, 더 따뜻하고 관대한 마음으로 사람들을 대할 수 있습니다. 이러한 열린 마음은 우리를 더 깊고 진실한 관계로 이끌어 줍니다.

불완전함의 아름다움은 나의 약점을 드러내는 것에서 시작됩니다. 약점을 드러낸다는 것은 결코 부끄러운 일이 아니며, 오히려 나를 더 진실한 사람으로 만들어줍니다. 우리는 모두 완벽하지 않기 때문에, 우리의 약점은 우리를 인간답게 만들어주는 중요한 요소입니다. 약점을 감추기보다는 솔직하게 인정하고, 그 약점을 통해 더 많은 배움을 얻을 수 있다는 사실을 받아들일 때, 우리는 더 성숙한 사람이 됩니다. 그리고 그 과정을 통해 우리는 나 자신을 더 깊이 이해하게 됩니다.

불완전함을 받아들이는 또 하나의 방법은 '자신의 속도에 맞춰 살아가는 것'입니다. 우리는 종종 남들과 자신을 비교하며 살아갑니다. 그들이 이루어낸 성취와 나의 상황을 비교하면서, 나의 불완전함을 자책하게 되죠. 하지만 중요한 것은 나만의 속도와 방식으로 살아가는 것입니다. 모든 사람이 각기 다른 속도로 성장하듯이, 나 역시 나만의 속도로 나아가면 됩니다. 내가 조금 느리더라도, 그 과정 속에서 배우고 성장하고 있다는 사실을 잊지 말아야 합니다. 불완전함은 내가 나만의 방식으로 삶을 살아가고 있다는 증거입니다.

마지막으로, 불완전함 속에서 우리는 '자기 용서'의 힘을 배우게 됩니다. 우리는 때때로 과거의 실수와 잘못에 얽매여 스스로를 용서하지 못할 때가 많습니다. 하지만 불완전함을 받아들이는 것은 그 실수조차 나의 일부로 받아들이고, 나를 용서하는 과정을 포함합니다. 실수는 우리 모두가 하는 것이고, 그것을 통해 우리는 더 나은 방향으로 나아갈 수 있습니다. 나 자신을 용서하고, 실수한 나를 사랑하는 것은 더 이상 과거에 머물지 않고, 현재의 나를 더 깊이 사랑하는 길로 이어집니다.

불완전함은 우리 삶의 중요한 부분입니다. 그 속에서 우리는 성장하고, 더 나은 사람이 되어갑니다. 나의 부족함을 인정하고, 그 속에서 아름다움을 발견할 때, 우리는 더 이상 완벽해지기 위해 애쓰지 않으며, 있는 그대로의 나를 사랑하게 됩니다. 그것이 바로 불완전함이 주는 가장 큰 선물입니다.

불완전함을 받아들이는 순간, 우리는 더 이상 타인의 시선에 얽매이지 않고, 자신만의 삶을 살아갈 용기를 얻게 됩니다. 완벽해 보이기 위해 우리는 때로 다른 사람들의 기대에 부응하려고 애쓰지만, 그 기대 속에서 진정한 나를 잃어버리기도 합니다. 그러나 불완전함을 인정하고 있는 그대로의 나를 받아들이면, 더 이상 외부의 기준에 따라 살아가지 않게 됩니다. 나는 내가 설정한 기준에 맞추어 내 속도대로, 나의 방식대로 삶을 이끌어 나갈 수 있습니다.

이러한 마음가짐은 우리에게 진정한 자유를 줍니다. 완벽하지 않다는 사실을 인정하는 것은 그 자체로 해방감을 줍니다. 나의 실수와 부족함을 인정하면서도 그것이 나를 규정짓지 않는다는 사실을 깨닫는 순간, 우리는 스스로에게 더 많은 여유와 관용을 베풀 수 있습니다. 나는 언제나 성장할 수 있으며, 실수를 통해 배울 수 있다는 사실을 알게 되면 더 이상 실패를 두려워하지 않게 됩니다. 이 자유로운 마음은 우리를 더 창의적이고, 더 용감하게 만들며, 더 다양한 가능성을 탐색하게 해줍니다.

　불완전함을 인정하는 것은 자기 자신에 대한 '긍정적 시각'을 가지는 것과도 깊은 관련이 있습니다. 우리는 종종 자신을 비판하는 데 익숙합니다. 특히 작은 실수나 결점이 눈에 보일 때, 그것을 지나치게 부정적으로 평가하며 스스로를 책망하곤 하죠. 그러나 불완전함 속에서도 나의 가치를 발견하고, 나 자신을 긍정적으로 바라볼 수 있어야 합니다. "완벽하지 않아도 괜찮다"는 말을 스스로에게 해보세요. 그 말은 나를 더 따뜻하게 받아들이는 힘을 줍니다. 불완전함은 나를 더 인간적으로 만들어주는 요소일 뿐, 나의 본질적인 가치를 훼손하지 않습니다.

　또한, 불완전함을 받아들일 때 우리는 '과정의 중요성'을 깨닫게 됩니다. 완벽함을 추구할 때 우리는 결과에 집착하게 되고, 그 과정에서 느낄 수 있는 작은 성취와 기쁨을 놓치기 쉽습니다. 하지만 불완전함을 인정하고 나면, 그 과정 자체에 더 많은 의미를 부여하게 됩니다. 목표에 도달하지 않더라도, 그 과정에서 내가 배운 것들이 있고, 경험한 것들이 있다면 그것만으로도 충분히 가치 있는 시간이 됩니다. 과정을 즐길 때, 우리는 더 이상 결과에 연연하지 않고 지금 이 순간을 온전히 살아갈 수 있게 됩니다.

불완전함 속에서 우리는 더 큰 인내심을 배웁니다. 모든 것이 계획대로 흘러가지 않을 때도 있고, 기대한 만큼 성과를 얻지 못할 때도 있습니다. 하지만 그럴 때조차 나는 성장하고 있다는 사실을 받아들이는 것이 중요합니다. 인내심은 완벽함을 추구하는 마음속에서가 아니라, 불완전함 속에서 기를 수 있는 덕목입니다. 나는 실수할 수 있지만, 그 실수가 나를 멈추게 할 수는 없습니다. 인내심을 가지고 나의 속도에 맞춰 한 걸음씩 나아가는 것이 진정한 성장이며, 그 속에서 우리는 더 강한 내면을 얻게 됩니다.

마지막으로, 불완전함을 받아들일 때 우리는 '나만의 고유한 방식으로 삶을 살아가는 법'을 배우게 됩니다. 세상에는 수많은 성공의 기준과 방법들이 있지만, 그 모든 것이 나에게 맞는 것은 아닙니다. 나의 불완전함은 나만의 방식으로 삶을 살아갈 수 있는 기회를 제공합니다. 나는 나의 방식대로, 나의 길을 걸어갈 때 더 충만한 삶을 살아갈 수 있습니다. 그리고 그 과정에서 우리는 더 나다운 모습으로 성장하게 됩니다.

불완전함의 아름다움은 우리가 자신을 더 잘 이해하고, 더 넓은 시각으로 세상을 바라보게 하는 힘을 줍니다. 그 속에서 우리는 더 큰 자유와 평화를 느끼며, 완벽함이 아닌 나만의 방식으로 삶을 살아갈 용기를 얻게 됩니다.

불완전함을 받아들이는 순간, 우리는 진정한 자기 수용의 시작을 경험하게 됩니다. 불완전함 속에서 나 자신을 이해하고, 그 속에 숨겨진 가능성을 발견하는 것은 내면의 힘을 길러주는 중요한 과정입니다. 완벽해지려는 압박에서 벗어나 불완전함을 인정할 때, 우리는 더 이상 타인의 평가에 흔들리지 않고, 나의 가치에 대해 스스로 확신하게 됩니다.

자기 수용은 우리에게 진정한 자존감을 키워줍니다. 자존감은 내가 무엇을 이루었는가에 달려 있는 것이 아니라, 있는 그대로의 나를 받아들이고 사랑할 수 있는 능력에서 비롯됩니다. 내가 완벽하지 않더라도 나의 가치는 변하지 않는다는 믿음이 있을 때, 우리는 더 이상 자신을 채찍질하지 않으며, 실수나 부족함을 통해 배워나갈 수 있습니다. 자기 수용의 마음을 가질 때, 우리는 외부의 기준에 맞추려는 노력을 멈추고 나만의 기준을 세워 살아갈 수 있게 됩니다.

또한 불완전함은 우리에게 '취약성의 힘'을 보여줍니다. 우리는 종종 자신이 약해 보이는 것을 두려워하며, 결점을 감추고 강한 모습만을 드러내려고 합니다. 그러나 진정한 강함은 나의 취약성을 인정하고, 그것을 통해 다른 사람들과 진정으로 연결되는 데서 나옵니다. 내가 완벽하지 않음을 솔직하게 드러낼 때, 우리는 더욱 인간적으로 다가가게 되고, 다른 사람들도 자신의 약점을 드러내며 우리와 소통하게 됩니다. 그 속에서 진정한 공감과 연결이 이루어지며, 우리는 혼자가 아님을 느끼게 됩니다.

불완전함을 인정하는 것은 우리가 완벽해지려는 집착에서 벗어나, 더 많은 자유와 유연함을 가지게 되는 과정입니다. 완벽하려는 마음은 우리를 자주 지치게 하고, 만족하지 못하게 만듭니다. 그러나 불완전함을 받아들이면, 우리는 더 이상 외부의 기대에 부응하려는 압박에서 벗어나 자유롭게 나의 선택을 할 수 있습니다. 그 속에서 우리는 더 창의적이고, 더 대담하게 도전할 수 있습니다. 불완전함이야말로 우리를 더 자유롭게 만들어주는 중요한 요소입니다.

이 과정에서 중요한 것은 '나 자신에게 친절해지는 것'입니다. 우리는 자주 나의 부족함에 대해 비판적이지만, 불완전함을 인정하는 순간 스스로에게 따뜻한 시선을 가질 수 있게 됩니다. 나는 완벽하지 않기 때문에, 실수할 수 있고, 때로는 부족한 모습을 보일 수 있습니다. 그러나 그것이 나의 가치를 훼손하지 않는다는 사실을 받아들이면, 우리는 더 이상 자신을 몰아붙이지 않게 됩니다. 나에게 친절하게 대할 때, 우리는 마음의 평화를 얻게 되고, 그 속에서 더 나은 성장을 이루어낼 수 있습니다.

마지막으로, 불완전함을 통해 우리는 '성장할 수 있는 가능성'을 발견하게 됩니다. 완벽한 상태에서는 더 나아질 여지가 없지만, 불완전함 속에서는 끊임없이 배우고 성장할 기회를 얻게 됩니다. 불완전하다는 것은 내가 더 많은 것을 배울 수 있다는 가능성을 내포하고 있습니다. 우리는 부족함을 통해 배우고, 그 배움은 우리를 더 성숙하게 만듭니다. 성장의 과정은 완벽함 속에서가 아니라, 불완전함을 인정하고 나아갈 때 이루어집니다.

불완전함의 아름다움은 우리에게 진정한 자유와 성장의 가능성을 열어줍니다. 나의 부족함을 인정하고 그 속에서 배우며 나아갈 때, 우리는 더 이상 완벽함을 추구하지 않고, 그 과정 속에서 진정한 나를 발견하게 됩니다. 불완전함을 사랑하는 것은 나를 있는 그대로 받아들이고, 내가 걸어가는 길을 신뢰하는 마음에서 시작됩니다.

불완전함을 받아들이는 것은 우리 삶에서 일어나는 크고 작은 변화들에 더 유연하게 대처할 수 있는 힘을 길러줍니다. 우리는 완벽한 계획을 세우고 그 계획대로 모든 것이 흘러가기를 기대하지만, 현실은 예측 불가능한 일들로 가득 차 있습니다. 불완전함을 인정할 때 우리는 이러한 예측 불가능한 변화들에 덜 좌절하고, 오히려 그것을 새로운 기회로 받아들일 수 있게 됩니다. 계획이 틀어지더라도, 그 틀어진 곳에서 배울 수 있는 것들을 발견하며, 유연하게 방향을 전환하는 능력을 키우는 것이 불완전함 속에서 얻는 중요한 교훈입니다.

변화를 받아들이고 그 속에서 성장을 추구하는 삶은 불완전함의 본질을 깨닫는 것에서 출발합니다. 완벽함은 정지된 상태를 의미하지만, 불완전함은 끊임없는 발전을 의미합니다. 나의 불완전함은 내가 더 나아질 수 있는 가능성을 열어줍니다. 그렇기 때문에 우리는 완벽한 상태를 고집하기보다,

현재의 나와 내가 걸어가고 있는 길을 인정하고 그 속에서 새로운 배움을 찾아가는 것이 중요합니다. 변화는 두렵지만, 그 변화 속에서 우리는 더 단단해지고 깊어집니다.

또한 불완전함 속에서는 '도전할 용기'가 피어납니다. 우리는 완벽하지 않기에 새로운 도전을 두려워할 때도 있지만, 완벽함이 아니라 성장과 배움에 초점을 맞출 때, 우리는 더 많은 기회를 마주하게 됩니다. 실패를 두려워하지 않고, 불완전한 나를 믿으며 한 발자국씩 나아갈 때, 우리는 예상치 못한 성취와 기쁨을 경험하게 됩니다. 도전할 때 실수할 수 있다는 사실을 인정하면, 오히려 그 실수를 통해 더 많이 배우고 성장할 수 있습니다. 불완전함은 도전 속에서 나의 잠재력을 발견하게 해주는 출발점입니다.

불완전함을 받아들이는 삶은 '비교에서 벗어나는 것'과도 연결됩니다. 우리는 자주 다른 사람들의 성공과 완벽함을 바라보며 자신을 낮게 평가하곤 합니다. 하지만 불완전함을 인정하는 순간, 우리는 더 이상 남들과 자신을 비교하지 않게 됩니다. 나의 삶은 나만의 리듬과 속도로 흘러가고 있으며, 나의 부족함 역시 나만의 고유한 특성이라는 것을 이해하게 됩니다. 남들과 비교하는 것이 아니라, 나만의 고유한 여정을 걸어가는 것이 중요합니다.

비교에서 자유로워질 때 우리는 나만의 길을 더 깊이 탐구하게 되고, 그 길 위에서 나 자신을 더 잘 돌볼 수 있습니다.

불완전함 속에서 우리는 '현재의 순간'을 더 깊이 경험할 수 있습니다. 완벽을 추구할 때 우리는 미래에 대한 기대나 걱정에 사로잡혀 현재의 순간을 놓칠 때가 많습니다. 하지만 불완전함을 받아들인다는 것은 지금 이 순간을 있는 그대로 받아들이는 것이며, 그 속에서 발견되는 작은 기쁨과 행복을 온전히 누리는 것입니다. 완벽함이 아닌 불완전함 속에서 우리는 매 순간을 더 자유롭고 풍요롭게 느끼게 됩니다.

마지막으로, 불완전함을 받아들이는 것은 '나를 있는 그대로 사랑하는 것'을 배우는 과정입니다. 우리는 완벽한 모습일 때만 사랑받을 자격이 있다고 생각할 때가 많습니다. 그러나 진정한 사랑은 불완전함 속에서도 나를 따뜻하게 바라보는 것에서 시작됩니다. 나의 결점과 실수를 있는 그대로 받아들이고, 그것조차 나의 일부로 소중하게 여길 때, 우리는 더 이상 스스로에게 가혹하지 않고, 더 부드러운 마음으로 자신을 사랑할 수 있습니다. 자기 사랑은 완벽함을 이뤘을 때가 아니라, 불완전함을 인정하고 그 속에서 나 자신을 포용할 때 비로소 가능해집니다.

불완전함은 우리 삶을 더 풍부하게 만들고, 우리를 더 자유롭고 창의적으로 살 수 있게 도와줍니다. 그 속에서 우리는 더 많은 배움과 성장을 경험하고, 나 자신을 더 깊이 이해하게 됩니다. 불완전한 나도 충분히 괜찮다는 사실을 받아들이고, 그 속에서 나만의 길을 걸어갈 때 우리는 진정한 자유를 누릴 수 있습니다.

불완전함의 아름다움은 우리 삶 속에서 늘 함께하는 소중한 동반자와도 같습니다. 그것은 우리에게 끊임없이 자신을 돌아보게 하고, 더 나아가 성장할 수 있는 기회를 제공합니다. 우리가 불완전하다는 사실을 받아들이면, 삶의 여정에서 완벽함을 이루려는 강박에서 벗어나게 됩니다. 그 과정에서 우리는 나 자신과 더 깊이 대면하며, 진정한 내면의 강인함을 발견하게 됩니다. 불완전함은 더 나은 내가 되기 위한 하나의 출발점일 뿐, 나의 약점이 아니라 발전을 위한 디딤돌입니다.

불완전함을 인정하면, 우리는 실수를 두려워하지 않게 됩니다. 완벽함을 추구할 때 우리는 실수를 부끄럽게 여기지만, 불완전함을 받아들이면 실수가 더 이상 두려운 것이 아니라 새로운 기회가 됩니다. 실수 속에서 배울 수 있는 것은 많으며, 그 실수가 나를 더 성숙하게 만듭니다. 실수는 우리를 한 단계 더 성장시키는 중요한 과정이기 때문에, 그것을 통해 우리는 더 유연한 사고와 더 넓은 시야를 가지게 됩니다. 실수 자체가 우리 삶을 이끌어가는 중요한 동력이 되는 것입니다.

또한 불완전함을 받아들이는 것은 '내 안의 가능성을 발견하는 과정'이기도 합니다. 내가 부족한 부분을 인정하고 받아들일 때, 나는 그것을 채워나갈 방법을 찾고 스스로를 성장시킬 기회를 얻게 됩니다. 불완전함 속에서 우리는 우리 내면에 숨어 있는 가능성을 발견할 수 있습니다. 지금은 미완성일지라도, 그 미완성 속에서 계속해서 나아갈 수 있는 힘을 발견하는 것이 바로 불완전함의 아름다움입니다. 그것은 현재의 나를 있는 그대로 인정하면서도, 더 나은 나를 향해 한 걸음씩 나아가는 과정입니다.

불완전함을 받아들일 때, 우리는 다른 사람들의 불완전함에도 더 관대해집니다. 내가 완벽하지 않음을 인정하면, 타인에게도 완벽함을 강요하지 않게 됩니다. 우리는 서로의 부족한 부분을 이해하고, 그 속에서 더 깊은 유대감을 느끼게 됩니다. 나의 불완전함을 인정하면서, 타인의 불완전함도 포용하는 마음을 가지면 우리는 더 넓고 따뜻한 관계를 맺을 수 있습니다. 완벽하지 않아도 괜찮다는 그 너그러움이 우리를 더 큰 사랑과 공감으로 이끌어줍니다.

불완전함을 인정하는 것은 우리에게 진정한 삶의 자유를 줍니다. 더 이상 완벽해야 한다는 부담감에서 벗어나, 그저 지금 이 순간을 온전히 살아가는 것만으로도 충분하다는 깨달음을 얻게 됩니다. 우리는 불완전한 순간들 속에서도 충분히 가치 있는 삶을 살고 있다는 사실을 받아들일 때, 더 이상 다른 사람과 자신을 비교하지 않고, 나만의 고유한 삶의 길을 걸어갈 수 있게 됩니다. 그 길 위에서 우리는 더 많은 것들을 배우고, 더 많은 사람들과 진실하게 연결되며, 불완전함 속에서 발견되는 행복을 온전히 느낄 수 있습니다.

마지막으로, 불완전함의 아름다움은 우리에게 '자유롭게 시도할 수 있는 용기'를 줍니다. 우리는 완벽을 추구할 때 시도조차 두려워할 수 있지만, 불완전함을 인정하면 그 두려움에서 벗어나 더 대담하게 도전할 수 있습니다. 실패를 두려워하지 않는 마음, 완벽하지 않아도 괜찮다는 마음은 우리를 더 용감하게 만듭니다. 우리는 더 많은 도전 속에서 자신만의 길을 만들어나가고, 그 길 위에서 자유롭게 꿈꾸고 성장할 수 있습니다.

불완전함의 아름다움은 그 자체로 우리에게 삶의 가능성을 보여줍니다. 그것은 완벽하지 않은 나를 사랑할 수 있는 기회이며, 나와 타인을 더 깊이 이해하고 연결할 수 있는 다리가 됩니다. 불완전함을 받아들이고 그 속에서 더 나은 나를 발견하는 여정은 우리에게 진정한 평화와 자유를 선사해줍니다.

나의 결점은 나만의 독특함

07

　결점이란 우리가 흔히 '극복해야 할 약점'으로 여기는 부분일 때가 많습니다. 하지만 결점은 그저 부족하거나 잘못된 것이 아니라, 오히려 나만의 고유함을 드러내는 중요한 요소일 수 있습니다. 우리는 모두 서로 다른 모습으로 태어났으며, 그 다름이 우리를 특별하게 만들어줍니다. 그러니 결점을 바라보는 시선이 변화할 때, 그것은 더 이상 숨겨야 할 것이 아니라 오히려 나만의 독특함을 빛내는 하나의 매력으로 전환될 수 있습니다.

　나의 결점은 나만의 이야기와 경험을 담고 있습니다. 그것을 통해 나는 고유한 나만의 길을 걸어왔고, 그 길 위에서 내가 겪은 모든 일들이 지금의 나를 만들었습니다. 결점이란 단지 완벽하지 않은 부분이 아니라, 나의 삶을 더 풍부하게 만드는 조각입니다. 내 결점을 통해 나는 더 성숙해졌고, 그 결점이 나에게 중요한 교훈과 배움을 선사해왔다는 사실을 받아들일 때, 나는 결점을 단순히 나의 약점으로 보지 않고, 나의 특별함을 증명하는 부분으로 이해하게 됩니다.

　우리는 종종 자신의 결점을 숨기고 싶어 합니다. 완벽해 보이기 위해 결점을 가리고, 다른 사람들 앞에서 자신을 더 나은 모습으로 보여주려 하죠. 하지만 결점이 드러나지 않도록 애쓰는 대신, 그 결점이 나의 독특함을 보여주는 것임을 깨닫는 순간, 우리는 더 이상 그것을 부끄럽게 여기지 않게 됩니다. 나의 결점은 나만이 가진 이야기의 일부이며, 그 결점 덕분에 나는 더욱 인간적이고 진실된 모습으로 사람들과 소통할 수 있습니다.

결점은 내가 나다움을 찾게 해주는 중요한 요소입니다. 모든 사람이 완벽하게 똑같다면, 우리는 더 이상 서로를 특별하게 느낄 수 없을 것입니다. 나의 결점은 나만의 색깔을 더해주고, 그로 인해 나는 다른 사람들과 구별되는 고유한 존재가 됩니다. 세상에 나와 똑같은 사람은 없습니다. 나의 결점조차 나만의 독특함을 드러내는 한 부분이라는 것을 인정할 때, 우리는 더 이상 완벽해지려는 압박에서 벗어나, 나 자신을 더 자유롭게 표현할 수 있게 됩니다.

또한, 나의 결점은 타인과 더 깊이 연결되는 매개체가 될 수 있습니다. 우리는 완벽한 사람보다 결점 있는 사람에게 더 많은 공감과 연민을 느끼곤 합니다. 내가 내 결점을 받아들이고 솔직하게 드러낼 때, 다른 사람들도 자신의 결점을 인정하고 받아들일 용기를 얻게 됩니다. 그 속에서 우리는 서로의 진짜 모습을 더 잘 이해하게 되고, 더 깊은 관계를 맺을 수 있습니다. 결점은 우리를 더 인간답게 만들어주고, 그 속에서 우리는 서로에게 더 많은 위로와 지지를 주고받을 수 있습니다.

결국, 나의 결점은 나를 특별하고 독특하게 만들어주는 요소입니다. 그것을 숨기거나 부끄러워할 필요가 없습니다. 오히려 그 결점을 통해 나는 나다움을 찾아갈 수 있으며, 그로 인해 더 진솔하고 깊이 있는 관계를 형성할 수 있습니다. 결점은 나만의 독특함을 빛내주는 소중한 부분임을 기억하며, 우리는 더 이상 스스로를 가리지 않고 있는 그대로의 나를 사랑하게 될 것입니다.

결점을 받아들이는 과정에서 우리는 나 자신에 대한 깊은 이해를 얻게 됩니다. 결점이 단순히 극복해야 할 장애물이라고 생각할 때, 우리는 그것을 부정하고 피하려고만 합니다. 하지만 결점이 나의 독특함이라는 사실을 깨닫는 순간, 그 결점은 나의 삶을 더욱 풍요롭게 만들어주는 중요한 부분으로 변합니다. 나의 결점을 인정하고, 그것을 사랑할 때 비로소 우리는 스스로를 온전히 받아들이게 됩니다.

결점은 나의 삶의 흔적을 보여주는 표식과도 같습니다. 나는 완벽하지 않은 모습으로 지금까지 수많은 경험을 통해 성장해왔습니다. 그 경험 속에서 내가 겪은 어려움과 실수는 결코 부끄러운 것이 아니며, 오히려 그것을 통해 나는 더 나은 사람이 될 수 있었습니다. 결점은 나의 여정 속에서 얻어진 귀중한 배움의 흔적이며, 그것을 통해 나는 더 많은 지혜와 깊이를 얻게 됩니다. 결점을 통해 나 자신을 이해하고, 그 결점이 나를 어떻게 성장시켰는지 알아차릴 때 우리는 비로소 결점 속에서 나만의 특별함을 발견할 수 있습니다.

나의 결점은 나만의 이야기입니다. 세상에는 각기 다른 모습의 사람들이 살아가고 있으며, 그 누구도 나와 똑같은 결점을 가지고 있지 않습니다. 나의 결점은 나의 고유한 이야기를 담고 있고, 그 속에서 나는 나만의 길을 걸어왔습니다. 나의 결점이 나만의 독특함을 증명하는 이유는, 그것이 다른 사람들과 나를 차별화시키는 중요한 부분이기 때문입니다. 나는 내 결점을 통해 나만의 이야기를 써 내려가고 있으며, 그 이야기는 나를 더 특별한 존재로 만들어줍니다.

결점이 나를 특별하게 만들어준다는 사실을 받아들일 때, 우리는 더 이상 완벽해지려는 압박에서 벗어나게 됩니다. 더 이상 나의 결점을 숨기거나 부정하지 않고, 오히려 그것을 드러내며 있는 그대로의 나를 표현할 수 있게 됩니다. 나의 결점이 나만의 독특함을 만들어주고, 그것이 나를 더 진솔하고 진정성 있는 사람으로 만들어준다는 사실을 깨달을 때, 우리는 더욱 자유롭게 자신을 드러내며 살아갈 수 있습니다.

결점은 타인과의 관계에서도 중요한 역할을 합니다. 결점이 없는 사람처럼 보이려고 애쓰는 대신, 나의 부족함을 솔직하게 드러낼 때, 우리는 더 깊은 관계를 형성할 수 있습니다. 완벽한 사람보다 결점을 인정하고 받아들이는 사람에게 우리는 더 많은 공감을 느끼게 됩니다. 나의 결점이 타인의 결점과 맞닿을 때, 우리는 서로를 더 잘 이해하고, 그 안에서 서로의 진정한 모습을 볼 수 있습니다. 결점은 우리를 더 가까이 이어주는 다리이며, 그 다리를 통해 우리는 더 풍부하고 따뜻한 인간관계를 맺을 수 있습니다.

마지막으로, 결점을 사랑하는 것은 나 자신을 온전히 사랑하는 중요한 방법입니다. 나는 결점으로 인해 부족한 사람이 아니라, 그 결점을 통해 더 나다워지는 존재입니다. 나의 결점이 나를 더 독특하고 특별하게 만들어준다는 사실을 받아들이면, 우리는 더 이상 남들과 자신을 비교하지 않고, 나만의 길을 걸어갈 수 있습니다. 결점은 나를 나답게 만들어주는 소중한 부분임을 기억하며, 그 결점 속에서 나의 진정한 아름다움을 발견하는 과정이 바로 나 자신을 사랑하는 여정입니다.

　결점은 나를 더 인간적으로, 더 특별하게 만들어주는 소중한 자산입니다. 그것을 부끄러워하기보다는, 오히려 나의 이야기를 담고 있는 중요한 부분으로 바라볼 때, 우리는 나 자신을 더 깊이 사랑할 수 있게 됩니다.

　결점을 받아들이는 것은 내가 누구인지를 더욱 명확하게 이해하는 데 중요한 과정입니다. 우리는 완벽함을 목표로 삼는 사회에서 살아가면서, 자신의 결점이 마치 나쁜 것처럼 여겨질 때가 많습니다. 하지만 결점은 나의 일부분이며, 그것이 나를 나답게 만들어주는 중요한 요소입니다. 결점을 받아들인다는 것은, 내가 완벽하지 않아도 충분히 소중하고 가치 있는 존재라는 사실을 깨닫는 첫걸음입니다.

　결점은 나를 더 깊이 탐구하게 만드는 힘을 가지고 있습니다. 내가 가진 결점을 인정하고 그것을 들여다보는 과정에서 우리는 스스로에 대해 더 많은 것을 알게 됩니다. 결점은 단순히 고쳐야 할 문제가 아니라, 나의 삶 속에서 내가 배워야 할 중요한 교훈을 담고 있을 수 있습니다. 내가 왜 이 결점을 가지고 있는지, 그리고 그것이 나의 삶에 어떤 영향을 미쳤는지 알아차리는 순간, 우리는 결점 속에서 더 큰 성장의 가능성을 발견할 수 있습니다. 결점은 나를 더 나답게 만들어주며, 나의 내면을 더 깊이 탐구하게 하는 중요한 열쇠가 됩니다.

나의 결점은 나만이 가진 고유한 특성입니다. 사람마다 다른 결점을 가지고 있으며, 그것이 우리를 더 독특한 존재로 만들어줍니다. 다른 사람의 결점과 나의 결점은 다르지만, 그 결점들이 모여 각자의 고유한 이야기를 만들어갑니다. 결점이 없다면 우리는 그저 똑같은 모습으로 살아갈 뿐, 개성을 표현할 기회를 잃게 될 것입니다. 내가 가진 결점이 나를 특별하게 만들고, 그것을 통해 나는 나만의 길을 걸어갈 수 있는 것입니다.

결점을 받아들이는 것은 더 이상 나 자신을 남들과 비교하지 않는 삶을 살게 해줍니다. 우리는 종종 다른 사람의 강점과 나의 약점을 비교하며 스스로를 낮게 평가하곤 합니다. 하지만 결점이 나만의 독특함이라는 사실을 받아들이면, 남들과의 비교에서 자유로워질 수 있습니다. 남들이 잘하는 것과 내가 잘하는 것은 다르고, 나의 결점 역시 나만의 이야기를 담고 있기에 그 자체로 가치가 있습니다. 비교에서 벗어나 나만의 독특함을 인정하는 순간, 우리는 더 이상 외부의 평가에 얽매이지 않고 나 자신을 더욱 자유롭게 사랑할 수 있습니다.

결점을 통해 우리는 더 인간적이고 따뜻한 관계를 맺을 수 있습니다. 완벽해 보이기 위해 애쓸 때, 우리는 그만큼 타인과의 관계에서도 거리감을 느끼기 쉽습니다. 하지만 결점을 솔직하게 드러내고 그것을 받아들일 때, 우리는 타인과 더 진실하게 소통할 수 있게 됩니다. 내가 결점을 받아들이는 태도는 다른 사람들도 자신의 결점을 받아들이고 드러낼 수 있도록 용기를 줍니다. 그 과정 속에서 우리는 서로에게 더 큰 공감과 위로를 주고받으며, 진정한 유대감을 형성하게 됩니다.

결점을 사랑하는 것은 나 자신을 깊이 이해하고 받아들이는 데 필수적인 과정입니다. 나는 결점이 있기에 더욱 인간적이며, 그 결점이 나를 나답게 만들어줍니다. 결점이 나를 부족하게 만드는 것이 아니라, 오히려 나를 더 특별하게 만들어주는 부분이라는 사실을 깨달으면 우리는 더 이상 그것을 숨기려 하지 않게 됩니다. 나의 결점을 인정하고, 그것을 나만의 독특한 매력으로 받아들일 때, 우리는 스스로를 더 진실하게 사랑할 수 있게 됩니다.

결국, 결점은 나만의 독특함을 증명하는 중요한 요소입니다. 그것을 부끄러워할 필요가 없으며, 오히려 그 결점 속에서 나만의 아름다움을 발견하는 것이 중요합니다. 나의 결점을 사랑하는 순간, 우리는 더 이상 완벽함을 추구하지 않고, 있는 그대로의 나를 사랑할 수 있게 됩니다. 결점은 나를 더욱 나답게 만들어주는 고유한 부분임을 기억하며, 우리는 그 속에서 나만의 진정한 가치를 발견할 수 있을 것입니다.

나의 결점을 받아들이는 것은 곧 나 자신의 모든 부분을 인정하는 것과 같습니다. 우리는 흔히 자신의 장점만을 강조하고 결점을 숨기려 하지만, 결점도 우리의 삶을 구성하는 중요한 요소입니다. 그것을 받아들이고 사랑할 때, 우리는 비로소 나 자신을 온전히 이해하고 더 깊이 받아들일 수 있게 됩니다. 결점이 있는 나도 충분히 괜찮고, 오히려 그 결점이 나를 더 특별하고 가치 있게 만든다는 사실을 깨닫는 것이 중요합니다.

결점은 우리를 더 겸손하게 만들어줍니다. 우리는 완벽하지 않기 때문에, 타인의 부족함을 더 쉽게 이해하고 공감할 수 있습니다. 내가 실수를 하거나 부족함을 느낄 때, 그것을 받아들이면 우리는 더 이상 완벽해야 한다는 압박감에서 벗어나게 됩니다. 그 순간, 우리는 다른 사람들에게도 완벽함을 강요하지 않게 되고, 서로의 결점을 따뜻하게 받아들이며 진정으로 소통할 수 있는 공간이 생깁니다. 결점이 있기에 우리는 더 따뜻하고 인간적인 관계를 맺을 수 있습니다.

또한, 결점은 우리에게 성장의 기회를 제공합니다. 결점이 없다면 우리는 더 나아질 이유도, 성장할 필요도 느끼지 못할 것입니다. 그러나 결점이 있기에 우리는 더 나은 사람이 되기 위해 노력하고, 그 과정에서 더 많은 것을 배우게 됩니다. 결점은 우리가 더 나은 방향으로 나아갈 수 있도록 이끌어주는 중요한 출발점입니다. 그 결점 덕분에 우리는 더 성숙하고 깊이 있는 사람이 되어갑니다.

나의 결점은 나의 독특한 매력을 만드는 중요한 요소입니다. 우리는 각기 다른 결점을 가지고 있으며, 그 결점이 바로 나만의 색깔을 만들어줍니다. 다른 사람과 비교할 필요 없이, 나만의 길을 걸어가는 데 있어 결점은 나를 더 특별하게 만드는 중요한 특징이 됩니다. 결점이 없는 삶이 오히려 더 평범하고 단조로울 수 있습니다. 나의 결점이 바로 나의 독창성과 개성을 표현하는 한 부분이라는 것을 깨달을 때, 우리는 더 이상 결점을 숨기지 않고 그것을 나의 일부로 자랑스럽게 받아들일 수 있게 됩니다.

결점을 받아들이는 과정에서 우리는 '자기 돌봄'의 중요성을 배웁니다. 완벽해지기 위해 끊임없이 자신을 몰아붙이는 대신, 결점이 있는 나 자신에게 따뜻한 시선을 보내는 것이 중요합니다. 결점을 보완하거나 개선하려는 노력이 필요할 때도 있지만, 그 결점을 무조건 고쳐야 한다는 생각에 사로잡히지 않아도 됩니다. 오히려 그 결점을 통해 나는 더 많은 것을 배울 수 있고, 더 나은 방향으로 나아갈 수 있다는 사실을 깨달을 때, 우리는 자신을 더 온전히 돌보고 사랑할 수 있게 됩니다.

마지막으로, 결점을 받아들인다는 것은 내가 지금 이 순간 충분히 가치 있는 존재라는 사실을 인정하는 것입니다. 결점이 있다고 해서 나의 가치가 줄어드는 것이 아니라, 그 결점이 나를 더 인간적이고 진실되게 만들어줍니다. 나의 결점을 있는 그대로 받아들이고 사랑하는 마음은 나 자신을 있는 그대로 존중하고 아끼는 마음과도 연결됩니다. 결점을 인정하는 순간, 우리는 더 이상 스스로를 비판하지 않고, 나만의 독특한 매력을 더 깊이 이해하게 됩니다.

결국, 나의 결점은 나만의 독특함을 드러내는 중요한 요소입니다. 그것을 통해 나는 나답게 살아갈 수 있으며, 그 속에서 더 많은 배움과 성장을 경험하게 됩니다. 결점이 있는 나도 충분히 괜찮고, 그 결점이 나를 더 특별하게 만들어준다는 사실을 깨달을 때, 우리는 스스로를 더 온전히 사랑할 수 있게 됩니다. 결점은 우리를 더욱 인간답게 만들어주는 소중한 자산이며, 그 속에서 우리는 더 큰 자유와 평화를 찾게 될 것입니다.

결점을 받아들이는 것은 내가 더 자유롭게 살아갈 수 있는 첫걸음입니다. 우리는 흔히 결점을 숨기고 가리려고 애쓰면서, 완벽한 모습을 유지하려고 하지만, 그 과정에서 오히려 나 자신을 잃어버리게 됩니다. 하지만 결점을 받아들인다는 것은 나의 모든 면을 인정하는 것이며, 그 결점이 나를 특별하게 만드는 요소라는 사실을 깨달을 때 우리는 더 이상 자신을 꾸미지 않아도 되는 자유로움을 얻게 됩니다. 결점을 인정하고 나서야 비로소 나 자신을 더 솔직하게 표현할 수 있습니다.

결점은 우리를 더 창의적인 존재로 만들어줍니다. 우리는 결점을 극복하거나 보완하려는 노력을 통해 새로운 가능성을 찾게 되고, 그 과정에서 나만의 독특한 방식으로 문제를 해결할 수 있는 능력을 길러줍니다. 나의 결점은 단순히 부족한 부분이 아니라, 오히려 나만의 길을 만들어가는 원동력이 됩니다. 우리가 완벽하지 않기 때문에 더 창의적으로 문제를 해결할 수 있고, 더 나은 결과를 이끌어낼 수 있습니다.

나의 결점은 때때로 나의 강점으로 전환될 수 있습니다. 어떤 결점들은 처음에는 나에게 약점으로 느껴질 수 있지만, 그것을 받아들이고 잘 활용할 때 오히려 그것이 나를 더 강하게 만들어줍니다. 예를 들어, 나의 소심함이나 예민함이 때로는 나를 위축시키는 요소로 작용할 수 있지만, 그것을 잘 다루면 세심함과 주의력으로 발전할 수 있습니다. 결점은 단지 부정적인 요소가 아니라, 그것을 어떻게 바라보고 활용하느냐에 따라 나의 강점으로 변화할 수 있는 잠재력을 지닌 부분입니다.

또한, 결점을 받아들인다는 것은 자신을 있는 그대로 사랑하는 법을 배우는 과정입니다. 우리는 종종 자신에게 너무 가혹한 기준을 적용하며, 결점을 볼 때마다 자신을 비난하곤 합니다. 하지만 결점이 있는 나도 충분히 괜찮고, 그것이 나를 특별하게 만들어준다는 사실을 인정하면, 우리는 더 이상 스스로를 비판하지 않게 됩니다. 나 자신을 있는 그대로 사랑하는 마음은 결점마저도 따뜻하게 받아들이는 태도에서 시작됩니다. 결점이 있는 나도 사랑받을 자격이 있다는 믿음이 나를 더 자유롭고 행복하게 만들어줍니다.

결점은 나와 타인을 더 잘 이해하게 해주는 중요한 요소이기도 합니다. 내가 결점을 가지고 있는 만큼, 타인도 결점을 가지고 있음을 깨닫게 될 때, 우리는 서로에게 더 많은 이해와 공감을 보내게 됩니다. 완벽해 보이려는 사람들 사이에서 우리는 종종 고립감을 느끼지만, 결점을 솔직하게 드러내는 순간 우리는 더 많은 연결을 경험하게 됩니다. 나의 결점을 통해 다른 사람들과 소통하고, 그 속에서 서로의 진정한 모습을 알아갈 때 우리는 더 깊이 있는 관계를 맺을 수 있습니다.

마지막으로, 결점을 받아들이는 것은 더 이상 '결점 없는 나'를 만들기 위해 애쓰지 않아도 된다는 사실을 받아들이는 것입니다. 우리는 완벽함을 목표로 삼지 않고, 결점 속에서도 성장하고 배울 수 있는 능력을 기르는 것이 중요합니다. 나의 결점은 나의 여정의 일부이며, 그것을 통해 나는 더 많은 배움을 얻고, 더 나은 사람이 되어가는 과정에 있습니다. 결점이 없는 삶은 없으며, 결점을 받아들이고 그 속에서 나만의 길을 걸어갈 때 우리는 더 충만한 삶을 살아갈 수 있습니다.

결국, 나의 결점은 나만의 독특함을 완성해주는 중요한 부분입니다. 그것을 숨기려 하거나 부정하는 대신, 오히려 나를 특별하게 만들어주는 요소로 받아들일 때, 우리는 더 이상 외부의 기준에 얽매이지 않고 나만의 방식으로 살아갈 수 있습니다. 결점을 인정하고 사랑하는 과정에서 우리는 더 큰 자유와 평화를 경험하게 되고, 그 속에서 진정한 나를 발견하게 됩니다.

결점을 받아들이는 과정에서 우리는 '완벽하지 않음'에 대한 두려움에서 벗어나기 시작합니다. 사회는 우리에게 완벽함을 요구할 때가 많고, 우리는 그 기대에 부응하기 위해 자신을 꾸미고, 때로는 결점을 숨기려고 합니다. 하지만 결점을 인정하는 순간, 우리는 더 이상 그 두려움에 갇히지 않고, 있는 그대로의 나를 받아들일 용기를 얻게 됩니다. 이 용기는 우리가 더 자연스럽고 자유롭게 살아갈 수 있게 만들어줍니다.

결점이 나만의 독특함을 만드는 이유는, 그것이 나를 다른 사람과 구별 짓는 요소이기 때문입니다. 우리는 모두 서로 다른 결점을 가지고 있고, 그 결점들이 모여 각자의 개성을 만들어냅니다. 내가 가진 결점이 바로 나만의 고유한 특성을 형성하며, 그것이 나를 특별하게 만들어줍니다. 내가 나만의 독창성을 받아들이는 순간, 그 결점은 더 이상 약점이 아니라 나의 이야기와 경험을 담고 있는 소중한 자산이 됩니다.

결점을 숨기기보다는 그것을 인정하고 드러낼 때, 우리는 더 진정성 있는 관계를 맺을 수 있습니다. 결점 없는 사람처럼 보이려 애쓸 때 우리는 오히려 타인과의 거리감이 생길 수 있습니다. 하지만 결점을 솔직하게 드러내고 그 결점마저도 나의 일부로 받아들이면, 우리는 다른 사람들과 더 진솔하게 소통할 수 있게 됩니다. 나의 결점을 인정하는 태도는 타인에게도 나를 있는 그대로 받아들이게 만드는 힘을 가집니다. 진정성 있는 관계는 서로의 결점을 포용하고 함께 성장해가는 과정에서 형성됩니다.

또한, 결점을 받아들이는 것은 '내가 누구인지'에 대한 깊은 이해로 이어집니다. 우리는 종종 결점을 부정하거나 그것을 없애기 위해 노력하지만,

그 결점은 내가 누구인지 보여주는 중요한 단서입니다. 나의 결점은 나의 경험, 성격, 그리고 삶의 이야기 속에서 생겨난 것이며, 그것을 들여다보면 나 자신에 대해 더 많이 알 수 있습니다. 결점을 통해 나는 더 깊은 자기 이해를 얻고, 나의 약점뿐만 아니라 강점까지도 더 명확하게 파악할 수 있게 됩니다.

결점을 받아들인다는 것은 완벽하지 않아도 괜찮다는 믿음을 스스로에게 심어주는 것입니다. 우리는 완벽하지 않은 상태에서도 충분히 행복할 수 있고, 사랑받을 자격이 있습니다. 완벽해야만 가치 있는 존재가 되는 것이 아니라, 있는 그대로의 나로서도 충분히 소중하다는 사실을 깨달을 때 우리는 더 이상 외부의 평가에 흔들리지 않게 됩니다. 이 믿음은 우리가 결점을 인정하면서도 당당하게 살아갈 수 있는 힘을 줍니다.

마지막으로, 결점을 받아들일 때 우리는 더 창의적이고 유연한 사고를 하게 됩니다. 완벽함을 추구할 때 우리는 정해진 틀 안에서만 움직이려고 하지만, 결점이 있음을 받아들일 때 우리는 그 틀에서 벗어나 더 자유롭게 생각할 수 있게 됩니다. 결점은 나의 한계를 보여주는 것이 아니라, 그 한계를 넘어 새로운 길을 개척할 수 있는 가능성을 열어줍니다. 결점이 있기 때문에 우리는 더 유연하게 변화에 적응하고, 그 속에서 새로운 기회를 발견할 수 있습니다.

결국, 나의 결점은 나만의 독특함을 더욱 빛나게 만들어주는 중요한 요소입니다. 그것을 부끄러워하거나 숨기지 않고, 나의 일부로 받아들일 때 우리는 더 자유롭게, 그리고 더 진정성 있게 살아갈 수 있습니다. 결점을 통해 우리는 더 많은 배움과 성장을 경험하게 되며, 그 속에서 나 자신을 더 깊이 이해하게 됩니다. 결점이 있기에 나는 더 나다워질 수 있고, 그 속에서 나만의 길을 걸어갈 수 있습니다.

결점은 우리의 삶을 더욱 풍요롭게 만드는 요소입니다. 그것은 단순히 부족한 부분이 아니라, 나만의 독특한 경험과 이야기를 담고 있는 중요한 흔적입니다. 우리가 가진 결점은 각기 다른 모습으로 나타나며, 그 결점이 있기에 우리는 서로를 더 잘 이해하고 공감할 수 있습니다. 결점을 받아들이면, 우리는 더 이상 스스로를 채찍질하지 않고, 나 자신을 있는 그대로 바라볼 수 있는 여유를 얻게 됩니다. 이 여유가 우리를 더 성숙하고 안정된 사람으로 만들어줍니다.

결점을 받아들이는 것은 나 자신에게 친절해지는 과정입니다. 우리는 종종 완벽해지기 위해 끊임없이 자신을 밀어붙이지만, 그 과정에서 나 자신을 지치게 하고 상처를 입히게 됩니다. 그러나 결점이 있는 나도 충분히 괜찮다는 사실을 인정할 때, 우리는 더 이상 스스로를 비난하거나 부족하다고 느끼지 않게 됩니다. 오히려 그 결점 속에서 나만의 개성과 특별함을 발견하게 되고, 그것을 자랑스러워할 수 있는 마음의 여유를 가질 수 있습니다.

또한, 결점을 받아들이면 삶이 더 재미있어집니다. 완벽한 삶은 마치 이미 다 써 내려간 책처럼 예상할 수 있는 이야기가 될 수 있습니다. 하지만 결점은 우리의 삶에 예측할 수 없는 변화를 주고, 그 속에서 우리는 새로운 경험과 배움을 얻게 됩니다. 결점이 있기 때문에 우리는 더 다양한 가능성을 마주하게 되고, 그 과정에서 더 창의적이고 도전적인 삶을 살아갈 수 있습니다. 결점이 없는 삶보다, 그 결점을 통해 나만의 고유한 이야기를 써 내려가는 삶이 훨씬 더 의미 있고 재미있을 수 있습니다.

나의 결점은 타인과의 관계에서도 중요한 역할을 합니다. 우리는 결점이 있는 사람에게 더 많은 공감과 연민을 느끼며, 그들과 더 깊이 연결될 수 있습니다. 결점을 숨기고 완벽한 사람처럼 보이려고 할 때는 오히려 타인과의 거리가 생기지만, 결점을 솔직하게 드러내고 받아들일 때는 더 따뜻하고 진솔한 관계를 맺을 수 있습니다. 나의 결점이 타인의 결점과 맞닿을 때, 우리는 서로를 더 깊이 이해하게 되고, 그 속에서 서로를 지지하고 응원할 수 있는 강력한 유대감을 형성할 수 있습니다.

결점을 인정하고 받아들이는 것은 자기 사랑의 중요한 한 부분입니다. 우리는 종종 결점이 있는 자신을 사랑하기 어렵다고 느끼지만, 그 결점이 나를 더 인간적이고 특별하게 만들어준다는 사실을 받아들일 때, 우리는 더 이상 자신을 비난하지 않게 됩니다. 결점이 있다고 해서 내가 부족한 존재가 되는 것이 아니라, 오히려 그 결점을 통해 나만의 독특한 매력을 더 돋보이게 할 수 있다는 것을 깨닫는 순간, 우리는 스스로를 더 깊이 사랑할 수 있습니다.

결점은 우리의 약점이 아니라, 나를 더 단단하게 만들어주는 자양분입니다. 그 결점을 통해 우리는 더 많은 배움을 얻고, 그 속에서 더 강해질 수 있습니다. 결점이 있기 때문에 나는 성장할 수 있고, 그 결점을 통해 나만의 길을 걸어갈 수 있습니다. 결점은 나의 이야기를 더욱 풍성하게 만들어주는 중요한 부분이며, 그 속에서 나만의 특별한 색깔이 드러납니다.

결국, 나의 결점은 나만의 독특함을 완성해주는 요소입니다. 그것을 숨기거나 부정하는 대신, 오히려 나를 더 특별하게 만들어주는 소중한 부분으로 받아들일 때, 우리는 더 큰 평화와 자유를 느낄 수 있습니다. 결점이 있어도 괜찮고, 그 결점 속에서 나 자신을 더 잘 이해하고 사랑할 수 있을 때, 우리는 더 행복하고 충만한 삶을 살아갈 수 있습니다.

결점은 우리에게 '완벽하지 않아도 괜찮다'는 메시지를 끊임없이 상기시켜줍니다. 우리는 결점이 없는 완벽한 사람을 이상적으로 생각하지만, 현실에서 완벽함이란 존재하지 않습니다. 오히려 결점이 있는 사람들이 더 매력적이고 인간적으로 다가옵니다. 우리의 결점은 우리가 살아가며 쌓아온 경험과 그로 인한 상처, 그리고 그 속에서 배운 것들을 담고 있습니다. 그 결점들이 모여 나만의 독특한 색을 만들어내며, 나의 이야기를 더욱 특별하게 만들어주는 것입니다.

결점은 또한 우리에게 더 큰 동정심과 공감을 심어줍니다. 내 결점을 받아들일 때, 나는 타인의 결점도 더 쉽게 이해할 수 있게 됩니다. 완벽한 사람처럼 보이려고 할 때 우리는 타인의 결점에 엄격해지기 쉽지만, 나의 결점을 인정하게 되면 다른 사람의 약점에도 관대해집니다. 이 관대함은 우리를 더 따뜻한 사람으로 만들어주며, 그로 인해 우리는 더 깊고 의미 있는 관계를 맺을 수 있습니다. 결점을 솔직하게 드러내는 것은 나 자신뿐만 아니라 다른 사람들에게도 용기를 줍니다. 결점을 숨기지 않고 드러낼 때, 우리는 더 진실된 연결을 경험하게 됩니다.

결점을 인정하는 것은 나만의 삶을 사랑하는 방법입니다. 우리는 종종 남들과 자신을 비교하며, 그 비교 속에서 나의 결점을 발견하고 스스로를 비판하곤 합니다. 하지만 나의 결점이 나만의 이야기를 담고 있다는 사실을 깨달으면, 더 이상 남들과 비교할 필요가 없게 됩니다. 내가 가진 결점과 강점은 나만의 것이며, 그 결점들 덕분에 나는 나만의 독특한 삶을 살아가고 있다는 사실을 받아들일 때 우리는 더 큰 평화와 만족을 느낄 수 있습니다.

또한, 결점을 받아들이는 것은 나의 진정한 강점을 발견하는 데 중요한 역할을 합니다. 나의 결점이 무엇인지 명확히 알고 그것을 받아들일 때, 우리는 그 결점을 보완할 수 있는 방법을 찾고, 더 나은 방향으로 나아갈 수 있습니다. 결점을 인정하지 않으면 우리는 그것을 극복할 방법조차 찾지 못하지만, 결점을 받아들이는 순간 우리는 더 이상 그것을 두려워하지 않고 성장의 발판으로 삼게 됩니다. 결점이 있기에 나는 더 나아질 수 있고, 그 결점 덕분에 나는 끊임없이 변화하고 발전할 수 있는 기회를 얻습니다.

결점을 사랑하는 것은 자기 돌봄의 한 형태입니다. 우리는 종종 자신에게 너무 가혹하게 굴며, 결점을 극복해야만 더 나은 사람이 될 수 있다고 생각합니다. 하지만 결점이 있는 나도 충분히 소중하다는 사실을 받아들이면, 우리는 더 이상 나 자신에게 엄격한 기준을 적용하지 않게 됩니다. 나의 결점을 사랑한다는 것은 스스로에게 관대해지고, 나 자신을 돌보는 데 중요한 출발점이 됩니다. 우리는 결점을 통해 더 깊이 나를 이해하고, 그 과정에서 자신을 더 잘 돌보고 사랑할 수 있게 됩니다.

마지막으로, 결점을 받아들이는 것은 나만의 고유한 길을 걸어가는 용기를 주는 과정입니다. 우리는 종종 남들과 비교하며 자신을 평가하지만, 나의 결점이 나만의 독창성을 만들어주고 있다는 사실을 깨달으면 더 이상 비교에서 자유로워질 수 있습니다. 나는 나만의 속도와 방식으로 나아가고 있으며, 그 과정에서 결점은 나를 더 깊고 진실한 사람으로 만들어줍니다. 결점을 인정하고 받아들일 때, 우리는 더 이상 완벽함을 추구하지 않고, 나만의 길을 스스로 만들어갈 수 있는 용기를 얻게 됩니다.

결국, 나의 결점은 나를 특별하게 만드는 중요한 부분입니다. 그것을 부끄러워하거나 숨기기보다는, 오히려 나만의 이야기를 만들어가는 소중한 요소로 받아들일 때, 우리는 더 큰 자유와 평화를 느낄 수 있습니다. 결점을 통해 우리는 더 깊이 있는 삶을 살아갈 수 있으며, 그 속에서 나 자신을 더 잘 이해하고 사랑하게 됩니다.

# 타인의 시선에서 자유로워지기

08

    타인의 시선에서 자유로워진다는 것은 우리가 더 이상 외부의 기준에 맞춰 자신을 평가하지 않고, 나만의 가치와 기준을 세워 살아가는 것을 의미합니다. 우리는 종종 타인의 눈에 어떻게 비칠지, 그들의 평가가 나를 어떻게 규정할지를 고민하며 살아갑니다. 타인의 시선은 때로 우리의 삶을 옥죄고, 스스로를 있는 그대로 사랑하는 데 장애물이 되기도 합니다. 하지만 타인의 시선에서 자유로워질 때, 우리는 더 이상 그들의 기대에 맞추려 애쓰지 않고, 나만의 방식으로 살아갈 수 있는 힘을 얻게 됩니다.

    타인의 시선을 신경 쓰는 이유는 우리가 인정받고 싶은 욕구에서 비롯됩니다. 인정받는 것은 인간 본연의 욕구 중 하나이기 때문에, 우리는 타인의 평가에 민감할 수밖에 없습니다. 하지만 타인의 시선에 지나치게 의존할 때, 우리는 점점 나 자신을 잃어가고, 나의 가치와 개성을 충분히 발휘하지 못하게 됩니다. 타인의 시선에 맞추려 애쓰는 삶은 결국 내가 누구인지, 무엇을 원하는지를 잃어버리게 만듭니다. 그러므로 타인의 시선에서 벗어나는 것은 진정한 나 자신을 찾는 중요한 과정입니다.

    타인의 시선에서 자유로워지기 위해서는 먼저 '내면의 목소리를 듣는 법'을 배워야 합니다. 우리는 타인의 기대와 평가에 귀를 기울이느라 정작 내 안에서 들려오는 목소리를 무시할 때가 많습니다. 하지만 나를 가장 잘 아는 사람은 나 자신입니다. 내가 원하는 것, 내가 느끼는 감정을 스스로 존중할 때, 우리는 더 이상 외부의 목소리에 흔들리지 않고 나만의 기준을 세울 수 있습니다. 내면의 목소리를 듣는 순간, 우리는 더 이상 타인의 기대에 얽매이지 않고 나의 길을 걸어갈 수 있습니다.

타인의 시선에서 자유로워지기 위해서는 '나 자신을 존중하는 마음'이 필수적입니다. 내가 나 자신을 충분히 사랑하고 존중할 때, 우리는 더 이상 외부의 평가에 연연하지 않게 됩니다. 내가 나의 가치를 스스로 인정하고, 있는 그대로의 나를 사랑할 때, 우리는 타인의 시선에서 벗어날 수 있는 힘을 가지게 됩니다. 외부의 인정이 아니라, 내 안의 확신에서 나오는 자신감이야말로 타인의 시선에서 자유로워질 수 있는 열쇠입니다.

또한, 우리는 타인의 시선이 항상 긍정적이지 않다는 사실을 받아들여야 합니다. 모든 사람에게 사랑받고 인정받을 수는 없습니다. 나를 좋아하는 사람도 있을 것이고, 나를 비판하는 사람도 있을 것입니다. 이 모든 시선을 똑같이 받아들이기보다, 나를 진정으로 이해하고 지지해주는 사람들의 시선에 더 집중할 필요가 있습니다. 내가 누구인지, 나의 가치를 인정해주는 소수의 사람들과 함께하는 것이 더 중요하며, 그들의 지지 속에서 우리는 더 큰 자신감을 얻게 됩니다.

마지막으로, 타인의 시선에서 자유로워진다는 것은 '내 삶의 주인이 되는 것'과도 같습니다. 타인의 평가에 의해 나의 삶이 결정되는 것이 아니라, 내가 스스로 선택하고 결정하는 삶을 사는 것입니다. 타인의 시선이 나를 규정짓지 않고, 내가 나 자신을 어떻게 바라보는지가 더 중요하다는 사실을 깨닫는 순간, 우리는 더 이상 외부의 기준에 얽매이지 않고 나만의 방식으로 살아갈 수 있습니다. 나의 삶을 주체적으로 살아갈 때, 우리는 진정한 자유와 행복을 경험하게 됩니다.

타인의 시선에서 자유로워질 때, 우리는 비로소 나만의 길을 걸어갈 수 있습니다.

타인의 시선에서 자유로워진다는 것은 곧 내 삶의 기준을 나 스스로 정하는 것과 같습니다. 우리는 흔히 타인의 기대나 사회적 기준에 맞춰 살아가려는 압박감을 느낍니다. 하지만 그 기대에 부응하려 할수록 나의 진정한 모습과는 점점 멀어지게 됩니다. 타인의 시선에서 벗어날 때, 우리는 비로소 나만의 기준을 세우고, 그에 따라 행동할 수 있는 힘을 얻게 됩니다. 그것이야말로 진정한 자립이며, 자신을 더 깊이 이해하고 존중하는 방법입니다.

타인의 시선은 우리가 성장하는 과정에서 영향을 많이 받습니다. 어릴 때부터 우리는 부모님이나 선생님, 친구들의 시선을 통해 자신을 평가하고 그들의 기대에 맞추려 애써왔습니다. 하지만 이제는 나 스스로 나의 삶을 선택하고, 그에 따라 행동할 때입니다. 내가 진정으로 원하는 것이 무엇인지, 나에게 중요한 것이 무엇인지를 생각하고 그것에 집중하는 순간, 타인의 시선은 더 이상 내 삶을 지배하지 않게 됩니다.

타인의 시선에서 자유로워지기 위해 필요한 또 하나의 중요한 요소는 '용기'입니다. 우리는 다른 사람의 기대를 벗어나는 순간, 비판을 받을 수 있다는 두려움을 느낄 때가 많습니다. 하지만 그 두려움을 이겨내고 나 자신을 선택할 용기가 필요합니다. 모든 사람에게 인정받을 수 없다는 사실을 받아들이고, 나의 삶은 나 자신을 위해 존재한다는 믿음을 가지는 것이 중요합니다. 내가 진정으로 원하는 삶을 살아갈 때, 우리는 비로소 타인의 시선에서 벗어나 진정한 자유를 누릴 수 있게 됩니다.

타인의 시선에서 자유로워진다는 것은 실수하거나 실패하더라도 그것을 내 기준에서 받아들이는 법을 배우는 과정이기도 합니다. 우리는 종종 다른 사람들이 나를 어떻게 평가할까 하는 걱정 때문에 실수를 두려워하지만, 실수는 성장의 중요한 일부입니다. 내 실수를 타인의 시선으로 바라보지 않고, 그저 나의 한 경험으로 받아들이는 연습을 하다 보면, 우리는 더 이상 실패나 실수를 두려워하지 않게 됩니다. 실패조차도 나의 성장 과정에서 소중한 경험이라는 사실을 깨닫는 순간, 우리는 타인의 시선을 넘어서 더 대담하게 도전할 수 있게 됩니다.

또한, 우리는 타인의 시선을 벗어나는 것이 이기적인 행동이 아니라는 것을 이해해야 합니다. 우리는 흔히 다른 사람의 기대를 저버리면 그들이 나를 실망스러워할까 봐 걱정하지만, 나의 행복과 성장은 그 무엇보다 중요합니다. 타인의 기대에 맞추기 위해 나 자신을 희생하는 대신, 내가 진정으로 원하는 삶을 살아가야만 비로소 주변 사람들과도 건강한 관계를 맺을 수 있습니다. 내가 행복할 때, 더 긍정적인 에너지를 타인에게 전할 수 있으며, 그로 인해 더 좋은 관계를 유지할 수 있게 됩니다.

마지막으로, 타인의 시선에서 자유로워지는 것은 '내가 나를 인정하는 삶'을 사는 것과 같습니다. 우리는 타인의 인정에서 자신의 가치를 찾으려 할 때가 많지만, 결국 가장 중요한 것은 나 자신이 나를 어떻게 바라보느냐입니다. 내가 나를 충분히 존중하고 인정할 때, 우리는 외부의 평가나 기대에 흔들리지 않고 더 단단해질 수 있습니다. 자기 자신을 진정으로 사랑하고 인정하는 마음이야말로 타인의 시선에서 자유로워질 수 있는 가장 강력한 무기입니다.

타인의 시선에서 벗어나는 것은 쉽지 않은 일이지만, 그것이야말로 우리가 진정으로 원하는 삶을 살아갈 수 있게 해주는 중요한 과정입니다.

타인의 시선에서 자유로워지는 과정은 곧 나를 사랑하는 법을 배우는 과정입니다. 우리는 타인의 기대와 평가 속에서 자신을 끊임없이 비교하고, 그들의 기준에 맞추려 하다 보니 나 자신을 있는 그대로 사랑하는 법을 잊곤 합니다. 하지만 타인의 시선을 벗어나기 위해서는 나를 있는 그대로 인정하고, 그 모든 결점과 부족함을 포함한 나 자신을 사랑하는 마음이 필요합니다. 나는 누군가의 기대에 부응하기 위해 존재하는 것이 아니라, 나 자신의 행복을 위해 존재한다는 사실을 깨닫는 순간, 우리는 더 이상 외부의 평가에 흔들리지 않게 됩니다.

타인의 시선에서 자유로워지기 위해서는 '나의 가치'를 내가 정하는 법을 배워야 합니다. 우리는 종종 다른 사람들의 인정 속에서 자신을 평가하지만, 그것은 매우 불안정한 기준이 될 수 있습니다. 왜냐하면 타인의 평가와 기대는 언제든 변할 수 있기 때문입니다. 따라서 나는 나의 가치를 내가 정의하고, 나 자신을 스스로 평가하는 법을 익혀야 합니다. 나의 성공과 실패, 나의 장점과 결점은 오직 나만이 이해할 수 있으며, 그것을 바탕으로 내 삶을 살아갈 때 우리는 더 이상 외부의 평가에 흔들리지 않고 나만의 길을 걸어갈 수 있습니다.

타인의 시선에서 자유로워지기 위해서는 '나만의 길을 걷는 용기'가 필요합니다. 우리는 살아가면서 수많은 선택의 순간에 놓이게 됩니다. 그때마다 타인의 시선과 기대가 나를 압박할 수 있지만, 나의 삶은 나만의 고유한 방식으로 살아가야만 비로소 진정한 의미를 찾을 수 있습니다. 남들이 나에게 맞지 않는 길을 강요할 때조차, 내가 진정으로 원하는 방향을 선택할 수 있는 용기가 필요합니다. 그 용기는 나 자신을 믿는 데서 나오며, 나의 선택을 존중하고 책임지는 자세에서 비롯됩니다.

또한, 우리는 '비교'라는 덫에서 벗어나야 합니다. 타인의 시선을 의식하는 이유 중 하나는 남들과 끊임없이 비교하는 마음 때문입니다. 그러나 나의 인생은 남들과 비교할 수 없는 고유한 여정입니다. 나의 성장 속도, 성공의 형태, 행복의 기준은 모두 다릅니다. 내가 누구인지, 무엇을 이루고자 하는지에 따라 나의 길은 다르게 펼쳐지기 마련입니다. 남들과 비교하기보다는, 내가 걸어온 길과 내가 이루어낸 작은 성취들에 감사하고 만족하는 법을 배울 때 우리는 더 이상 타인의 시선에 얽매이지 않게 됩니다.

타인의 시선에서 자유로워지기 위한 또 하나의 중요한 요소는 '스스로의 삶에 자부심을 가지는 것'입니다. 우리는 타인의 인정을 받았을 때만 자신을 자랑스러워하기 쉬운데, 사실 그보다 더 중요한 것은 내가 나 자신에게 자부심을 느끼는 것입니다. 내가 지금까지 쌓아온 경험, 내가 극복해온 도전들, 나만이 이루어낸 작은 성취들이 바로 나의 자부심이 되어야 합니다. 타인이 알아주지 않더라도, 내가 나의 삶을 자랑스러워할 수 있을 때 우리는 더 이상 외부의 인정에 목말라하지 않게 됩니다.

마지막으로, 타인의 시선에서 자유로워진다는 것은 '나만의 행복을 찾는 것'입니다. 우리는 타인의 기준에 맞춰 살아가면서 자신이 진정으로 원하는 행복을 찾지 못할 때가 많습니다. 하지만 내 삶에서 무엇이 나를 행복하게 만드는지, 나에게 진정한 기쁨을 주는 것이 무엇인지를 스스로 알아차리고 그것을 쫓을 때 우리는 더 이상 남의 시선에 신경 쓰지 않게 됩니다. 남이 뭐라고 하든, 내가 나의 행복을 찾고 그것을 이루어갈 때 우리는 더 큰 평화와 만족을 얻게 됩니다.

타인의 시선에서 벗어난 삶은 결국 나만의 길을 걸어가는 삶입니다.

타인의 시선에서 자유로워지기 위해서는 '자기만의 기준'을 확립하는 것이 중요합니다. 우리는 종종 외부의 평가나 기준에 따라 자신을 판단하곤 합니다. 그러나 내가 무엇을 중요하게 여기는지, 어떤 가치를 추구하는지를 명확히 할 때, 우리는 더 이상 외부의 평가에 흔들리지 않게 됩니다. 내 삶에서 가장 중요한 것은 타인이 나를 어떻게 보는지가 아니라, 내가 스스로에게 어떤 의미를 부여하고 있는가입니다. 내 삶의 기준을 나 스스로가 설정할 때, 우리는 비로소 진정한 자유를 얻습니다.

자기만의 기준을 세운다는 것은 곧 자신을 향한 신뢰를 쌓는 과정입니다. 타인의 시선에서 자유로워지기 위해서는 내가 어떤 선택을 하든 그 결과를 받아들이고, 그 속에서 스스로를 신뢰하는 법을 배워야 합니다. 우리가 자주 타인의 시선을 의식하는 이유는, 내가 나의 선택에 대해 확신하지 못할 때가 많기 때문입니다. 그러나 내가 내린 선택이 나에게 최선이었다는 믿음이 생기면, 그 선택이 잘못되었더라도 후회하거나 타인의 평가에 의존하지 않고 배워나갈 수 있습니다. 나를 신뢰하는 마음이 있을 때 우리는 타인의 시선에서 벗어나 나만의 길을 걸어갈 수 있습니다.

또한, 우리는 타인의 시선이 항상 정확하지 않다는 사실을 기억해야 합니다. 사람들은 각기 다른 경험과 생각을 바탕으로 나를 평가합니다. 그들의 시선은 결국 그들의 삶의 기준에 따른 것이며, 그것이 항상 나에게 맞는 것은 아닙니다. 따라서 우리는 타인의 시선을 절대적인 판단 기준으로 삼기보다는, 그 시선이 나에게 어떤 영향을 미치고 있는지, 그것이 내 삶에 얼마나 중요한지를 스스로 점검할 필요가 있습니다. 그 과정에서 우리는 타인의 시선에 지나치게 휘둘리지 않고, 나만의 생각과 결정을 더 중요하게 여길 수 있습니다.

타인의 시선에서 자유로워지기 위해서는 '실수할 자유'를 인정하는 것도 중요합니다. 우리는 종종 타인의 기대에 맞추려다 보니 실수를 두려워하게 됩니다. 하지만 실수는 인간의 본질적인 부분이며, 그 실수를 통해 우리는 더 많은 것을 배울 수 있습니다. 타인이 나를 어떻게 볼까 하는 걱정 때문에 실수를 두려워하는 것이 아니라, 그 실수마저도 나의 성장의 일부분이라는 사실을 받아들일 때 우리는 더 이상 타인의 평가에 얽매이지 않게 됩니다. 나의 실수는 내가 더 나아지기 위한 과정이며, 그것을 두려워하지 않을 때 우리는 진정으로 자유로워질 수 있습니다.

또한, 타인의 시선에서 벗어나기 위해서는 '스스로를 온전히 받아들이는 마음'이 필요합니다. 우리는 타인의 기대와 평가에 맞추기 위해 자신을 변화시키려는 경향이 있습니다. 그러나 내가 나 자신을 있는 그대로 받아들일 때, 타인의 시선에 대한 부담은 줄어들게 됩니다. 나는 완벽하지 않으며, 그럼에도 불구하고 충분히 소중하고 가치 있는 존재라는 사실을 인정하는 것이 중요합니다. 스스로를 있는 그대로 받아들이면, 우리는 더 이상 외부의 기준에 나 자신을 맞추려 하지 않고, 그저 나다운 삶을 살아갈 수 있게 됩니다.

마지막으로, 타인의 시선에서 자유로워지기 위해서는 '나만의 행복'을 추구하는 것이 필수적입니다. 우리는 종종 남들이 인정하는 성공이나 행복을 따라가다 보니, 정작 자신이 진정으로 원하는 것이 무엇인지를 잊어버리곤 합니다. 그러나 나에게 맞는 행복은 타인의 기준과 다를 수 있으며, 그것이 남들에게 인정받지 못할 수도 있습니다. 중요한 것은 내가 나만의 행복을 발견하고, 그 행복을 이루기 위해 나아가는 과정입니다. 내가 진정으로 행복한 삶을 살고 있다면, 타인의 시선은 더 이상 나에게 중요한 문제가 되지 않을 것입니다.

타인의 시선에서 자유로워지는 삶은 내가 나를 사랑하고 신뢰하며, 나만의 기준과 행복을 찾는 과정에서 이루어집니다.

타인의 시선에서 자유로워진다는 것은 내 삶의 주도권을 되찾는 것과 같습니다. 우리는 종종 타인의 기대나 평가에 따라 삶의 방향을 결정하려 할 때가 많습니다. 그러나 그런 삶은 내가 진정으로 원하는 방향으로 나아가는 것이 아니라, 다른 사람들의 기대에 부응하기 위해 만들어진 껍데기일 뿐입니다. 나의 삶을 온전히 나의 선택으로 이끌어 가려면 타인의 시선에서 벗어나, 나만의 결정을 존중하는 것이 필요합니다. 그 결정이 비록 남들에게는 이해되지 않을지라도, 나에게 맞고 나를 행복하게 한다면 그 길을 선택할 용기를 가져야 합니다.

우리는 타인의 시선을 의식할 때, 자칫 중요한 기회를 놓치기도 합니다. 남들이 어떻게 생각할지를 고민하다 보면, 자신이 하고 싶은 일이나 도전하고 싶은 것들을 미루게 됩니다. 그러나 내가 하고 싶은 일을 주저하지 않고 시도할 때, 비로소 우리는 더 많은 기회를 얻게 되고, 삶이 더욱 다채롭고 풍요로워집니다. 타인의 시선에서 자유로워진다는 것은 곧 내 삶에 더 많은 가능성을 열어두는 것이며, 그 속에서 내가 진정으로 원하는 것을 찾아가는 과정입니다.

타인의 시선에 얽매이지 않기 위해서는 나 자신에게 더욱 솔직해질 필요가 있습니다. 우리는 종종 타인의 기대를 만족시키기 위해 스스로에게 거짓말을 하곤 합니다. 내가 원하지 않는 것이라도, 남들이 원하니까 마치 그것이 내가 원하는 것처럼 행동하는 경우가 많습니다. 하지만 나의 진정한 마음과 욕구를 외면하고 남의 기대에 맞추다 보면, 결국 나는 나 자신을 잃어버리게 됩니다. 스스로에게 솔직해지고, 내가 진정으로 원하는 것을 인정하는 것이야말로 타인의 시선에서 벗어나는 첫걸음입니다.

또한, 타인의 시선에서 자유로워지기 위해서는 '내 삶의 가치를 나 자신이 정의하는 것'이 중요합니다. 우리는 흔히 남들이 정해놓은 성공의 기준이나 행복의 정의를 따르려 합니다. 그러나 그것이 나에게 맞는 기준이 아닐 때, 우리는 아무리 성취를 이루더라도 진정한 만족을 느끼지 못합니다. 내가 중요하게 여기는 가치는 무엇인지, 나에게 진정한 행복을 주는 것이 무엇인지를 분명히 할 때, 우리는 더 이상 남의 기준에 휘둘리지 않고 나만의 삶을 살아갈 수 있습니다.

타인의 시선에서 자유로워지는 과정에서 가장 중요한 것은 '내면의 평화'를 찾는 것입니다. 외부의 평가에 신경을 쓰다 보면 마음이 흔들리고 불안해질 때가 많습니다. 그러나 내가 나 자신을 신뢰하고, 내가 걸어가는 길이 나에게 맞다는 확신이 있다면, 우리는 외부의 시선에 흔들리지 않게 됩니다. 내면의 평화는 타인의 시선에서 자유로워지는 데 있어 가장 큰 힘이 됩니다. 그 평화를 찾기 위해서는 나를 더 깊이 들여다보고, 내가 진정으로 원하는 것이 무엇인지, 나의 가치를 어디에 두고 있는지를 명확히 해야 합니다.

마지막으로, 타인의 시선에서 자유로워진다는 것은 나 자신을 인정하고 사랑하는 것입니다. 우리는 종종 외부의 인정과 평가에 의존해 스스로의 가치를 평가하려 합니다. 그러나 나를 가장 잘 아는 사람은 나 자신이며, 내가 나를 사랑하지 않으면 외부의 인정도 무의미해집니다. 나의 결점과 장점, 모든 것을 있는 그대로 받아들이고 사랑할 때, 우리는 더 이상 외부의 인정에 의존하지 않게 됩니다. 자기 자신을 사랑하고 존중하는 마음이야말로 타인의 시선에서 진정으로 벗어나게 해주는 열쇠입니다.

타인의 시선에서 벗어나는 것은 내가 나의 주인으로서 삶을 이끌어가는 과정입니다.

타인의 시선에서 자유로워지기 위한 중요한 단계는 '나의 한계를 인정하는 것'입니다. 우리는 종종 타인의 기대에 부응하기 위해, 혹은 그들의 비판을 피하기 위해 스스로를 너무 무리하게 몰아붙일 때가 많습니다. 그러나 내가 할 수 있는 것과 할 수 없는 것, 나의 한계를 명확하게 인식할 때 우리는 더 이상 외부의 압박감에 시달리지 않게 됩니다. 내 한계를 알고 그것을 존중할 때, 비로소 나 자신을 더 잘 돌볼 수 있게 되고, 타인의 시선에 휘둘리지 않고 나의 페이스에 맞추어 살아갈 수 있습니다.

타인의 시선에서 자유로워지기 위해서는 '자신의 페이스를 존중하는 법'도 필요합니다. 우리는 종종 남들의 속도에 맞추려고 서두르거나 뒤처지지 않기 위해 과도한 노력을 하게 됩니다. 하지만 내 삶은 남들과 비교되는 것이 아니라, 나만의 속도와 방식으로 흘러가야 합니다. 남들이 나보다 앞서가더라도, 그 길이 나에게 맞는 길이 아니라면 그저 내 페이스에 맞춰 나아가는 것이 중요합니다. 나만의 리듬을 존중하고, 그 속에서 성장해 나가는 것이야말로 진정한 자유입니다.

또한, 타인의 시선에서 벗어나기 위해 필요한 것은 '실수해도 괜찮다는 마음'입니다. 우리는 남들에게 실수하는 모습을 보이는 것을 두려워하여 완벽을 추구할 때가 많습니다. 그러나 실수는 인간이라면 누구나 겪는 일이며, 그 과정에서 우리는 많은 것을 배웁니다. 내가 실수해도 괜찮다는 사실을 받아들일 때, 우리는 더 이상 남들의 비판에 신경 쓰지 않고, 더 많은 도전을 할 수 있게 됩니다. 실수를 통해 배우고 성장할 수 있다는 자신감을 가질 때, 우리는 더 이상 타인의 평가에 얽매이지 않게 됩니다.

타인의 시선에서 자유로워지기 위해서는 '내가 무엇을 원하는지 명확히 하는 것'이 중요합니다. 우리는 때때로 타인이 바라는 것을 나의 목표로 착각하고, 그 목표를 이루기 위해 애쓰는 경우가 많습니다. 그러나 그것이 진정으로 내가 원하는 것이 아니라면, 아무리 그 목표를 이루더라도 진정한 성취감을 느끼기 어렵습니다. 내가 진정으로 바라는 것은 무엇인지, 나를 행복하게 하는 것은 무엇인지를 명확히 할 때, 우리는 더 이상 외부의 기대에 맞추지 않고 나만의 길을 걸어갈 수 있습니다.

타인의 시선에서 자유로워지기 위해 필요한 또 하나의 요소는 '감사하는 마음'입니다. 우리는 종종 남들과 비교하며 부족한 부분에 집중하게 됩니다. 그러나 내가 가진 것들, 내가 이룬 것들에 대해 감사하는 마음을 가질 때 우리는 더 이상 결핍에 시달리지 않게 됩니다. 내가 이미 충분히 많은 것을 이루었고, 내가 가진 것들이 나를 충분히 행복하게 만든다는 사실을 깨달으면, 우리는 더 이상 남들의 시선에 의존하지 않게 됩니다. 감사하는 마음은 외부의 평가에서 벗어나, 나의 삶을 있는 그대로 소중히 여기게 해줍니다.

마지막으로, 타인의 시선에서 자유로워진다는 것은 나 자신과의 깊은 대화를 통해 이뤄집니다. 우리는 외부의 소리에 귀를 기울이느라 정작 내 안에서 들려오는 소리를 무시할 때가 많습니다. 하지만 내가 진정으로 원하는 것이 무엇인지, 나의 마음이 무엇을 갈망하고 있는지를 스스로에게 묻는 것이 중요합니다. 내 마음의 소리에 귀 기울일 때, 우리는 더 이상 외부의 소음에 휘둘리지 않고 나만의 목소리를 찾을 수 있게 됩니다.

타인의 시선에서 자유로워지는 것은 나의 가치를 나 스스로가 정의하고, 나만의 길을 걸어가는 삶의 방식입니다.

타인의 시선에서 자유로워진다는 것은 곧 나 자신을 믿는 힘을 키우는 과정입니다. 우리는 종종 타인의 기대와 판단에 의존하여 자신을 평가하려고 합니다. 그러나 진정한 자유는 나의 내면에서 비롯됩니다. 내가 내리는 결정, 나의 생각, 그리고 나의 가치관에 대한 신뢰를 가질 때, 우리는 외부의 시선에 휘둘리지 않고 스스로의 삶을 주체적으로 살아갈 수 있습니다. 이 믿음은 실수나 실패를 겪더라도 흔들리지 않는 내면의 힘을 길러줍니다.

나 자신을 믿는 힘은 하루아침에 생기지 않습니다. 우리는 삶에서 여러 경험을 통해 자신을 신뢰하는 법을 배워야 합니다. 때로는 어려운 상황을 마주하고, 그 속에서 나의 선택이 옳았는지를 고민하며 의심할 때도 있습니다. 그러나 그런 순간들이 쌓일수록, 나는 내가 어떤 사람인지, 어떤 가치를 소중히 여기는지를 더 명확히 알게 됩니다. 내가 선택한 길이 설령 남들의 눈에 틀린 길로 보일지라도, 나 자신을 믿고 그 길을 걸어가는 용기가 필요합니다. 이 용기가 나를 타인의 시선에서 벗어나게 하고, 나의 삶을 온전히 살아갈 수 있게 만들어줍니다.

또한, 타인의 시선에서 자유로워진다는 것은 '다름을 존중하는 마음'을 갖는 것과도 연결됩니다. 우리는 각기 다른 삶을 살아가고 있으며, 각자의 가치관과 목표도 다릅니다. 내가 다른 사람과 다르다는 사실을 받아들이고, 그 다름을 긍정적으로 인식할 때 우리는 비교에서 벗어나게 됩니다. 내가 다르다고 해서 틀린 것이 아니며, 나만의 독창적인 길을 걸어가고 있다는 사실을 인정하는 것이 중요합니다. 다름을 받아들이면, 우리는 더 이상 타인의 기준에 나를 맞추려 하지 않게 되고, 나만의 방식으로 살아갈 수 있는 자유를 얻게 됩니다.

타인의 시선에서 자유로워지기 위해서는 '완벽하지 않아도 괜찮다'는 마음을 가져야 합니다. 우리는 종종 남들의 기대에 부응하기 위해 완벽한 모습을 보이려 노력하지만, 완벽함은 결코 이룰 수 없는 목표일 때가 많습니다. 나의 부족함을 인정하고, 그 속에서 배우며 성장할 수 있다는 믿음을 가질 때 우리는 더 이상 타인의 평가에 신경 쓰지 않게 됩니다. 완벽하지 않음에도 불구하고 나는 충분히 가치 있고 소중하다는 마음이 우리를 더 자유롭게 만들어줍니다.

또한, 우리는 '타인의 시선을 긍정적으로 활용하는 법'도 배워야 합니다. 타인의 시선이 항상 부정적인 것만은 아닙니다. 때로는 나를 객관적으로 바라보는 시선이 나의 성장을 돕기도 합니다. 중요한 것은 그 시선을 어떻게 받아들이느냐입니다. 타인의 피드백을 나의 발전을 위한 기회로 삼되, 그것이 나의 본질을 흔들게 하거나 나의 길을 방해하지 않도록 하는 것이 필요합니다. 그들의 시선을 나의 삶에 유익하게 활용하는 방법을 알 때, 우리는 타인의 평가에 휘둘리지 않고 더욱 성장할 수 있습니다.

마지막으로, 타인의 시선에서 자유로워지기 위해서는 '내 삶의 주인으로서 책임지는 자세'를 가져야 합니다. 내가 선택한 삶의 방향과 결과는 나의 책임입니다. 남들의 시선에 의존해 내 삶을 결정한다면, 그 결과에 대해서도 남을 탓할 수밖에 없습니다. 하지만 내가 주체적으로 선택한 삶이라면 그 모든 결과를 기꺼이 받아들일 수 있고, 그 속에서 더 큰 성취감을 느낄 수 있습니다. 내가 내 삶의 주인이라는 사실을 인식할 때, 우리는 타인의 시선에서 자유로워질 수 있으며, 더 강한 자신감을 가지게 됩니다.

결국, 타인의 시선에서 자유로워지는 것은 나를 믿고 나의 길을 걸어갈 용기를 키우는 과정입니다.

타인의 시선에서 자유로워진다는 것은 곧 '나만의 행복'을 정의하는 과정이기도 합니다. 우리는 종종 남들이 생각하는 행복의 기준에 따라 나의 행복을 규정하고, 그 틀에 맞춰 살아가려는 경향이 있습니다. 하지만 나만의 기준과 방식으로 행복을 정이할 때, 우리는 진정한 자유를 경험할 수 있습니다. 남들이 생각하는 성공이나 행복이 나에게 맞지 않을 수 있으며, 그것을 인정하는 순간부터 우리는 더 이상 남의 기준에 따라 살아가지 않게 됩니다. 나에게 맞는 행복은 무엇인지, 내가 원하는 삶은 어떤 모습인지 깊이 생각해볼 때 우리는 더 큰 평화와 만족을 얻게 됩니다.

행복의 기준은 사람마다 다릅니다. 어떤 사람은 높은 지위나 물질적인 풍요에서 행복을 찾을 수 있고, 또 다른 사람은 단순한 일상 속에서 만족을 느낄 수 있습니다. 중요한 것은 내가 어떤 방식으로 나의 삶을 살아갈 때 진정한 기쁨을 느끼는지 깨닫는 것입니다. 타인의 시선에서 자유로워질 때 우리는 더 이상 외부의 평가에 흔들리지 않고, 나만의 행복을 추구하는 데 집중할 수 있습니다. 남들의 기대에 부응하는 것이 아니라, 나를 진정으로 행복하게 하는 것을 찾아가는 과정은 내 삶을 더 충만하게 만들어줍니다.

또한, 타인의 시선에서 자유로워지기 위해서는 '내가 무엇을 위해 살아가는지'에 대한 깊은 성찰이 필요합니다. 우리는 종종 타인의 기대나 사회적 기준에 따라 목표를 설정하고, 그 목표에 도달하기 위해 노력합니다. 하지만 내가 진정으로 원하는 삶이 아닌, 남들이 원하는 목표를 추구하다 보면 결국 그 과정에서 나 자신을 잃어버리게 됩니다. 나의 삶의 목적이 무엇인지, 나는 무엇을 위해 살아가고 있는지를 끊임없이 돌아볼 때 우리는 외부의 시선에서 벗어나 나만의 길을 걸어갈 수 있습니다.

타인의 시선에서 자유로워지기 위해서는 '타인과의 건강한 거리감'을 유지하는 것이 중요합니다. 우리는 인간관계를 통해 서로의 삶에 영향을 주고받지만, 그 과정에서 나의 경계를 지키는 것이 필수적입니다. 남들이 나에게 기대하는 것과 내가 나에게 기대하는 것이 다를 때, 우리는 그 차이를 명확히 인식하고 조율할 필요가 있습니다. 모든 사람의 기대를 만족시킬 수 없다는 사실을 받아들이고, 나만의 공간과 시간을 존중할 때 우리는 더 건강한 관계를 유지할 수 있으며, 타인의 시선에서 벗어나 나만의 삶을 살아갈 수 있게 됩니다.

타인의 시선을 지나치게 의식하지 않는다는 것은 '나의 한계를 존중하는 것'과도 연결됩니다. 나는 모든 것을 완벽하게 해낼 수 없고, 때로는 다른 사람의 기대에 부응하지 못할 때도 있습니다. 하지만 그것이 나의 가치를 떨어뜨리는 것은 아닙니다. 나의 한계를 인정하고, 그 한계 속에서 내가 할 수 있는 최선을 다하는 것만으로도 충분히 가치 있는 삶을 살고 있다는 사실을 깨달을 때 우리는 타인의 시선에서 더 자유로워질 수 있습니다.

마지막으로, 타인의 시선에서 자유로워지기 위해서는 '내면의 평화'를 찾는 것이 필수적입니다. 우리는 외부의 평가나 시선에 너무 많은 에너지를 쏟다 보면 정작 내면의 소리에 귀 기울이는 것을 잊게 됩니다. 내 마음이 무엇을 원하고 있는지, 내가 진정으로 갈망하는 것이 무엇인지 들여다볼 시간과 공간을 마련하는 것이 중요합니다. 내면의 평화를 찾을 때 우리는 더 이상 외부의 소음에 흔들리지 않고, 나만의 리듬으로 삶을 살아갈 수 있게 됩니다.

타인의 시선에서 자유로워지는 삶은 곧 나 자신을 있는 그대로 존중하고 사랑하는 삶입니다.

내 자신을 있는 그대로 받아들이기

09

내 자신을 있는 그대로 받아들이는 것은 자존감의 가장 중요한 기초입니다. 우리는 종종 완벽해야만 사랑받을 수 있다고 생각하며, 자신의 부족한 부분을 숨기려 하곤 합니다. 하지만 내가 가진 결점과 부족함을 받아들이고, 그 속에서 나 자신을 진정으로 사랑하는 마음을 가질 때 비로소 우리는 진정한 자존감을 얻게 됩니다. 완벽하지 않아도 나는 충분히 가치 있는 존재라는 사실을 깨닫는 순간, 우리는 더 이상 남의 시선에 흔들리지 않고 나만의 길을 걸어갈 수 있게 됩니다.

내 자신을 있는 그대로 받아들인다는 것은 곧 나의 모든 부분을 인정하는 과정입니다. 우리는 스스로에게 엄격한 기준을 적용하면서, 완벽하지 않은 부분을 부끄러워하거나 외면하려 합니다. 하지만 나의 장점뿐만 아니라 단점과 실수도 나의 일부라는 것을 받아들일 때, 우리는 더 이상 스스로를 채찍질하지 않게 됩니다. 내 안에 있는 약점조차도 나를 특별하게 만드는 요소이며, 그것을 인정할 때 우리는 나 자신과의 관계를 더 깊고 진정성 있게 만들 수 있습니다.

내 자신을 받아들이기 위해서는 먼저 나의 감정을 존중하는 법을 배워야 합니다. 우리는 때때로 자신의 감정을 무시하거나 억누르면서 '이렇게 느끼면 안 돼'라는 생각을 하곤 합니다. 그러나 나의 감정은 나의 일부분이며, 그것을 인정하고 존중해야만 내 마음의 소리에 귀를 기울일 수 있습니다. 내가 느끼는 슬픔, 기쁨, 두려움 모두가 나를 이루는 중요한 요소입니다. 감정을 억누르지 않고 그대로 받아들이는 연습을 하다 보면, 우리는 점점 더 나 자신에게 솔직해지고, 진정으로 나를 받아들이게 됩니다.

내 자신을 있는 그대로 받아들인다는 것은 나의 삶을 있는 그대로 인정하는 것이기도 합니다. 내가 걸어온 길, 그 속에서 겪었던 모든 경험들이 지금의 나를 만들었습니다. 때로는 그 과정이 실패로 느껴질 수도 있고, 후회할 만한 결정들이 있었을지라도, 그것들은 모두 나를 성장시킨 중요한 경험입니다. 나는 과거의 실수나 실패에 얽매여 나 자신을 부정하기보다는, 그 모든 것들이 나를 더 강하게 만들었다는 사실을 받아들여야 합니다. 과거의 나도, 현재의 나도 모두 소중한 나의 일부이며, 그 모든 것을 사랑할 때 우리는 더 큰 평화와 자존감을 얻게 됩니다.

내 자신을 있는 그대로 받아들인다는 것은 남들과 비교하지 않고 나만의 기준을 세우는 것과도 연결됩니다. 우리는 자주 다른 사람들과 자신을 비교하며, 그들의 성취나 모습에 비해 나의 부족함을 자책하곤 합니다. 하지만 나의 길은 오직 나만이 걸어가야 할 고유한 여정입니다. 다른 사람과 비교할 필요 없이, 내가 지금까지 이룬 것들을 스스로 인정하고 자랑스러워할 때, 우리는 비로소 나 자신을 온전히 받아들일 수 있게 됩니다.

마지막으로, 내 자신을 받아들이는 것은 나에게 친절해지는 법을 배우는 것입니다. 우리는 종종 자신에게 지나치게 엄격하게 굴며, 부족한 점들을 비난하고 채찍질합니다. 그러나 나도 한 사람의 인간으로서 완벽할 수 없으며, 그것이 바로 인간적인 아름다움의 일부라는 사실을 인정해야 합니다. 나 자신을 사랑하는 법을 배우고, 내게 친절해지는 순간 우리는 더 이상 외부의 평가나 완벽함에 얽매이지 않고, 나의 진정한 가치를 발견하게 됩니다.

내 자신을 있는 그대로 받아들이는 과정은 나를 진정으로 사랑하는 마음에서 시작됩니다.

내 자신을 있는 그대로 받아들이는 것은 내가 누구인지를 진정으로 이해하는 과정입니다. 우리는 때때로 다른 사람들의 기대와 시선에 맞추어 나 자신을 변화시키려 하고, 그 과정에서 나의 진짜 모습을 잃어버리곤 합니다. 하지만 나를 있는 그대로 받아들일 때, 나는 더 이상 외부의 기준에 맞추려 애쓰지 않고 나만의 고유한 가치를 발견하게 됩니다. 나의 모든 모습, 나의 장점과 단점, 나의 결점까지도 나만의 색깔을 만드는 중요한 요소라는 사실을 깨달을 때, 우리는 진정한 자아를 찾을 수 있게 됩니다.

내 자신을 있는 그대로 받아들이기 위해서는 나의 과거를 용서하고 수용하는 것이 필수적입니다. 우리는 과거의 실수나 실패에 얽매여 스스로를 비판하고 자책하는 경우가 많습니다. 그러나 그 실수들 또한 나의 성장의 일부였다는 것을 인정하고, 그로 인해 내가 더 나은 사람이 될 수 있었다는 사실을 받아들여야 합니다. 과거의 실수는 나의 부족함을 보여주는 것이 아니라, 나의 성장 가능성을 증명하는 중요한 경험입니다. 나의 과거를 용서하고 받아들일 때, 우리는 더 이상 과거에 머무르지 않고 현재의 나를 사랑할 수 있게 됩니다.

또한, 내 자신을 있는 그대로 받아들이기 위해서는 나의 불완전함을 인정하는 것이 중요합니다. 우리는 종종 완벽해지기 위해 끊임없이 노력하고, 그 과정에서 스스로를 지치게 만듭니다. 하지만 불완전한 모습도 나의 일부이며, 그것이 나를 더 인간적이고 진솔하게 만들어준다는 사실을 깨달을 때, 우리는 더 이상 완벽함을 추구하지 않게 됩니다. 완벽할 필요 없이, 지금 이 순간의 나도 충분히 소중하고 가치 있는 존재라는 사실을 받아들일 때, 우리는 더 큰 평화를 느끼게 됩니다.

내 자신을 받아들인다는 것은 곧 나의 감정과 욕구를 인정하는 과정이기도 합니다. 우리는 때로 다른 사람의 기대에 맞추기 위해 나의 감정을 억누르거나, 내가 원하는 것을 포기할 때가 많습니다. 그러나 내 감정과 욕구는 나의 진정한 모습을 반영하는 중요한 부분입니다. 내가 느끼는 감정이 슬픔이든 기쁨이든, 그 모든 감정은 나를 이루는 소중한 요소입니다. 나의 욕구 역시 내가 살아가는 데 필요한 에너지이므로, 그것을 존중하고 받아들이는 것이 필요합니다. 내 감정과 욕구를 무시하지 않고 인정하는 순간, 우리는 더 깊은 자기 이해와 사랑을 경험하게 됩니다.

또한, 내 자신을 받아들인다는 것은 남들의 시선에 흔들리지 않고 나만의 길을 걸어가는 용기를 의미합니다. 우리는 종종 타인의 평가에 의존하여 나의 가치를 판단하려고 하지만, 결국 가장 중요한 것은 나 자신이 나를 어떻게 바라보느냐입니다. 내가 나를 존중하고, 나의 선택을 믿을 때, 우리는 더 이상 외부의 시선에 신경 쓰지 않게 됩니다. 나 자신을 온전히 받아들인다는 것은 내가 걸어가는 길을 스스로 선택하고 그 결과를 기꺼이 받아들이는 마음을 갖는 것입니다.

마지막으로, 내 자신을 있는 그대로 받아들인다는 것은 나를 사랑하는 법을 배우는 것입니다. 우리는 때로 나를 비난하고, 부족한 부분을 자책하며 스스로에게 상처를 입히지만, 그 대신 나에게 친절하게 대하고 나의 약점마저도 사랑할 수 있을 때 우리는 진정한 자아 수용을 이루게 됩니다. 나 자신을 있는 그대로 사랑하는 마음은 더 이상 외부의 평가에 의존하지 않고, 나만의 방식으로 삶을 살아갈 수 있게 해주는 가장 큰 원동력입니다.

내 자신을 받아들일 때, 우리는 더 이상 타인과의 비교에서 자유로워지고, 나의 진정한 가치를 발견하게 됩니다.

내 자신을 있는 그대로 받아들이는 과정은 '있는 그대로의 나'를 마주하는 법을 배우는 것입니다. 우리는 살아가면서 타인의 기대에 맞추려 하거나, 사회적 기준에 부응하려는 압박을 받습니다. 그러나 그런 시선에 얽매이기 시작하면 점차 나 자신을 잃고, 타인이 만들어놓은 틀에 갇히게 됩니다. 나를 있는 그대로 받아들인다는 것은 그 틀에서 벗어나, 내가 정말로 누구인지, 무엇을 원하는지 스스로에게 질문하는 과정을 의미합니다. 이 과정은 겉으로 보이는 나를 넘어, 내면의 나를 이해하고 수용하는 데서 출발합니다.

   나 자신을 있는 그대로 받아들이기 위해서는 먼저 '비교의 습관'을 버려야 합니다. 우리는 다른 사람의 성취나 외모, 성공을 보며 스스로를 끊임없이 평가하는 경향이 있습니다. 하지만 모든 사람은 각자의 속도로, 각자의 길을 걸어가고 있으며, 나만의 여정은 오직 나 자신이 만들어가는 것입니다. 남들과 비교할 필요 없이 내가 이룬 성취와, 내가 걸어온 길을 존중할 때 우리는 비로소 비교에서 자유로워질 수 있습니다. 타인의 기준에 맞추기보다는, 내가 진정으로 바라는 삶을 선택하는 것이야말로 나 자신을 존중하는 첫걸음입니다.

   내 자신을 받아들이는 데 있어 중요한 것은 '내 감정의 목소리에 귀 기울이는 것'입니다. 우리는 종종 사회나 주변의 기대에 맞추어 감정을 억누르거나, 내가 느끼는 것과는 다른 방식으로 반응할 때가 많습니다. 그러나 나의 감정은 나를 이루는 중요한 부분이며, 그 감정을 인정할 때 우리는 스스로를 더 깊이 이해할 수 있습니다. 기쁨, 슬픔, 두려움, 불안 등 모든 감정은 내 삶의 일부분이며, 그 감정들을 있는 그대로 받아들일 때 우리는 더 이상 그것을 두려워하지 않게 됩니다. 나의 감정을 무시하지 않고 소중히 여길 때, 우리는 더 진정한 자기 수용을 경험하게 됩니다.

또한, 자신을 있는 그대로 받아들이기 위해서는 '자신에게 여유를 주는 마음'이 필요합니다. 우리는 때로 나 자신에게 너무 가혹한 기준을 적용하며, 모든 것을 완벽하게 해내려고 합니다. 하지만 내가 한 번에 모든 것을 이룰 수 없다는 사실을 받아들이고, 실수할 수 있는 여유를 스스로에게 허락할 때 우리는 더 자유로워집니다. 실수도 나의 성장 과정이며, 그 과정에서 배운 것이 나를 더 나은 사람으로 만든다는 믿음을 가질 때 우리는 더 이상 실수를 두려워하지 않게 됩니다. 나의 부족함을 인정하고, 그 부족함을 성장의 기회로 삼는 것이야말로 자신을 있는 그대로 받아들이는 중요한 자세입니다.

자신을 온전히 받아들일 때, 우리는 더 이상 외부의 평가에 얽매이지 않게 됩니다. 나 자신이 누구인지, 무엇을 원하는지를 명확히 알게 되면, 외부의 평가나 시선이 나의 삶을 흔들지 않게 됩니다. 내가 선택한 삶의 길이 나에게 맞는 길이라는 확신이 있을 때 우리는 남들의 의견이나 판단에 흔들리지 않고, 나의 길을 더 당당하게 걸어갈 수 있습니다. 스스로에게 확신을 갖고, 내가 걸어온 길을 존중할 때 우리는 더 큰 자신감을 얻게 되며, 그 자신감이 나를 더 강하게 만듭니다.

마지막으로, 나 자신을 있는 그대로 받아들인다는 것은 '자기 사랑의 실천'입니다. 우리는 완벽해지기 위해 스스로를 밀어붙이기보다, 나의 불완전함을 따뜻하게 받아들일 때 더 큰 자아 수용을 경험하게 됩니다. 나의 결점도, 나의 실수도 모두 나를 이루는 소중한 부분이며, 그것을 사랑하는 것이 진정한 자기 사랑입니다. 나 자신을 있는 그대로 사랑하는 순간, 우리는 외부의 인정 없이도 충분히 행복할 수 있게 되며, 나만의 방식으로 삶을 살아갈 수 있게 됩니다.

내 자신을 있는 그대로 받아들이는 것은 나의 모든 부분을 존중하고 사랑하는 것입니다.

내 자신을 있는 그대로 받아들인다는 것은 '완벽하지 않아도 괜찮다'는 마음을 갖는 것에서 시작됩니다. 우리는 완벽함을 추구하며, 스스로에게 높은 기대치를 설정합니다. 그러나 그 기대치에 도달하지 못했을 때 느끼는 좌절감은 오히려 나를 더 지치고 힘들게 만듭니다. 하지만 나는 완벽할 필요가 없고, 불완전한 모습 그대로도 충분히 소중하다는 사실을 받아들이는 순간, 우리는 더 큰 평화와 자유를 경험하게 됩니다. 완벽함이 아닌 나만의 방식으로, 나만의 속도대로 살아가는 것이 진정한 행복으로 이어집니다.

자신을 있는 그대로 받아들이기 위해서는 '결과보다 과정에 집중하는 법'을 배워야 합니다. 우리는 종종 목표를 이루는 데만 집중하고, 그 결과에 따라 나 자신을 평가합니다. 그러나 삶은 결과만으로 판단될 수 없는 여정입니다. 내가 걸어온 과정 속에서 얻은 배움과 경험이 나를 성장하게 만듭니다. 설령 그 결과가 내가 기대했던 것과 다르더라도, 나는 그 과정을 통해 많은 것을 얻었고, 그 자체로 의미 있는 삶을 살아가고 있다는 사실을 인정할 때, 우리는 더 이상 결과에 집착하지 않게 됩니다. 과정 속에서 나의 가치를 발견하는 것이 자신을 온전히 받아들이는 중요한 방법입니다.

또한, 자신을 받아들이기 위해서는 '비판적인 내면의 목소리'를 다루는 방법을 익혀야 합니다. 우리는 때로 스스로에게 가혹한 말을 하며, 자신을 비난하거나 책망하는 습관을 가지고 있습니다. "왜 이것밖에 못했을까?" "나는 왜 이럴까?"와 같은 내면의 목소리는 나의 자존감을 무너뜨리고, 나를 더 불안하게 만듭니다. 그러나 그 비판적인 목소리와 대면하고, 그것을 부드럽게 다루는 방법을 배워야 합니다. 나 자신을 비난하기보다는, 그 목소리를 듣고 나의 부족함을 따뜻하게 감싸주는 마음을 가질 때 우리는 더 이상 그 목소리에 휘둘리지 않게 됩니다.

내 자신을 있는 그대로 받아들인다는 것은 '스스로에게 기회를 주는 것'과도 같습니다. 우리는 종종 나의 실수나 실패를 용서하지 않고, 그것이 나의 전부인 것처럼 여길 때가 있습니다. 그러나 모든 사람은 실수하고 실패하기 마련이며, 그 실수를 통해 더 많은 것을 배울 수 있습니다. 중요한 것은 그 실수나 실패에서 배워 더 나아질 기회를 나 스스로에게 주는 것입니다. 나에게 더 많은 기회를 주고, 실수할 수 있는 여유를 허락할 때, 우리는 스스로에게 더 너그러워지고, 나 자신을 있는 그대로 받아들이는 데 가까워집니다.

또한, 나를 있는 그대로 받아들인다는 것은 '나의 독특함을 인정하는 것'입니다. 우리는 자신을 타인과 비교하면서, 나만의 고유한 개성을 잃어버릴 때가 많습니다. 그러나 나의 성격, 나의 모습, 나의 생각은 모두 나를 이루는 독특한 요소들입니다. 이 세상에 나와 똑같은 사람은 없으며, 내가 가진 고유한 특성들이 나를 특별하게 만듭니다. 나의 독특함을 받아들이고, 그것이 나의 강점임을 깨달을 때 우리는 더 이상 타인과 자신을 비교하지 않고 나만의 길을 당당하게 걸어갈 수 있게 됩니다.

마지막으로, 자신을 있는 그대로 받아들이기 위해서는 '자신에게 긍정적인 메시지를 주는 것'이 중요합니다. 우리는 살아가면서 많은 부정적인 생각과 감정에 휩싸일 때가 많습니다. 그럴 때마다 자신에게 긍정적인 메시지를 주는 것이 필요합니다. "나는 괜찮아." "나는 나만의 방식으로 잘 해내고 있어." "내가 누구인지를 나는 사랑해." 이러한 메시지는 나의 내면에 힘을 주고, 나를 더 사랑할 수 있는 에너지를 만들어줍니다. 긍정적인 메시지를 스스로에게 자주 전할 때, 우리는 더 큰 자존감과 자신감을 얻게 됩니다.

내 자신을 있는 그대로 받아들이는 것은 나의 모든 면을 소중히 여기고, 그 속에서 나의 가치를 발견하는 것입니다.

내 자신을 있는 그대로 받아들인다는 것은 '불확실성을 사랑하는 마음'을 기르는 과정입니다. 우리는 종종 모든 것을 통제하려 하고, 모든 일이 계획대로 이루어지길 기대합니다. 하지만 삶은 언제나 예상치 못한 방향으로 흘러가며, 그 과정에서 우리는 다양한 경험을 하게 됩니다. 불확실한 미래에 대한 불안을 떨쳐버리고, 그 안에서 새로운 기회를 발견하는 마음을 가질 때, 우리는 더 이상 실패에 대한 두려움에 사로잡히지 않고 자유로워질 수 있습니다. 불확실성은 나의 성장을 위한 기회일 수 있다는 사실을 받아들이면, 우리는 더 강해지고 유연한 사람이 됩니다.

또한, 자신을 받아들이기 위해서는 '자기 회복력'을 키우는 것이 중요합니다. 우리는 살아가면서 예상하지 못한 어려움과 마주하게 되고, 그 과정에서 무너질 때도 있습니다. 그러나 중요한 것은 그 어려움에서 다시 일어설 수 있는 힘입니다. 자신을 있는 그대로 받아들이는 사람은 실수나 실패에서 빨리 회복할 수 있습니다. 실수를 하더라도 자신을 비난하거나 낙담하기보다는, 그 상황에서 무엇을 배울 수 있을지를 생각하고 다시 일어설 수 있는 힘을 키우는 것이 필요합니다. 회복력은 나의 결점을 사랑하고, 그 속에서 성장할 수 있다는 믿음에서 비롯됩니다.

자신을 받아들이는 과정에서 중요한 또 하나는 '나만의 리듬을 찾는 것'입니다. 우리는 각기 다른 속도로 살아가고 있으며, 나에게 맞는 리듬이 따로 있습니다. 그러나 우리는 종종 남들의 속도에 맞추려 하거나, 사회가 요구하는 빠른 속도에 발맞추기 위해 서두릅니다. 하지만 나만의 속도대로, 내가 편안하게 느끼는 방식으로 살아갈 때 비로소 진정한 나를 발견할 수 있습니다. 나의 속도가 느리다고 해서 그것이 잘못된 것은 아닙니다.

나만의 리듬을 존중할 때, 우리는 더 이상 외부의 압박에서 벗어나 나만의 방식으로 성장할 수 있게 됩니다.

또한, 자신을 받아들이기 위해서는 '성공에 대한 새로운 정의'를 내리는 것이 필요합니다. 우리는 성공을 주로 외적인 성취로 정의하고, 그것을 이루기 위해 많은 에너지를 쏟습니다. 하지만 진정한 성공은 나의 내면에서 비롯됩니다. 나 자신을 사랑하고, 내가 걸어온 길을 존중하며, 내가 지금 이 순간에도 충분히 괜찮다는 사실을 받아들일 때 우리는 더 이상 외부의 기준에 얽매이지 않게 됩니다. 성공은 남들이 정해준 것이 아니라, 내가 나만의 방식으로 정의할 수 있는 것이며, 그 과정에서 우리는 더 큰 자부심과 만족감을 느낄 수 있습니다.

내 자신을 있는 그대로 받아들인다는 것은 '작은 성취를 인정하는 법'을 배우는 것과도 연결됩니다. 우리는 종종 큰 목표만을 바라보며 그 과정에서 이루어진 작은 성취들을 놓치곤 합니다. 그러나 그 작은 성취들이 모여 나의 삶을 이루고, 나를 더 나은 방향으로 이끌어줍니다. 내가 하루하루 이뤄낸 작은 성공들을 인정하고, 그것에 대해 스스로를 칭찬하는 것이 중요합니다. 작은 성취를 소중히 여길 때 우리는 나 자신에 대한 믿음과 자존감을 더욱 키울 수 있게 됩니다.

마지막으로, 자신을 있는 그대로 받아들이기 위해서는 '현재의 나를 사랑하는 것'이 필수적입니다. 우리는 종종 더 나은 미래의 모습을 상상하며,

지금의 나를 부족하게 여기곤 합니다. 하지만 중요한 것은 지금 이 순간의 나도 충분히 소중하다는 사실입니다. 내가 지금 겪고 있는 경험들, 나의 현재 모습, 나의 감정 모두가 나의 일부이며, 그것들을 사랑할 수 있을 때 우리는 진정한 자기 수용을 이룰 수 있습니다. 미래의 나만을 기대하는 것이 아니라, 현재의 나를 있는 그대로 사랑할 때 우리는 더 행복하고 충만한 삶을 살 수 있습니다.

내 자신을 있는 그대로 받아들이는 것은 나의 모든 모습을 존중하고, 그 안에서 나의 진정한 가치를 발견하는 과정입니다.

내 자신을 있는 그대로 받아들인다는 것은 곧 '자유로워지는 것'입니다. 우리는 종종 사회적 기준이나 타인의 기대에 맞춰 살아가면서 스스로를 억압할 때가 많습니다. 그러나 나를 있는 그대로 받아들이는 순간, 더 이상 외부의 시선에 얽매이지 않고 자유롭게 나만의 삶을 살아갈 수 있는 힘을 얻게 됩니다. 내가 누구인지, 나의 가치는 무엇인지 명확하게 인식하면, 더 이상 다른 사람들의 의견이나 평가에 휘둘리지 않게 됩니다. 그 자유는 나를 나답게 살아가게 만드는 가장 큰 원동력입니다.

나 자신을 있는 그대로 받아들이기 위해서는 '내면의 평화'를 찾는 것이 중요합니다. 우리는 종종 외부의 소음에 둘러싸여 내면의 소리에 귀 기울이는 것을 잊어버리곤 합니다. 하지만 진정한 자기 수용은 나의 내면에 집중하는 데서 시작됩니다. 내가 무엇을 원하는지, 내 마음이 무엇을 갈망하는지를 스스로에게 묻고, 그 답을 찾아가는 과정이 필요합니다. 그 과정에서 우리는 더 이상 외부의 평가에 의존하지 않고, 내 안에서 나오는 목소리를 따라 나의 길을 걸어갈 수 있게 됩니다.

또한, 자신을 있는 그대로 받아들이기 위해서는 '타인의 기대에서 벗어나는 법'을 배워야 합니다. 우리는 자주 남들의 기대에 부응하려고 애쓰면서 나 자신을 잃어버리곤 합니다. 타인의 기대에 맞추다 보면 나의 진짜 모습은 점차 흐려지고, 내가 무엇을 원하는지조차 모르게 됩니다. 그러나 나를 있는 그대로 받아들이는 사람은 타인의 기대에서 자유로워집니다. 남들이 나에게 무엇을 기대하든, 나는 나의 기준에 따라 나의 선택을 존중하고, 그 선택이 나에게 어떤 의미가 있는지 스스로 판단할 수 있게 됩니다.

내 자신을 온전히 받아들인다는 것은 '나의 감정에 솔직해지는 것'입니다. 우리는 때때로 감정이 격해지거나 불안해질 때, 그것을 부정하거나 억누르려 합니다. 하지만 나의 감정은 나를 이루는 중요한 부분이며, 그 감정을 외면할 때 우리는 스스로에게 상처를 입히게 됩니다. 기쁨과 슬픔, 분노와 두려움 등 모든 감정은 나의 일부이기 때문에, 그 감정들을 솔직하게 인정하고 받아들일 때 비로소 우리는 진정한 자기 수용을 경험하게 됩니다. 감정을 부끄러워하지 않고, 있는 그대로 받아들이는 것이 필요합니다.

자신을 받아들이기 위해서는 '나만의 속도로 살아가는 법'을 익히는 것도 중요합니다. 우리는 종종 남들이 달려가는 속도에 맞추기 위해 서두르지만, 그럴 때 오히려 나 자신을 잃어버리기 쉽습니다. 나만의 속도, 나만의 방식으로 천천히 나아가는 것도 충분히 괜찮습니다. 느리게 가는 것이 잘못된 것이 아니며, 중요한 것은 내가 가고자 하는 방향을 잃지 않는 것입니다. 나의 속도를 존중하고, 그 안에서 나만의 리듬을 찾을 때 우리는 더 큰 평온과 만족을 느끼게 됩니다.

마지막으로, 나를 있는 그대로 받아들이기 위해서는 '나의 실수를 용서하는 것'이 필수적입니다. 우리는 실수나 실패를 하면 그것을 오래도록 붙잡고 자책할 때가 많습니다. 그러나 모든 사람은 실수할 수 있고, 그 실수는 나의 부족함을 드러내는 것이 아니라 나의 성장 과정에서 배워야 할 중요한 수업입니다. 실수는 그저 지나가는 과정일 뿐, 그것이 나의 전부가 아님을 받아들일 때 우리는 더 이상 과거에 얽매이지 않고 앞으로 나아갈 수 있게 됩니다. 실수마저도 나의 일부로 인정하고, 그 속에서 배워나가는 것이 진정한 자기 수용의 과정입니다.

내 자신을 있는 그대로 받아들이는 것은 내가 나를 사랑하는 가장 깊은 방식이며, 그 안에서 우리는 더 큰 자유와 평화를 얻게 됩니다.

내 자신을 있는 그대로 받아들인다는 것은 '모든 부분을 끌어안는 것'입니다. 우리는 종종 자신을 평가할 때, 강점만을 바라보고 약점은 외면하려고 합니다. 그러나 나의 약점과 결점도 나의 일부분이며, 그것들조차 나를 독특하게 만드는 중요한 요소입니다. 나의 강점은 내가 더 나은 사람이 되는 데 도움을 주지만, 나의 약점은 나에게 배움과 성장을 제공합니다. 약점을 숨기거나 부끄러워하지 않고, 그것을 있는 그대로 인정하는 순간 우리는 더 깊은 자기 수용을 경험하게 됩니다.

약점을 인정한다는 것은 나의 불완전함을 받아들이는 것과도 같습니다. 우리는 완벽해지려고 애쓰면서 자신을 끊임없이 채찍질합니다. 하지만 완벽함은 도달할 수 없는 이상이며, 그것을 추구할수록 우리는 자신을 소모하게 됩니다. 나의 불완전함을 인정하고, 그 속에서 내가 배울 수 있는 것들을 찾는 태도를 가질 때 우리는 더 이상 스스로를 탓하지 않게 됩니다. 불완전한 모습 속에서 나의 진정한 아름다움을 발견할 수 있다는 사실을 깨닫는 것이 필요합니다.

내 자신을 있는 그대로 받아들이기 위해서는 '내가 가진 것을 감사하는 마음'을 기르는 것이 중요합니다. 우리는 종종 부족한 부분에 집중하면서 나 자신을 비난하지만, 그 대신 내가 이미 가지고 있는 것들에 대해 감사하는 마음을 가질 때 우리는 더 큰 평화를 얻게 됩니다. 내 삶에 있는 작은 기쁨들, 나의 성취들, 그리고 나의 소중한 관계들에 대해 감사할 때 우리는 더 이상 결핍감을 느끼지 않고, 자신을 있는 그대로 사랑할 수 있게 됩니다. 감사하는 마음은 나를 더 긍정적으로 바라보는 데 도움을 줍니다.

또한, 나를 있는 그대로 받아들이는 것은 '다른 사람의 인정에 의존하지 않는 것'과도 연결됩니다. 우리는 종종 다른 사람들의 칭찬이나 인정에 따라 나의 가치를 판단하곤 합니다. 그러나 나의 가치는 외부의 인정에 달려 있지 않습니다. 내가 나를 사랑하고 존중하는 것이 가장 중요하며, 외부에서 오는 평가가 나의 가치를 결정하지 않습니다. 내가 나 자신을 충분히 소중하게 여길 때, 우리는 다른 사람의 평가에 휘둘리지 않고 나만의 길을 당당히 걸어갈 수 있게 됩니다.

자신을 받아들인다는 것은 '나의 선택을 믿는 것'입니다. 우리는 살아가면서 수많은 선택의 순간을 맞이하게 됩니다. 그 선택이 항상 옳았던 것은 아닐 수 있지만, 그 선택들 덕분에 지금의 내가 존재한다는 사실을 받아들여야 합니다. 나의 선택이 나를 성장하게 만들고, 그 과정에서 나는 더 많은 것을 배우게 됩니다. 과거의 선택에 대해 후회하거나 자책하기보다는, 그 선택을 존중하고 지금의 나를 만들어준 중요한 과정이었다는 것을 받아들이는 것이 필요합니다.

마지막으로, 내 자신을 있는 그대로 받아들이기 위해서는 '나만의 길을 존중하는 마음'이 필요합니다. 우리는 각자 다른 길을 걸어가고 있으며, 그 길은 누구도 대신 걸어줄 수 없습니다. 나의 여정은 나만의 것이며, 그 길 위에서 겪는 모든 경험은 나를 성장시키는 중요한 요소입니다. 남들과 비교할 필요 없이, 내가 걸어온 길을 존중하고 그 속에서 나 자신을 더 깊이 이해할 때 우리는 진정한 자기 수용을 이루게 됩니다.

내 자신을 있는 그대로 받아들이는 것은 나의 모든 면을 끌어안고, 그 속에서 나의 가치를 발견하는 것입니다.

내 자신을 있는 그대로 받아들인다는 것은 '완벽하지 않음' 속에서 나를 더욱 사랑하는 법을 배우는 것입니다. 우리는 종종 자신의 약점이나 실수를 부정하고, 그것을 숨기려고 합니다. 하지만 약점이나 실수도 나의 삶의 일부이며, 그것들이 나를 더 깊고 진실되게 만들어줍니다. 내가 완벽하지 않다는 사실을 받아들이면, 우리는 더 이상 스스로를 채찍질하지 않게 되고, 오히려 그 속에서 나의 진정한 모습을 발견할 수 있습니다. 완벽해지려는 압박에서 벗어나는 순간 우리는 더 자유로워집니다.

또한, 자신을 있는 그대로 받아들인다는 것은 '나를 위로하는 법'을 배우는 것과 같습니다. 우리는 실패나 실수를 경험할 때 자주 자신을 비난하며, 그로 인해 스스로를 더 힘들게 만듭니다. 하지만 나를 있는 그대로 받아들이기 위해서는 나 자신을 따뜻하게 감싸 안는 법을 배워야 합니다. 내가 힘든 상황에 처했을 때, 나에게 필요한 것은

자책이 아니라 위로입니다. 내가 나를 위로할 수 있는 힘을 가질 때, 우리는 더 이상 외부의 시선에 의존하지 않고 스스로에게 힘과 용기를 줄 수 있습니다.

자신을 있는 그대로 받아들이기 위해서는 '나의 목소리를 듣는 것'이 필요합니다. 우리는 살아가면서 외부의 소음에 묻혀 나의 진정한 욕구와 감

정을 놓치기 쉽습니다. 하지만 나의 목소리에 귀를 기울이고, 내가 진정으로 원하는 것이 무엇인지 알아차릴 때, 우리는 비로소 나를 더 깊이 이해하게 됩니다. 나의 내면에서 들려오는 소리에 집중하고, 그 목소리를 따를 용기를 가질 때 우리는 자신을 더욱 온전히 받아들이게 됩니다.

또한, 타인의 기대에서 벗어나 나만의 기준을 세우는 것이 중요합니다. 우리는 종종 타인의 기준에 맞춰 스스로를 평가하고, 그 기준에 미치지 못할 때 좌절감을 느끼곤 합니다. 그러나 나만의 기준을 세우고, 그 기준에 따라 나의 삶을 살아갈 때 우리는 더 이상 외부의 평가에 흔들리지 않게 됩니다. 나의 기준은 내가 설정하며, 내가 만족하는 삶이야말로 진정으로 나 자신을 사랑하고 받아들이는 삶입니다.

자신을 있는 그대로 받아들인다는 것은 '나의 감정을 인정하는 것'과도 연결됩니다. 우리는 종종 부정적인 감정을 억누르거나 무시하려고 합니다. 하지만 나의 감정은 나의 중요한 일부분이며, 그 감정들을 무시하지 않고 받아들일 때 우리는 스스로를 더 잘 이해하게 됩니다. 나의 슬픔, 두려움, 분노까지도 모두 나의 일부이며, 그 감정들조차도 내가 받아들여야 할 중요한 요소들입니다. 그 감정들을 억누르지 않고 자연스럽게 흐르게 할 때 우리는 더 큰 마음의 평화를 얻을 수 있습니다.

마지막으로, 내 자신을 있는 그대로 받아들이기 위해서는 '현재의 나를 인정하는 것'이 필수적입니다. 우리는 종종 미래의 내가 더 나아지기를 바라며 지금의 나를 부족하게 여길 때가 많습니다. 하지만 중요한 것은 지금 이 순간의 나도 충분히 소중하고 가치 있다는 사실입니다. 내가 더 나은 사람이 되기 위해 노력하는 것도 중요하지만, 지금 이 순간의 나를 인정하고 사랑할 때 우리는 더 큰 만족감을 얻게 됩니다. 지금의 나를 사랑하는 것이야말로 자기 수용의 핵심입니다.

내 자신을 있는 그대로 받아들이는 것은 나의 모든 부분을 존중하고 사랑하는 것입니다. 그 과정에서 우리는 진정한 평화와 자유를 얻게 되며, 더 이상 외부의 시선이나 평가에 휘둘리지 않고 나만의 길을 당당하게 걸어갈 수 있게 됩니다.

실수와 실패는 성장의 과정

10

 실수와 실패는 우리 삶에서 피할 수 없는 부분입니다. 그러나 우리는 종종 실패를 부정적으로 여기고, 실수를 두려워하며 살아갑니다. 하지만 실수와 실패는 결코 부끄러운 것이 아닙니다. 오히려 그것들은 우리가 성장할 수 있는 중요한 기회이며, 그 과정을 통해 우리는 더 나은 사람이 되어갑니다. 실수는 우리가 새로운 것을 배우는 시작점이며, 실패는 우리의 잠재력을 더 깊이 끌어내기 위한 과정입니다. 실수와 실패 없이는 진정한 성장은 불가능합니다.

 실수를 한다는 것은 곧 도전하고 있다는 증거입니다. 우리는 무언가를 시도하고, 그 과정에서 실수를 통해 무엇이 잘못되었는지를 배우게 됩니다. 새로운 길을 걷다 보면 예상치 못한 장애물이 나타나고, 그 장애물에 부딪히며 우리는 더 많은 것을 배우게 됩니다. 실수는 내가 나아가고 있는 과정의 일부이며, 그 과정을 통해 더 큰 성취를 이룰 수 있는 힘을 얻게 됩니다. 중요한 것은 실수를 두려워하지 않고, 그 속에서 무엇을 배울 수 있는지를 발견하는 것입니다.

 실패는 단지 결과가 아닌, 나의 성장 과정을 반영하는 중요한 경험입니다. 우리는 실패를 통해 우리의 한계를 알게 되고, 그 한계를 넘어서기 위해 다시 도전할 수 있는 기회를 얻습니다. 실패는 내가 더 나아질 수 있는 기회일 뿐만 아니라, 내가 무엇을 더 배워야 하는지를 깨닫게 해줍니다. 실패를 경험하는 순간에는 힘들고 좌절할 수 있지만, 시간이 지나고 나면 그 실패가 나를 더 강하고 지혜롭게 만들어 주었다는 사실을 깨닫게 될 것입니다. 실패는 우리를 더 단단하게 만드는 밑거름입니다.

또한, 실수와 실패를 받아들일 수 있는 마음은 우리에게 '자기 용서'를 가르칩니다. 우리는 종종 실수를 하면 자신을 비난하고 자책하게 됩니다. 그러나 중요한 것은 그 실수를 통해 무엇을 배웠는지, 그리고 다시 일어나기 위해 무엇을 해야 하는지를 고민하는 것입니다. 나 자신을 용서하고, 실수를 성장의 한 부분으로 받아들일 때 우리는 더 이상 실패를 두려워하지 않게 됩니다. 실수는 내가 더 나아지기 위한 발판이며, 나 자신을 더 잘 이해할 수 있는 기회입니다.

실수와 실패는 우리에게 '끈기'를 가르칩니다. 한 번의 실패가 나의 끝이 아니라, 그 실패를 딛고 다시 일어설 때 우리는 더욱 강한 마음을 얻게 됩니다. 성공은 한 번의 시도로 이루어지는 것이 아닙니다. 수많은 실패와 실수를 반복하면서 우리는 그 과정 속에서 성장하고, 마침내 목표에 도달할 수 있습니다. 실수와 실패를 통해 우리는 포기하지 않는 법을 배우고, 그 끈기가 나의 삶을 더 의미 있게 만들어 줍니다.

마지막으로, 실수와 실패는 우리를 더 인간적으로 만들어 줍니다. 우리는 완벽하지 않은 존재이며, 그 불완전함 속에서 우리는 더 진실되고 따뜻한 사람이 되어갑니다. 실수와 실패를 겪으며 우리는 더 겸손해지고, 다른 사람들의 실수와 실패에도 더 많은 공감과 이해를 보낼 수 있게 됩니다. 실패를 두려워하지 않고 받아들이는 순간, 우리는 더 이상 외부의 평가에 흔들리지 않고, 나의 속도에 맞춰 성장해 나갈 수 있게 됩니다.

실수와 실패는 나를 더 나답게 만들어주는 과정입니다.

실수와 실패를 대하는 우리의 태도는 인생을 어떻게 살아가느냐를 결정짓는 중요한 요소입니다. 실패를 두려워하고 피하려고만 하면 우리는 결코 새로운 도전을 할 수 없고, 그로 인해 배울 수 있는 기회도 놓치게 됩니다. 반면, 실수와 실패를 성장의 한 과정으로 받아들이고 그 속에서 배우려는 마음을 가질 때, 우리는 실패에서 얻은 경험을 바탕으로 더 나은 선택을 할 수 있게 됩니다. 실패가 더 이상 좌절이 아니라, 나를 성장시키는 중요한 계기가 될 수 있다는 사실을 인식하는 것이 필요합니다.

실패를 두려워하지 않기 위해서는 '실패에 대한 인식'을 바꾸는 것이 중요합니다. 우리는 종종 실패를 '끝'이라고 생각하지만, 사실 실패는 하나의 과정일 뿐입니다. 성공으로 가는 길은 언제나 직선으로 이어지지 않으며, 그 과정에서 우리는 여러 번의 실패를 경험하게 됩니다. 그러나 실패는 나의 한계를 넘어서는 길을 찾기 위한 중요한 시도입니다. 실패를 겪었다는 것은 내가 멈추지 않고 나아가고 있다는 의미이므로, 그 시도 자체를 긍정적으로 바라보는 것이 중요합니다.

또한, 실패는 나 자신에 대해 더 깊이 이해할 수 있는 기회를 제공합니다. 우리는 실패를 통해 내가 무엇을 더 배워야 하는지, 내가 가진 능력과 한계는 무엇인지 알게 됩니다. 실패를 경험할 때 비로소 나의 진정한 모습과 마주할 수 있고, 그 과정에서 나는 더 나은 사람이 될 수 있습니다. 실패를 피하는 대신 그 속에서 나를 더 잘 이해하려는 자세를 가질 때, 우리는 더 큰 성장을 경험하게 됩니다. 실패는 나를 더 잘 이해하고, 나만의 길을 찾게 해주는 중요한 가르침입니다.

실수를 받아들이는 것은 또한 나에게 더 많은 자유를 줍니다. 우리는 실수를 두려워하면 할수록 점점 더 많은 것을 시도하지 않게 되고, 그로 인해 삶의 가능성도 좁아집니다. 그러나 실수를 두려워하지 않고 그것을 성장의 기회로 받아들일 때, 우리는 더 많은 도전을 할 수 있게 되고, 그 속에서 새로운 기회를 발견하게 됩니다. 실수는 나의 실패를 증명하는 것이 아니라, 나의 도전을 증명하는 것이며, 그 도전 속에서 나는 더 넓은 세상을 경험하게 됩니다.

실수와 실패는 나에게 '배움의 기회'를 제공합니다. 우리는 실수나 실패를 통해 무엇이 잘못되었는지, 어떻게 하면 더 나아질 수 있는지를 배울 수 있습니다. 그 배움을 통해 우리는 다음 단계로 나아가며, 그 과정에서 더 나은 결정을 할 수 있게 됩니다. 실수 없이 배우는 것은 불가능하며, 실패

없이는 성장할 수 없습니다. 실수를 두려워

하지 않고, 그 속에서 배움을 찾으려는 태도가 중요합니다. 실패는 우리의 인생을 더욱 풍요롭게 만들어주는 중요한 교훈입니다.

마지막으로, 실패를 겪을 때 가장 중요한 것은 '포기하지 않는 마음'입니다. 한 번의 실패가 나의 끝이 아니라, 오히려 새로운 시작을 의미할 수 있다는 사실을 기억해야 합니다. 우리는 실패를 겪을 때 종종 낙담하고 좌절하게 되지만, 그 실패가 나를 멈추게 해서는 안 됩니다. 실패 후에도 다시 일어나 시도하는 용기가 있을 때, 우리는 그 어떤 어려움도 이겨낼 수 있는 힘을 가지게 됩니다. 실패가 나의 마지막이 아니라, 더 큰 성장을 위한 시작이라는 믿음을 가질 때, 우리는 그 어떤 도전도 두려워하지 않게 됩니다.

실수와 실패는 우리 삶의 자연스러운 과정이며, 그 속에서 우리는 더 깊고 의미 있는 성장을 경험하게 됩니다.

실수와 실패를 받아들이는 과정에서 가장 중요한 것은 '용기'입니다. 우리는 누구나 실패를 두려워합니다. 실패는 우리의 자존심을 상하게 하고, 우리가 그동안 쌓아온 것들을 한순간에 무너뜨리는 것처럼 보이기도 합니다. 하지만 실패는 그 자체로 끝이 아닙니다. 실패는 새로운 시작을 의미할 수 있고, 그 실패를 극복할 용기를 낼 때 우리는 더 강하고 단단한 사람이 되어갑니다. 실패를 두려워하지 않고, 그 속에서 더 나아갈 용기를 내는 것이야말로 진정한 성장의 시작입니다.

실수는 우리의 시야를 넓히는 데 중요한 역할을 합니다. 한 가지 방식으로만 문제를 해결하려고 할 때 실수를 경험하면, 그 방식이 항상 옳지 않다는 것을 깨닫게 됩니다. 이를 통해 우리는 더 창의적이고 유연한 사고를 할 수 있게 됩니다. 실수를 통해 배우게 되는 새로운 관점은 나를 더 발전시키는 중요한 자양분이 됩니다. 내가 틀렸던 부분을 인정하고, 그 실수를 교정하는 과정을 통해 우리는 더 나은 선택을 할 수 있게 됩니다. 실수는 나의 틀에 박힌 생각을 깨고, 더 넓은 시야를 열어줍니다.

또한, 실패는 우리가 가진 고정관념을 깨뜨리는 중요한 도구가 될 수 있습니다. 우리는 종종 특정한 방식이나 틀 안에서만 문제를 해결하려고 하지만, 그 방식이 실패로 이어질 때 비로소 새로운 해결책을 찾게 됩니다. 실패는 내가 지금까지 고집했던 방식이 언제나 옳은 것은 아니라는 것을 일깨워줍니다. 이 과정을 통해 우리는 더 열린 마음으로 다양한 가능성을 탐구할 수 있게 되고, 더 큰 유연성을 가지게 됩니다. 실패는 나의 사고방식을 확장시키고, 더 많은 길을 열어줍니다.

실수와 실패는 나의 내면을 단단하게 만드는 중요한 경험입니다. 우리는 실패를 통해 겸손해지고, 내가 모든 것을 다 알 수 없다는 사실을 깨닫게 됩니다. 이 과정에서 우리는 더 많은 배움을 얻고, 스스로를 더 깊이 돌아볼 수 있게 됩니다. 나의 부족함을 인정하고, 그것을 채워나가기 위해 노력하는 과정은 나를 더 강한 사람으로 만들어줍니다. 실패를 겪을 때마다 우리는 더 성숙해지고, 그 실패 속에서 나 자신을 더 잘 이해하게 됩니다.

또한, 실패는 타인에 대한 공감 능력을 키우는 데도 큰 도움이 됩니다. 나의 실패를 경험하면, 다른 사람의 실수나 실패에 대해서도 더 깊이 이해할 수 있게 됩니다. 우리는 모두 실패할 수 있으며, 그 실패를 통해 성장해가는 존재라는 사실을 깨닫게 되면, 다른 사람들에게도 더 관대하고 이해심 있게 대할 수 있습니다. 실패를 경험한 사람은 더 따뜻하고 배려심 있는 사람이 되며, 그 속에서 우리는 서로를 지지하고 격려하는 관계를 맺게 됩니다. 실패는 인간관계를 더 깊고 의미 있게 만들어줍니다.

마지막으로, 실수와 실패는 우리에게 '자신을 믿는 힘'을 길러줍니다. 실패 후에도 다시 일어설 수 있는 힘은 바로 나 자신에 대한 믿음에서 비롯됩니다. 내가 실패했더라도 그 실패를 딛고 다시 도전할 수 있다는 확신을 가질 때, 우리는 실패를 두려워하지 않게 됩니다. 나 자신을 믿는다는 것은 내가 겪은 실패마저도 나의 일부로 받아들이고, 그 속에서 더 나아갈 가능성을 보는 것입니다. 실패는 나의 한계가 아니라, 나를 더 강하게 만드는 과정임을 이해할 때 우리는 더 큰 자신감을 가지게 됩니다.

실수와 실패는 우리를 더 나은 사람으로 만들어주는 소중한 경험입니다. 그 속에서 우리는 나 자신을 더 깊이 이해하고, 더 큰 성장을 이루어갈 수 있습니다.

실수와 실패를 받아들인다는 것은 곧 '포기하지 않는 마음'을 가지는 것과 같습니다. 실패는 우리에게 좌절감을 안겨줄 때가 많지만, 그 순간이 지나고 나면 다시 일어설 수 있는 기회를 줍니다. 중요한 것은 실패의 무게에 짓눌려 포기하지 않고, 그 속에서 다시 시작할 용기를 찾는 것입니다. 모든 성공은 그 뒤에 수많은 실패를 안고 있으며, 그 실패를 극복한 사람만이 진정한 성취를 경험하게 됩니다. 포기하지 않고 도전하는 힘은 실패 속에서 배운 것들을 통해 더욱 단단해집니다.

실수와 실패는 우리에게 '성장의 동력'을 제공합니다. 실패를 경험하면 우리는 더 이상 같은 방식으로 문제를 해결하려 하지 않고, 다른 방법을 찾기 시작합니다. 이 과정에서 우리는 더 많은 지혜와 통찰을 얻게 되고, 그로 인해 더 창의적인 해결책을 발견하게 됩니다. 실패는 나를 멈추게 하는 것이 아니라, 오히려 새로운 가능성을 모색하는 계기가 됩니다. 실패를 두려워하지 않고 그 속에서 새로운 방향을 찾으려는 태도가 나의 성장을 이끌어줍니다.

또한, 실수는 '내가 누구인지'에 대한 깊은 성찰의 기회를 줍니다. 우리는 실패를 통해 나의 한계와 강점을 명확히 알 수 있습니다. 실패는 내가 어디에서 더 강해질 수 있는지를 보여주는 중요한 신호입니다. 그 신호를 통해 우리는 더 나은 자신을 만들어가는 방향을 찾을 수 있습니다. 실패는 나를 평가하는 기준이 아니라, 내가 더 나아가야 할 방향을 제시하는 이정표라고 생각할 때, 우리는 더 긍정적인 마음으로 실수를 마주할 수 있게 됩니다.

실수와 실패를 긍정적으로 받아들이기 위해서는 '현재의 나'를 존중하는 자세가 필요합니다. 우리는 종종 실패를 경험하면 나 자신을 과소평가하게 되지만, 실패 자체가 나의 가치를 떨어뜨리는 것이 아님을 기억해야 합니다. 지금 이 순간의 나도 충분히 가치 있는 존재이며, 실패는 그 가치를 증명하는 것이 아니라 내가 더 나아갈 수 있는 기회를 제공하는 것입니다. 내가 실패를 겪더라도 그 과정에서 배운 것들이 나를 더 성장시켰다는 사실을 받아들일 때, 우리는 더 이상 과거의 실패에 매달리지 않고 나아갈 수 있습니다.

또한, 실패는 우리가 '더 큰 목표를 향해 나아가는 과정'에서 겪는 자연스러운 일입니다. 모든 성공적인 사람들은 수많은 실패를 경험했으며, 그 실패를 바탕으로 더 큰 성공을 이루었습니다. 실패는 나의 꿈을 이루기 위한 과정 중 하나이며, 그 과정 속에서 우리는 더 많은 것을 배웁니다. 실패 없이 이루어지는 성장은 없으며, 실패를 마주할 때 비로소 우리는 더 강한 사람이 되어가는 것입니다. 실패를 겪을 때마다 우리는 더 단단해지고, 그 속에서 더 나은 자신을 발견하게 됩니다.

마지막으로, 실수와 실패는 우리가 타인과의 관계에서도 성장할 수 있는 기회를 줍니다. 우리는 실패를 통해 더 겸손해지고, 타인의 도움을 받아들이는 법을 배웁니다. 성공만을 추구하는 사람은 타인의 의견이나 조언을 무시하기 쉽지만, 실패를 경험한 사람은 더 열린 마음으로 다른 사람들의 이야기에 귀를 기울일 수 있게 됩니다. 실패를 통해 우리는 더 많은 사람들과 연결되고, 그 속에서 진정한 관계를 맺을 수 있는 기회를 얻게 됩니다. 실패는 우리를 더 인간적으로 만들어주는 중요한 경험입니다.

결국, 실수와 실패는 우리의 삶에서 불가피한 부분이며, 그 속에서 우리는 더 나은 사람이 되어갑니다. 실패는 내가 멈추는 것이 아니라, 더 나아가기 위한 출발점이 될 수 있다는 사실을 기억하며, 그 속에서 배움을 찾아가는 것이 중요합니다.

실수와 실패는 우리가 원하는 결과와는 다른 방향으로 흘러갈 때 마주하게 되는 자연스러운 과정입니다. 그러나 그것이 우리의 여정을 멈추게 해서는 안 됩니다. 오히려, 실패는 우리가 새로운 길을 모색하고 더 나은 결과를 향해 나아갈 수 있도록 길을 제시하는 중요한 기회입니다. 실패는 단순한 좌절이 아닌, 나를 더 강하게 만들어주는 중요한 발판입니다. 중요한 것은 실패를 어떻게 받아들이고, 그 실패 속에서 무엇을 배워 더 나은 방향으로 나아가느냐입니다.

실수를 통해 우리는 '유연한 사고'를 배우게 됩니다. 모든 일이 계획대로 되지 않을 때, 우리는 새로운 방식으로 문제를 바라보고 해결해야 합니다. 실수는 우리에게 기존의 방식이 항상 옳지 않다는 것을 깨닫게 해주며, 그로 인해 더 창의적인 방법을 찾게 합니다. 유연하게 대처하는 능력은 우리를 더욱 성장시키며, 그 과정에서 우리는 더 넓은 시야를 가지게 됩니다. 고정된 사고방식에서 벗어나 실패를 통해 더 많은 가능성을 발견하는 법을 배워야 합니다.

또한, 실패는 '성공의 길을 좁히는 과정'이기도 합니다. 실패를 경험할 때 우리는 무엇이 효과적이지 않은지를 명확히 알게 됩니다. 그 과정을 통해 불필요한 방법들을 배제하고, 성공에 가까워지는 방법을 찾아가는 것이죠. 실패를 겪을수록 우리는 더 명확한 길을 찾게 되며, 그 길을 향해 더 집중할 수 있게 됩니다. 실수는 곧 내가 무엇을 하지 말아야 하는지를 알려주는 중요한 경험이며, 그 경험을 통해 우리는 목표에 더 가까워질 수 있습니다.

실수와 실패는 우리를 더 강하게 만들 뿐만 아니라, 우리에게 더 깊은 겸손함을 가르칩니다. 실패를 경험한 사람은 자신의 한계를 인정하고, 그 한계 속에서 더 많은 것을 배우게 됩니다. 성공만을 경험한 사람은 쉽게 교만해지기 마련이지만, 실패를 겪은 사람은 더 깊은 겸손함과 성찰을 얻게 됩니다. 실수는 우리에게 내가 완벽하지 않다는 사실을 상기시키며, 그 속에서 더 많은 배움과 성장을 찾게 해줍니다. 실패를 겪을 때 우리는 더 진실되고, 나 자신을 더 잘 이해할 수 있게 됩니다.

또한, 실수와 실패를 통해 우리는 더 큰 '회복력'을 얻게 됩니다. 실패를 겪고도 다시 일어서는 힘, 그 회복력은 나를 더 강하게 만듭니다. 실수는 나를 일시적으로 좌절하게 만들 수 있지만, 그 좌절 속에서도 다시 일어나 걸어갈 수 있는 힘을 가지는 것이 중요합니다. 실패를 통해 배운 것들을 나의 성장으로 삼고, 그 경험을 딛고 더 높은 곳으로 나아가는 회복력은 우리를 성공으로 이끄는 중요한 요소입니다. 실패는 내가 더 나은 사람으로 다시 일어설 수 있는 힘을 길러줍니다.

마지막으로, 실수와 실패는 우리가 '더 나은 나 자신'을 찾는 과정입니다. 실패 속에서 우리는 더 많이 배우고, 그 배움을 통해 나 자신을 더 잘 알게 됩니다. 나는 무엇을 잘하고, 무엇을 더 배워야 하는지, 나의 강점과 약점이 무엇인지를 알게 됩니다. 실패는 나 자신을 더 깊이 이해하게 만들며, 그 속에서 나는 더 나은 방향으로 나아갈 수 있는 힘을 얻게 됩니다. 실패는 내가 더 성숙한 사람이 되기 위한 중요한 과정이며, 그 과정을 통해 우리는 더 나은 나를 발견하게 됩니다.

결국, 실수와 실패는 우리 삶의 중요한 부분이며, 그 속에서 우리는 더 깊은 성장을 경험하게 됩니다. 실패는 결코 끝이 아니며, 더 큰 성공을 위한 시작점이 될 수 있다는 사실을 기억하는 것이 중요합니다.

실수와 실패는 우리의 인생에서 강력한 교훈을 주는 스승과도 같습니다. 실패는 우리가 평소에 간과하고 있던 부분을 드러내며, 그것을 고쳐나가고 성장할 수 있도록 이끌어줍니다. 실패를 겪지 않고서는 얻을 수 없는 통찰과 배움이 존재합니다. 실수를 통해 우리는 더 나은 선택을 하게 되고, 더 강해질 수 있습니다. 중요한 것은 그 실수와 실패를 부끄러워하지 않고, 오히려 나의 삶에 꼭 필요한 과정으로 받아들이는 것입니다. 실패는 나의 성장 속도를 조정해주는 중요한 역할을 합니다.

실수를 바라보는 긍정적인 태도는 우리의 삶을 더욱 풍요롭게 만듭니다. 우리는 실패에 대한 두려움으로 인해 많은 기회를 놓칠 때가 있습니다. 그러나 실패를 두려워하지 않고, 그것을 나의 성장의 일부로 인정할 때 우리는 더 용감하게 도전할 수 있게 됩니다. 실패는 결코 나를 망가뜨리는 것이 아니라, 나를 더 나은 방향으로 이끄는 힘이 될 수 있습니다. 그 속에서 우리는 더 나은 자신을 만들어나가며, 실패가 두려움의 대상이 아닌 배움의 기회임을 깨닫게 됩니다.

또한, 실수는 우리에게 '성공의 진정한 의미'를 가르쳐줍니다. 우리는 성공만을 바라보며 나아가지만, 사실 그 성공 뒤에는 수많은 실패가 쌓여 있습니다. 성공은 단 한 번의 시도에서 이루어지지 않으며, 실패를 반복하며 쌓인 경험과 노력이 결국 성공으로 이어집니다. 실패는 내가 성공으로 가는 길을 안내해주는 중요한 지도와도 같습니다. 실패를 통해 우리는 나아갈 방향을 수정하고, 그 과정을 통해 더 큰 성취를 이루게 됩니다. 성공은 실패의 결과물이라는 것을 이해하는 순간, 우리는 실패를 두려워하지 않게 됩니다.

실수와 실패는 또한 우리를 '더 겸손하게' 만듭니다. 우리는 실패를 통해 내가 모든 것을 알 수 없다는 사실을 깨닫게 되고, 그로 인해 더 많은 것을 배우고자 하는 자세를 갖추게 됩니다. 실패를 경험한 사람은 더 깊은 이해와 공감을 가지며, 타인에게도 관대해질 수 있습니다. 자신의 실패를 받아들일 줄 아는 사람은 다른 이들의 실수에도 이해심을 가질 수 있으며, 그것이 더 건강한 인간관계를 만드는 데 큰 도움을 줍니다. 실패는 우리를 더 따뜻하고 겸손한 사람으로 변화시킵니다.

실수는 또한 '나를 자유롭게' 만듭니다. 실패에 대한 두려움을 내려놓는 순간, 우리는 더 이상 과거에 얽매이지 않고 자유롭게 미래를 향해 나아갈 수 있습니다. 실수를 두려워할 때 우리는 자신을 제한하게 되지만, 그 두려움을 내려놓을 때 우리는 더 큰 도전을 할 수 있게 됩니다. 실패를 겪고도 다시 일어서는 과정을 통해 우리는 더 강한 내면을 가지게 되고, 그로 인해 더 자유롭게 나의 길을 걸어갈 수 있게 됩니다. 실패는 우리에게 진정한 자유를 선사하는 과정입니다.

마지막으로, 실패를 통해 우리는 '더 큰 인내심'을 배우게 됩니다. 실패는 즉각적인 결과를 가져다주지 않으며, 그 실패를 극복하기 위해서는 꾸준한 노력이 필요합니다. 하지만 그 인내의 과정을 통해 우리는 더 큰 성취를 이룰 수 있으며, 실패를 겪었기에 그 성취는 더욱 값지게 느껴집니다. 인내심을 가지고 실패를 이겨내는 과정은 나를 더 단단하게 만들며, 그 과정에서 우리는 더 많은 것을 배우게 됩니다. 실패는 우리의 인내심을 시험하는 과정이지만, 그 인내 끝에는 더 큰 성공이 기다리고 있습니다.

결국, 실수와 실패는 우리 삶의 중요한 부분이며, 그 속에서 우리는 더 나은 사람으로 성장해갑니다. 실패를 두려워하지 않고, 그것을 배움의 기회로 삼을 때 우리는 더 큰 자유와 성취를 경험하게 될 것입니다.

실수와 실패는 우리에게 '새로운 가능성'을 발견하는 기회를 제공합니다. 우리가 익숙한 방식에서 벗어나 실수를 경험할 때, 비로소 새로운 시도와 다른 길을 모색하게 됩니다. 같은 방법으로 계속 시도해 성공을 이루지 못했다면, 그 실패를 통해 더 나은 방법을 찾을 수 있는 기회가 생깁니다. 실패는 하나의 문이 닫히는 것처럼 보이지만, 그 문을 통해 우리는 다른 문을 열 수 있습니다. 실패가 없었다면 발견하지 못했을 가능성을 마주하게 되는 것이죠.

또한, 실패는 우리에게 '중요한 우선순위'를 재정립하는 기회를 줍니다. 실패를 경험하면 우리는 자연스럽게 무엇이 진정으로 중요한지 생각하게 됩니다. 성공만을 추구하는 과정에서 놓치고 있던 가치들이 실패를 통해 더 분명하게 드러납니다. 실패는 우리가 삶에서 어떤 것에 집중해야 하고, 무엇을 내려놓아야 하는지를 다시 한 번 생각해 보게 만듭니다. 때로는 실패를 겪고 나서야 비로소 진정으로 소중한 것이 무엇인지 깨닫게 되는 경우가 많습니다.

실패는 또한 '복원력'을 길러줍니다. 실수나 실패를 겪은 후에도 다시 일어서는 힘은 우리를 더 강하게 만듭니다. 처음 실패를 경험할 때는 그 상황이 나를 무너뜨리는 것처럼 느껴지지만, 그 실패를 극복하고 나면 우리는 더 큰 자신감을 얻게 됩니다. 매번 실패를 극복할 때마다 우리는 그 어떤 어려움도 이겨낼 수 있는 내면의 힘을 키우게 됩니다. 실패를 경험하면서 점차 우리 안에는 어떤 시련도 견뎌낼 수 있는 강인함이 자리 잡게 되는 것입니다.

또한, 실수와 실패는 '창의력'을 자극하는 중요한 요소입니다. 우리는 실패를 통해 기존의 방법이 통하지 않는다는 사실을 깨닫고, 그로 인해 더 창의적인 방식으로 문제를 해결하려고 합니다. 실패는 우리에게 더 다양한 가능성을 탐구할 수 있는 기회를 제공하며, 그 과정에서 창의적인 사고가 자연스럽게 발휘됩니다. 실패는 창의적인 해결책을 찾기 위한 도전을 격려하는 원동력이 됩니다. 실패가 없다면 우리는 익숙한 길에만 머물러 있을지도 모릅니다.

실패는 또한 '연대와 공감'을 강화해줍니다. 실패를 경험한 사람은 더 이상 성공만을 이야기하는 것이 아니라, 자신의 좌절과 어려움을 공유하게 됩니다. 이를 통해 우리는 다른 사람들과 더 깊이 연결되고, 서로에게 힘이 되어줄 수 있습니다. 실패를 나누는 과정에서 우리는 서로의 아픔을 이해하고, 그 속에서 진정한 연대와 공감이 생깁니다. 실패는 우리를 더 인간적으로 만들어줄 뿐만 아니라, 사람들과의 관계를 더욱 의미 있게 만들어 줍니다.

마지막으로, 실패는 우리에게 '자신을 더욱 사랑할 수 있는 기회'를 줍니다. 우리는 종종 성공을 통해서만 자신을 사랑하려고 하지만, 실패를 겪고도 여전히 나 자신을 소중히 여길 때 진정한 자기 사랑이 가능해집니다. 내가 실패했음에도 불구하고, 그 과정 속에서 나를 격려하고 응원할 수 있을 때 우리는 더 깊은 자존감을 얻게 됩니다. 실수와 실패는 나를 더 이해하고 사랑할 수 있는 중요한 기회입니다.

　결국, 실패와 실수는 우리를 더 나은 방향으로 이끄는 중요한 삶의 과정입니다. 그 속에서 우리는 더 큰 성숙함과 강인함을 얻게 되고, 더 깊이 있는 삶의 의미를 찾아갈 수 있게 됩니다.

　실수와 실패는 우리에게 '인내'를 배우게 하는 중요한 도구입니다. 우리는 성공을 추구하는 과정에서 빠른 결과를 기대하지만, 실패는 우리에게 모든 일이 시간이 필요하다는 사실을 가르칩니다. 실패를 겪을 때 우리는 조급함을 내려놓고 더 길고 깊은 여정을 받아들이게 됩니다. 인내는 실패를 통해 자연스럽게 길러지며, 그 과정에서 우리는 내면의 힘을 더 단단히 다지게 됩니다. 실수와 실패는 나를 기다리게 하고, 그 기다림 속에서 더 큰 성장을 준비하게 만듭니다.

　또한, 실패는 '겸손함'을 되찾는 과정이기도 합니다. 우리는 성공을 경험할 때 자칫 자신을 과대평가할 수 있지만, 실패는 나의 한계를 인정하게 만듭니다. 실수는 우리가 모든 것을 통제할 수 없다는 사실을 상기시켜 주고, 그로 인해 우리는 더 겸손해집니다. 겸손함은 다른 사람들의 도움을 받아들이고, 그들의 의견을 귀 기울여 듣는 데 중요한 요소입니다. 실패는 나를 더 낮추고, 그 속에서 더 깊이 배우고자 하는 열린 마음을 가지게 합니다.

실패를 통해 우리는 '회복 탄력성'을 배웁니다. 한 번의 실패로 무너지는 것이 아니라, 그 실패를 딛고 다시 일어설 수 있는 힘은 우리를 더욱 강하게 만듭니다. 회복 탄력성은 그 어떤 시련에도 다시 시작할 수 있다는 자신감을 심어줍니다. 실패를 겪고도 다시 도전할 수 있는 능력을 가진 사람은 그 어떤 어려움도 두려워하지 않게 됩니다. 실패를 반복할 때마다 우리는 그 속에서 더 큰 용기를 얻게 되며, 그 용기가 결국 나의 성취를 이루는 데 중요한 역할을 합니다.

또한, 실수와 실패는 '내면의 평화'를 찾는 과정과도 연결됩니다. 실패를 받아들이고 나면, 더 이상 그 실패에 얽매이지 않게 됩니다. 우리는 실패를 겪고 나서도 삶은 계속해서 이어지며, 그 속에서 나만의 속도와 방식으로 나아갈 수 있다는 사실을 깨닫게 됩니다. 실패를 지나쳐 나아가면서 우리는 더 큰 내면의 평화를 얻게 되며, 그 평화는 더 이상 외부의 평가에 흔들리지 않게 만듭니다. 실수는 나를 혼란스럽게 할 수 있지만, 그 혼란을 이겨낸 후에는 더 깊은 평온이 찾아옵니다.

실수와 실패는 우리에게 '자기 연민'을 가르칩니다. 우리는 스스로에게 엄격한 기준을 적용하며, 실수할 때마다 자책하는 경향이 있습니다. 그러나 실패를 겪은 후에도 나를 따뜻하게 바라보는 법을 배울 때 우리는 진정한 자기 연민을 배웁니다. 실수는 누구나 할 수 있으며, 그 실수 속에서 나 자신을 비난하는 것이 아니라 격려하고 다독이는 것이 중요합니다. 나를 위로하고 스스로에게 친절을 베푸는 마음은 실패를 이겨내는 데 큰 힘이 됩니다.

마지막으로, 실패는 우리가 '성공의 의미'를 재정립하는 데 중요한 역할을 합니다. 우리는 종종 외적인 성공에만 집중하지만, 실패를 경험하고 나면 더 깊은 성공의 의미를 찾게 됩니다. 나의 내면에서 진정한 만족감을 얻는 성공, 내가 원하는 길을 걸어가면서 느끼는 성취감이 무엇인지를 생각하게 되는 것이죠. 실패는 그저 목표에 도달하는 과정에서 잠시 쉬어가는 것일 뿐이며, 그 속에서 우리는 더 큰 성공을 향해 나아가는 준비를 하게 됩니다.

실수와 실패는 우리를 더 깊고 성숙한 사람으로 만들어주며, 그 과정 속에서 우리는 더 큰 성취와 만족감을 얻게 됩니다.

3부

비교에서 벗어나는 법

타인과 나를 비교하는 습관 버리기

11

우리 모두는 타인과 자신을 비교하는 습관을 가지고 있습니다. SNS에서 다른 사람의 화려한 일상이나 성공을 볼 때, 우리는 쉽게 자신을 낮추고 비교하게 됩니다. 그러나 비교는 우리를 더 나은 사람으로 만들어주는 것이 아니라, 오히려 자신감을 떨어뜨리고 나 자신을 있는 그대로 사랑하지 못하게 만듭니다. 비교는 우리를 남의 삶과 경쟁하게 만들고, 결국 내 삶의 소중한 가치를 잊어버리게 합니다.

타인과 나를 비교하는 습관을 버리기 위해서는 '나의 고유함'을 인식하는 것이 중요합니다. 우리는 모두 다른 삶을 살고 있으며, 각자의 경험과 배경, 목표는 다릅니다. 나의 인생은 남들과 비교할 수 없는 고유한 여정이며, 그 속에서 나는 나만의 방식으로 성장하고 있습니다. 남들과 같은 목표를 이뤄야만 성공하는 것이 아니라, 나만의 방식으로 이룬 작은 성취들도 소중한 성공입니다. 내가 걸어온 길과 나만의 속도를 존중하는 것이 비교에서 벗어나는 첫걸음입니다.

또한, 비교는 내가 가진 것의 소중함을 잊게 만듭니다. 우리는 남들의 성취나 외적인 모습에 집중하느라, 정작 내가 가지고 있는 것들을 소홀히 여기게 됩니다. 그러나 내가 지금까지 이뤄온 작은 성취들, 내가 누리고 있는 일상의 행복들을 돌아볼 때 우리는 더 이상 결핍을 느끼지 않게 됩니다. 비교를 멈추고 내가 가진 것들에 감사하는 마음을 가질 때, 우리는 더 큰 만족감과 평안을 얻게 됩니다. 행복은 다른 사람의 삶에 있는 것이 아니라, 지금 나의 삶 속에 이미 존재하고 있습니다.

비교하는 습관을 버리기 위해서는 '내가 진정으로 원하는 것'에 집중하는 것도 필요합니다. 우리는 종종 타인의 성공을 부러워하며 그것을 내 목표로 삼으려 하지만, 사실 내가 원하는 것이 그것인지 생각해보는 것이 중요합니다. 타인이 이룬 성취가 나에게도 맞는 것인지, 내가 진정으로 원하는 것은 무엇인지를 고민하는 것이 비교에서 벗어나는 방법입니다. 남들이 이룬 성공이 나에게도 성공으로 다가오지 않을 수 있습니다. 나에게 맞는 목표와 나만의 행복을 찾을 때 우리는 더 이상 비교에 얽매이지 않게 됩니다.

비교를 멈추기 위해서는 '나의 속도'를 인정하는 것도 필요합니다. 우리는 각자 다른 시간표를 가지고 있으며, 모든 일이 내 삶의 타이밍에 맞춰 이루어집니다. 남들이 나보다 먼저 성공했다고 해서 내가 뒤처지는 것이 아닙니다. 나는 나만의 속도대로, 나만의 방식으로 성공에 다가가고 있으며, 그 속도 또한 나에게 적합한 것이기 때문에 소중합니다. 내 인생의 시계는 남들과 다를 수 있으며, 그 차이를 존중할 때 우리는 더 이상 타인과 자신을 비교하지 않게 됩니다.

마지막으로, 비교에서 벗어나는 가장 중요한 방법은 '나 자신을 사랑하는 것'입니다. 내가 남들과 다르다는 것은 나만의 특별함을 의미하며, 그 다름을 소중히 여길 때 우리는 더 이상 남들의 기준에 나를 맞추려 하지 않게 됩니다. 나의 결점조차도 나만의 개성으로 받아들이고, 있는 그대로의 나를 사랑할 때 우리는 더 이상 외부의 시선이나 평가에 흔들리지 않게 됩니다. 나 자신을 있는 그대로 사랑하는 마음이야말로 비교에서 벗어나는 가장 강력한 방법입니다.

비교를 멈추고 나의 삶을 존중할 때, 우리는 비로소 진정한 자유를 경험하게 됩니다.

비교를 멈추기 위한 또 하나의 중요한 방법은 '성공에 대한 나만의 정의'를 만드는 것입니다. 우리는 흔히 사회가 정해놓은 성공의 기준에 따라 자신을 평가하고, 남들과 비교하게 됩니다. 높은 직위, 좋은 연봉, 화려한 라이프스타일이 성공이라고 여겨지지만, 진정한 성공은 그것만으로 규정될 수 없습니다. 나에게 진정한 성공은 무엇인지 생각해보는 것이 필요합니다. 내가 진정으로 원하는 삶, 나를 행복하게 하는 것들이 무엇인지를 깨닫게 되면, 남들과의 비교는 점점 사라지게 됩니다. 성공의 기준은 남들이 정해주는 것이 아니라, 나 자신이 스스로 설정하는 것입니다.

비교에서 벗어나려면 '내면의 소리에 귀 기울이기'가 필요합니다. 우리는 타인의 평가나 시선에 신경 쓰다 보면, 나의 진짜 욕구와 감정을 무시할 때가 많습니다. 그러나 나의 진정한 행복은 외부에서 주어지는 것이 아니라, 내면에서 비롯됩니다. 내가 진정으로 원하는 것에 집중하고, 나의 내면의 소리에 귀를 기울일 때, 우리는 타인의 성취나 평가에 흔들리지 않게 됩니다. 남들과 비교하기보다는, 나 스스로의 기준을 세우고 그것을 충족시키는 것이 진정한 만족감을 가져다줍니다.

또한, 비교를 멈추기 위해서는 '타인의 성공을 축하하는 마음'을 가지는 것도 중요합니다. 우리는 남들이 성공했을 때, 그들의 성취를 부러워하고 질투하게 되지만, 그 감정은 결국 나에게 부정적인 영향을 미치게 됩니다. 남들의 성공을 진심으로 축하하고, 그들의 성취를 인정할 수 있을 때, 우리는 더 이상 그들과 경쟁하려 하지 않게 됩니다. 타인의 성공이 나의 실패를 의미하는 것이 아니라, 서로 다른 길을 걸어가고 있다는 사실을 받아들일 때, 비교에서 벗어나 더 자유로워질 수 있습니다.

비교는 나의 삶의 리듬을 무너뜨리기도 합니다. 우리는 남들이 빠르게 앞서나가는 모습을 보면서 조급해지고, 그로 인해 나만의 속도를 잃어버리게 됩니다. 하지만 중요한 것은 나만의 리듬을 유지하며 내가 걸어가는 길을 믿는 것입니다. 남들의 속도에 맞추려고 서두르다 보면 정작 내가 원하는 방향에서 멀어질 수 있습니다. 나만의 속도대로, 나만의 리듬을 지키며 걸어갈 때, 우리는 더 이상 남들과의 비교에 휘둘리지 않게 됩니다. 나의 속도를 존중할 때, 우리는 더 큰 평안을 느끼게 됩니다.

마지막으로, 비교에서 벗어나는 가장 큰 비결은 '나의 가치를 스스로 인정하는 것'입니다. 우리는 타인의 평가에 따라 나의 가치를 판단하려고 하지만, 결국 나의 가치는 외부에서 주어지는 것이 아닙니다. 내가 나 자신을 어떻게 평가하느냐가 가장 중요합니다. 내가 가진 능력, 내가 이루어낸 작은 성취들, 그리고 나의 고유한 특성들을 스스로 인정하고 자랑스러워할 때, 우리는 더 이상 타인의 시선에 의존하지 않게 됩니다. 내가 나의 가치를 인정하는 순간, 비교는 사라지고, 나만의 삶을 살아갈 수 있는 힘이 생깁니다.

　결국, 타인과 나를 비교하는 습관을 버리는 것은 내가 나의 삶을 주체적으로 살아가는 데 필요한 중요한 과정입니다. 남들이 아닌, 나의 기준에 따라 나를 사랑하고 인정할 때 우리는 더 이상 외부의 평가에 흔들리지 않고, 나만의 길을 당당하게 걸어갈 수 있습니다.

　비교의 습관에서 벗어나기 위해서는 '나만의 여정을 존중하는 것'이 매우 중요합니다. 우리는 저마다 다른 배경, 경험, 그리고 목표를 가지고 있습니다. 나의 삶의 여정은 오직 나만의 것이며, 남들과는 비교할 수 없는 고유한 길입니다. 우리가 이 세상을 살아가는 방식, 속도, 그리고 목적지는 모두 다를 수밖에 없습니다. 남들이 먼저 성공했다고 해서 내가 뒤처지는 것이 아닙니다. 나는 나의 길을 걸어가고 있으며, 그 길은 나에게 맞는 유일한 길입니다. 나만의 여정을 존중할 때, 우리는 남들과 비교하는 데서 오는 불안과 스트레스에서 벗어날 수 있습니다.

또한, 비교에서 벗어나는 것은 '내가 잘하고 있는 것'에 집중하는 것이기도 합니다. 우리는 종종 남들이 잘하는 것에 집중하면서 나의 강점을 잊어버릴 때가 많습니다. 하지만 나도 나만의 방식으로 잘해내고 있는 부분이 있습니다. 내가 잘하고 있는 것들을 스스로 인정하고, 그것에 대해 자부심을 가질 때, 우리는 더 이상 타인의 성공에 휘둘리지 않게 됩니다. 나의 장점과 강점을 인식하고, 그것을 더 발전시키는 데 집중하는 것이 비교에서 벗어나는 중요한 방법입니다.

비교는 나의 에너지를 소모시키는 일입니다. 우리는 남들과의 비교에 에너지를 쏟기보다는, 그 에너지를 나의 삶에 투자해야 합니다. 남들이 어떻게 살아가는지에 대한 관심보다는, 내가 어떻게 나의 시간을 활용하고, 어떻게 더 나은 나를 만들어갈 것인지를 고민하는 것이 필요합니다. 남과 비교할 시간에 나를 돌보고, 나의 목표를 향해 한 걸음씩 나아가는 것이 더 가치 있는 일입니다. 남들의 성공을 따라가기보다는, 내가 원하는 삶을 만들어가는 데 집중할 때 우리는 더 큰 성취감을 느끼게 됩니다.

또한, 비교의 습관에서 벗어나기 위해서는 '자기 자신에게 관대해지는 법'을 배워야 합니다. 우리는 남들과 비교하면서 스스로를 비난하거나 자책하는 경우가 많습니다. 하지만 완벽한 사람은 없습니다. 나도 실수할 수 있고, 나만의 속도로 성장하는 것이 당연합니다. 나 자신에게 엄격한 기준을 적용하기보다는, 나의 부족함을 인정하고 그 속에서 성장할 수 있는 기회를 찾는 것이 중요합니다. 자기 자신에게 더 관대해질 때, 우리는 남들과의 비교에서 벗어나 진정한 평화를 얻게 됩니다.

마지막으로, 비교에서 벗어나려면 '작은 성취를 축하하는 마음'을 가져야 합니다. 우리는 종종 큰 성공만을 바라보며, 작은 성취들을 잊고 지나칩니다. 하지만 내가 이뤄낸 작은 변화와 성취들도 충분히 자랑스러워할 만한 가치가 있습니다. 내가 오늘 한 작은 진보, 내가 어제보다 더 나은 방향으로 나아가고 있는 모습을 스스로 칭찬하고 인정하는 것이 필요합니다. 그 작은 성취들이 모여 나를 더 나은 사람으로 만들어가는 과정이기 때문에, 그 순간들을 소중히 여길 때 우리는 더 이상 남들과 자신을 비교하지 않게 됩니다.

결국, 타인과 나를 비교하는 습관을 버린다는 것은 '나 자신을 온전히 받아들이는 과정'입니다. 나만의 길을 걸어가고, 나의 성취를 인정하며, 내가 가진 고유한 가치를 사랑할 때 우리는 더 이상 외부의 기준에 얽매이지 않고, 나만의 삶을 살아갈 수 있게 됩니다.

타인과 나를 비교하는 습관을 버리기 위해서는 '나 자신을 이해하는 시간'을 가지는 것이 중요합니다. 우리는 종종 바쁜 일상 속에서 다른 사람의 삶을 들여다보며 나를 평가하지만, 정작 나 자신에게는 충분한 시간을 주지 않을 때가 많습니다. 내가 무엇을 좋아하고, 무엇을 원하며, 무엇을 중요하게 생각하는지를 스스로에게 묻는 시간이 필요합니다. 나 자신을 제대로 이해할 때, 우리는 남들과 비교하지 않고 나만의 길을 걸어갈 수 있습니다. 나에 대한 깊은 이해는 비교에서 벗어나는 가장 강력한 힘이 됩니다.

또한, 비교에서 벗어나기 위해서는 '자기 수용'을 연습하는 것이 중요합니다. 우리는 자신의 단점이나 약점을 받아들이지 못하고, 남들이 가진 장점과 비교하면서 스스로를 낮추는 경향이 있습니다. 하지만 완벽한 사람은 없습니다. 내가 가진 단점조차도 나를 이루는 중요한 부분이라는 사실을 받아들일 때, 우리는 더 이상 남들과 자신을 비교하지 않게 됩니다. 나의 불완전함을 인정하고, 그 속에서 내가 어떻게 성장할 수 있을지를 생각하는 자세가 필요합니다. 자기 수용은 비교에서 벗어나 나 자신을 온전히 사랑하는 첫걸음입니다.

비교를 멈추기 위해서는 '내가 할 수 있는 것에 집중하는 것'이 필요합니다. 우리는 남들이 이루어낸 성과에만 집중하다 보면, 정작 내가 할 수 있는 것들을 소홀히 여기게 됩니다. 하지만 내가 지금 할 수 있는 작은 일들을 실천해 나갈 때, 그 과정에서 우리는 나만의 성취를 이뤄낼 수 있습니다. 남들이 이미 이룬 것에 초점을 맞추기보다는, 내가 오늘 할 수 있는 작은 변화들에 집중하는 것이 중요합니다. 그 작은 변화들이 결국 나를 더 나은 방향으로 이끌어줄 것입니다.

또한, 비교에서 벗어나기 위해서는 '감사하는 마음'을 갖는 것이 중요합니다. 우리는 비교를 통해 내가 가지지 못한 것에 집중하게 되지만, 그 대신 내가 이미 가지고 있는 것들에 감사하는 마음을 가질 때, 더 이상 결핍을 느끼지 않게 됩니다. 내가 누리고 있는 작은 행복들, 나를 둘러싼 소중한 사람들, 그리고 내가 지금까지 이루어낸 성취들에 대해 감사하는 마음을 가질 때, 비교는 자연스럽게 사라집니다. 감사는 나를 더 풍요롭게 만들어주며, 남들과의 비교에서 벗어나 나만의 삶에 집중할 수 있게 해줍니다.

마지막으로, 비교를 멈추기 위해서는 '현재의 나를 사랑하는 법'을 배워야 합니다. 우리는 종종 미래의 성공에만 집중하며 지금의 나를 부족하게 여기지만, 중요한 것은 지금 이 순간의 나도 충분히 가치 있다는 사실입니다. 내가 아직 이루지 못한 것들에 대한 불안보다는, 지금 내가 이 순간에서 얼마나 성장했는지를 바라볼 때 우리는 더 큰 자존감을 얻게 됩니다. 미래의 나를 기대하는 것도 중요하지만, 현재의 나를 있는 그대로 사랑할 때 우리는 더 큰 평화를 누릴 수 있습니다.

비교는 우리를 더 나은 사람으로 만들어주지 않습니다. 오히려 나 자신을 있는 그대로 받아들이고, 나만의 여정을 걸어갈 때 우리는 진정한 성장을 경험하게 됩니다. 남들과의 비교에서 벗어나, 나 자신을 사랑하는 법을 배울 때 우리는 더 자유롭고 평온한 삶을 살아갈 수 있게 됩니다.

비교에서 벗어나기 위한 또 다른 중요한 방법은 '나만의 기준'을 세우는 것입니다. 우리는 종종 사회가 정해놓은 성공의 기준에 따라 자신을 평가하곤 합니다. 좋은 직업, 높은 연봉, 멋진 집과 같은 외적인 성공을 이루어야만 내가 잘 살고 있다고 느끼게 됩니다. 하지만 이러한 기준은 남들이 만들어놓은 것이지, 내가 진정으로 원하는 삶의 기준이 아닐 수 있습니다. 남들이 정해놓은 기준에 맞추어 나를 평가하기보다는, 나만의 기준을 세워 내가 무엇을 추구하고 싶은지, 어떤 삶을 살고 싶은지를 분명하게 하는 것이 중요합니다.

나만의 기준을 세우는 과정은 내가 무엇을 가장 소중하게 여기는지를 돌아보는 시간과도 같습니다. 나에게 중요한 것은 무엇인지, 내가 진정으로 바라는 삶의 모습은 무엇인지를 생각해보는 것입니다. 이 과정에서 우리는 남들이 부러워할 만한 성공이 아니라, 나에게 맞는 삶을 찾게 됩니다. 내가 정한 기준에 맞추어 삶을 살아갈 때, 우리는 더 이상 외부의 평가나 다른 사람들과의 비교에 얽매이지 않게 됩니다. 나만의 기준을 세우는 것이 비교에서 벗어나는 중요한 열쇠입니다.

또한, 비교를 멈추기 위해서는 '내가 이미 이뤄낸 것들'을 돌아보는 것이 필요합니다. 우리는 종종 남들과의 비교 속에서 나의 성취를 과소평가하게 됩니다. 남들이 이뤄낸 것에만 집중하다 보면, 내가 이루어낸 작은 성공이나 변화들을 무시하기 쉽습니다. 하지만 내가 걸어온 길을 돌아보고, 그 속에서 내가 이루어낸 것들을 인정할 때 우리는 더 이상 결핍감을 느끼지 않게 됩니다. 내가 지금까지 어떻게 살아왔는지, 그 과정에서 어떤 것들을 성취했는지를 돌아보며 스스로를 칭찬하는 마음을 가지는 것이 필요합니다.

비교에서 벗어나려면 '나만의 리듬을 존중하는 것'도 매우 중요합니다. 우리는 각자 다른 속도와 방식으로 살아가고 있으며, 내 삶의 리듬이 남들과 다르다고 해서 그것이 잘못된 것은 아닙니다. 남들이 빠르게 앞서간다고 해서 나도 서둘러야 할 필요는 없습니다. 내가 걸어가는 길은 나만의 속도와 리듬이 있고, 그 속도를 존중할 때 우리는 더 큰 평화를 느끼게 됩니다. 남들의 속도에 맞추려 하기보다는, 나만의 리듬대로 나아갈 때 우리는 더 이상 남들과 비교할 필요를 느끼지 않게 됩니다.

또한, 비교에서 벗어나기 위해서는 '남들의 삶을 있는 그대로 존중하는 태도'가 필요합니다. 우리는 남들이 이뤄낸 성공을 보면서 부러워하거나 질투하는 경향이 있지만, 그 대신 그들의 성취를 인정하고 존중할 수 있을 때 우리는 더 이상 비교에 얽매이지 않게 됩니다. 타인의 성공을 축하하고, 그들의 삶을 있는 그대로 존중할 수 있는 마음을 가질 때, 우리는 더 큰 여유와 평안을 얻게 됩니다. 남들의 성취가 나의 실패를 의미하는 것이 아니라, 각자의 길을 걷고 있다는 사실을 받아들이는 것이 중요합니다.

마지막으로, 비교에서 벗어나기 위해서는 '나를 있는 그대로 사랑하는 법'을 배워야 합니다. 나는 다른 사람과 다르다는 사실을 인정하고, 그 다름 속에서 나만의 고유한 가치를 발견하는 것이 중요합니다. 내가 남들처럼 되려고 애쓰지 않고, 나의 모습 그대로를 사랑할 수 있을 때 우리는 더 이상 비교할 필요가 없어집니다. 나 자신을 온전히 사랑하고, 나만의 방식으로 성장해가는 모습을 존중할 때, 우리는 비교에서 자유로워지게 됩니다.

비교에서 벗어나는 것은 나 자신을 있는 그대로 받아들이는 과정입니다. 나만의 길을 걸어가고, 나만의 성취를 소중히 여기며, 나의 속도에 맞춰 살아갈 때 우리는 더 이상 남들과 자신을 비교하지 않고, 진정한 평화를 얻게 될 것입니다.

비교에서 벗어나기 위해서는 '자기만의 목표에 집중하는 것'이 중요합니다. 우리는 타인의 삶과 성취에 휘둘릴 때가 많지만, 정작 내가 진정으로 무엇을 원하는지, 어떤 목표를 이루고 싶은지에 대해선 충분히 생각하지 못하는 경우가 많습니다. 남들의 성공이 나의 목표가 될 수 없다는 사실을 기억해야 합니다. 타인이 이루어낸 목표는 그들의 삶과 환경에 맞는 것이지, 나에게 맞는 목표가 아닐 수 있습니다. 따라서 나 자신만의 목표를 설정하고, 그 목표에 집중할 때 우리는 자연스럽게 비교에서 벗어나게 됩니다.

자기만의 목표를 설정할 때 중요한 것은 '내 마음이 진정으로 원하는 것'을 따르는 것입니다. 우리는 종종 외부의 기대나 사회적 기준에 따라 목표를 세우려 하지만, 그것이 나의 진정한 목표가 아니라면 그 과정에서 쉽게 좌절하거나 지치게 됩니다. 반면, 내가 진정으로 원하는 것을 목표로 삼으면 그 목표를 향해 나아가는 과정 자체가 더 즐겁고 의미 있게 느껴집니다. 비교는 남들이 이루어낸 것을 바라볼 때 생기지만, 내가 원하는 것을 향해 나아갈 때는 비교할 필요가 없습니다.

비교를 멈추기 위해서는 '작은 성공을 인정하는 법'을 배우는 것도 중요합니다. 우리는 종종 큰 목표를 이루기 전까지는 나의 성취를 인정하지 않으려 하지만, 그 과정에서 이루어낸 작은 성공들도 충분히 의미가 있습니다. 작은 성공을 자축하고, 그로 인해 얻는 자신감을 통해 더 큰 목표를 향해 나아갈 수 있습니다. 나의 작은 성취를 무시하지 않고 인정할 때 우리는 더 이상 타인의 성취에 휘둘리지 않고, 나만의 길을 걸어갈 수 있습니다.

또한, 비교를 멈추려면 '남들과 다른 나만의 장점을 발견하는 것'이 필요합니다. 우리는 타인의 장점에 집중하며 자신을 과소평가하는 경향이 있지만, 사실 나만이 가진 고유한 능력과 장점들이 있습니다. 남들과 나를 비교하기보다는 내가 잘하는 것에 집중하고, 그것을 더욱 발전시키는 것이 중요합니다. 나만의 고유한 재능과 강점에 집중할 때 우리는 더 이상 타인과 자신을 비교할 필요가 없어집니다. 내가 가진 특별한 점을 인정하고 발전시키는 것이 비교에서 벗어나는 가장 좋은 방법 중 하나입니다.

비교에서 벗어나는 또 하나의 방법은 '타인과의 경쟁 대신 협력하는 마음'을 가지는 것입니다. 우리는 남들과 경쟁할 때 나의 부족함이 더 두드러져 보이지만, 서로 협력할 때는 나의 강점이 더욱 빛날 수 있습니다. 협력은 서로의 장점을 살리면서 함께 성장하는 데 도움을 줍니다. 남들과 경쟁하려 하기보다는, 그들과 협력해 더 큰 성취를 이뤄나가려고 할 때 우리는 비교에서 자연스럽게 자유로워질 수 있습니다.

마지막으로, 비교에서 벗어나기 위해서는 '자기 자신과의 관계를 개선하는 것'이 중요합니다. 우리는 종종 남들과의 관계에만 신경 쓰느라, 정작 나 자신과의 관계를 소홀히 하게 됩니다. 자신을 격려하고, 스스로에게 따뜻한 말을 건네는 습관을 들이는 것이 필요합니다. 남들과의 비교 대신, 나 <u>스스로를 응원하고 지지하는 마음</u>을 가질 때 우리는 더 큰 자신감을 얻게 되며, 타인의 성취에 흔들리지 않게 됩니다.

비교는 우리를 더 나은 사람이 되게 하지 않습니다. 오히려 나 자신을 존중하고, 나만의 길을 걸어갈 때 우리는 더 진정한 성장을 경험하게 됩니다. 나만의 목표에 집중하고, 작은 성취를 인정하며, 나 자신을 있는 그대로 사랑할 때 우리는 더 이상 남들과의 비교에 얽매이지 않고, 나만의 행복을 찾을 수 있게 될 것입니다.

비교에서 벗어나는 과정에서 중요한 또 하나의 요소는 '나를 있는 그대로 받아들이는 태도'입니다. 우리는 종종 남들과 비교하면서 내가 부족하다고 느끼지만, 사실 나 자신이 가진 그대로의 모습도 충분히 소중하고 가치 있는 존재입니다. 나의 결점과 약점조차도 나의 일부라는 것을 받아들일 때 우리는 더 이상 남들과 자신을 비교할 필요가 없습니다. 나의 불완전함을 인정하고, 그것을 성장의 기회로 삼는 것이야말로 진정한 자기 수용의 시작입니다.

또한, 비교에서 벗어나기 위해서는 '나만의 삶의 리듬'을 존중하는 것이 중요합니다. 우리는 모두 다른 배경과 경험을 가지고 있기 때문에, 삶을 살아가는 방식이나 속도도 서로 다를 수밖에 없습니다. 남들이 빠르게 앞서나가는 것처럼 보일 때 우리는 조급해지지만, 내 인생의 속도는 나에게 맞는 고유한 리듬을 가지고 있습니다. 남들과 속도를 맞추려 하기보다는, 나만의 리듬을 지키면서 살아갈 때 우리는 더 이상 남들과 경쟁하거나 비교하지 않게 됩니다. 나의 리듬에 맞춰 삶을 살아가는 것이 비교에서 벗어나는 중요한 방법입니다.

비교를 멈추기 위해서는 '자신의 성장을 믿는 마음'이 필요합니다. 우리는 남들과 비교하면서 내가 아직 이룬 것이 없다고 생각할 때가 많지만, 나도 내 속도대로 꾸준히 성장하고 있습니다. 비교를 통해 불안감을 느끼기보다는, 내가 걸어온 길과 그 과정에서 배운 것들에 대해 신뢰하는 마음을 가질 때 우리는 더 큰 평화를 얻을 수 있습니다. 나만의 성장을 존중하고, 그 성장의 속도를 믿을 때 우리는 더 이상 남들과 경쟁할 필요가 없게 됩니다. 나의 길은 나만의 것이며, 그 여정 자체가 소중한 것입니다.

또한, 비교에서 벗어나려면 '목표를 현실적인 기준으로 설정하는 것'이 중요합니다. 우리는 남들과 비교하면서 지나치게 높은 기준을 세워 스스로를 압박하는 경우가 많습니다. 하지만 나의 삶과 환경에 맞는 현실적인 목표를 설정하고, 그 목표에 집중할 때 우리는 더 이상 남들과 비교할 필요가 없어집니다. 나의 기준에 맞는 목표를 세우고, 그 목표를 달성하기 위한 계획을 차근차근 실행하는 것이 중요합니다. 목표를 현실적으로 세우면, 나는 나만의 성취를 더 소중하게 여길 수 있게 됩니다.

마지막으로, 비교에서 벗어나기 위해서는 '타인의 인정에 의존하지 않는 것'이 필요합니다. 우리는 타인의 인정과 칭찬에 따라 나의 가치를 평가하는 경우가 많지만, 결국 가장 중요한 것은 내가 나를 어떻게 평가하느냐입니다. 타인의 인정이 없어도 나는 충분히 소중한 사람이라는 사실을 깨달을 때 우리는 더 이상 남들과 비교하지 않게 됩니다. 나의 가치를 외부에서 찾지 않고, 내 안에서 발견할 때 우리는 더 큰 자신감을 얻고 비교에서 자유로워질 수 있습니다.

비교에서 벗어난다는 것은 곧 나 자신을 존중하고, 나만의 삶을 사랑하는 것입니다. 나의 삶의 리듬에 맞추고, 나만의 성장을 믿으며, 내가 세운 목표에 집중할 때 우리는 더 이상 남들과 비교할 필요 없이, 온전히 나의 길을 걸어갈 수 있게 됩니다.

비교에서 벗어나는 또 다른 중요한 방법은 '내면의 목소리에 귀 기울이는 시간'을 가지는 것입니다. 우리는 종종 외부의 목소리와 기대에 의해 나를 판단하게 됩니다. 사회의 기준, 타인의 평가에 따라 나의 가치를 결정하려 할 때, 정작 나의 진정한 욕구와 필요는 무시되기 쉽습니다. 그러나 비교에서 벗어나기 위해서는 나의 내면에서 나오는 진짜 소리를 들어야 합니다. 내가 무엇을 원하고, 무엇이 나를 행복하게 하는지를 스스로 묻고, 그에 대한 답을 찾는 시간이 필요합니다. 내면의 목소리를 듣는 것은 비교를 끊어내는 첫걸음이 됩니다.

내면의 목소리를 듣는다는 것은 곧 '자기 자신과의 대화'를 의미합니다. 우리는 바쁜 일상 속에서 자기 자신과의 대화를 잊고 살아가곤 합니다. 그러나 나의 생각과 감정에 집중하고, 나에게 필요한 것이 무엇인지를 알아가는 시간이 필요합니다. 나 자신에게 정직해지는 법을 배울 때, 우리는 더 이상 외부의 기준에 따라 살지 않고 나만의 삶을 추구할 수 있게 됩니다. 자기 자신과 솔직한 대화를 나누는 것이야말로 비교에서 벗어나 나만의 길을 찾는 중요한 과정입니다.

또한, 비교에서 벗어나기 위해서는 '나의 감정을 인정하는 것'이 필요합니다. 우리는 비교를 통해 불안, 질투, 혹은 열등감을 느낄 때가 많습니다. 하지만 그 감정을 억누르기보다는 인정하고 받아들이는 것이 중요합니다. 내가 느끼는 감정은 자연스러운 것이며, 그것을 부정하기보다는 있는 그대로 수용할 때 우리는 비교에서 자유로워질 수 있습니다. 나의 감정을 부끄러워하지 않고, 그 감정 속에서 내가 무엇을 더 배워야 하는지를 생각하는 태도가 필요합니다.

비교를 멈추기 위한 또 하나의 방법은 '나만의 작은 목표'를 세우는 것입니다. 우리는 타인의 성취를 보며 큰 목표에만 집중하게 되지만, 작은 목표를 달성해나가는 과정에서도 충분히 만족감을 느낄 수 있습니다. 내가 세운 작은 목표를 이루어가는 그 과정에서 우리는 자존감을 키우고, 더 큰 도전에 나설 수 있는 힘을 얻게 됩니다. 작은 목표를 하나씩 이루어 나갈 때 우리는 남들의 성취에 신경 쓰지 않고 나만의 성취를 축하할 수 있게 됩니다.

또한, 비교를 멈추려면 '지금 이 순간의 나'를 사랑하는 법을 배워야 합니다. 우리는 종종 미래의 성공을 바라보며 지금의 나를 부족하게 여깁니다. 그러나 지금 이 순간의 나도 충분히 가치 있고 소중한 존재라는 사실을 깨닫는 것이 중요합니다. 미래의 성공만이 나를 완성시키는 것이 아니라, 지금 이 순간을 살아가는 나 자신도 충분히 의미 있는 존재입니다. 현재의 나를 사랑하고, 그 과정 속에서 나만의 삶을 존중할 때 우리는 비교의 굴레에서 벗어날 수 있습니다.

마지막으로, 비교에서 벗어나기 위해서는 '나 자신에게 친절해지는 법'을 배워야 합니다. 우리는 남들과의 비교 속에서 스스로를 비난하고, 부족한 부분을 탓할 때가 많습니다. 그러나 나 자신에게도 친절하게 대하는 것이 필요합니다. 내가 힘들 때 스스로를 위로하고, 나의 약점을 보듬어주는 마음을 가질 때 우리는 더 큰 자존감을 얻게 됩니다. 나를 비난하기보다는 나를 격려하고, 나만의 속도로 성장해가는 자신을 응원할 때 우리는 더 이상 남들과 비교하지 않게 됩니다.

비교에서 벗어나는 과정은 나 자신을 있는 그대로 수용하고, 나만의 길을 걸어가는 여정입니다. 지금 이 순간의 나를 사랑하고, 내가 이뤄낸 작은 성취를 존중하며, 나만의 속도로 살아갈 때 우리는 더 큰 평화와 자유를 얻게 될 것입니다.

나만의 길을 찾는 여정

12

　우리 모두는 각기 다른 길을 걷고 있습니다. 누구에게나 자신만의 여정이 있으며, 그 길은 오직 나만이 걸어갈 수 있는 특별한 길입니다. 남들과 똑같은 길을 걷지 않는다고 해서 그 길이 잘못된 것은 아닙니다. 나만의 길을 찾는다는 것은 내 인생의 방향을 스스로 정하고, 그 방향으로 꾸준히 나아가는 과정을 의미합니다. 그 길은 때로는 험난하고, 예상치 못한 장애물이 나타날 수도 있지만, 나만의 길을 걷는 여정 속에서 우리는 진정한 자신을 발견하게 됩니다.

　나만의 길을 찾기 위해서는 먼저 '내가 원하는 것이 무엇인지'를 알아야 합니다. 우리는 종종 타인의 기대나 사회적 기준에 따라 내 인생의 방향을 설정하려 하지만, 중요한 것은 내가 진정으로 원하는 것이 무엇인지를 스스로에게 묻는 것입니다. 내가 어떤 삶을 살고 싶은지, 무엇이 나를 행복하게 하는지에 대한 진지한 고민을 통해 우리는 나만의 길을 찾을 수 있습니다. 나의 여정은 다른 사람의 기대가 아닌, 나의 꿈과 열망에 따라 결정되는 것입니다.

　또한, 나만의 길을 찾는다는 것은 '나의 속도를 존중하는 것'을 의미합니다. 우리는 종종 남들과 비교하면서 더 빨리 나아가야 한다는 압박을 받지만, 중요한 것은 나에게 맞는 속도로 걷는 것입니다. 남들이 빨리 달려간다고 해서 나도 그 속도를 따라갈 필요는 없습니다. 나의 인생은 나만의 시간표에 따라 흘러가며, 그 속도 또한 나에게 맞는 것이어야 합니다. 나의 속도에 맞춰 한 걸음씩 나아가는 것이야말로 진정한 나만의 길을 걷는 방법입니다.

나만의 길을 찾는 여정에서는 '실패와 좌절'도 자연스러운 과정입니다. 우리는 실패를 두려워하지만, 실패는 오히려 내가 가야 할 길을 더 명확히 알려주는 중요한 경험입니다. 실패를 통해 나는 어떤 길이 나에게 맞지 않는지를 배우고, 그 과정에서 더 나은 선택을 할 수 있게 됩니다. 나의 길을 찾는 과정에서는 실수를 통해 성장하는 법을 배우고, 좌절 속에서 다시 일어설 수 있는 힘을 얻게 됩니다. 실패는 내가 나만의 길을 더 단단하게 만들어가는 과정의 일환입니다.

또한, 나만의 길을 찾기 위해서는 '나의 직관을 믿는 것'이 필요합니다. 우리는 때로 이성적인 판단에만 의존하려 하지만, 진정으로 나의 길을 찾아가는 데는 나의 직관도 중요한 역할을 합니다. 내가 느끼는 감정과 내면의 목소리를 따라갈 때 우리는 더 진실한 나만의 길을 찾을 수 있습니다. 이성만이 아닌 감정과 직관을 존중하는 것이 나만의 길을 찾는 데 있어 중요한 부분입니다.

마지막으로, 나만의 길을 찾는 여정에서 중요한 것은 '끊임없는 자기 발견'입니다. 우리는 살아가면서 끊임없이 변화하고, 그 과정에서 새로운 나를 발견하게 됩니다. 나의 길은 한 번에 완성되는 것이 아니라, 그 여정 속에서 조금씩 찾아가는 것입니다. 내가 어떤 사람인지, 무엇을 원하는지를 지속적으로 탐구하고 발견하는 과정에서 우리는 점점 더 나만의 길에 가까워지게 됩니다.

나만의 길을 찾는 여정은 나를 더 깊이 이해하고, 나의 꿈을 향해 꾸준히 나아가는 과정입니다. 그 여정 속에서 우리는 더 큰 자유와 행복을 경험하게 될 것입니다.

나만의 길을 찾는 과정에서 가장 중요한 것은 '자신을 신뢰하는 마음'입니다. 우리는 종종 주변의 시선이나 조언에 의지하면서 나의 판단을 믿지 못할 때가 많습니다. 그러나 진정한 나만의 길은 나 자신을 믿고, 내 선택을 존중하는 데서 시작됩니다. 내가 내린 결정이 옳을지 확신이 없을 때도 있지만, 그 선택을 통해 배우고 성장하는 것은 결국 나 자신입니다. 내 길을 찾기 위해서는 실수나 실패를 두려워하지 말고, 내 선택을 믿으며 나아가는 용기가 필요합니다.

자신을 신뢰하는 과정에서 '타인의 목소리에서 자유로워지기'도 필수적입니다. 우리는 다른 사람들의 기대와 평가에 지나치게 민감해질 때가 많습니다. 그러나 내가 가야 할 길은 남들이 정해주는 것이 아닙니다. 남들의 의견이 나를 더 나은 방향으로 이끌어줄 때도 있지만, 결국 나의 삶을 가장 잘 아는 사람은 나 자신입니다. 타인의 시선에서 벗어나 내가 진정으로 원하는 것을 향해 나아갈 때, 우리는 나만의 길을 더 분명하게 발견할 수 있습니다.

또한, 나만의 길을 찾는 여정은 '끊임없는 도전과 변화'를 받아들이는 과정입니다. 우리는 안정적인 길을 선호하고, 불확실한 미래를 두려워할 수 있습니다. 그러나 새로운 도전과 변화를 수용할 때 우리는 더 넓은 시야로 세상을 바라보게 되고, 그 과정에서 나만의 길을 더 확실하게 만들어갑니다. 변화는 두렵지만, 그 변화를 통해 더 큰 성장을 경험할 수 있습니다. 나의 길은 끊임없이 변화하고 발전하는 과정에서 더 확고해지는 법입니다.

나만의 길을 찾는 데 있어서 중요한 또 하나의 요소는 '타인의 길을 존중하는 마음'입니다. 우리는 종종 남들과 나를 비교하면서 자신이 걸어가는 길을 의심하게 되지만, 타인의 길은 그들의 고유한 여정일 뿐 나와는 다를 수밖에 없습니다. 다른 사람들의 길을 존중하고, 그들이 걸어가는 과정에서 배우는 것을 지지하는 마음을 가질 때 우리는 더 이상 비교하지 않고, 나만의 길을 걷는 데 집중할 수 있습니다. 타인의 성공이 나의 실패를 의미하는 것이 아니라, 각자 다른 방향으로 나아가고 있음을 받아들이는 것이 중요합니다.

마지막으로, 나만의 길을 찾는 여정에서 중요한 것은 '작은 성취를 소중히 여기는 마음'입니다. 우리는 종종 큰 목표에만 집중하다 보니, 그 과정에서 이뤄낸 작은 성취들을 무시하곤 합니다. 그러나 나만의 길을 찾는 여정에서 중요한 것은 그 과정 속에서 이루어지는 작은 성취들입니다. 내가 한 걸음씩 나아가며 이룬 작은 변화들이 쌓여 큰 성과로 이어집니다. 그 작은 성공들을 인정하고, 그로 인해 얻은 자신감을 통해 더 큰 목표를 향해 나아갈 수 있습니다.

결국, 나만의 길을 찾는 여정은 자신을 믿고, 나만의 속도로 나아가며, 변화와 도전을 수용하는 과정입니다. 그 속에서 우리는 나 자신을 더 깊이 이해하게 되고, 타인의 시선에 흔들리지 않고 온전히 나만의 길을 걸어갈 수 있게 됩니다.

나만의 길을 찾는 여정에서 또 한 가지 중요한 요소는 '인내와 꾸준함'을 유지하는 것입니다. 우리는 종종 빠른 결과를 기대하며 서두르지만, 진정한 여정은 시간이 필요합니다. 나만의 길을 걷는다는 것은 긴 시간 동안 작은 걸음들을 쌓아가는 과정입니다. 한 번에 큰 성취를 이루기보다는, 매일 조금씩 나아가는 꾸준함이 결국 나의 길을 완성하게 만듭니다. 그 과정에서 우리는 때로 지치고 좌절할 수 있지만, 인내를 가지고 내 페이스에 맞춰 나아가는 것이 중요합니다. 인내는 나만의 길을 찾는 데 있어 가장 강력한 동반자입니다.

또한, '열린 마음'으로 나아가는 것도 필수적입니다. 우리는 계획한 대로 모든 것이 흘러가길 바라지만, 인생은 언제나 예측할 수 없는 상황을 마주하게 됩니다. 나만의 길을 찾는 과정에서 예상치 못한 방향으로 흐르기도 하고, 내가 기대했던 것과 다른 결과를 맞이할 때도 있습니다. 하지만 그런 변화와 예측 불가능한 상황을 받아들이고, 그 안에서 새로운 길을 모색하는 태도가 필요합니다. 열린 마음을 가지고 나의 여정을 바라볼 때, 우리는 더 많은 가능성을 발견하고 더 나은 길을 찾을 수 있습니다.

나만의 길을 찾기 위해서는 '배움에 대한 열린 자세'를 유지하는 것이 중요합니다. 우리는 살아가면서 끊임없이 배우고, 그 배움을 통해 성장합니다. 나의 길을 걸어가는 동안에도 새로운 지식과 경험을 받아들이는 태도가 필요합니다. 나만의 길을 찾는다는 것은 고정된 길을 걷는 것이 아니라, 그 여정 속에서 내가 배우고 느낀 것들에 따라 계속해서 발전하는 과정입니다. 배움에 열려 있을 때, 우리는 더 많은 기회를 얻고, 그 속에서 더 나은 길을 발견하게 됩니다.

또한, 나만의 길을 찾는 여정에서는 '작은 실수나 실패'를 인정하는 법을 배워야 합니다. 우리는 실수를 두려워하고 실패를 피하려 하지만, 실수와 실패는 나의 길을 더 단단하게 만들어주는 중요한 과정입니다. 실수 속에서 우리는 더 나은 선택을 배우고, 실패 속에서 나를 성장시키는 방법을 익히게 됩니다. 실패는 끝이 아니라, 새로운 시작의 기회일 뿐입니다. 실패를 두려워하지 않고 그 속에서 나의 길을 더 깊이 탐구할 때, 우리는 더 큰 성장을 경험할 수 있습니다.

마지막으로, 나만의 길을 찾는 여정에서는 '자신을 격려하는 법'을 잊지 말아야 합니다. 우리는 남들에게는 친절하고 격려를 아끼지 않으면서도, 정작 나 자신에게는 엄격하고 냉정할 때가 많습니다. 그러나 나의 길을 걸어가는 동안에는 나 자신에게도 따뜻한 마음을 가져야 합니다. 내가 이뤄낸 작은 성취를 칭찬하고, 어려운 상황에서도 다시 일어설 수 있는 나의 힘을 믿는 것이 중요합니다. 나 자신에게 격려와 지지를 아끼지 않을 때, 우리는 그 어떤 어려움 속에서도 나만의 길을 계속 걸어갈 수 있는 힘을 얻게 됩니다.

결국, 나만의 길을 찾는 여정은 인내와 열린 마음, 배움과 성장의 과정입니다. 작은 성취를 인정하고, 실수와 실패를 두려워하지 않으며, 스스로를 격려하면서 나아갈 때 우리는 온전히 나만의 길을 발견하게 될 것입니다.

나만의 길을 찾는 여정에서 우리가 자주 잊는 것은 '내 안의 직관'을 따르는 힘입니다. 우리는 삶에서 많은 선택을 해야 하고, 그 선택의 순간마다 논리적인 판단과 분석에 의존하기 마련입니다. 하지만 때로는 나의 직관이 나에게 가장 적합한 길을 제시해 줄 때가 있습니다. 직관은 경험과 감정이 어우러져 형성된 나만의 길잡이이며, 내가 느끼는 본능적인 감각을 믿고 따를 때 예상치 못한 성장을 경험할 수 있습니다. 나의 내면의 소리에 귀 기울이고, 직관을 존중하는 자세가 필요합니다.

또한, '타인과의 비교에서 자유로워지는 것'은 나만의 길을 찾는 데 있어 중요한 요소입니다. 우리는 종종 다른 사람들이 걸어온 길을 보며 자신을 비교하게 됩니다. 그들이 성공한 방식이 나에게도 맞을 것이라는 착각 속에 빠지기도 합니다. 그러나 나만의 길은 타인의 발자취를 따라가는 것이 아니라, 나만의 속도와 방향을 설정하는 것입니다. 남들이 성공한 길이 나에게도 성공으로 이어지리라는 법은 없습니다. 남의 길을 존중하면서도, 나의 고유한 길을 찾아가는 태도가 중요합니다.

'작은 기쁨과 성취를 축하하는 법'도 나만의 길을 찾는 데 큰 힘이 됩니다. 우리는 큰 목표와 성취에만 집중하는 경향이 있지만, 나만의 길을 걷는 과정에서 이루어내는 작은 성취들도 충분히 자축할 만한 가치가 있습니다. 오늘 내가 한 작은 변화, 혹은 어제보다 조금 더 나아진 나의 모습 자체가 소중한 성취입니다. 나의 여정에서 이룬 모든 순간을 소중히 여기고, 그 과정을 칭찬하며 나아갈 때 우리는 더 큰 자신감을 얻고 나만의 길을 꾸준히 걸어갈 수 있습니다.

나만의 길을 찾는 여정에서는 '주변의 도움을 받아들이는 것'도 중요한 부분입니다. 우리는 종종 혼자 모든 것을 이뤄내야 한다는 부담을 느끼지만, 사실 주위의 도움과 지지를 받는 것이 나의 여정을 더욱 풍성하게 만들어줍니다. 다른 사람들이 제공하는 조언과 지지 속에서 나의 길을 더욱 확고히 다져갈 수 있습니다. 도움을 받는 것은 나의 약함을 의미하는 것이 아니라, 더 나은 선택을 할 수 있게 도와주는 중요한 자원이 됩니다. 나의 길을 걸어가는 동안, 나를 지지해주는 이들의 손길을 받아들이는 것이 중요합니다.

또한, '변화를 두려워하지 않는 것'도 나만의 길을 찾는 과정에서 필수적입니다. 우리는 안정적인 길을 선택하고, 불확실성을 피하려고 하지만, 나만의 길은 종종 변화와 예측 불가능한 상황에서 시작됩니다. 변화는 나를 더 깊이 이해하게 해주고, 나에게 새로운 기회를 제공해줍니다. 변화를 받아들이고, 그 안에서 나만의 길을 찾을 때 우리는 더 큰 성장을 경험하게 됩니다. 변화를 두려워하지 않고 나아갈 용기를 가질 때 우리는 더 넓은 세상을 발견하게 됩니다.

마지막으로, '자기 자신에게 관대해지는 법'을 배워야 합니다. 나만의 길을 찾는 과정은 종종 불안하고 혼란스러울 수 있습니다. 내가 생각한 대로 모든 것이 이루어지지 않을 때도 많습니다. 그럴 때 스스로를 비난하거나 탓하지 말고, 내가 지금껏 해온 노력과 성취를 인정하며 자신에게 더 관대해져야 합니다. 실수와 실패는 나의 여정을 더욱 단단하게 만들어줄 뿐 아니라, 그 과정에서 나는 더 큰 배움과 성장을 얻게 됩니다. 자기 자신에게 친절할 때 우리는 더 멀리, 더 깊이 나만의 길을 찾아 나아갈 수 있습니다.

결국, 나만의 길을 찾는 여정은 직관을 따르고, 작은 성취를 축하하며, 변화를 받아들이는 과정입니다. 내가 걸어가는 그 길 속에서 자신을 격려하고 주변의 도움을 받아들이며, 나만의 방향을 확고히 할 때 우리는 진정한 나만의 길을 걸어갈 수 있게 됩니다.

나만의 길을 찾는 여정에서 중요한 것은 '자유로움'을 느끼는 것입니다.

우리는 종종 타인의 기대나 사회적인 기준에 맞추려고 애쓰면서 스스로를 제한합니다. 그러나 진정한 나만의 길을 찾기 위해서는 그 모든 틀에서 벗어나야 합니다. 남들이 정해놓은 성공의 기준이 나에게도 적용되는 것은 아닙니다. 내가 원하는 삶의 방식, 내가 소중히 여기는 가치를 따라갈 때 우리는 진정으로 자유로워질 수 있습니다. 이 자유로움은 나만의 길을 당당하게 걸어가는 데 큰 힘이 됩니다.

또한, 나만의 길을 찾는 과정에서 우리는 '자기 수용'을 배워야 합니다. 완벽한 길은 없습니다. 모든 여정에는 굴곡과 예기치 못한 상황들이 존재합니다. 그럴 때 우리는 내가 선택한 길을 의심하기 쉽지만, 그 과정 속에서 나를 있는 그대로 받아들이는 자세가 필요합니다. 내가 겪는 어려움, 내가 내린 선택이 모두 나의 여정의 일부라는 사실을 인정할 때 우리는 더 큰 평안을 얻게 됩니다. 나의 실수와 부족함도 성장의 과정임을 받아들이는 것이 나만의 길을 찾는 데 중요한 요소입니다.

'포기하지 않는 힘'도 나만의 길을 걷는 여정에서 중요한 덕목입니다. 우리는 때때로 나아가는 길이 너무 험난하게 느껴져 포기하고 싶을 때가 있습니다. 하지만 진정한 성공은 쉽게 오지 않습니다. 꾸준히 나의 길을 걸어가는 사람만이 결국 그 길의 끝에 도달할 수 있습니다. 중간에 어려움이 닥치더라도 포기하지 않고 한 발짝씩 나아가는 것이 중요합니다. 그 과정에서 우리는 나의 길이 더 분명해지고, 내가 원하는 방향으로 가고 있다는 확신을 얻을 수 있습니다.

나만의 길을 찾는 여정에서는 '다양한 경험을 받아들이는 것'도 중요합니다. 우리는 종종 익숙한 길을 걸으려 하지만, 새로운 경험과 도전 속에서 더 많은 배움과 깨달음을 얻게 됩니다. 다양한 경험을 통해 나는 나에게 맞는 길이 무엇인지를 더 명확히 알 수 있습니다. 새로운 환경, 새로운 사람들과의 만남을 통해 나의 시야가 넓어지고, 그 속에서 나만의 길을 확장해나갈 수 있습니다. 편안한 영역에서 벗어나 다양한 경험을 받아들이는 태도가 필요합니다.

또한, '자기 신뢰'를 갖는 것이 나만의 길을 찾는 데 매우 중요한 역할을 합니다. 나는 내가 걸어가는 길을 누구보다 잘 알고 있습니다. 내 안의 목소리를 듣고, 내 선택을 존중하며 스스로를 신뢰하는 것이 중요합니다. 남들이 내가 걷는 길을 이해하지 못할 수도 있지만, 나만의 길을 걷는 사람은 결국 나 자신입니다. 내가 내린 선택이 옳고 그름을 판단하는 것은 내가 할 몫이며, 그 선택을 통해 얻은 경험들이 나를 더 단단하게 만들어줄 것입니다.

마지막으로, 나만의 길을 찾는 여정에서는 '감사하는 마음'이 큰 힘이 됩니다. 내가 이룬 작은 성취와 경험들을 감사하게 여길 때, 우리는 더 큰 만족감과 행복을 느끼게 됩니다. 나의 여정 속에서 내가 얻은 것들, 내가 배운 것들을 하나씩 돌아보며 감사하는 마음을 가질 때 우리는 남들과의 비교에서 벗어나 나만의 길을 걷는 기쁨을 느낄 수 있습니다. 감사는 나를 더 강하게 하고, 내가 걸어온 길에 대한 확신을 심어줍니다.

결국, 나만의 길을 찾는다는 것은 자유롭게, 꾸준히, 그리고 자신을 신뢰하며 나아가는 과정입니다. 다양한 경험을 받아들이고, 나 자신을 있는 그대로 수용하면서 걸어가는 그 길에서 우리는 더 큰 성취와 만족을 얻게 될 것입니다.

나만의 길을 찾는 여정에서 우리가 또 하나 기억해야 할 것은 '끊임없는 성장'을 받아들이는 자세입니다. 우리는 흔히 한 번의 선택이나 결정으로 완성된 길을 기대하지만, 인생의 여정은 끝없는 성장과 변화의 연속입니다. 나만의 길을 찾는다는 것은 고정된 목표를 향해 나아가는 것이 아니라, 그 과정에서 새로운 깨달음을 얻고, 더 나은 방향으로 나아가는 것입니다. 매일 조금씩 배우고 발전해가는 그 과정 속에서 우리는 나만의 길을 더욱 단단하게 다져갈 수 있습니다.

또한, 나만의 길을 찾기 위해서는 '불완전함을 수용하는 마음'이 중요합니다. 우리는 종종 완벽한 길, 완벽한 선택을 기대하지만, 사실 인생의 길에는 완벽함이란 존재하지 않습니다. 내가 가는 길에는 예상치 못한 장애물이나 실수가 따를 수 있지만, 그것들조차도 나를 성장시키는 중요한 과정입니다. 나의 불완전함을 인정하고 그 속에서 배울 수 있는 것들을 찾을 때, 우리는 더 이상 완벽하지 않은 것에 대한 두려움 없이 나만의 길을 걸어갈 수 있습니다.

'유연한 마음'도 나만의 길을 찾는 데 있어서 중요한 요소입니다. 우리는 종종 한 가지 목표나 계획에 너무 집착해서 그 외의 가능성을 놓칠 때가 있습니다. 그러나 나만의 길을 찾기 위해서는 때로는 유연한 태도를 가져야 합니다. 내가 계획한 대로 모든 것이 이루어지지 않더라도, 그 과정에서 새로운 길을 발견할 수 있습니다. 나의 여정은 한 가지로 고정된 것이 아니라, 그때그때 상황에 따라 더 나은 방향으로 나아갈 수 있는 유연함을 지녀야 합니다.

또한, '내 안의 소리에 집중하는 시간'을 가지는 것이 필요합니다. 우리는 바쁜 일상 속에서 남들의 조언이나 사회적 기준에 따라 나의 길을 설정하려 할 때가 많습니다. 하지만 진정한 나만의 길은 내 안에서부터 시작됩니다. 내가 무엇을 원하는지, 나에게 가장 중요한 것은 무엇인지를 깊이 고민하고, 내 내면의 소리에 귀 기울이는 시간이 필요합니다. 나만의 길을 찾는 여정은 다른 사람의 길을 따라가는 것이 아니라, 내가 진정으로 원하는 삶의 방향을 발견하는 과정입니다.

'지금 이 순간을 소중히 여기는 마음'도 나만의 길을 찾는 여정에서 중요한 역할을 합니다. 우리는 종종 미래의 목표에만 집중하다 보니, 현재를 놓칠 때가 많습니다. 그러나 나만의 길은 지금 이 순간을 살아가는 것에서 시작됩니다. 내가 오늘 하루 동안 이룬 작은 성취와 변화들, 내가 느끼는 감정과 생각들이 모두 나만의 길을 형성하는 중요한 부분입니다. 나만의 길은 미래에 있는 것이 아니라, 지금 이 순간을 어떻게 살아가느냐에 따라 결정됩니다. 현재를 소중히 여길 때 우리는 더 큰 만족감을 느끼며 나아갈 수 있습니다.

마지막으로, '내 길을 즐기는 법'을 배우는 것이 중요합니다. 우리는 때로 목표를 이루기 위해 너무 치열하게 살아가면서 정작 그 과정에서의 기쁨과 즐거움을 잃어버리곤 합니다. 그러나 나만의 길을 찾는 여정에서 중요한 것은 그 과정 속에서 즐거움을 느끼는 것입니다. 내가 걸어가는 길이 비록 쉽지 않더라도, 그 속에서 작은 행복과 기쁨을 찾는 태도가 필요합니다. 나의 길을 즐길 줄 아는 사람은 더 멀리, 더 행복하게 그 길을 걸어갈 수 있습니다.

결국, 나만의 길을 찾는다는 것은 성장과 변화, 그리고 유연한 마음을 받아들이는 과정입니다. 불완전함을 인정하고, 현재를 소중히 여기며, 그 속에서 기쁨을 찾을 때 우리는 진정으로 나만의 길을 걸어갈 수 있게 될 것입니다.

나만의 길을 찾는 여정에서 '소통의 중요성'도 간과할 수 없는 요소입니다. 우리는 혼자만의 힘으로 모든 것을 해결해야 한다고 생각할 때가 많지만, 다른 사람들과의 소통을 통해 나의 길을 더 확고히 다질 수 있습니다. 주변의 친구나 가족, 멘토와 이야기하고 그들의 경험을 공유받을 때, 나는 더 많은 인사이트를 얻고, 나의 길을 더 넓고 깊게 만들 수 있습니다. 소통은 나만의 길을 찾는 데 있어 중요한 지지체계가 되어줄 것입니다.

특히, 나의 길을 함께 걸어가는 사람들과의 대화는 큰 힘이 됩니다. 비슷한 경험을 공유하는 이들과 이야기를 나누면, 나의 고충이나 고민을 나누고, 그들의 이야기를 듣는 것만으로도 큰 위로와 지혜를 얻게 됩니다. 나와 같은 길을 걷고 있는 사람들과의 소통은 나의 길을 더욱 확고히 하고, 서로 격려하며 성장할 수 있는 기반이 되어줍니다. 그런 의미에서 소통은 나만의 길을 찾는 데 있어 필수적인 과정입니다.

또한, '마음 챙김'을 통해 나의 감정과 상태를 점검하는 것도 중요합니다. 우리는 바쁜 일상 속에서 나의 마음과 몸의 상태를 간과하는 경우가 많습니다. 하지만 나만의 길을 찾기 위해서는 내 마음이 지금 어떤 상태인지, 어떤 감정을 느끼고 있는지를 살펴보는 것이 필요합니다. 마음 챙김은 내가 느끼는 불안, 두려움, 기쁨 등을 인정하고 수용하는 과정이며, 그 속에서 나를 더 잘 이해하게 됩니다. 내 마음의 소리에 귀 기울이는 습관을 가지면, 나는 더 명확하게 나만의 길을 찾을 수 있습니다.

또한, 나만의 길을 찾는 여정에서 '작은 변화부터 시작하는 것'도 중요합니다. 큰 목표를 세우고 그것을 이루기 위해 많은 노력을 기울이지만, 때때로 작은 변화에서 시작하는 것이 더 효과적일 수 있습니다. 하루에 한 번, 작은 습관을 바꾸는 것만으로도 나의 삶은 점차 나아질 수 있습니다. 작은 변화들은 나를 긍정적인 방향으로 이끌어주며, 그 작은 변화들이 모여 나의 길을 더욱 확고하게 만들어줍니다. 큰 변화를 꿈꾸기보다는, 지금 당장 실행할 수 있는 작은 일부터 시작해보는 것이 필요합니다.

또한, 나만의 길을 찾는 과정에서 '자신의 감정을 정직하게 표현하는 것'도 큰 도움이 됩니다. 감정을 억누르거나 숨기기보다는 솔직하게 표현하고 나누는 것이 필요합니다. 나의 감정을 정직하게 드러낼 때, 내 마음의 부담이 줄어들고, 나는 더 가벼운 마음으로 나의 길을 걸어갈 수 있습니다. 감정을 표현하는 것은 나만의 길을 찾는 여정에서의 중요한 치료제가 될 수 있으며, 그 과정 속에서 나는 더 많은 자신감과 힘을 얻게 됩니다.

　마지막으로, '매일 조금씩 나아가는 습관'을 들이는 것이 필요합니다. 나만의 길을 찾는 과정은 때때로 길고 험난하게 느껴질 수 있지만, 매일 조금씩 나아가는 습관을 들이면 그 과정이 한층 수월해질 수 있습니다. 작은 목표를 설정하고, 그 목표를 향해 매일 한 걸음씩 나아가는 것이 중요합니다. 그 작은 걸음들이 쌓여 나의 길을 만들어가고, 결국 나는 나만의 길을 찾는 여정에서 더 큰 성과를 이루게 될 것입니다.

　결국, 나만의 길을 찾는 여정은 소통과 마음 챙김, 작은 변화에서 시작되는 과정입니다. 나의 감정과 상태를 인식하고, 주변 사람들과의 지지 속에서 나의 길을 찾아 나갈 때 우리는 진정한 나만의 길을 걸어갈 수 있게 됩니다.

　나만의 길을 찾는 여정에서 가장 중요한 것은 '긍정적인 마인드셋'을 유지하는 것입니다. 우리는 종종 실패나 어려움에 직면했을 때 쉽게 낙담하게 됩니다. 그러나 긍정적인 마인드셋을 갖고 있으면, 어떤 상황에서도 희망을 찾고, 문제를 해결할 수 있는 방법을 모색할 수 있습니다. 긍정적인 사고는 내가 마주하는 모든 도전을 성장의 기회로 바라보게 해주며, 그 과정 속에서 나만의 길을 더욱 확고히 하는 데 도움이 됩니다.

긍정적인 마인드셋은 또한 나의 여정에서 '감사하는 마음'을 키우는 데 기여합니다. 우리는 일상에서 자주 부정적인 것들에 집중하기 쉬운데, 감사의 마음을 갖고 주변을 바라보면 내가 가진 것들이 얼마나 소중한지를 깨닫게 됩니다. 하루의 작은 일상 속에서도 감사할 점을 찾아보면, 긍정적인 기운이 생기고, 그 기운은 나의 여정에 큰 힘이 됩니다. 감사하는 마음이 나의 길을 더욱 풍성하게 만들어줄 것입니다.

또한, 나만의 길을 찾기 위해서는 '자기 반성'의 시간을 갖는 것도 중요합니다. 하루를 마무리하며 내 하루의 행동과 감정을 돌아보는 시간은 나 자신을 이해하는 데 큰 도움이 됩니다. 내가 어떤 선택을 했고, 그 선택이 내 마음에 어떤 영향을 미쳤는지를 돌아보는 시간을 통해, 나는 나의 길을 더욱 명확하게 알게 됩니다. 자기 반성은 나만의 길을 찾아가는 과정에서 필수적인 단계이며, 그 속에서 나는 더 많은 배움을 얻게 됩니다.

자기 반성을 통해 나는 나의 가치관과 목표를 더 명확히 설정할 수 있습니다. 우리는 다양한 경험을 통해 나만의 가치관을 형성하게 되며, 그 가치관이 나의 결정과 행동에 큰 영향을 미칩니다. 나의 가치관이 무엇인지, 그리고 그 가치관에 따라 내가 어떤 목표를 향해 나아가고 있는지를 점검하는 것은 나만의 길을 찾는 데 있어 매우 중요한 과정입니다. 이를 통해 나는 더 강한 확신을 가지고 나의 길을 걸어갈 수 있습니다.

나만의 길을 찾는 여정에서는 '과거의 경험을 존중하는 것'도 중요합니다. 나는 과거에 어떤 선택을 했든지, 그 모든 경험이 지금의 나를 만들어 준 중요한 요소라는 것을 인식해야 합니다. 과거의 실수나 실패를 부정적으로만 바라보는 것이 아니라, 그것들을 통해 배운 교훈을 존중하고, 그 경험이 나의 성장에 얼마나 기여했는지를 되새기는 것이 필요합니다. 나의 과거는 나만의 길을 찾는 데 소중한 자산이며, 그 경험을 바탕으로 앞으로 나아가야 합니다.

마지막으로, 나만의 길을 찾는 여정에서는 '자신을 비교하지 않고 다른 사람들의 경험에서 배운다'는 태도가 필요합니다. 우리는 다른 사람들의 성공을 보면서 자신을 비교하곤 하지만, 사실 그들이 겪었던 과정 속에서도 배울 점이 많습니다. 남들의 경험에서 나의 길을 찾아가는 데 도움이 되는 지혜를 얻을 수 있습니다. 남들과의 비교가 아닌, 그들의 이야기를 통해 나의 길을 더 잘 찾아갈 수 있도록 하는 것이 중요합니다.

결국, 나만의 길을 찾는 여정은 긍정적인 마음가짐과 자기 반성, 그리고 과거의 경험을 존중하는 과정입니다. 매일 조금씩 나아가며 자신을 격려하고, 주변의 지지를 받아들일 때 우리는 더욱 강하고 확고한 나만의 길을 걸어갈 수 있을 것입니다.

내 삶의 의미를 발견하기

13

삶의 의미를 찾는 것은 많은 이들이 평생 동안 고민하는 주제입니다. 우리는 일상 속에서 무수히 많은 선택을 하며 살아가지만, 그 선택들이 과연 나에게 어떤 의미가 있는지, 내가 진정으로 원하는 삶은 어떤 것인지 깊이 고민해보지 않을 때가 많습니다. 삶의 의미를 발견하는 것은 단순히 목표를 설정하고 그것을 이루는 것이 아니라, 나의 존재와 경험 속에서 그 의미를 찾아가는 여정입니다.

내 삶의 의미를 발견하기 위해서는 먼저 '내가 무엇을 소중하게 여기는지' 깊이 생각해보아야 합니다. 우리는 사회의 기준이나 다른 사람들의 기대에 따라 살아가면서 정작 자신이 진정으로 원하는 것이 무엇인지 잊고 살기 쉽습니다. 내가 어떤 가치를 중요하게 생각하는지를 스스로 질문하고, 그 답을 찾아가는 것이 중요합니다. 나의 가치관과 신념이 나의 삶을 형성하고, 그 속에서 나만의 의미를 발견하게 됩니다.

또한, 내 삶의 의미를 찾는 과정은 '자기 이해'의 시간입니다. 나는 누구인지, 내가 원하는 것은 무엇인지, 그리고 내가 이루고자 하는 삶의 방향은 무엇인지 진지하게 고민해보는 것이 필요합니다. 자기 이해는 나 자신을 깊이 알아가는 과정이며, 그 과정 속에서 나는 나의 고유한 존재의 가치를 깨닫게 됩니다. 나를 이해할 때 비로소 내가 어떤 삶의 의미를 추구해야 하는지 명확해지게 됩니다.

삶의 의미를 발견하는 데 있어 중요한 것은 '경험의 가치'를 인정하는 것입니다. 우리는 삶을 살아가면서 다양한 경험을 하게 됩니다. 좋든 나쁘든 그 경험들은 모두 나의 성장과 의미를 찾아가는 데 중요한 역할을 합니다. 특히 어려운 경험이나 실패는 나에게 더 큰 깨달음을 주며, 그 속에서 나는 내 삶의 의미를 찾을 수 있는 기회를 얻게 됩니다. 경험을 통해 배우고 느끼는 것이야말로 삶의 의미를 깊게 만들어주는 요소입니다.

또한, '주변과의 관계'도 내 삶의 의미를 발견하는 데 큰 영향을 미칩니다. 사람들과의 연결은 나의 존재를 더 풍부하게 만들어주며, 그 관계 속에서 나는 나만의 의미를 찾게 됩니다. 가족, 친구, 동료들과의 소중한 관계를 통해 나는 나의 가치를 느끼고, 그 관계들이 내 삶에 어떤 의미를 부여하는지를 돌아보는 것이 중요합니다. 함께 나누는 순간들이 쌓여 나의 삶의 의미를 더욱 확고히 다져줍니다.

마지막으로, 내 삶의 의미를 발견하기 위해서는 '현재를 살고, 미래를 바라보는 균형'을 이루는 것이 필요합니다. 우리는 때로 과거에 갇히거나 미래에 대한 두려움으로 현재를 잊고 살아갈 때가 많습니다. 그러나 현재는 나의 삶에서 가장 중요한 순간입니다. 현재의 소중함을 깨닫고, 지금 이 순간을 충실히 살아갈 때 우리는 삶의 의미를 더 깊이 이해할 수 있습니다.

동시에 미래를 바라보며 나의 목표와 꿈을 세우는 것도 중요합니다. 현재와 미래의 균형을 이루며 살아갈 때, 나는 더 진정한 의미를 발견하게 될 것입니다.

결국, 내 삶의 의미를 발견하는 과정은 나 자신을 이해하고, 나의 경험을 소중히 여기며, 주변과의 관계 속에서 나의 가치를 찾는 여정입니다. 이러한 과정 속에서 우리는 나만의 삶의 의미를 깨달아가게 됩니다.

삶의 의미를 발견하는 여정에서 중요한 또 다른 요소는 '자신의 감정을 탐색하는 것'입니다. 우리는 일상 속에서 다양한 감정을 경험하며 살아가지만, 그 감정을 깊이 들여다보지 않고 스쳐 지나치는 경우가 많습니다. 감정은 우리의 내면에서 중요한 메시지를 전달하는 신호입니다. 기쁨, 슬픔, 불안, 분노와 같은 다양한 감정을 통해 우리는 스스로의 상태를 알 수 있습니다. 이러한 감정을 인정하고 탐구하는 것은 내 삶의 의미를 찾는 데 큰 도움이 됩니다. 감정을 깊이 이해할수록, 나는 나 자신을 더 잘 알게 되고, 그 속에서 내 삶의 의미를 발견할 수 있습니다.

감정 탐색의 과정에서 '자기 표현'도 필수적입니다. 나는 나의 감정을 다른 사람과 공유하고 표현함으로써 더 큰 이해와 위안을 얻을 수 있습니다. 나의 감정을 표현하는 방법은 다양합니다. 글을 쓰거나, 그림을 그리거나, 음악을 만드는 등 내가 가장 편안하게 느끼는 방식으로 나의 감정을 드러내는 것이 필요합니다. 자기 표현은 내 삶의 의미를 이해하고 찾는 데 있어 중요한 통로가 됩니다. 감정을 표현함으로써 나는 내 안의 목소리를 듣고, 그 목소리를 통해 내 삶의 의미를 찾아갈 수 있습니다.

또한, 내 삶의 의미를 찾기 위해서는 '자연과의 연결'을 소중히 여기는 것이 중요합니다. 우리는 바쁜 일상 속에서 자연과의 연결을 잊고 살아가지만, 자연은 우리에게 많은 것들을 가르쳐줍니다. 자연 속에서의 경험은 내 삶의 의미를 깊이 있게 만들어주는 요소입니다. 푸른 숲, 잔잔한 호수, 펼쳐진 하늘을 바라보며 자연과 함께하는 순간들은 나에게 위안과 평화를 줍니다. 자연은 나에게 진정한 나 자신을 돌아볼 기회를 제공하며, 그 속에서 삶의 의미를 다시금 되새길 수 있게 해줍니다.

마음의 여유를 찾는 것도 내 삶의 의미를 발견하는 데 큰 도움이 됩니다. 우리는 바쁜 일상 속에서 종종 긴장하고 스트레스를 느끼지만, 그 속에서 마음의 여유를 찾는 것이 필요합니다. 명상이나 요가, 또는 단순히 조용히 앉아 생각에 잠기는 시간은 내면의 평화를 가져다줍니다. 마음의 여유를 찾는 과정에서 우리는 스스로를 더 깊이 이해하게 되고, 그로 인해 삶의 의미를 더욱 풍부하게 느낄 수 있습니다.

'자신의 성장'을 인정하는 것도 중요한 요소입니다. 우리는 종종 과거의 실수나 실패에 집중하면서 현재의 나를 부정적으로 바라볼 때가 많습니다. 그러나 내 삶의 의미를 찾기 위해서는 나의 성장 과정을 돌아보는 것이 필요합니다. 나는 그동안 어떤 어려움을 극복했고, 어떤 부분에서 성장했는지를 살펴보며 스스로를 인정해야 합니다. 나의 성장 과정 속에서 나는 더 큰 의미를 발견하게 되고, 앞으로 나아갈 수 있는 힘을 얻습니다.

마지막으로, 내 삶의 의미를 발견하는 데 있어 '공동체와의 연대'를 소중히 여기는 것이 중요합니다. 우리는 혼자 살아가지만, 우리 주변의 사람들과의 연결 속에서 더 큰 의미를 찾을 수 있습니다. 가족, 친구, 동료들과의 관계는 나의 삶을 더욱 풍성하게 만들어줍니다. 그들과 함께하는 시간 속에서 우리는 서로의 삶의 의미를 나누고, 더 깊은 유대감을 형성할 수 있습니다. 공동체와의 연결은 나의 삶에 큰 의미를 부여하며, 그 속에서 나는 나만의 길을 더욱 확고히 할 수 있습니다.

결국, 내 삶의 의미를 발견하는 과정은 감정을 탐구하고, 자연과 연결되며, 내 성장을 인정하는 여정입니다. 이 과정 속에서 나는 진정한 나를 찾아가고, 나만의 삶의 의미를 발견하게 될 것입니다.

내 삶의 의미를 발견하기 위한 과정에서 '열정'을 찾아내는 것도 중요한 단계입니다. 열정은 나를 움직이게 하는 힘이자, 내가 원하는 방향으로 나아가게 만드는 원동력입니다. 나는 무엇에 열정을 느끼고, 어떤 활동에서 진정한 기쁨을 느끼는지를 알아보는 것이 필요합니다. 내 삶에서 내가 가장 좋아하고 흥미를 느끼는 것이 무엇인지를 발견하고, 그 열정을 중심으로 나의 길을 만들어 나갈 때, 우리는 삶의 의미를 더 깊이 찾을 수 있습니다. 열정이 있는 일에 몰두할 때, 나는 그 일에서 더욱 큰 만족감을 느끼고,

나의 존재의 가치를 발견할 수 있게 됩니다.

또한, 삶의 의미를 찾는 과정에서 '자기 개발'의 중요성을 간과할 수 없습니다. 우리는 살아가면서 끊임없이 배우고 성장해야 합니다. 자기 개발은 나의 능력과 잠재력을 확장하는 과정이며, 그 과정 속에서 나는 나의 진정한 모습을 발견하게 됩니다. 새로운 기술을 배우거나, 취미를 시작하고, 다양한 경험을 통해 나는 나의 가능성을 넓히고, 그 속에서 삶의 의미를 더욱 깊이 느끼게 됩니다. 자기 개발은 나만의 길을 찾는 데 있어 중요한 요소입니다.

'일상의 소중함'을 깨닫는 것도 내 삶의 의미를 발견하는 데 도움을 줍니다. 우리는 대개 큰 사건이나 성취에만 집중하지만, 일상 속에서의 작은 순간들에서도 의미를 찾을 수 있습니다. 아침에 마시는 커피 한 잔, 친구와의 소중한 대화, 따뜻한 햇살 아래에서의 산책과 같은 일상 속 작은 행복들이 나의 삶의 의미를 더해줍니다. 이러한 소소한 순간들을 소중히 여길 때, 우리는 삶이 주는 다양한 의미를 발견하게 됩니다.

또한, '과거의 경험을 돌아보는 것'도 삶의 의미를 찾는 데 큰 도움이 됩니다. 나는 나의 과거를 돌아보며 어떤 일들이 나에게 가장 큰 영향을 미쳤는지를 생각해봐야 합니다. 좋은 경험이든 나쁜 경험이든, 그 모든 경험들이 나를 지금의 나로 만들어주었습니다. 과거의 경험 속에서 얻은 교훈들을 통해 현재의 나를 이해하고, 미래의 방향성을 설정하는 것이 가능합니다. 나의 과거를 돌아보는 것은 나의 길을 찾는 데 있어 중요한 과정이며, 그 속에서 우리는 더 많은 통찰과 깨달음을 얻게 됩니다.

'나만의 목표 설정'도 중요한 요소입니다. 삶의 의미를 찾기 위해서는 내가 진정으로 원하는 목표를 설정하는 것이 필요합니다. 그 목표는 나의 가치관과 일치해야 하며, 내가 가고자 하는 방향으로 나를 이끌어줄 수 있어야 합니다. 나의 목표가 나의 존재의 의미와 연결될 때, 우리는 더욱 열정적으로 그 목표를 향해 나아갈 수 있습니다. 나의 길을 찾아가면서 나의 목표를 지속적으로 재조정하고, 그 과정 속에서 새로운 의미를 발견해가는 것이 중요합니다.

마지막으로, 내 삶의 의미를 찾기 위해서는 '삶의 교훈을 소중히 여기는 것'이 필요합니다. 우리는 일상 속에서 많은 교훈을 배우고, 그것들이 나의 성장에 큰 영향을 미칩니다. 내가 경험한 것들, 내가 느낀 감정, 그리고 그 속에서 배운 교훈들을 기억하고, 그것들을 내 삶의 의미로 삼는 것이 중요합니다. 삶의 교훈은 나를 더욱 성장시키고, 내가 가고자 하는 방향에 대한 확신을 줍니다.

결국, 내 삶의 의미를 발견하는 과정은 열정을 찾고, 자기 개발을 통해 성장하며, 일상의 소중함을 깨닫는 여정입니다. 과거의 경험과 교훈을 통해 나만의 목표를 설정하고, 그 속에서 나는 진정한 삶의 의미를 찾아갈 수 있습니다.

삶의 의미를 발견하는 과정에서 중요한 것은 '자신의 가치'를 인정하는 것입니다. 우리는 종종 외부의 평가나 사회적 기준에 따라 나의 가치를 판단하게 됩니다. 그러나 진정한 가치는 나 스스로가 어떻게 나를 바라보느냐에 달려 있습니다. 나의 장점, 단점, 고유한 특성들을 인정하고 받아들일 때, 나는 내 삶의 의미를 더 깊이 이해할 수 있습니다. 스스로를 소중히 여기고 나의 가치를 이해하는 것이야말로 나의 존재가 얼마나 특별한지를 깨닫는 첫걸음입니다.

'일관된 태도'를 유지하는 것도 나의 길을 찾는 데 있어 중요한 요소입니다. 나의 목표와 가치를 가지고 일관된 태도로 살아갈 때, 나는 더욱 확고한 정체성을 가질 수 있습니다. 삶은 여러 갈래로 나뉘고 예측할 수 없는 상황이 많이 발생하지만, 내가 설정한 목표와 가치를 유지하려는 노력은 내 삶에 방향성을 제공합니다. 일관된 태도는 내가 나아가고자 하는 길을 더욱 선명하게 만들어주며, 그 길 위에서 나는 나의 의미를 발견할 수 있습니다.

또한, '정기적으로 자신을 돌아보는 시간'을 가지는 것도 필요합니다. 나는 바쁜 일상 속에서 정기적으로 내 마음과 삶을 점검하는 시간을 가져야 합니다. 이 시간을 통해 내가 현재 어떤 상태에 있는지, 내가 진정으로 원하는 것은 무엇인지를 깊이 고민할 수 있습니다. 내 삶의 의미를 찾기 위해서는 내가 어느 방향으로 나아가고 있는지, 그 방향이 나의 가치와 일치하는지를 확인하는 것이 필요합니다. 정기적인 자기 점검은 나만의 길을 확고히 하고, 의미를 깊이 이해하는 데 도움을 줍니다.

'커뮤니티의 지혜'를 활용하는 것도 좋은 방법입니다. 나는 혼자서 모든 것을 결정하고 이해할 필요는 없습니다. 주변의 지혜와 경험을 공유하며 나의 길을 찾는 과정에서 나의 통찰을 넓힐 수 있습니다. 나와 비슷한 길을 걷고 있는 사람들과의 대화는 나에게 새로운 관점을 제공하고, 그들이 겪었던 경험을 통해 내가 놓칠 수 있는 점을 보완해줍니다. 공동체의 지혜를 받아들이고, 그 속에서 나만의 길을 찾는 것이 중요합니다.

또한, '내가 좋아하는 일을 찾아 즐기는 것'도 내 삶의 의미를 발견하는 데 큰 도움이 됩니다. 우리는 종종 해야 할 일과 책임에 묶여 진정으로 즐길 수 있는 것을 놓치는 경우가 많습니다. 내가 좋아하고 열정을 느끼는 일을 찾아 그것에 몰두할 때, 그 속에서 나는 나의 존재의 의미를 발견하게 됩니다. 즐거움은 내 삶의 에너지를 주고, 그 과정 속에서 나는 나만의 길을 더 확고히 할 수 있습니다.

마지막으로, '성장하는 삶을 지향하는 것'이 필요합니다. 내 삶의 의미를 찾기 위해서는 항상 성장하고 배우려는 태도를 유지해야 합니다. 경험을 통해 배우고, 그 배움을 바탕으로 나의 길을 더욱 확고히 다져나가야 합니다. 성장은 나의 존재의 의미와 연결되어 있으며, 내가 매일 조금씩 더 나은 사람이 되어갈 때 내 삶의 의미도 깊어집니다. 성장하는 삶을 살아갈 때, 나는 끊임없이 나의 길을 찾아 나아갈 수 있게 됩니다.

결국, 내 삶의 의미를 발견하는 것은 나 자신을 이해하고, 나의 가치를 인정하며, 지속적으로 성장하는 과정입니다. 이러한 여정 속에서 나는 진정한 나의 존재와 삶의 의미를 깨달아가게 될 것입니다.

내 삶의 의미를 발견하는 과정에서 '감정의 기록'은 매우 유용한 도구가 될 수 있습니다. 나는 매일의 감정이나 생각을 기록함으로써 내 마음을 깊이 이해하고, 스스로의 감정을 보다 명확하게 인식할 수 있습니다. 일기나 감정 저널을 쓰는 것은 내가 어떤 경험을 통해 어떤 감정을 느꼈는지 돌아보는 기회를 제공합니다. 이러한 기록은 나의 여정을 정리하고, 내가 놓치고 있는 감정이나 생각을 발견하는 데 도움을 줍니다. 감정을 기록하는 습관은 내가 느끼는 것들을 보다 진정성 있게 바라보게 해주며, 그 속에서 내 삶의 의미를 찾는 데 기여합니다.

'관계의 가치'를 다시 한번 되새기는 것도 중요한 과정입니다. 나는 주변 사람들과의 관계를 통해 나의 존재 가치를 더욱 확실히 느낄 수 있습니다. 가족, 친구, 동료와의 관계 속에서 나는 나만의 의미를 찾게 됩니다. 그들과 나누는 대화, 함께하는 시간은 나의 삶에 큰 의미를 더해줍니다. 나의 삶의 의미는 단순히 개인의 성취에서 오는 것이 아니라, 내가 사랑하고 존중하는 사람들과의 관계에서 더 깊어집니다. 관계를 소중히 여기는 것은 내가 나만의 길을 찾는 데 중요한 요소가 됩니다.

또한, '사회에 기여하는 것'도 내 삶의 의미를 발견하는 데 큰 도움이 됩니다. 우리는 나 자신의 삶에만 집중할 때가 많지만, 사회에 긍정적인 영향을 미치고 다른 사람들에게 도움을 주는 경험은 나의 존재 가치를 더욱 확고히 해줍니다. 자원봉사나 기부, 혹은 주변 사람들을 도와주는 행동을 통해 나는 내가 소속된 사회에 기여하고 있다는 사실을 느낄 수 있습니다. 사회에 긍정적인 영향을 미치며 살아갈 때, 나는 더 큰 삶의 의미를 찾게 되고, 그 과정 속에서 나의 존재가치를 더욱 깊이 있게 이해할 수 있습니다.

'자신의 성취를 축하하는 것' 또한 내 삶의 의미를 발견하는 데 필수적입니다. 우리는 종종 큰 목표를 달성하기 전까지는 자신을 격려하지 않고 지나치기 쉬운데, 매일의 작은 성취들을 인정하고 자축하는 것이 중요합니다. 작은 목표를 세우고 그것을 이루어가는 과정 속에서 나는 나의 성장과 발전을 느끼게 되며, 그 과정에서 삶의 의미를 더욱 깊게 발견하게 됩니다. 자신을 칭찬하고 격려하는 것은 내가 선택한 길에서의 성공을 느끼는 데 큰 도움이 됩니다.

'과거의 경험을 통해 배우는 것'도 내 삶의 의미를 찾는 데 중요한 요소입니다. 내가 겪었던 좋은 경험과 힘든 경험 모두가 나의 여전이 일부입니다. 과거의 교훈을 통해 나는 어떤 선택이 나에게 긍정적인 영향을 미쳤는지를 깨닫고, 그 경험을 바탕으로 앞으로 나아가는 방향을 설정할 수 있습니다. 과거를 돌아보며 얻은 통찰은 나의 삶의 의미를 발견하는 데 큰 도움이 됩니다. 나는 이러한 경험들을 통해 더 나은 선택을 할 수 있는 힘을 얻고, 나만의 길을 더욱 확고히 다질 수 있습니다.

마지막으로, '삶의 순간들을 소중히 여기는 것'이 내 삶의 의미를 찾는 데 큰 역할을 합니다. 나는 일상의 작은 순간들을 소중히 여기고, 그 순간 속에서 발견하는 기쁨을 느낄 때, 삶의 의미가 더욱 깊어집니다. 매일의 소소한 행복과 작은 기쁨을 누리며 살아가는 것이 나의 삶의 의미를 찾는 중요한 열쇠가 됩니다. 지금 이 순간에 집중하고, 그 속에서 발견하는 의미를 귀하게 여기며 살아갈 때, 나는 진정한 나의 삶의 의미를 깨달아갈 수 있습니다.

결국, 내 삶의 의미를 발견하는 것은 감정의 기록과 관계의 소중함, 사회에 기여하는 마음에서 비롯됩니다. 나의 성취를 축하하고 과거의 경험을 되새기며, 삶의 순간들을 소중히 여기는 과정 속에서 나는 진정한 나만의 길을 찾을 수 있게 될 것입니다.

내 삶의 의미를 발견하는 과정은 '자기 돌봄'과 깊은 연관이 있습니다. 우리는 종종 바쁜 일상 속에서 자신을 돌보는 것을 잊고 지내지만, 자신을 소중히 여기는 것이야말로 삶의 의미를 찾는 데 필수적입니다. 신체적, 정신적, 정서적 건강을 유지하기 위해 필요한 시간을 가져야 합니다. 이를 위해 나에게 맞는 루틴을 설정하고, 주기적으로 자신에게 휴식과 재충전의 시간을 주는 것이 중요합니다. 자기 돌봄은 나를 사랑하고 존중하는 행위이며, 나의 삶의 의미를 발견하는 데 있어 큰 도움이 됩니다.

또한, '꿈을 시각화하는 것'도 삶의 의미를 찾는 데 중요한 방법입니다. 꿈을 머릿속에서 구체적으로 그려보는 것은 내 삶의 방향성을 확립하는 데 도움이 됩니다. 나는 나의 꿈을 시각화하고 그 꿈을 이루기 위한 구체적인 목표를 설정해야 합니다. 꿈을 현실로 만들어가기 위해 필요한 단계와 그 과정에서 내가 느낄 감정들을 생각해보는 것은 나의 삶의 의미를 더욱 깊게 이해하는 데 기여합니다. 내가 원하는 삶의 그림을 그릴 때, 나는 그 목표를 향해 나아가는 동기를 얻을 수 있습니다.

'성취감'을 느끼는 것 역시 내 삶의 의미를 발견하는 데 큰 역할을 합니다. 나는 목표를 세우고 그것을 이루기 위해 노력하는 과정에서 성취감을 느낄 수 있습니다. 작은 목표를 달성하고 그 결과를 체험할 때, 나는 내가 어떤 존재인지에 대한 확신을 갖게 됩니다. 성취감은 나를 더욱 성장하게 만드는 원동력이 되며, 그 과정 속에서 나는 내 삶의 의미를 더욱 깊이 이해하게 됩니다.

또한, '사회적 책임'을 느끼는 것도 중요합니다. 나는 나의 존재가 다른 사람들에게 어떻게 영향을 미치는지를 고민해봐야 합니다. 사회의 일원으로서 나의 역할을 인정하고, 주변 사람들과의 관계 속에서 긍정적인 영향을 미치기 위해 노력하는 것은 나의 삶의 의미를 확장하는 데 큰 도움이 됩니다. 내가 속한 사회에서 긍정적인 변화를 만들어가는 일은 나에게 깊은 만족감을 주며, 그로 인해 내 삶의 의미가 더욱 풍부해집니다.

나의 길을 찾는 여정에서 '용기를 갖고 행동하는 것'도 빼놓을 수 없는 요소입니다. 삶의 의미를 찾는 과정에서 때로는 불확실한 선택을 해야 할 때가 있습니다. 그러나 용기를 내어 새로운 도전에 나설 때, 나는 나의 가능성을 더욱 확장할 수 있습니다. 두려움을 느끼더라도 그 안에서 배우고 성장하려는 태도를 갖는 것이 중요합니다. 용기를 가지고 새로운 길을 탐색할 때, 나는 나만의 삶의 의미를 찾아가는 데 한 걸음 더 나아갈 수 있습니다.

마지막으로, '자기 수용'의 마음을 잊지 말아야 합니다. 나는 나의 부족함과 약점을 받아들이고, 있는 그대로의 나를 사랑할 수 있어야 합니다. 자기 수용은 내 삶의 의미를 발견하는 데 있어 가장 중요한 요소 중 하나입니다. 내가 누구인지, 내가 가진 것과 가진 한계를 인정할 때, 나는 비로소 나의 존재에 대한 진정한 의미를 깨달을 수 있습니다. 자기 수용은 나를 더욱 강하게 만들고, 내가 가고자 하는 길에서의 불확실함을 극복하는 데 큰 힘이 됩니다.

결국, 내 삶의 의미를 발견하는 과정은 자기 돌봄과 꿈의 시각화, 성취감, 사회적 책임, 용기 있는 행동, 그리고 자기 수용을 통해 이루어집니다. 이러한 요소들을 통합하여 나만의 여정을 걸어갈 때, 나는 진정한 나의 삶의 의미를 발견할 수 있을 것입니다.

내 삶의 의미를 발견하는 과정에서 '주변의 자연을 느끼는 것'도 매우 중요한 요소입니다. 자연은 나에게 안정감과 평화를 줍니다. 바람이 불고, 나무가 흔들리는 소리, 새가 지저귀는 소리, 잔잔한 물소리 등 자연의 모든 요소가 나에게 소중한 메시지를 전해줍니다. 이러한 경험은 내 삶의 의미를 재조명하는 데 큰 도움이 됩니다. 자연 속에서의 시간을 통해 나는 나 자신과 다시 연결될 수 있으며, 그 속에서 내 삶의 목적을 찾는 데 더 깊이 집중할 수 있습니다.

또한, '자기 개발과 학습의 기회를 찾는 것'도 필요합니다. 나는 매일 조금씩 배우고 성장하는 과정을 통해 내 삶의 의미를 더욱 깊게 이해할 수 있습니다. 새로운 기술을 배우거나, 독서를 하거나, 강의를 듣는 등 다양한 방법으로 나를 발전시키는 것이 중요합니다. 학습을 통해 나는 내 안의 잠재력을 발견하고, 그 잠재력을 활용하여 더 의미 있는 삶을 살아갈 수 있게 됩니다. 배우는 과정은 나의 삶의 의미를 찾아가는 데 큰 도움이 됩니다.

'이타적인 행동'을 통해 삶의 의미를 느끼는 것도 중요한 방법입니다. 내가 다른 사람을 돕고 그들에게 긍정적인 영향을 미칠 때, 나는 내 존재의 의미를 더 깊이 느끼게 됩니다. 자원봉사나 도움이 필요한 사람들을 위한 작은 행동들이 모여 큰 변화를 만들어낼 수 있습니다. 이타적인 행동은 나에게도 큰 보람과 만족감을 주며, 나의 삶이 누군가에게 의미 있는 영향을 미치고 있다는 사실을 깨닫게 해줍니다. 내 삶의 의미는 나의 행동이 타인에게 어떻게 긍정적인 영향을 미치는지에 따라 더욱 깊어집니다.

또한, '목표를 재조정하는 것'도 삶의 의미를 찾는 데 도움을 줍니다. 우리는 목표를 세우고 그 목표를 향해 나아가는 과정에서 종종 현실에 맞지 않거나 변화를 거부하는 경우가 많습니다. 그러나 때로는 목표를 재조정하고, 내가 진정으로 원하는 것이 무엇인지 다시 생각해보는 것이 필요합니다. 목표가 나의 가치관과 일치하지 않거나 더 이상 나에게 의미가 없다면, 과감히 그 목표를 수정하거나 새롭게 설정하는 것이 중요합니다. 목표를 재조정함으로써 나는 내 삶의 방향성을 다시 확인할 수 있습니다.

'행복한 순간들을 기록하는 것'도 내 삶의 의미를 찾는 데 큰 도움이 됩니다. 매일의 소소한 행복을 기록하고 돌아보는 습관을 가지면, 나는 내가 얼마나 많은 기쁨과 행복을 누리고 있는지를 깨닫게 됩니다. 작은 일상의 행복이 모여 큰 의미를 형성하며, 그 행복을 느끼는 순간들이 나의 삶을 더욱 풍성하게 만들어줍니다. 나의 행복한 순간들을 기록하는 것은 내 삶의 의미를 더욱 깊이 있게 이해하는 데 도움이 됩니다.

마지막으로, '지금 이 순간을 사는 것'의 중요성을 잊지 말아야 합니다. 우리는 종종 과거의 후회나 미래의 불안에 사로잡혀 현재를 놓치기 쉽습니다. 그러나 내 삶의 의미는 지금 이 순간에 존재합니다. 현재를 소중히 여기고, 지금 이 순간에 충실할 때 우리는 더 깊은 의미를 발견할 수 있습니다. 현재의 소중함을 깨닫고 그 속에서 나의 존재의 의미를 찾을 때, 나는 진정한 나의 길을 발견할 수 있게 됩니다.

결국, 내 삶의 의미를 발견하는 과정은 자연과의 연결, 지속적인 학습, 이타적인 행동, 목표의 재조정, 행복한 순간의 기록, 그리고 현재를 살아가는 것에서 비롯됩니다. 이러한 요소들을 통해 나는 내 삶의 의미를 더욱 깊이 있게 이해하고, 그 속에서 나만의 길을 찾을 수 있게 될 것입니다.

내 삶의 의미를 발견하는 여정에서 '감정의 깊이를 탐구하는 것'은 매우 중요한 요소입니다. 우리는 일상 속에서 다양한 감정을 경험하지만, 그 감정의 깊이를 진정으로 탐구하지 않으면 스스로를 제대로 이해하기 어렵습니다. 기쁨, 슬픔, 분노, 두려움 등 다양한 감정들을 있는 그대로 느끼고, 그 감정이 왜 발생하는지 분석하는 시간을 가지는 것이 필요합니다. 감정을 깊이 탐구할 때 나는 내면의 진실을 마주하게 되고, 그 속에서 내 삶의 의미를 더욱 분명히 이해할 수 있습니다. 감정의 흐름을 기록하거나, 그 감정을 예술로 표현하는 방법도 나의 감정 세계를 탐구하는 좋은 방법입니다.

또한, '자신의 이야기를 들려주는 것'도 삶의 의미를 찾는 데 큰 도움이 됩니다. 나는 나의 경험과 생각을 정리하고, 그것을 다른 사람과 나누는 과정에서 내 삶의 의미를 더욱 확고히 할 수 있습니다. 자신의 이야기를 글로 쓰거나 다른 사람에게 털어놓는 것은 나 자신을 이해하고, 내 삶의 여성을 정리하는 데 큰 도움이 됩니다. 나의 이야기를 통해 나는 내가 어떤 존재인지, 어떤 경험을 통해 성장해왔는지를 돌아볼 수 있게 됩니다. 이러한 과정 속에서 내 삶의 의미를 발견하게 됩니다.

'삶의 다양한 관점을 수용하는 것'도 중요합니다. 우리는 자신만의 관점에 고착될 때가 많지만, 다양한 관점을 수용하고 이해하는 것은 내 삶의 의미를 더 넓게 이해하는 데 도움을 줍니다. 다른 사람의 경험이나 생각을 존중하고, 그들과의 대화 속에서 새로운 시각을 발견할 때, 나는 더 많은 배움을 얻고 나의 길을 더욱 확고히 할 수 있습니다. 삶은 다면적이며, 다양한 관점을 통해 나는 내 삶의 의미를 더 깊이 이해하게 됩니다.

'장기적인 목표를 설정하고 그 과정에서의 작은 성취를 축하하는 것'도 내 삶의 의미를 발견하는 데 큰 역할을 합니다. 우리는 종종 큰 목표에만 집중하다가 그 과정 속에서 이루어진 작은 성취들을 잊고 넘어가곤 합니다. 그러나 작은 목표를 세우고 그 목표를 달성했을 때의 성취감은 내 삶의 의미를 더욱 풍성하게 만들어줍니다. 장기적인 목표를 설정하고, 그 과정에서의 작은 성공을 기념하는 것은 나를 계속해서 동기부여하게 만들며, 내가 걸어가는 길에 대한 확신을 심어줍니다.

'자신에게 친절해지는 법'을 배우는 것 또한 매우 중요합니다. 우리는 종종 스스로에게 너무 가혹하게 대할 때가 많습니다. 하지만 나의 삶의 의미를 찾기 위해서는 자기 자신에게 관대하고 친절하게 대하는 것이 필요합니다. 나의 실수와 실패를 비난하기보다는, 그것들을 통해 배우고 성장하는 기회로 삼아야 합니다. 스스로를 격려하고 인정하는 태도는 나의 존재에 대한 긍정적인 시각을 만들어주며, 그로 인해 삶의 의미를 더욱 깊게 이해할 수 있게 됩니다.

마지막으로, '삶의 단순함을 즐기는 것'이 내 삶의 의미를 발견하는 데 있어 중요한 요소입니다. 우리는 복잡하고 바쁜 일상 속에서 의미를 찾기 어려울 때가 많습니다. 하지만 삶의 소소한 순간들, 즉 아침 햇살, 친구와의 대화, 맛있는 식사 등 단순한 것들에서 의미를 찾을 수 있습니다. 그런 작은 순간들을 소중히 여길 때, 우리는 더 깊은 의미를 발견하게 됩니다. 단순함 속에 숨어 있는 진정한 행복을 느끼고, 그 속에서 나의 삶의 의미를 찾는 것이 필요합니다.

　결국, 내 삶의 의미를 발견하는 과정은 감정의 깊이를 탐구하고, 나의 이야기를 들려주며, 다양한 관점을 수용하는 데서 시작됩니다. 장기적인 목표를 세우고 작은 성취를 축하하며, 나에게 친절하게 대하고 삶의 단순함을 즐길 때 우리는 진정한 나의 존재의 의미를 발견할 수 있게 될 것입니다.

성공의 기준을 다시 정의하기

14

우리는 종종 성공에 대한 고정된 관념에 사로잡혀 살아갑니다. 사회가 정한 성공의 기준은 흔히 높은 직업, 많은 수입, 넓은 집, 그리고 사회적 지위와 같은 외적인 요소들로 구성됩니다. 그러나 이러한 기준들은 진정한 나의 행복과 삶의 의미와는 거리가 멀 수 있습니다. 성공의 기준을 다시 정의하는 것은 나 자신을 이해하고, 내가 진정으로 원하는 삶을 살아가는 데 있어 필수적인 과정입니다.

성공의 기준을 다시 생각해보면, 우선 '자기 충족'이라는 요소가 중요합니다. 내가 어떤 목표를 설정하든, 그 목표가 나에게 만족과 행복을 주는지 스스로에게 물어보아야 합니다. 진정한 성공은 외부의 기대나 기준이 아니라, 내가 원하는 것을 이루었을 때 느끼는 성취감과 만족에서 비롯됩니다. 내가 나의 열정을 따르며, 내 가치관과 일치하는 목표를 이루었을 때, 나는 진정한 성공을 경험하게 됩니다.

또한, '관계의 질'을 성공의 기준으로 삼는 것도 의미 있는 접근입니다. 성공은 혼자 이뤄내는 것이 아니라, 주변 사람들과의 관계 속에서 만들어지는 것입니다. 나에게 중요한 사람들과의 깊이 있는 관계는 삶의 의미와 행복을 더욱 풍부하게 만들어줍니다. 가족, 친구, 동료와의 소중한 관계를 유지하고 발전시키는 것이 진정한 성공이라고 할 수 있습니다. 우리가 서로 지지하고 함께 성장할 수 있는 관계를 만드는 것이야말로 성공의 중요한 측면입니다.

'개인적인 성장'도 성공의 중요한 기준이 될 수 있습니다. 우리는 삶을 살아가면서 끊임없이 성장하고 변화해야 합니다. 새로운 경험을 통해 배우고, 자신을 발전시켜 나가는 것이 진정한 성공입니다. 내면의 성장과 자신감을 느끼는 과정에서 나는 삶의 의미를 찾고, 나만의 기준으로 성공을 재정의할 수 있습니다. 내가 얼마나 성장했는지를 돌아보며, 그 과정을 인정하는 것이야말로 성공의 또 다른 측면입니다.

'자신의 가치에 대한 인정' 또한 성공의 기준을 다시 정의하는 데 있어 중요한 요소입니다. 우리는 종종 외부의 평가에 따라 나의 가치를 판단하게 됩니다. 그러나 성공은 내가 스스로를 얼마나 존중하고 사랑하는지에서 비롯됩니다. 나의 가치를 인정하고, 나의 고유한 존재가치를 소중히 여길 때 진정한 성공을 느낄 수 있습니다. 나는 내가 가진 재능과 가능성을 믿고, 그 가치를 바탕으로 성공을 정의할 수 있습니다.

마지막으로, '행복의 추구'가 성공의 기준에 포함되어야 합니다. 우리는 성공을 성취의 결과로만 생각하는 경향이 있지만, 행복을 추구하는 과정이야말로 성공의 본질입니다. 내가 행복을 느끼고 만족하는 삶을 살고 있을 때, 그것이 진정한 성공입니다. 순간순간의 작은 행복을 소중히 여기고, 그 속에서 삶의 의미를 찾는 것이 성공을 재정의하는 데 중요한 요소가 됩니다.

결국, 성공의 기준을 다시 정의하는 것은 나 자신을 이해하고, 내가 진정으로 원하는 삶을 살아가는 데 필수적입니다. 자기 충족, 관계의 질, 개인적인 성장, 자신에 대한 인정, 그리고 행복의 추구가 성공의 새로운 기준이 될 때, 우리는 더 진정한 의미의 성공을 경험하게 될 것입니다.

성공의 기준을 재정의하는 과정에서는 '자기 비판에서 벗어나기'도 중요한 요소입니다. 우리는 종종 목표를 달성하지 못했을 때 스스로를 비난하거나 실패했다고 여기는 경향이 있습니다. 그러나 성공은 단지 결과에 국한되지 않습니다. 그 과정에서 내가 얼마나 노력했는지, 어떤 경험을 했는지를 돌아보는 것이 필요합니다. 스스로를 비난하기보다는, 나의 경험을 통해 배운 것들을 소중히 여기고 긍정적인 시각으로 나의 여정을 바라보는 것이 중요합니다. 이러한 태도가 나를 더 성장하게 만들고, 성공의 기준을 보다 의미 있게 만들어줄 것입니다.

'실패를 성장의 기회로 삼기'도 성공의 새로운 기준을 설정하는 데 큰 도움이 됩니다. 우리는 실패를 두려워하지만, 실패는 나의 성장에 필수적인 요소입니다. 실패는 나에게 중요한 교훈을 주며, 어떤 방향으로 나아가야 할지를 알게 해줍니다. 실패를 경험한 후 다시 일어서는 과정에서 우리는 더욱 강해지고, 그 경험을 통해 성공의 기준을 새롭게 설정할 수 있습니다.

실패를 두려워하지 않고 받아들이는 것이야말로 진정한 성공으로 나아가는 길입니다.

또한, '사회에 긍정적인 영향을 미치기'도 성공을 재정의하는 중요한 부분입니다. 나는 개인의 성취뿐만 아니라, 나의 존재가 사회에 미치는 영향을 고민해야 합니다. 내가 이루는 성공이 나 자신에게만 국한되지 않고, 주변 사람들에게도 긍정적인 변화를 가져올 수 있을 때, 그것이 진정한 성공이라 할 수 있습니다. 작은 행동이라도 타인에게 도움이 되는 순간은 나의 삶에 깊은 의미를 더해줍니다. 사회적 책임을 다하는 것이 나의 성공 기준을 더욱 확장시켜 줄 것입니다.

'창의성과 자기 표현'을 통한 성공도 새로운 기준이 될 수 있습니다. 나의 개성과 창의성을 존중하고 표현하는 것은 나의 삶을 더욱 풍요롭게 만들어줍니다. 성공이란 단순히 주어진 목표를 이루는 것이 아니라, 내가 가진 재능과 독창성을 세상에 드러내고, 나만의 색깔로 세상을 채워가는 것입니다. 자기 표현을 통해 내가 얼마나 소중한 존재인지를 깨닫고, 그 과정 속에서 나의 성공을 새롭게 정의할 수 있습니다.

또한, '과거와의 비교에서 벗어나기'도 필요합니다. 우리는 종종 과거의 자신과 현재의 나를 비교하며 초조함을 느끼곤 합니다. 하지만 나의 여정은 과거의 나와 현재의 나, 그리고 미래의 나로 이어지는 연속선상에 있습니다. 과거와 비교하는 대신, 현재 내가 어떻게 성장하고 있는지를 살펴보는 것이 중요합니다. 과거의 경험을 바탕으로 지금의 나를 인정하고, 나의 변화를 받아들일 때 우리는 더 큰 자신감을 얻고, 나만의 길을 걸어갈 수 있게 됩니다.

마지막으로, '소중한 순간들을 함께 나누는 것'도 성공의 새로운 기준을 세우는 데 기여합니다. 우리는 종종 개인의 성취를 강조하지만, 그 과정에서의 소중한 순간들을 함께 나누는 것 또한 중요합니다. 가족, 친구, 동료와의 기쁨을 나누고, 서로의 성공을 축하할 때 우리는 더 큰 행복을 느낍니다. 개인의 성공뿐만 아니라, 타인과의 관계 속에서 만들어지는 공동체의 성공이야말로 진정한 의미의 성공입니다.

결국, 성공의 기준을 다시 정의하는 것은 나 자신을 깊이 이해하고, 나의 가치와 목표를 재조정하는 과정입니다. 자기 비판에서 벗어나고, 실패를 성장의 기회로 삼으며, 사회에 긍정적인 영향을 미치고, 나의 창의성을 표현하고, 과거와의 비교에서 벗어나 소중한 순간들을 나누는 과정 속에서 우리는 진정한 성공의 의미를 발견하게 될 것입니다.

성공의 기준을 재정의하는 과정에서는 '자신의 열정을 추구하는 것'도 매우 중요한 요소입니다. 우리는 종종 일상적인 책임이나 의무에 묶여 진정한 열정을 잊고 살아가곤 합니다. 하지만 진정한 성공은 내가 좋아하고, 관심을 갖고 있는 일을 하며 그 과정에서 성취감을 느낄 때 찾아옵니다. 나의 열정을 따르고, 그 열정을 통해 이루어내는 결과가 내 삶의 의미를 더욱 깊게 만들어 줍니다. 내가 좋아하는 일을 하고 그것이 나에게 의미 있는 목표와 연결될 때, 나는 진정한 성공을 경험할 수 있습니다.

또한, '목표의 다양성'을 인정하는 것도 중요한 요소입니다. 성공의 기준은 사람마다 다를 수 있으며, 내가 설정한 목표는 나의 가치관과 개인적인 욕구에 따라 달라져야 합니다. 나의 목표가 직장 내 승진, 개인적인 성취, 또는 가족과의 행복한 시간을 포함할 수 있음을 인식해야 합니다. 여러 목표를 설정하고, 그것들이 나의 삶에서 어떤 의미를 가지는지를 고민하는 것은 성공을 재정의하는 데 큰 도움이 됩니다. 각기 다른 목표를 가지고 그 목표들을 이루기 위해 노력하는 과정 속에서 나는 더 깊은 만족과 행복을 느낄 수 있습니다.

'자기 돌봄'도 성공을 재정의하는 데 있어 필수적인 요소입니다. 우리는 종종 성취를 위해 지나치게 자신을 압박하고, 건강과 행복을 잊곤 합니다. 하지만 성공이란 단지 외적인 성취뿐만 아니라, 내면의 행복과 평화도 포함되어야 합니다. 자기 돌봄을 통해 몸과 마음을 건강하게 유지하고, 나 자신을 사랑하고 존중할 때, 나는 진정한 성공의 의미를 발견할 수 있습니다. 나를 소중히 여기고, 내 건강을 우선시하는 것이야말로 성공을 정의하는 중요한 기준이 됩니다.

'기회에 대한 열린 태도'를 가지는 것도 성공의 새로운 기준을 설정하는 데 도움이 됩니다. 우리는 종종 계획한 대로만 나아가려는 경향이 있지만,

인생은 예측할 수 없는 기회로 가득 차 있습니다. 새로운 경험이나 도전을 두려워하지 않고 열린 마음으로 받아들이는 태도가 필요합니다. 예상치 못한 기회를 통해 나의 목표가 바뀔 수 있으며, 그 과정 속에서 나의 성공을 재정의할 수 있습니다. 열린 태도는 나를 더 넓은 세계로 이끌어주고, 새로운 가능성을 발견하는 기회를 제공해 줍니다.

또한, '행복의 정의'를 다시 생각하는 것도 중요합니다. 우리는 흔히 성공을 물질적인 것에 국한하여 정의하지만, 진정한 행복은 내면에서 비롯됩니다. 내가 얼마나 만족스러운 삶을 살고 있는지를 고려해야 합니다. 내 삶에서의 행복은 내가 사랑하는 사람들과의 관계, 내가 의미 있다고 느끼는 일들, 그리고 나 자신에 대한 긍정적인 태도에서 비롯됩니다. 행복을 성공의 기준으로 삼을 때, 나는 더욱 진정한 성공을 경험하게 됩니다.

'인내와 끈기'는 성공의 기준을 새롭게 정의하는 데 있어 핵심적인 덕목입니다. 우리는 종종 즉각적인 결과를 원하지만, 진정한 성공은 시간이 걸릴 수 있는 긴 여정입니다. 인내심을 가지고 꾸준히 나의 목표를 향해 나아가는 것이 중요합니다. 어려움이 닥치더라도 포기하지 않고 계속해서 노력할 때, 나는 그 과정을 통해 성장하게 되고, 그 속에서 진정한 성공을 느낄 수 있습니다.

마지막으로, '자신만의 성공 정의서'를 작성해보는 것도 유용한 방법입니다. 나는 내가 생각하는 성공의 기준과 목표를 글로 정리해보는 시간을 가져야 합니다. 이를 통해 나의 가치관과 목표가 어떻게 연결되어 있는지를 명확히 할 수 있으며, 내가 원하는 삶을 설계할 수 있습니다. 나만의 성공 정의서를 작성함으로써 나는 더 깊이 있는 자기 이해를 얻고, 나의 길을 더욱 확고히 할 수 있게 됩니다.

결국, 성공의 기준을 다시 정의하는 과정은 나의 열정을 추구하고, 목표의 다양성을 인정하며, 자기 돌봄과 열린 태도를 갖는 것에서 비롯됩니다. 이러한 요소들을 통해 나는 나만의 길을 찾아가며, 진정한 성공의 의미를 발견할 수 있을 것입니다.

성공의 기준을 재정의하는 과정에서는 '진정한 나 자신과의 연결'을 지속적으로 강화해야 합니다. 우리는 종종 다른 사람들의 기대와 사회의 기준에 의해 정의된 성공을 추구하면서 스스로를 잃어버리기 쉽습니다. 그러나 진정한 성공은 내가 누구인지, 내가 원하는 것이 무엇인지에 대한 깊은 이해에서 시작됩니다. 내 자신의 가치를 인정하고, 나의 고유한 특징을 수용할 때, 나는 진정한 성공을 경험하게 됩니다. 나 자신과의 연결을 유지하는 것은 나만의 길을 찾는 데 있어 필수적인 요소입니다.

'인간 관계의 품질'을 성공의 기준으로 삼는 것도 의미 있는 접근입니다. 성공은 혼자 이루는 것이 아니라, 주변 사람들과의 관계 속에서 더욱 깊어집니다. 사랑하는 가족, 믿을 수 있는 친구, 그리고 함께 일하는 동료들과의 관계는 나의 삶을 풍요롭게 만들어줍니다. 이들과의 소중한 순간들이 쌓여 나의 성공을 더욱 의미 있게 만들어줍니다. 관계의 깊이와 질은 나의 인생에서 성공의 중요한 부분이며, 그 속에서 나는 나의 존재 가치를 느낍니다.

또한, '자기 개발을 지속하는 것'도 성공의 기준을 재정의하는 데 중요한 역할을 합니다. 나는 새로운 지식과 기술을 배우고, 끊임없이 성장하는 과정을 통해 나의 성공을 확대해 나갈 수 있습니다. 자기 개발은 나의 잠재력을 깨우고, 나의 능력을 한층 더 발전시키는 기회입니다. 발전하는 자신을 바라보며 얻는 성취감은 내 삶의 의미를 더욱 깊이 있게 만들어줍니다. 자신을 지속적으로 발전시키려는 노력은 진정한 성공의 중요한 요소입니다.

'사회적 기여'를 통해 성공을 재정의하는 것도 필요합니다. 우리는 개인의 성취뿐만 아니라, 내가 속한 사회에 긍정적인 영향을 미치는 것이 얼마나 중요한지를 깨달아야 합니다. 나의 행동이 다른 사람에게 어떤 영향을 미치는지를 생각하며, 사회에 기여하는 방식으로 나의 성공을 정의할 수 있습니다. 타인을 돕고, 커뮤니티에 기여하며 얻는 보람은 나의 삶에 깊은 의미를 부여합니다. 나의 성공이 나 자신에게만 국한되지 않고, 타인에게도 긍정적인 영향을 미칠 때 더욱 의미가 있습니다.

'과정의 중요성'을 인식하는 것도 성공의 새로운 기준을 정립하는 데 필수적입니다. 우리는 종종 목표에만 집중하지만, 목표를 향해 나아가는 과정 속에서도 많은 것을 배울 수 있습니다. 그 과정에서 나 자신을 발견하고 성장하는 것이야말로 진정한 성공입니다. 목표를 향한 여정 속에서 겪는 경험들은 나에게 소중한 자산이 되며, 그 과정을 통해 나는 더욱 깊이 있는 의미를 발견할 수 있습니다.

또한, '변화를 두려워하지 않는 것'도 성공의 기준을 재정의하는 데 필요한 태도입니다. 인생은 끊임없이 변화하며, 우리는 그 변화에 적응해 나가야 합니다. 새로운 기회를 받아들이고, 그 속에서 나의 길을 찾아가는 것이 중요합니다. 변화를 두려워하기보다는 변화 속에서 새로운 가능성을 찾고, 그 과정에서 내가 성장할 수 있는 기회를 만들어가야 합니다. 변화는 나의 삶에 새로운 의미를 부여하며, 그 속에서 나는 진정한 성공을 경험하게 됩니다.

마지막으로, '삶의 균형'을 유지하는 것 역시 성공을 재정의하는 데 필수적입니다. 우리는 일과 개인 생활, 가족과 친구, 자기 개발과 여가 활동 등 다양한 측면에서 균형을 이루는 것이 필요합니다. 삶의 모든 부분에서 균형을 유지할 때, 나는 더 건강하고 행복한 삶을 살 수 있으며, 그 속에서 진정한 성공의 의미를 발견할 수 있습니다. 균형 잡힌 삶은 나에게 더 많은 만족감을 주며, 나만의 길을 더욱 확고히 하는 데 큰 도움이 됩니다.

결국, 성공의 기준을 다시 정의하는 것은 나 자신의 가치와 목표를 깊이 이해하고, 이를 바탕으로 나의 길을 찾는 여정입니다. 진정한 나와의 연결,

관계의 품질, 자기 개발, 사회적 기여, 과정의 중요성, 변화에 대한 수용, 그리고 삶의 균형이 성공의 새로운 기준이 될 때, 나는 더욱 풍부하고 의미 있는 삶을 살아갈 수 있을 것입니다.

성공의 기준을 재정의하는 과정에서 '시간의 가치'를 인식하는 것도 중요합니다. 우리는 종종 성공을 측정할 때 물질적인 결과나 성취에만 집중하지만, 시간을 어떻게 사용하는지가 진정한 성공을 결정짓는 중요한 요소입니다. 내 시간은 나의 삶에서 가장 소중한 자원이며, 그 시간을 어떻게 활용하느냐에 따라 내 삶의 질이 결정됩니다. 내가 사랑하는 일에 투자하고, 소중한 사람들과의 시간을 즐기며, 나 자신을 돌보는 데 시간의 가치를 두는 것이 필요합니다. 시간을 어떻게 사용하는가는 내 삶의 의미를 더욱 깊이 있게 만들어줍니다.

또한, '자기 수용의 태도'를 가져야 합니다. 우리는 종종 다른 사람들과의 비교 속에서 자신을 비하하거나 부족함을 느끼기 쉽습니다. 그러나 성공이란 내가 나 자신을 얼마나 잘 이해하고 사랑하는지에 달려 있습니다. 내 모든 강점과 약점을 받아들이고, 내가 누구인지에 대한 긍정적인 시각을 가져야 합니다. 나의 고유한 특성과 경험이 나를 특별하게 만들어 주며, 이러한 자기 수용은 진정한 성공을 이루는 밑거름이 됩니다.

'과거를 통한 배움'을 강조하는 것도 성공의 새로운 기준을 설정하는 데 필수적입니다. 나의 과거 경험은 나의 현재와 미래를 형성하는 중요한 요소입니다. 과거의 실수나 실패를 후회하기보다는, 그 경험에서 얻은 교훈을 통해 나의 선택을 더욱 현명하게 만들 수 있습니다. 실패는 나를 성장시키고, 나의 길을 찾아가는 데 있어 소중한 자산입니다. 내가 과거를 통해 얼마나 많이 배우고 성장했는지를 인식할 때, 나는 진정한 성공의 의미를 발견할 수 있습니다.

'사회적 연대'를 통해 성공을 새롭게 정의하는 것도 의미 있는 접근입니다. 나는 나 혼자만의 성공이 아닌, 나의 주변 사람들과 함께하는 성공을 꿈꿔야 합니다. 가족, 친구, 동료와의 유대 관계는 나의 삶에 큰 영향을 미치며, 그들과의 관계 속에서 진정한 성공의 의미를 찾을 수 있습니다. 서로를 지지하고 격려하며, 함께 성장하는 것이야말로 성공의 또 다른 측면입니다. 나는 혼자서 이루는 것이 아니라, 함께 이루는 성공을 추구해야 합니다.

또한, '자기 표현'을 통해 나의 성공을 재정의할 수 있습니다. 나의 개성과 독창성을 표현하는 것은 나의 존재 가치를 높이고, 내가 어떤 사람인지 세상에 알리는 중요한 방법입니다. 예술, 글쓰기, 음악 등 다양한 방식으로 나의 생각과 감정을 표현하는 것은 나를 더 깊이 이해하고, 내 삶의 의미를 찾는 데 큰 도움이 됩니다. 나의 이야기를 세상에 전함으로써 나는 내 존재에 대한 확신을 얻고, 그 과정에서 진정한 성공을 경험하게 됩니다.

'내부의 기준을 설정하는 것'도 중요합니다. 우리는 종종 외부의 평가와 기준에 의존하여 나의 성공을 정의하려 하지만, 진정한 성공은 내 내부에서부터 시작됩니다. 내가 설정한 기준이 나의 가치관과 목표에 부합해야 합니다. 내 자신이 만족하는 기준을 세우고, 그 기준에 맞춰 나아갈 때 나는 더욱 강한 자신감을 얻게 됩니다. 외부의 기준에 휘둘리지 않고, 내 기준에 따라 성공을 정의하는 것이 중요합니다.

마지막으로, '행복의 추구'를 통해 성공의 기준을 재정의하는 것이 필요합니다. 성공이란 단순히 목표를 달성하는 것이 아니라, 그 과정에서 내가 얼마나 행복하고 만족스러운지를 평가하는 것입니다. 삶의 작은 기쁨과 행복을 느끼며 살아가는 것이 성공의 중요한 기준이 되어야 합니다. 나는 매일의 삶 속에서 소소한 행복을 찾고, 그 행복이 내 성공을 결정짓는 중요한 요소가 되도록 노력해야 합니다.

결국, 성공의 기준을 다시 정의하는 것은 나 자신을 깊이 이해하고, 나만의 가치와 목표를 바탕으로 나의 길을 찾는 과정입니다. 시간의 가치, 자기 수용, 과거의 배움, 사회적 연대, 자기 표현, 내부 기준, 그리고 행복의 추구가 성공의 새로운 기준이 될 때, 나는 더 풍부하고 의미 있는 삶을 살아갈 수 있을 것입니다.

성공의 기준을 재정의하는 과정에서 '자기 반성과 성장'의 중요성을 간과할 수 없습니다. 나는 매일의 경험 속에서 어떤 감정을 느끼고, 무엇을 배웠는지를 되돌아보는 시간을 가져야 합니다. 자기 반성은 내가 나아가고자 하는 방향이 맞는지, 내가 설정한 목표가 나의 가치와 일치하는지를 점검하는 기회를 제공합니다. 이러한 과정을 통해 나는 더 나은 선택을 할 수 있는 지혜를 얻게 되며, 지속적인 성장을 이루어낼 수 있습니다. 성장의 과정 속에서 나는 성공을 새롭게 정의하고, 그 의미를 더욱 깊이 이해하게 됩니다.

또한, '감정의 기초를 이해하는 것'도 성공의 기준을 재정의하는 데 중요한 요소입니다. 나는 내 감정이 나의 선택과 행동에 미치는 영향을 이해해야 합니다. 기쁨, 슬픔, 불안 등 다양한 감정이 나의 삶을 형성하며, 그 감정을 받아들이고 이해하는 것이 필요합니다. 감정의 기초를 이해함으로써 나는 더 건강한 결정과 선택을 할 수 있으며, 그 과정에서 진정한 성공의 의미를 발견하게 됩니다. 감정을 명확히 인식하고 표현할 수 있을 때, 나는 나 자신을 더욱 진정하게 이해하고, 내 삶의 방향성을 잡을 수 있습니다.

'다양한 경험을 받아들이는 태도'도 성공의 기준을 넓히는 데 도움이 됩니다. 새로운 경험은 나에게 많은 배움을 제공합니다. 내가 미지의 세계에 발을 내딛고 새로운 도전을 할 때, 나는 다양한 시각을 경험하게 되고, 그 속에서 나의 가능성을 발견하게 됩니다. 다채로운 경험이 나의 삶을 풍부하게 만들어주며, 그 과정 속에서 나는 나의 성공을 재정의할 수 있습니다. 새로운 경험에 열린 마음을 가지고 접근하는 것은 성공의 기준을 더 넓게 설정하는 데 필수적입니다.

또한, '실패를 기회로 삼는 자세'를 갖는 것이 중요합니다. 실패는 누구에게나 일어날 수 있는 일이지만, 실패를 어떻게 받아들이느냐에 따라 성공의 기준이 달라집니다. 실패를 두려워하는 대신, 그것을 통해 배움을 얻고, 다음 단계로 나아가는 계기로 삼아야 합니다. 실패를 경험한 후 어떻게 회복하고 성장하는지가 진정한 성공의 기준이 될 수 있습니다. 나는 실패 속에서 교훈을 얻고, 그 교훈이 나의 다음 선택에 긍정적인 영향을 미친다는 것을 깨달아야 합니다.

'개인의 비전'을 명확히 하는 것 또한 성공을 재정의하는 중요한 과정입니다. 나는 나만의 비전을 설정하고, 그 비전에 따라 나의 목표를 구체화해야 합니다. 비전은 나에게 방향성을 제공하며, 내가 가고자 하는 길을 명확히 할 수 있게 도와줍니다. 개인의 비전이 뚜렷할수록, 나는 그 비전을 향해 나아가기 위해 필요한 행동을 취할 수 있게 됩니다. 나의 비전이 내가 정의하는 성공의 기준이 되며, 그 비전을 이루기 위해 끊임없이 노력하는 것이 중요합니다.

'자기 연민을 키우는 것'도 성공의 새로운 기준을 설정하는 데 큰 도움이 됩니다. 나는 스스로에게 친절하고 관대해져야 하며, 내 감정과 어려움을 인정하는 것이 필요합니다. 자기 연민은 내가 힘든 시기를 겪을 때 나를 더욱 강하게 만들고, 그 과정을 통해 나의 길을 찾아갈 수 있게 도와줍니다. 자기 연민을 통해 나는 나의 경험을 소중히 여기고, 그 속에서 나의 성공을 다시 정의할 수 있습니다.

마지막으로, '기다림의 미덕'을 배우는 것도 성공을 재정의하는 데 필수적입니다. 우리는 종종 즉각적인 결과를 원하지만, 진정한 성공은 시간이 걸리는 경우가 많습니다. 목표를 향해 나아가는 과정에서 인내심을 갖고 기다리는 법을 배우는 것이 필요합니다. 기다림 속에서 나는 더 많은 통찰을 얻고, 그 과정에서 나의 성장과 발전을 경험하게 됩니다. 기다림은 나의 목표를 이루는 데 있어 중요한 단계이며, 그 속에서 나는 진정한 성공의 의미를 발견하게 됩니다.

결국, 성공의 기준을 다시 정의하는 과정은 자기 반성과 성장, 감정의 기초 이해, 다양한 경험 수용, 실패를 기회로 삼는 자세, 개인의 비전 명확화, 자기 연민, 그리고 기다림의 미덕을 통해 이루어집니다. 이러한 요소들을 통합하여 나의 성공을 재정의하고, 진정한 나만의 길을 걸어갈 수 있게 될 것입니다.

성공의 기준을 재정의하는 과정에서 '일상 속 작은 성공을 축하하는 것'도 매우 중요합니다. 우리는 종종 큰 성취에만 주목하고, 작은 일상의 성취를 간과하기 쉽습니다. 그러나 매일의 작은 성공들은 나의 자존감을 높이고, 앞으로 나아갈 힘을 줍니다. 아침에 일찍 일어나기, 건강한 식사를 하기, 또는 스스로에게 긍정적인 말을 건네는 것과 같은 소소한 일들이 나의 삶에서 큰 의미를 지닙니다. 이러한 작은 성공들을 인정하고 축하하는 습관을 기를 때, 나는 점점 더 큰 목표에 다가가는 동기와 힘을 얻을 수 있습니다.

또한, '자신의 경험을 나누는 것'도 성공의 새로운 기준을 설정하는 데 도움이 됩니다. 나의 경험과 배움을 다른 사람들과 공유하는 것은 나뿐만 아니라, 주변 사람들에게도 긍정적인 영향을 미칩니다. 내가 겪었던 어려움이나 도전, 그 속에서 배운 교훈들을 나누면서 나는 내 삶의 의미를 다시금 되새기고, 다른 이들에게도 희망을 줄 수 있습니다. 이 과정은 나에게도 깊은 만족을 주며, 공동체 속에서 나의 존재 가치를 확인할 수 있게 해줍니다.

'성공의 정의를 개인화하는 것'도 매우 중요합니다. 우리는 사회가 정해준 성공의 기준에 휘둘리기 쉬우나, 각자의 가치관과 목표에 맞는 성공의 정의를 세우는 것이 필요합니다. 내가 어떤 일을 통해 행복과 만족을 느끼는지, 무엇이 나에게 진정한 의미를 주는지를 스스로 정의해야 합니다. 나의 성공은 다른 사람들과 비교해서가 아니라, 내가 얼마나 나의 가치관에 충실하게 살아가고 있는가에 달려 있습니다. 개인적인 기준에 따라 성공을 정의할 때, 나는 더 큰 자아를 발견하고 진정한 나를 찾아가는 여정을 계속할 수 있습니다.

또한, '과정에 대한 긍정적인 태도를 유지하는 것'도 성공을 재정의하는 데 중요합니다. 목표를 달성하기 위한 여정은 때로 힘들고 어려울 수 있지만, 그 과정에서의 경험들이 나를 성장시킵니다. 나는 매일의 작은 진전을 소중히 여기고, 그 속에서 얻은 배움을 통해 나의 목표를 향해 나아가야 합니다. 결과뿐만 아니라 과정 자체를 즐기고 긍정적으로 바라보는 태도가 나의 성공을 더욱 의미 있게 만들어줍니다.

'자신의 감정을 이해하고 받아들이는 것' 또한 성공의 기준을 새롭게 정립하는 데 필요한 부분입니다. 내 감정을 솔직하게 받아들이고, 그것이 내 결정에 어떤 영향을 미치는지를 알아야 합니다. 기쁨, 슬픔, 두려움, 불안 등 다양한 감정을 인식하고 이해함으로써 나는 내 삶에서 발생하는 사건들을 더 잘 해석할 수 있습니다. 감정의 흐름을 이해하는 것은 나의 결정과 행동을 더욱 효과적으로 이끌어줄 수 있는 힘이 됩니다.

'여유로운 삶을 사는 것'도 성공을 재정의하는 데 있어서 중요합니다. 우리는 종종 바쁜 일상에 쫓기며 살아가지만, 여유를 가지는 것이 필요합니다. 여유로운 마음으로 주변을 돌아보고, 작은 것에서 행복을 찾는 과정이야말로 삶의 의미를 깊게 만드는 데 도움이 됩니다. 여유를 갖고 순간을 즐길 때, 나는 더 큰 행복을 느끼며, 그 속에서 진정한 성공의 의미를 발견할 수 있습니다.

마지막으로, '자신의 길을 지속적으로 찾아가는 과정'을 잊지 말아야 합니다. 성공은 끝이 아니라, 계속해서 나아가는 여정입니다. 나는 나만의 길을 계속해서 탐구하고, 그 과정에서 내 삶의 의미를 찾고자 해야 합니다. 나의 여정은 끊임없이 변화하며, 그 속에서 새로운 목표와 의미를 발견하게 됩니다. 지속적인 탐색과 학습을 통해 나는 내 성공의 기준을 재정의하고, 더 나은 방향으로 나아갈 수 있습니다.

결국, 성공의 기준을 다시 정의하는 과정은 일상 속 작은 성공을 축하하고, 나의 경험을 나누며, 개인적인 기준을 세우고, 과정에 대한 긍정적인 태도를 유지하는 것에서 비롯됩니다. 감정을 이해하고 여유를 가지며, 지속적으로 나의 길을 찾아가는 여정 속에서 나는 진정한 성공의 의미를 발견할 수 있을 것입니다.

성공의 기준을 재정의하는 과정에서 '자기 계발'은 결코 간과할 수 없는 요소입니다. 우리는 끊임없이 배우고 성장하는 존재로서, 새로운 지식과 경험을 통해 내면의 힘을 키워야 합니다. 나의 관심사를 탐구하고 새로운 기술을 배우는 것은 나의 삶의 질을 높이는 중요한 방법입니다. 자기 계발은 나에게 자신감을 주고, 내가 설정한 목표를 향해 나아가는 데 필요한 도구가 됩니다. 지속적인 학습과 성장은 나의 성공을 더욱 의미 있게 만들어 줄 것입니다.

또한, '멘토나 롤모델을 찾는 것'도 매우 유익한 접근입니다. 나의 길을 찾는 과정에서 멘토나 롤모델을 통해 영감을 얻고, 그들의 경험을 배우는 것은 나의 성공 기준을 넓히는 데 도움이 됩니다. 그들이 겪은 도전과 성공의 이야기를 듣고, 그로부터 나의 목표를 설정하는 데 있어 방향성을 얻을 수 있습니다. 멘토와의 소통은 나의 고민을 공유하고, 그들이 제공하는 조언을 통해 나의 길을 더 확고히 할 수 있는 기회를 줍니다.

'작은 실천으로 시작하기'도 중요한 전략입니다. 큰 목표를 세우고 그에 맞춰 노력하는 것은 물론 중요하지만, 그 과정에서 실천 가능한 작은 목표를 설정하는 것이 필요합니다. 하루에 한 가지씩 작은 목표를 이루어가는 것은 나에게 큰 성취감을 주며, 그 작은 성공들이 모여 큰 성공으로 이어질 수 있습니다. 작게 시작하더라도 그 경험들이 쌓여 나의 삶의 의미를 더욱 풍부하게 만들어줍니다.

'변화에 대한 유연한 태도'를 갖는 것도 성공을 재정의하는 데 중요합니다. 인생은 예측할 수 없는 일들로 가득 차 있으며, 우리는 그 속에서 유연성을 발휘해야 합니다. 내가 세운 계획이 틀어졌을 때, 그 상황을 수용하고 새로운 방향으로 나아갈 수 있는 능력이 필요합니다. 유연한 태도는 나에게 적응력을 부여하며, 변화 속에서도 나의 길을 계속해서 찾아갈 수 있게 해줍니다.

또한, '자기 목표를 되돌아보는 시간'을 가지는 것도 중요합니다. 정기적으로 내가 세운 목표와 그 목표를 향한 진행 상황을 점검하는 것은 나에게 많은 통찰을 줍니다. 목표가 나의 가치와 여전히 일치하는지를 확인하고, 필요하다면 목표를 조정하는 것이 필요합니다. 이 과정을 통해 나는 나의 진정한 목표가 무엇인지 깨닫고, 더 나은 방향으로 나아갈 수 있습니다.

'긍정적인 환경 조성'도 성공을 재정의하는 데 있어 중요한 역할을 합니다. 나의 주변 환경이 나에게 긍정적인 영향을 미치도록 만드는 것이 필요합니다. 나를 지지해주는 사람들과의 관계를 유지하고, 내가 좋아하는 활동을 할 수 있는 공간을 마련하는 것은 나의 성공을 더욱 촉진시킬 수 있습니다. 긍정적인 환경은 나의 목표를 향해 나아가는 데 큰 도움이 되며, 그 속에서 나는 더 깊은 만족과 행복을 느낄 수 있습니다.

마지막으로, '사소한 것에 감사하는 마음을 가지는 것'이 필요합니다. 우리는 목표를 이루기 위해 노력하는 과정 속에서 작은 것들을 당연하게 여기는 경우가 많습니다. 그러나 매일의 작은 것들에 감사할 때, 나는 삶의 진정한 가치를 깨닫게 됩니다. 감사의 마음은 내 삶의 의미를 더욱 풍부하게 만들어주며, 나의 성공을 더 큰 의미로 재정의하게 해줍니다. 내가 가진 것, 내가 누리는 소소한 행복을 인식할 때, 진정한 성공의 의미를 찾아갈 수 있습니다.

결국, 성공의 기준을 다시 정의하는 과정은 자기 계발과 멘토 찾기, 작은 실천, 변화에 대한 유연함, 목표 점검, 긍정적인 환경 조성, 그리고 감사의 마음을 통해 이루어집니다. 이러한 요소들을 통합하여 나의 성공을 재정의하고, 진정한 나만의 길을 걸어갈 수 있게 될 것입니다.

삶의 속도를 나만의 방식으로 조절하기

15

현대 사회는 빠르게 돌아가고 있습니다. 우리는 항상 바쁘고, 일정에 쫓기며 살아가고 있습니다. 그러다 보니, 삶의 속도를 조절하는 것이 점점 어려워지는 현실에 직면하게 됩니다. 하지만 삶의 속도를 나만의 방식으로 조절하는 것은 나의 행복과 웰빙을 위해 매우 중요한 과정입니다. 나의 삶의 리듬을 찾고, 그 속도에 맞추어 살아갈 때 우리는 진정한 의미의 삶을 느낄 수 있습니다.

삶의 속도를 조절하는 첫 번째 방법은 '우선순위를 설정하는 것'입니다. 우리는 다양한 일과 책임을 안고 살아가지만, 모든 일을 동시에 잘 해내기란 불가능합니다. 따라서 무엇이 나에게 가장 중요한지 스스로에게 질문하고, 우선순위를 정하는 것이 필요합니다. 내가 가장 소중하게 여기는 것에 집중할 때, 나는 더 의미 있는 시간을 보낼 수 있으며, 그 과정에서 삶의 속도를 자연스럽게 조절할 수 있습니다. 우선순위를 설정하는 것은 내 삶의 방향성을 잡는 데도 큰 도움이 됩니다

또한, '정기적인 휴식'을 가지는 것도 삶의 속도를 조절하는 데 필수적입니다. 우리는 종종 바쁜 일상 속에서 휴식을 잊고 지나치기 쉽습니다. 하지만 잠시 멈추고 쉬는 시간을 가지면, 나는 마음과 몸을 재충전할 수 있습니

다. 짧은 휴식이나 산책, 혹은 명상과 같은 활동은 나에게 큰 도움이 되며, 나의 생산성을 높이는 데 기여할 수 있습니다. 삶의 속도를 조절하기 위해서는 규칙적으로 나 자신에게 휴식을 주는 것이 매우 중요합니다.

'내 감정과 필요를 인식하는 것' 또한 중요한 방법입니다. 나는 내 감정을 솔직하게 느끼고, 그 감정이 나의 행동에 어떤 영향을 미치는지를 알아야 합니다. 스트레스나 불안감을 느낄 때, 그 감정을 인식하고 수용하는 것이 필요합니다. 나의 감정에 귀 기울이고, 필요에 따라 속도를 조절할 수 있어야 합니다. 나는 나의 감정과 필요를 존중함으로써 더 건강한 방식으로 삶을 조절할 수 있게 됩니다.

또한, '소소한 즐거움을 찾는 것'도 삶의 속도를 조절하는 데 도움이 됩니다. 우리는 바쁜 일상 속에서 사소한 즐거움을 놓치기 쉽지만, 작은 기쁨들을 발견하고 누리는 것이 중요합니다. 좋아하는 음악을 듣거나, 맛있는 음식을 즐기고, 친구와의 대화에서 행복을 느끼는 것처럼 일상 속에서 작은 즐거움을 찾는 것이 나의 삶의 속도를 느리게 하고, 그 속에서 진정한 행복을 발견할 수 있게 해줍니다. 작은 즐거움은 나에게 삶의 의미를 더해주며, 그로 인해 나는 더 차분하고 여유 있는 삶을 살 수 있습니다.

'나만의 리듬'을 찾는 것도 필요합니다. 우리는 각자 다른 속도로 살아가고 있으며, 나에게 맞는 리듬을 찾는 것이 중요합니다. 어떤 사람은 빠른 속도를 선호하지만, 나는 느린 속도를 통해 더 많은 것을 느끼고 경험할 수 있습니다. 나의 리듬을 찾고, 그에 맞춰 살아갈 때 나는 더욱 편안함을 느끼고, 나의 삶을 온전히 즐길 수 있습니다. 나의 리듬에 맞추어 삶을 조절하는 것은 나에게 안정감을 주며, 그 과정 속에서 삶의 진정한 의미를 찾게 됩니다.

마지막으로, '내가 선택한 삶에 대한 책임'을 느끼는 것이 필요합니다. 나는 나의 삶을 스스로 조절할 수 있는 주체임을 깨달아야 합니다. 타인의 기대나 사회적 기준에 얽매이지 않고, 내가 선택한 길에 대한 책임을 느낄 때, 나는 진정한 자유를 경험하게 됩니다. 나의 선택이 내 삶의 속도를 결정짓는다는 사실을 인식하고, 그 선택에 대한 책임을 지는 것이 나만의 삶을 조절하는 첫걸음이 될 것입니다.

결국, 삶의 속도를 나만의 방식으로 조절하는 것은 우선순위 설정, 정기적인 휴식, 감정과 필요의 인식, 소소한 즐거움 찾기, 나만의 리듬 찾기, 그리고 선택에 대한 책임을 통해 이루어집니다. 이러한 요소들을 통합하여 나의 삶을 조절하고, 더 의미 있는 순간들을 경험할 수 있게 될 것입니다.

삶의 속도를 조절하는 또 다른 방법은 '디지털 디톡스'를 실천하는 것입니다. 현대 사회에서 우리는 스마트폰과 다양한 디지털 기기에 의해 끊임없이 연결되어 있습니다. 이러한 디지털 기기는 많은 정보를 제공해 주지만, 동시에 우리의 시간을 빼앗고 주의력을 분산시키는 요인이 되기도 합니다. 디지털 디톡스를 통해 일정 시간 동안 기기 사용을 줄이거나 중단함으로써 나는 나 자신에게 집중할 수 있는 기회를 가질 수 있습니다. 이러한 시간을 통해 자연을 느끼고, 내 주변 사람들과의 대화를 깊이 있게 나누며, 내면의 소리에 귀 기울이는 것이 가능합니다. 디지털 세상에서 벗어나 잠시 멈추는 것은 내 삶의 속도를 조절하고, 더욱 의미 있는 경험을 쌓는 데 큰 도움이 됩니다.

또한, '명상이나 마음챙김'을 실천하는 것도 삶의 속도를 조절하는 좋은 방법입니다. 명상은 내 마음을 가라앉히고 현재에 집중하는 데 도움을 줍니다. 몇 분간의 짧은 명상만으로도 나는 마음의 평화를 느끼고, 삶의 속도를 느리게 조절할 수 있습니다. 마음챙김을 통해 나는 매 순간을 온전히 느끼고 경험할 수 있으며, 그 속에서 나의 삶의 의미를 발견하게 됩니다. 명상은 나에게 내면의 여유를 가져다주고, 더 나은 선택을 할 수 있는 여지를 만들어줍니다.

'정기적인 운동' 역시 삶의 속도를 조절하는 데 중요한 요소입니다. 운동은 신체적 건강뿐만 아니라 정신적 건강에도 큰 영향을 미칩니다. 나는 규칙적으로 운동을 통해 스트레스를 해소하고, 내 몸과 마음의 균형을 맞출 수 있습니다. 운동을 통해 나는 에너지를 얻고, 그 에너지가 나의 일상에 긍정적인 영향을 미치게 됩니다. 규칙적인 운동은 내 삶의 속도를 조절하고, 건강한 방식으로 나를 유지할 수 있도록 도와줍니다.

또한, '일과 여가의 균형'을 잘 맞추는 것이 필요합니다. 우리는 일을 하며 목표를 이루고자 하지만, 여가 활동을 소홀히 할 경우 삶의 질이 떨어질 수 있습니다. 내가 좋아하는 취미를 즐기고, 친구들과의 시간을 가지는 것은 나의 삶을 더욱 풍요롭게 만들어줍니다. 여가는 나에게 재충전의 기회를 제공하고, 스트레스를 줄이는 데 도움이 됩니다. 일과 여가의 균형을 잘 맞출 때, 나는 삶의 속도를 조절하고, 더 의미 있는 순간을 경험할 수 있습니다.

'자신에게 맞는 루틴을 만드는 것'도 중요한 요소입니다. 나는 나의 생활 패턴과 일의 성격에 맞춰 루틴을 설정해야 합니다. 아침에 일찍 일어나는 습관을 들이거나, 특정 시간에 집중 작업을 하는 등, 나에게 맞는 루틴을 만드는 것은 내 삶의 속도를 조절하는 데 큰 도움이 됩니다. 정해진 루틴을 통해 나는 나의 하루를 더 효과적으로 관리할 수 있으며, 이를 통해 더 많은 성취감을 느낄 수 있습니다.

마지막으로, '삶의 목적과 비전을 정립하는 것'이 필요합니다. 나는 내가 추구하는 삶의 목적을 명확히 하고, 그 목적에 맞는 방향으로 나아가야 합니다. 삶의 목적이 뚜렷할 때, 나는 그 목표를 향해 집중할 수 있으며, 불필요한 것에 시간을 소모하지 않게 됩니다. 목적을 설정함으로써 나는 삶의 속도를 조절하고, 나의 길을 더욱 확고히 할 수 있습니다.

결국, 삶의 속도를 나만의 방식으로 조절하는 것은 디지털 디톡스, 명상, 운동, 일과 여가의 균형, 개인화된 루틴, 그리고 명확한 목적 설정을 통해 이루어집니다. 이러한 요소들을 통해 나는 더욱 의미 있는 삶을 살아가고, 내 속도에 맞춰 진정한 나를 발견할 수 있을 것입니다.

또한, '감정 관리'를 통해 삶의 속도를 조절하는 것도 중요한 부분입니다. 우리는 다양한 감정을 경험하며 살아가지만, 감정을 인식하고 관리하는 법을 배우는 것은 쉽지 않습니다. 나는 내 감정을 정직하게 느끼고, 그 감정이 내 삶의 속도에 어떤 영향을 미치는지를 이해해야 합니다. 불안이나 스트레스와 같은 부정적인 감정이 느껴질 때, 그 감정을 회피하기보다는 인정하고 다루는 것이 필요합니다. 예를 들어, 감정 일기를 작성하여 내가 느끼는 감정을 기록하는 것은 감정 관리에 큰 도움이 됩니다. 감정을 정리함으로써 나는 내 마음을 더 잘 이해하고, 필요한 경우 속도를 조절할 수 있는 여지를 가지게 됩니다.

'사회적 지지를 찾는 것'도 중요한 요소입니다. 주변 사람들과의 소통은 나의 감정을 이해하고, 삶의 속도를 조절하는 데 있어 큰 도움이 됩니다. 친구, 가족, 멘토와의 대화는 나에게 새로운 시각을 제공하며, 힘든 순간에 지지받을 수 있는 기회를 줍니다. 나의 이야기를 나누고, 그들의 경험과 조언을 듣는 것은 내 삶의 속도를 조절하는 데 긍정적인 영향을 미칩니다. 어려운 상황 속에서도 함께 나누는 것만으로도 큰 위안을 얻을 수 있습니다.

또한, '신체적 건강'을 유지하는 것이 삶의 속도를 조절하는 데 큰 역할을 합니다. 나의 신체가 건강해야 정신적으로도 여유를 가질 수 있습니다. 규칙적인 식사, 충분한 수면, 그리고 적절한 운동은 내 신체의 균형을 유지하는 데 필수적입니다. 건강한 신체는 나에게 에너지를 주고, 일상적인 스트레스에 보다 효과적으로 대응할 수 있는 힘을 제공합니다. 나의 신체를 잘 관리함으로써, 나는 더 나은 정신적 안정을 유지할 수 있으며, 그로 인해 삶의 속도를 조절할 수 있는 여유를 가지게 됩니다.

'자기 비판을 줄이는 태도'도 삶의 속도를 조절하는 데 중요합니다. 우리는 종종 자신에게 가혹하게 대하고, 작은 실수나 실패에 대해 지나치게 비판합니다. 그러나 자기 비판을 줄이고, 나 자신에게 더 많은 관용을 베풀어야 합니다. 스스로를 격려하고, 나의 노력과 과정을 인정함으로써 나는 더 큰 여유를 가지게 되고, 그 속에서 삶의 속도를 조절할 수 있습니다. 자기 비판에서 벗어나 긍정적인 태도를 유지하는 것은 나의 행복을 증진시키는 데에도 도움이 됩니다.

또한, '마음의 여유를 찾는 습관'을 가지는 것이 필요합니다. 나는 매일 일정 시간을 정해놓고 마음을 가라앉히고, 생각을 정리하는 시간을 가져야 합니다. 이러한 시간은 나의 내면을 돌아보고, 내 삶의 방향성을 점검하는 데 도움이 됩니다. 마음의 여유를 갖고 현재에 집중하는 것은 내 삶의 속도를 조절하는 데 필수적입니다. 바쁜 일상 속에서도 잠시 멈추고 숨을 고르는 습관을 기르는 것은 나에게 큰 도움이 될 것입니다.

'자신의 가치에 대한 인식을 강화하는 것'도 중요한 과정입니다. 나는 내가 무엇을 위해 살아가는지, 내가 어떤 가치를 중요하게 여기는지를 자주 되새겨야 합니다. 나의 가치가 분명해질수록, 나는 삶의 속도를 조절하는 데 필요한 기준을 세울 수 있습니다. 내가 소중히 여기는 것이 무엇인지 명확히 하고, 그에 따라 시간을 분배하고 에너지를 투자함으로써 나는 더 의미 있는 삶을 살 수 있게 됩니다.

마지막으로, '자신에게 맞는 속도를 찾는 것'이 핵심입니다. 나는 남과 비교하지 않고, 나만의 속도를 찾고 그 속도에 맞춰 살아가는 것이 필요합니다. 각자의 삶의 여정은 다르며, 내가 느끼는 압박감을 줄이기 위해서는 나의 리듬에 충실해야 합니다. 내가 자연스럽게 느끼는 속도로 살아갈 때, 나는 진정한 나를 찾고 더 깊은 만족을 느낄 수 있습니다.

결국, 삶의 속도를 나만의 방식으로 조절하는 것은 감정 관리, 사회적 지지, 신체적 건강 유지, 자기 비판 줄이기, 마음의 여유 찾기, 가치 인식 강화, 그리고 나만의 속도 찾기를 통해 이루어집니다. 이러한 요소들을 통해 나는 더욱 의미 있는 삶을 살아가고, 내 속도에 맞춰 진정한 나를 발견할 수 있을 것입니다.

또한, '일상의 리듬'을 설정하는 것도 삶의 속도를 조절하는 데 있어 중요한 부분입니다. 우리는 모두 각기 다른 리듬으로 살아가며, 이러한 리듬은 우리의 기분, 에너지, 그리고 집중력에 큰 영향을 미칩니다. 나는 나의 일상 속에서 가장 생산적이고 창의적인 순간이 언제인지 파악하고, 그 시간에 맞춰 중요한 작업을 계획하는 것이 필요합니다. 예를 들어, 아침에 더 집중할 수 있다면, 중요한 일을 아침에 배치하고, 오후에는 덜 집중이 필요한 업무를 하는 식으로 일과를 조정할 수 있습니다. 이렇게 나만의 리듬을 찾아 그에 맞춰 생활할 때, 나는 삶의 속도를 효과적으로 조절할 수 있습니다.

'상황에 맞는 유연한 대처'를 갖추는 것도 필요합니다. 우리는 계획을 세우고 그 계획에 따라 살아가려고 하지만, 삶은 종종 예측할 수 없는 상황으로 가득 차 있습니다. 이러한 상황에 유연하게 대처하는 능력을 기르는 것은 삶의 속도를 조절하는 데 큰 도움이 됩니다. 계획한 대로 모든 일이 진행되지 않더라도, 그에 대한 불안감이나 스트레스를 줄이고 긍정적인 시각으로 바라볼 수 있는 태도가 필요합니다. 나는 유연한 마음으로 변화에 대응하고, 그 속에서도 내 속도를 유지할 수 있는 지혜를 가져야 합니다.

'자기 존중'의 태도를 확립하는 것 또한 중요합니다. 나는 나의 선택과 삶의 방식에 대한 존중을 가져야 하며, 다른 사람의 기준에 휘둘리지 않고 나만의 속도로 살아가야 합니다. 나의 존재와 선택을 소중히 여길 때, 나는 내 삶을 더욱 의미 있게 느끼고, 나의 길을 더 확고히 할 수 있습니다. 자기 존중이 강해질수록 나는 내 삶의 속도를 조절하고, 외부의 압박에 흔들리지 않을 수 있는 힘을 얻게 됩니다.

또한, '소소한 감사의 실천'은 삶의 속도를 조절하는 데 중요한 역할을 합니다. 매일의 작은 순간에 감사하는 마음을 갖는 것은 나에게 큰 위안과 행복을 줍니다. 일상의 작은 것들에 감사하는 습관을 기르면, 나는 현재에 집중할 수 있으며, 불필요한 경쟁심이나 압박감을 덜 느낄 수 있습니다. 감사의 마음은 내가 가진 것에 대한 인식을 높이고, 더 많은 긍정적인 감정을 불러일으켜 삶의 속도를 조절하는 데 도움이 됩니다.

'주기적으로 나의 목표를 점검하고 조정하는 것'도 중요합니다. 목표는 시간이 지남에 따라 변화할 수 있으며, 나는 그에 맞춰 나의 방향을 조정해야 합니다. 목표를 주기적으로 점검함으로써 나는 내가 여전히 원하는 것을 향해 나아가고 있는지를 확인하고, 필요하다면 목표를 수정할 수 있습니다. 이 과정은 나의 삶의 속도를 조절하고, 내 여정에서의 방향성을 재확인하는 데 큰 도움이 됩니다.

마지막으로, '지속적인 자기 개발'도 삶의 속도를 조절하는 데 기여합니다. 나는 꾸준히 배우고 성장해야 하며, 이를 통해 더 나은 나를 만들어 나가야 합니다. 새로운 지식을 습득거나, 새로운 기술을 익히는 과정은 나의 자신감을 높이고, 나의 속도를 조절하는 데 큰 힘이 됩니다. 자기 개발은 나에게 끊임없이 발전할 수 있는 기회를 제공하며, 그로 인해 나는 내 삶의 속도를 조절할 수 있는 능력을 키워갑니다.

결국, 삶의 속도를 나만의 방식으로 조절하는 것은 일상의 리듬을 설정하고, 유연하게 대처하며, 자기 존중과 감사의 마음을 갖고, 주기적으로 목표를 점검하고, 지속적인 자기 개발을 통해 이루어집니다. 이러한 요소들을 통해 나는 더욱 의미 있는 삶을 살아가고, 내 속도에 맞춰 진정한 나를 발견할 수 있을 것입니다.

또한, '자연과의 연결'을 통해 삶의 속도를 조절하는 것도 매우 중요합니다. 현대 사회는 많은 기술과 정보로 가득 차 있지만, 때로는 자연의 리듬에 귀 기울이는 것이 나에게 큰 위안을 줄 수 있습니다. 정기적으로 자연 속에 나가거나, 숲속을 걷고, 바다를 바라보는 시간은 나의 마음을 안정시키고, 정신적인 여유를 찾게 해줍니다. 자연은 우리에게 느림의 미덕을 가르쳐주며, 그 속에서 나는 내 삶의 속도를 다시 한번 되새길 수 있습니다. 자연의 속도에 맞춰 사는 것은 내 안의 긴장을 풀어주고, 더 차분한 마음으로 삶을 바라보게 만들어줍니다.

'디지털 미니멀리즘'을 실천하는 것도 삶의 속도를 조절하는 데 큰 도움이 됩니다. 과도한 정보와 자극은 나의 정신을 지치게 하고, 불필요한 스트레스를 유발할 수 있습니다. 내가 사용하고 있는 디지털 기기와 애플리케이션을 다시 점검하고, 필요한 것만 남기고 나머지는 정리하는 것이 필요합니다. 이 과정을 통해 나는 더 많은 시간과 에너지를 내 삶에 중요한 것에 집중할 수 있게 되며, 그 결과로 더욱 의미 있는 삶을 살아갈 수 있습니다. 디지털 환경을 간소화함으로써 나의 삶의 속도를 조절하는 데 필요한 여유를 찾을 수 있습니다.

'소통의 질'을 높이는 것도 삶의 속도를 조절하는 데 필수적입니다. 주변 사람들과의 관계는 나의 삶에 큰 영향을 미치며, 그 관계의 질이 높아질수록 나는 더욱 만족스러운 삶을 살아갈 수 있습니다. 친구, 가족, 동료와의 깊이 있는 대화는 나에게 힘과 위안을 주며, 나의 감정을 나누는 데도 도움이 됩니다. 소통의 질을 높이기 위해 나는 상대방의 이야기에 귀 기울이고, 진정으로 연결될 수 있는 시간을 가져야 합니다. 질 높은 소통은 내 삶을 더욱 풍요롭게 만들고, 자연스럽게 속도를 조절할 수 있는 기회를 제공합니다.

또한, '명확한 경계를 설정하는 것'도 중요합니다. 우리는 종종 다른 사람들의 요구와 기대에 맞추어 나의 시간과 에너지를 소모하게 됩니다. 그러나 내가 원하는 경계를 설정하고, 그 경계를 존중하는 것이 필요합니다. 불필요한 일이나 스트레스가 가득한 상황에서 벗어나기 위해 '아니오'라고 말할 줄 아는 용기가 필요합니다. 경계를 설정함으로써 나는 내 시간을 더 잘 관리할 수 있고, 내 삶의 속도를 조절할 수 있는 힘을 얻게 됩니다.

'자신만의 회복의 방법'을 찾는 것도 중요한 전략입니다. 삶의 속도가 빠르게 흐를 때, 나는 쉽게 지치고 스트레스를 받을 수 있습니다. 이럴 때 나는 나에게 가장 잘 맞는 회복 방법을 찾아야 합니다. 독서, 요가, 취미활동, 혹은 단순히 차 한 잔과 함께하는 시간 등 내가 좋아하고 편안함을 느낄 수 있는 방법을 통해 몸과 마음을 회복하는 것이 필요합니다. 이러한 회복의 시간은 나의 에너지를 재충전하고, 나의 삶의 속도를 조절하는 데 큰 도움이 됩니다.

마지막으로, '매일의 리추얼을 만들기'도 삶의 속도를 조절하는 데 효과적입니다. 일정한 리추얼은 내 하루의 리듬을 일정하게 만들어 주며, 그 속에서 안정감을 느낄 수 있게 해줍니다. 아침에 명상하거나, 저녁에 하루를 돌아보는 시간을 갖는 것과 같은 작은 리추얼들이 나의 삶의 질을 높여주고, 속도를 조절하는 데 도움을 줄 수 있습니다. 매일 반복되는 작은 리추얼은 나에게 일상에서의 의미를 부여하고, 삶의 속도를 자연스럽게 조절하는 방법이 될 수 있습니다.

결국, 삶의 속도를 나만의 방식으로 조절하는 것은 자연과의 연결, 디지털 미니멀리즘, 소통의 질 향상, 경계 설정, 회복 방법 찾기, 그리고 매일의 리추얼을 통해 이루어집니다. 이러한 요소들을 통합하여 나는 더욱 의미 있는 삶을 살아가고, 내 속도에 맞춰 진정한 나를 발견할 수 있을 것입니다.

또한, '자기 반성을 위한 시간'을 정기적으로 가지는 것도 매우 중요합니다. 나는 바쁜 일상 속에서 자주 멈춰서서 내 삶을 돌아보고, 현재의 속도가 나에게 맞는지를 점검해야 합니다. 매주 혹은 매달 자신에게 질문을 던져보는 시간을 갖는 것이 좋습니다. "나는 지금 행복한가?", "이 속도가 내게 맞는가?", "내가 원하는 삶을 살고 있는가?"와 같은 질문들은 나의 마음을 가라앉히고, 나 자신을 더 깊이 이해하는 데 도움을 줍니다. 이러한 반성의 시간은 내가 나의 목표와 우선순위를 재조정하는 데 큰 역할을 합니다.

'건강한 식습관'도 삶의 속도를 조절하는 데 필수적인 요소입니다. 나는 내 몸이 필요로 하는 영양소를 충분히 공급받아야 하며, 건강한 음식을 섭취함으로써 에너지를 유지할 수 있어야 합니다. 건강한 식습관은 나의 신체적 건강뿐만 아니라 정신적 안정에도 영향을 미칩니다. 영양가 있는 음식을 통해 나는 더 집중할 수 있고, 스트레스 상황에서도 더 잘 대처할 수 있습니다. 이는 결과적으로 내 삶의 속도를 조절하는 데 필요한 기반을 다지는 것입니다.

또한, '긍정적인 마인드셋'을 유지하는 것이 중요합니다. 긍정적인 사고방식은 내가 마주하는 도전과 스트레스를 다루는 데 도움을 줍니다. 어려움이나 위기 상황에서도 긍정적인 시각으로 바라보면, 나는 문제를 해결하는 데 필요한 에너지를 찾을 수 있습니다. 긍정적인 마인드셋을 유지하면 나는 불필요한 긴장과 압박에서 벗어나, 내 삶의 속도를 보다 건강하게 조절할 수 있습니다. 매일 긍정적인 다짐을 하고, 스스로에게 격려의 말을 건네는 습관을 기르는 것이 좋습니다.

'루틴의 유연성을 확보하는 것'도 필요합니다. 나는 일상에서 루틴을 설정하더라도, 그 루틴이 너무 경직되어서는 안 됩니다. 특정한 계획이 갑작스레 변경되거나 예기치 못한 상황이 생길 때, 내가 얼마나 유연하게 대처할 수 있는지가 중요합니다. 내가 설정한 루틴에 집착하기보다는, 그 상황에 맞춰 조정하고 변화를 수용하는 태도가 필요합니다. 유연한 태도는 나에게 더 많은 자유를 주고, 내 삶의 속도를 조절할 수 있는 힘이 됩니다.

또한, '적절한 경계를 세우는 것'도 중요합니다. 우리는 자주 타인의 기대와 요구에 맞추어 삶을 살아가지만, 나 자신을 잃게 되는 경우가 많습니다. 내가 가진 가치와 필요를 우선시하고, 경계를 설정하여 내 삶을 지키는 것이 필요합니다. 타인의 요구에 항상 맞추다 보면, 나의 에너지를 소모하게 되고, 결국 삶의 속도가 나에게 부담으로 다가올 수 있습니다. 나의 경계를 설정함으로써 나는 나만의 속도를 유지할 수 있는 기회를 얻게 됩니다.

마지막으로, '스스로를 격려하는 방법'을 찾는 것이 중요합니다. 나는 목표를 향해 나아가는 과정에서 스스로에게 긍정적인 피드백을 주고, 작은 성취를 축하하는 것이 필요합니다. 내게 주어진 시간을 존중하고, 내가 이루어낸 모든 작은 성과를 기념하는 것은 내 자신에게 큰 격려가 됩니다. 이를 통해 나는 삶의 속도를 조절하고, 더 큰 목표를 향해 나아가는 데 필요한 동기를 유지할 수 있습니다.

결국, 삶의 속도를 나만의 방식으로 조절하는 것은 자기 반성, 건강한 식습관, 긍정적인 마인드셋, 루틴의 유연성, 경계 설정, 그리고 스스로를 격려하는 것을 통해 이루어집니다. 이러한 요소들을 통합하여 나는 더욱 의미 있는 삶을 살아가고, 내 속도에 맞춰 진정한 나를 발견할 수 있을 것입니다.

'자신의 경험을 기록하는 습관'을 갖는 것도 삶의 속도를 조절하는 데 효과적입니다. 나는 일상에서의 생각이나 감정, 중요한 사건들을 기록하는 시간을 가져야 합니다. 이를 통해 나는 내 삶을 더 잘 이해하고, 내가 어떤 순간에 느끼는 감정이 어떤 영향을 미치는지를 파악할 수 있습니다. 일기나 블로그를 통해 나의 이야기를 정리하는 것은 나에게 큰 위안이 되며, 삶의 속도를 조절하는 데 필요한 인사이트를 제공해 줍니다. 내가 겪은 경험을 기록하고 반추함으로써, 나는 더 현명한 선택을 할 수 있게 됩니다.

또한, '여유로운 라이프스타일'을 유지하는 것도 필요합니다. 나는 바쁜 일상 속에서 스스로에게 여유를 주는 시간을 마련해야 합니다. 여유로운 생활 방식은 나의 마음을 안정시키고, 속도를 조절하는 데 중요한 요소가 됩니다. 매일의 일상 속에서 여유를 느낄 수 있는 순간들을 찾는 것이 필요합니다. 예를 들어, 커피를 마시며 잠시 멈추거나, 저녁에 산책하는 시간을 가지는 것과 같이 소소한 여유를 즐기는 것이 나에게 큰 도움이 됩니다.

또한, '의식적인 숨쉬기'의 중요성을 간과할 수 없습니다. 스트레스가 많은 상황에서는 호흡이 얕아지고 불규칙해지기 마련입니다. 이럴 때, 깊고 고른 호흡을 통해 내 마음을 진정시키는 것은 매우 효과적입니다. 의식적으로 숨을 깊이 들이쉬고 내쉬는 시간을 가지면서 나는 내 몸과 마음을 다시 한번 점검할 수 있습니다. 이러한 호흡의 기술은 나의 긴장을 완화하고, 삶의 속도를 조절하는 데 필요한 평온함을 가져다줍니다.

'인생의 의미를 찾는 질문을 던지는 것'도 삶의 속도를 조절하는 데 큰 도움이 됩니다. 나는 자주 "내가 이 일을 왜 하는가?", "이 순간이 내 인생에서 어떤 의미가 있는가?"와 같은 질문을 스스로에게 던져야 합니다. 이러한 질문들은 나에게 내 삶의 방향성을 점검하게 해주며, 내가 무엇을 중요하게 생각하는지를 깨닫게 해줍니다. 내가 가고자 하는 길이 나의 가치와 맞는지 확인함으로써, 나는 더 깊이 있는 선택을 할 수 있게 됩니다.

'일상의 소소한 것들에 대한 감사'의 마음을 가져야 합니다. 삶의 속도가 빠를 때, 우리는 종종 작은 것들에 대한 감사함을 잊곤 합니다. 그러나 매일의 작은 기쁨들, 예를 들어 따뜻한 햇살, 친구와의 대화, 맛있는 식사 등을 소중히 여길 때 나는 내 삶의 속도를 조절할 수 있는 여유를 느낄 수 있습니다. 이러한 감사의 마음은 나를 더 긍정적으로 만들고, 더 많은 행복을 느끼게 해줍니다.

또한, '목표를 향한 시각을 새롭게 하는 것'도 중요합니다. 목표가 단순히 성취하는 데 국한되지 않고, 그 과정에서의 성장과 경험에도 초점을 맞추는 것이 필요합니다. 나는 목표를 달성하는 과정 속에서 배운 것들을 소중히 여기고, 그것이 나를 어떻게 변화시켰는지를 돌아보아야 합니다. 목표에 대한 새로운 시각은 나의 삶의 속도를 조절하는 데 도움이 되며, 더욱 의미 있는 방향으로 나아갈 수 있게 해줍니다.

마지막으로, '자신만의 성공 방식을 정의하는 것'도 필요합니다. 나는 내가 중요하게 생각하는 가치와 목표를 바탕으로 성공을 정의해야 합니다. 다른 사람들의 기준에 얽매이지 않고, 내가 원하는 성공의 모습을 그릴 때, 나는 더 행복하고 충만한 삶을 살 수 있게 됩니다. 나만의 성공 방식을 정의함으로써, 나는 내 속도에 맞춰 진정한 나의 길을 찾을 수 있습니다.

결국, 삶의 속도를 나만의 방식으로 조절하는 것은 경험 기록, 여유로운 라이프스타일 유지, 의식적인 호흡, 의미를 찾는 질문 던지기, 감사의 마음, 목표에 대한 새로운 시각, 그리고 나만의 성공 방식을 정의하는 것에서 비롯됩니다. 이러한 요소들을 통해 나는 더욱 의미 있는 삶을 살아가고, 내 속도에 맞춰 진정한 나를 발견할 수 있을 것입니다.

또한, '자신의 감정을 정리하는 시간'을 가지는 것 역시 삶의 속도를 조절하는 데 있어 중요합니다. 우리는 일상에서 다양한 감정을 느끼지만, 그 감정을 적절하게 정리하지 않으면 마음속에 쌓여 부정적인 영향을 미칠 수 있습니다. 나는 매일 일정 시간을 정해 감정을 기록하거나, 자신에게 솔직한 대화를 통해 내 감정을 정리하는 습관을 기르는 것이 필요합니다. 일기 작성이나 자기 대화는 내 감정을 명확하게 인식하고, 그 감정이 나의 삶의 속도에 어떤 영향을 미치는지를 파악하는 데 큰 도움이 됩니다. 감정을 정리하는 시간을 통해 나는 내 마음을 가라앉히고, 더 나은 결정을 내릴 수 있는 여유를 찾을 수 있습니다.

'계획과 실행의 균형'을 유지하는 것도 중요합니다. 나는 목표를 세우고 계획을 세우는 데 시간을 할애하는 것이 필요하지만, 계획만 세우고 실행하지 않는 경우가 많습니다. 따라서 계획을 세운 후에는 반드시 실행하는 단계로 나아가야 합니다. 작은 목표부터 차근차근 실행하며 성취감을 느끼는 것이 중요합니다. 실행의 과정에서 나는 나의 속도를 조절하고, 그 속도에 맞춰 목표를 이루어가는 기쁨을 경험할 수 있습니다.

또한, '경험의 가치'를 중시하는 것이 필요합니다. 나는 성공이나 실패를 통해 얻은 경험이 나에게 얼마나 큰 가치를 지니는지를 이해해야 합니다. 목표를 이루는 과정에서의 경험은 내가 나아가는 방향에 큰 영향을 미칩니다. 각 경험을 통해 나는 더 나은 선택을 할 수 있는 지혜를 얻게 되며, 그로 인해 삶의 속도를 조절할 수 있습니다. 내가 겪은 모든 경험이 나의 성장에 기여하고 있다는 사실을 인식할 때, 나는 더 깊은 만족을 느낄 수 있습니다.

'고요한 순간을 만드는 것'도 삶의 속도를 조절하는 데 매우 효과적입니다. 나는 바쁜 일상 속에서도 의식적으로 고요한 순간을 만들어야 합니다. 매일 아침이나 저녁, 조용한 장소에서 몇 분 동안 명상하거나, 깊은 숨을 쉬며 고요한 시간을 가지는 것이 좋습니다. 이러한 시간은 나에게 내면의 평화를 가져다주고, 더 나은 선택을 할 수 있는 여유를 제공합니다. 고요한 순간을 통해 나는 내 삶의 속도를 느리게 조절하고, 더 명확한 사고를 할 수 있게 됩니다.

또한, '나의 가치관을 정리하는 것'도 필요합니다. 나는 내가 중요하게 여기는 가치와 원칙을 분명히 하고, 그것이 내 삶의 결정에 어떻게 영향을 미치는지를 이해해야 합니다. 가치관이 명확할수록 나는 결정을 내리는 데 있어 더욱 확신을 가질 수 있으며, 외부의 압박에 흔들리지 않을 수 있습니다. 나의 가치관을 정리함으로써, 나는 삶의 속도를 조절하는 데 필요한 기준을 세울 수 있습니다.

마지막으로, '자기 돌봄의 중요성을 깨닫는 것'도 삶의 속도를 조절하는 데 필수적입니다. 나는 내 몸과 마음을 소중히 여기고, 필요할 때에는 휴식을 취하는 것을 잊지 말아야 합니다. 자기 돌봄은 내가 더욱 건강하고 행복한 삶을 살기 위해 필요한 기본적인 요소입니다. 적절한 휴식과 자기 관리가 이루어질 때, 나는 나의 속도를 조절할 수 있는 여유를 가지게 되고, 삶을 보다 의미 있게 살아갈 수 있습니다.

결국, 삶의 속도를 나만의 방식으로 조절하는 것은 감정을 정리하고, 계획과 실행의 균형을 유지하며, 경험의 가치를 중시하고, 고요한 순간을 만드는 것, 가치관을 정리하고, 자기 돌봄의 중요성을 깨닫는 것을 통해 이루어집니다. 이러한 요소들을 통해 나는 더욱 의미 있는 삶을 살아가고, 내 속도에 맞춰 진정한 나를 발견할 수 있을 것입니다.

4부

내 안의 빛을 찾아서

내면의 자원을 발견하는 순간들

16

우리의 내면에는 누구나 자신도 모르는 자원들이 숨겨져 있습니다. 이 자원들은 우리의 삶을 더욱 풍요롭게 만들어주고, 어려움 속에서도 나를 지탱해 주는 힘이 됩니다. 그러나 바쁜 일상 속에서 우리는 종종 이러한 내면의 자원을 잊고 지내곤 합니다. 내면의 자원을 발견하는 순간들은 나에게 큰 깨달음을 주며, 나 자신을 더욱 깊이 이해할 수 있는 기회를 제공합니다.

내면의 자원을 발견하는 첫 번째 순간은 '고요한 자기 반성의 시간'입니다. 나는 일상에서 잠시 멈추고 나 자신을 돌아보는 시간을 가져야 합니다. 고요한 장소에 앉아 내 생각과 감정을 정리하면서, 내 마음속 깊은 곳에 어떤 자원이 숨어 있는지를 탐색해봅니다. 이 과정에서 나는 과거의 경험과 그로부터 배운 교훈을 떠올리며, 내면의 자원을 인식하게 됩니다. 고요함 속에서 스스로와 대화하며 발견하는 내면의 자원은 나에게 힘과 위안을 줍니다.

또한, '어려움을 겪는 순간'은 내면의 자원을 발견하는 중요한 기회가 될 수 있습니다. 우리는 힘든 상황에 처했을 때, 자신도 모르게 내면의 힘을 발휘하게 됩니다. 그런 순간들이 바로 나의 강점을 발견하는 계기가 됩니다. 불확실한 상황 속에서도 나의 의지와 결단력을 통해 문제를 해결해 나가는 과정에서, 나는 나의 내면에 숨겨진 강한 자원을 깨닫게 됩니다. 어려움을 겪으며 발견하는 이 자원들은 나에게 더 큰 자신감을 주고, 앞으로의 도전에 대한 용기를 불어넣습니다.

'일상의 소소한 행복을 느끼는 순간'도 내면의 자원을 발견하는 중요한 경험이 됩니다. 아침의 햇살, 친구와의 대화, 맛있는 식사와 같은 작은 것들 속에서 나는 내면의 자원을 발견하게 됩니다. 이러한 소소한 순간들은 나에게 긍정적인 에너지를 주며, 나의 마음을 따뜻하게 만들어줍니다. 일상의 소중함을 느끼고 그 속에서 행복을 찾을 때, 나는 내면의 자원들이 얼마나 풍부한지를 깨닫게 됩니다. 이 자원들은 나를 더욱 강하게 만들고, 삶의 어려움에 맞서는 힘을 줍니다.

또한, '창조적인 활동'에 참여하는 것도 내면의 자원을 발견하는 좋은 방법입니다. 글쓰기, 그림 그리기, 음악 감상 등 다양한 창조적인 활동을 통해 나는 내 안에 숨겨진 자원들을 발견하게 됩니다. 이러한 활동들은 나의 감정을 표현할 수 있는 통로가 되어주며, 나의 내면을 더욱 깊이 탐색할 수 있는 기회를 제공합니다. 창조적인 작업을 통해 나는 새로운 아이디어와 통찰을 얻고, 그 과정에서 내면의 자원들을 발견하게 됩니다.

마지막으로, '타인과의 진솔한 소통' 또한 내면의 자원을 발견하는 중요한 순간이 될 수 있습니다. 나의 생각과 감정을 다른 사람과 나누는 과정에서, 나는 나 자신을 더 잘 이해하게 됩니다. 누군가와의 대화를 통해 나의 경험과 가치관을 공유하고, 그들의 반응을 통해 나의 내면을 돌아보게 됩니다. 이 과정에서 나는 타인과의 연결 속에서 나의 내면의 자원들을 재발견하게 되고, 그로 인해 더 깊은 이해와 성장을 경험하게 됩니다.

결국, 내면의 자원을 발견하는 순간들은 고요한 자기 반성, 어려움 속의 성장, 일상의 소소한 행복, 창조적인 활동, 그리고 타인과의 소통을 통해 이루어집니다. 이러한 경험들을 통해 나는 나의 내면의 빛을 발견하고, 그것이 나의 삶을 더욱 의미 있게 만들어주는 원동력이 될 수 있음을 깨닫게 됩니다.

내면의 자원을 발견하는 과정에서 '가장 큰 두려움에 직면하는 순간'도 중요한 전환점이 될 수 있습니다. 두려움은 나를 움츠러들게 하고, 나의 가능성을 가로막는 요소일 수 있지만, 그 두려움을 마주함으로써 나는 새로운 자원을 발견할 수 있습니다. 내가 두려워하는 상황에 도전하고, 그 과정에서 경험하는 감정은 나에게 큰 힘을 줍니다. 두려움을 극복하는 과정에서 나는 내면의 용기와 결단력을 발견하게 되고, 이는 나의 삶의 방향을 변화시킬 수 있는 중요한 원동력이 됩니다.

'의미 있는 실패를 경험하는 것'도 내면의 자원을 발견하는 데 큰 도움이 됩니다. 실패는 흔히 부정적인 경험으로 여겨지지만, 그 속에는 귀중한 교훈이 숨어 있습니다. 내가 목표를 이루지 못했을 때, 그 실패를 통해 얻은 경험과 지식은 나의 내면을 더욱 풍부하게 만들어줍니다. 실패를 분석하고, 그로부터 배운 점을 정리할 때 나는 나의 강점을 발견하게 되고, 더 나은 미래를 위한 자원으로 삼을 수 있습니다. 실패를 두려워하기보다는, 그 속에서 배우고 성장하는 자세가 필요합니다.

'관계를 통해 얻는 지혜' 또한 내면의 자원을 발견하는 데 중요한 역할을 합니다. 나는 가까운 사람들과의 대화를 통해 그들의 경험과 지혜를 나누며, 나의 시각을 확장할 수 있습니다. 친구, 가족, 멘토와의 진솔한 대화는 나에게 새로운 통찰을 제공하며, 그 과정에서 나는 나의 내면을 더욱 깊이 이해하게 됩니다. 다른 사람의 시각을 통해 내면의 자원을 발견하고, 나의 길을 찾는 데 큰 도움이 됩니다.

'자연 속에서의 시간'도 내면의 자원을 발견하는 데 있어 귀중한 순간입니다. 자연은 나에게 평화로움과 여유를 주며, 나의 마음을 진정시켜줍니다. 숲 속을 산책하거나, 바다의 파도를 바라보는 것과 같은 경험은 나의 내면을 깨우고, 숨겨진 자원들을 발견하는 기회를 제공합니다. 자연 속에서 느끼는 편안함은 내 안의 빛을 찾는 데 큰 도움이 되며, 나는 이 순간들 속에서 진정한 나를 만날 수 있게 됩니다.

또한, '자신의 가치에 대한 재조명'은 내면의 자원을 발견하는 중요한 단계입니다. 나는 나의 강점과 약점을 이해하고, 나의 가치관을 명확히 하는 시간을 가져야 합니다. 내가 무엇을 중요하게 생각하는지, 어떤 가치를 지니고 있는지를 돌아보는 것은 나의 내면의 자원을 발굴하는 데 필요한 과정입니다. 나의 가치를 인식하고 존중할 때, 나는 내 안의 빛을 더욱 밝히고, 삶의 의미를 찾는 데 도움이 됩니다.

마지막으로, '일상 속에서의 마법 같은 순간들'을 발견하는 것도 중요합니다. 일상 속에서 내가 지나치기 쉬운 작은 기적들을 인식하는 것은 내면의 자원을 발견하는 데 큰 도움이 됩니다. 따뜻한 커피 한 잔, 사랑하는 사람과의 웃음, 혹은 작은 성취를 느끼는 순간들 속에서 나는 내 안의 자원을 찾을 수 있습니다. 이러한 순간들은 나에게 행복과 안정감을 주며, 내가 가진 자원을 더욱 풍부하게 만들어줍니다.

결국, 내면의 자원을 발견하는 순간들은 두려움에 직면하고, 의미 있는 실패를 경험하며, 관계를 통해 얻는 지혜, 자연 속에서의 시간, 나의 가치를 재조명하고, 일상 속의 작은 기적들을 발견하는 것에서 비롯됩니다. 이러한 경험들을 통해 나는 내 안의 빛을 찾고, 그것이 나의 삶을 더욱 의미있게 만들어주는 원동력이 될 수 있음을 깨닫게 됩니다.

'자기 돌봄의 실천'은 내면의 자원을 발견하는 데 있어서 중요한 역할을 합니다. 나는 나를 돌보는 시간을 가지며, 내 마음과 몸의 필요를 충족시켜야 합니다. 자기 돌봄은 단순한 육체적인 건강뿐만 아니라, 정서적인 안정과 정신적인 평화를 찾는 데도 기여합니다. 요가, 명상, 혹은 산책과 같은 활동을 통해 나는 내 자신을 재충전할 수 있는 기회를 가지게 됩니다. 이러한 자기 돌봄의 실천은 내가 내면의 자원을 발견하고 강화하는 데 중요한 기반이 됩니다.

또한, '배움을 통해 얻는 자원'도 내면의 성장을 촉진합니다. 새로운 지식을 습득하거나, 관심 있는 분야에서 전문성을 쌓는 과정은 내 안에 숨어 있는 자원을 깨우는 방법입니다. 책을 읽고 강의를 듣고, 다양한 경험을 통해 나는 나의 잠재력을 발견하게 됩니다. 배움의 과정을 통해 나의 사고가 확장되고, 나는 새로운 아이디어와 창의력을 얻어내며, 이는 내면의 자원을 더욱 풍부하게 만들어줍니다. 지식은 나를 더욱 강하게 하고, 더 많은 가능성을 열어주는 열쇠가 됩니다.

'긍정적인 사람들과의 관계 형성' 또한 내면의 자원을 발견하는 데 필수적입니다. 나는 나를 지지하고 격려해주는 사람들과의 관계를 소중히 여겨야 합니다. 긍정적인 에너지를 주는 사람들과의 소통은 나에게 큰 힘이 되며, 나의 내면의 빛을 더욱 밝게 만들어줍니다. 대화를 통해 서로의 경험과 지혜를 나누고, 그 속에서 나는 나의 가치를 확인하게 됩니다. 이처럼 긍정적인 관계는 나의 성장에 큰 기여를 하며, 내면의 자원을 발견하는 데 도움을 줍니다.

또한, '실패를 통한 깨달음'은 나의 내면을 더욱 강하게 만들어주는 순간입니다. 실패는 흔히 두려움의 원천으로 여겨지지만, 그 속에는 나에게 소중한 교훈이 담겨 있습니다. 나는 실패를 통해 무엇이 잘못되었는지를 배우고, 다음에는 어떻게 나아가야 할지를 깨닫게 됩니다. 실패는 나의 내면의 자원을 발견하는 기회를 제공하며, 이를 통해 나는 더욱 강한 자신으로 성장할 수 있습니다. 실패의 경험은 나를 단련시키고, 나의 회복력을 강화하는 데 큰 역할을 합니다.

'매일의 목표를 설정하고 성취하는 것'도 내면의 자원을 발견하는 중요한 방법입니다. 나는 작고 실현 가능한 목표를 설정하고, 이를 하나씩 달성하는 과정을 통해 내면의 자원을 강화할 수 있습니다. 매일의 작은 성취는 나에게 큰 만족감을 주며, 그로 인해 나는 더 큰 목표를 향해 나아갈 수 있는 자신감을 얻게 됩니다. 목표를 설정하고 달성하는 과정은 나의 성장과 발전을 증명하는 중요한 단계이며, 내면의 자원을 발견하는 데 도움이 됩니다.

또한, '감사하는 마음을 가지는 것'이 내면의 자원을 발견하는 데 큰 영향을 미칩니다. 나는 매일의 삶에서 감사할 수 있는 순간들을 찾는 연습을 해야 합니다. 작은 것들에 감사하는 마음을 가지면, 나는 내 삶의 소중함을 깨닫게 되고, 내면의 자원을 더욱 확고히 할 수 있습니다. 감사는 나에게 긍정적인 에너지를 주고, 내 삶의 의미를 더욱 깊게 만들어 줍니다.

마지막으로, '자연과의 연결'을 통해 내면의 자원을 발견하는 것도 중요한 과정입니다. 자연 속에서 시간을 보내며 느끼는 평화로움과 안정감은 나의 내면을 더욱 깊이 있게 탐구하는 기회를 제공합니다. 나는 자연의 소리, 향기, 색깔을 느끼며 내 마음을 가라앉히고, 그 속에서 나의 내면의 자원을 발견할 수 있습니다. 자연과의 연결은 나에게 큰 위안과 힘을 주며, 내 안의 빛을 찾는 데 중요한 역할을 합니다.

결국, 내면의 자원을 발견하는 순간들은 자기 돌봄, 배움의 과정, 긍정적인 관계 형성, 실패의 경험, 목표 설정과 성취, 감사의 마음, 그리고 자연과의 연결을 통해 이루어집니다. 이러한 경험들을 통해 나는 나의 내면의 빛을 발견하고, 그것이 나의 삶을 더욱 의미 있게 만들어주는 원동력이 될 수 있음을 깨닫게 됩니다.

'내면의 자원을 발견하는 과정'에서 '일상의 리듬을 조정하는 것' 또한 중요합니다. 나는 일상에서 반복되는 패턴을 점검하고, 그 속에서 나의 감정과 에너지를 어떻게 조절할 수 있을지를 고민해야 합니다. 일정한 루틴을 세우고 그 루틴 속에서 나만의 여유를 찾는 것은 내면의 자원을 발견하는 데 큰 도움이 됩니다. 나는 매일 정해진 시간에 일어나고, 규칙적으로 식사를 하며, 자기 개발을 위한 시간을 마련함으로써 안정된 리듬을 유지할 수 있습니다. 이러한 리듬은 나에게 평화를 주고, 내면의 자원을 탐색할 수 있는 기반이 됩니다.

또한, '자기 관찰의 시간을 가지는 것'도 내면의 자원을 발견하는 데 매우 유익합니다. 나는 나의 생각과 행동을 관찰하는 시간을 가져야 합니다. 이 시간을 통해 나는 내가 어떤 패턴을 가지고 있는지를 깨닫고, 내가 무의식적으로 하는 행동들이 내 삶에 어떤 영향을 미치는지를 알아차릴 수 있습니다. 자기 관찰은 나에게 더 큰 자각을 주며, 내면의 자원을 발견하는 중요한 열쇠가 됩니다. 나는 이 과정을 통해 나의 행동을 조정하고, 내면의 자원을 적극적으로 활용할 수 있게 됩니다.

'나의 가치와 원칙을 재확인하는 것'도 내면의 자원을 찾는 데 중요한 요소입니다. 나는 내 인생에서 중요하게 여기는 가치와 원칙을 명확히 하여 그에 따라 행동하는 것이 필요합니다. 이 과정에서 나는 내 마음속 깊이 자리 잡고 있는 내면의 자원을 발견할 수 있습니다. 내가 어떤 가치를 중요하게 생각하는지 인식할 때, 나는 내 삶을 보다 의미 있게 살아갈 수 있으며, 내면의 자원을 더욱 잘 활용할 수 있게 됩니다.

또한, '소중한 순간들을 기록하는 것'도 내면의 자원을 발견하는 방법 중 하나입니다. 나는 특별한 순간이나 감정, 경험을 기록함으로써 내면의 자원을 재확인할 수 있습니다. 이러한 기록은 나에게 과거의 경험을 상기시키고, 내가 겪었던 성장의 순간들을 돌아보는 기회를 제공합니다. 기록을 통해 나는 나의 성장을 시각적으로 확인할 수 있고, 이를 통해 내면의 자원들이 어떻게 형성되었는지를 이해하게 됩니다.

'변화를 두려워하지 않는 태도'를 갖는 것도 내면의 자원을 발견하는 데 도움이 됩니다. 변화는 때로 두렵고 불안하게 느껴질 수 있지만, 변화 속에서 나는 나의 가능성을 발견하게 됩니다. 새로운 경험을 통해 나는 내면의 자원을 더욱 풍부하게 할 수 있으며, 이러한 변화는 나를 더 나은 방향으로 이끌어줄 수 있습니다. 변화에 대한 열린 마음은 나에게 새로운 기회를 제공하고, 나의 내면의 빛을 더욱 밝게 만들어 줍니다.

마지막으로, '소중한 사람들과의 시간'을 가지는 것이 내면의 자원을 발견하는 데 필수적입니다. 나는 가족, 친구, 멘토와의 깊이 있는 대화를 통해 내 안의 자원들을 찾아가는 기회를 가져야 합니다. 이들과의 시간은 나에게 긍정적인 에너지를 주고, 그들의 지혜와 경험을 통해 나의 내면을 더욱 깊이 탐구할 수 있는 기회를 제공합니다. 함께하는 순간들은 나의 내면을 풍요롭게 하고, 나의 자원을 발견하는 데 큰 도움이 됩니다.

결국, 내면의 자원을 발견하는 순간들은 일상의 리듬 조정, 자기 관찰, 가치와 원칙의 재확인, 소중한 순간 기록, 변화에 대한 열린 태도, 그리고 소중한 사람들과의 시간을 통해 이루어집니다. 이러한 경험들은 나의 내면의 빛을 발견하고, 그것이 나의 삶을 더욱 의미 있게 만들어주는 원동력이 될 수 있음을 깨닫게 합니다.

'자신의 감정에 대한 솔직한 인식'도 내면의 자원을 발견하는 중요한 순간이 됩니다. 나는 내 감정을 억누르거나 숨기기보다는, 그 감정을 솔직하게 느끼고 표현해야 합니다. 슬픔, 기쁨, 분노 등 다양한 감정을 수용하는 것은 내 안의 자원을 발견하는 데 필수적입니다. 감정을 인식하고 표현함으로써 나는 나의 내면을 더욱 깊이 이해하게 되고, 그 속에서 나의 강점을 발견하게 됩니다. 감정은 나의 내면의 자원을 밝혀주는 중요한 열쇠이기 때문에, 이를 소중히 여기는 것이 필요합니다.

또한, '불안과 긴장을 해소하는 활동'을 통해 내면의 자원을 발견하는 것도 중요한 방법입니다. 나는 요가, 명상, 깊은 호흡 등을 통해 불안과 긴장을 해소하는 활동을 실천해야 합니다. 이러한 활동은 내 마음을 진정시키고, 내면의 소리에 귀 기울일 수 있는 기회를 제공합니다. 불안이 가라앉을 때, 나는 내 안에 있는 자원들을 보다 명확하게 인식할 수 있게 되며, 그로 인해 내 삶의 방향성을 재조정할 수 있는 힘을 얻게 됩니다.

'꿈과 목표를 구체화하는 과정'도 내면의 자원을 발견하는 데 중요한 단계입니다. 나는 나의 꿈과 목표를 명확히 하고, 이를 이루기 위한 구체적인 계획을 세우는 것이 필요합니다. 목표를 구체화함으로써 나는 그 목표에 필요한 자원과 역량을 발견하게 됩니다. 또한, 목표를 향해 나아가는 과정 속에서 내 안에 숨겨진 잠재력을 발견하게 되고, 이를 통해 더욱 큰 자신감을 얻게 됩니다. 내 꿈과 목표가 나의 내면의 자원을 발굴하는 데 있어 중요한 역할을 하게 됩니다.

'자기 연민을 기르는 것' 또한 내면의 자원을 발견하는 데 도움이 됩니다. 나는 나 자신에게 친절하고 관대해져야 하며, 내 약점을 받아들이고 인정하는 것이 필요합니다. 자기 연민은 내가 힘든 순간을 겪을 때, 스스로를 더 잘 지지할 수 있게 해줍니다. 나의 약점을 받아들임으로써 나는 내 안의 자원을 더욱 깊이 이해하게 되고, 그 속에서 나의 진정한 힘을 발견하게 됩니다. 자기 연민은 나에게 내면의 평화를 가져다주며, 나의 빛을 더욱 밝게 만들어주는 힘이 됩니다.

또한, '가치 있는 자원들을 기록하는 것'도 중요합니다. 나는 내면의 자원이나 강점을 발견할 때마다 이를 기록해두는 습관을 가져야 합니다. 예를 들어, 내가 어떤 상황에서 나의 강점을 발휘했는지, 어떤 내면의 자원이 나를 도왔는지를 기록하는 것입니다. 이러한 기록은 내가 필요할 때 돌아보며 내면의 자원을 확인하고, 더 큰 자신감을 주는 원동력이 될 수 있습니다. 내가 발견한 자원들을 기록함으로써, 나는 나의 성장을 계속해서 이어갈 수 있습니다.

마지막으로, '과거의 경험에서 배우는 것'도 내면의 자원을 발견하는 중요한 기회가 됩니다. 나는 내 과거의 경험을 돌아보며, 그 속에서 나의 성장과 배움을 발견해야 합니다. 좋은 경험뿐만 아니라 힘들었던 순간에서도 나는 배울 점을 찾아야 합니다. 과거의 경험은 나의 내면의 자원을 더욱 풍부하게 만들어주며, 앞으로의 삶에 큰 지혜를 제공합니다. 나의 과거를 통해 나는 나를 더욱 이해하고, 내면의 자원을 발견할 수 있게 됩니다.

결국, 내면의 자원을 발견하는 순간들은 감정의 솔직한 인식, 불안 해소 활동, 꿈과 목표 구체화, 자기 연민 기르기, 자원 기록, 그리고 과거의 경험에서 배우는 것들을 통해 이루어집니다. 이러한 경험들은 나의 내면의 빛을 발견하고, 그것이 나의 삶을 더욱 의미 있게 만들어주는 원동력이 될 수 있음을 깨닫게 합니다.

'자연 속에서의 시간'은 내면의 자원을 발견하는 데 매우 효과적인 방법입니다. 현대 사회의 빠른 속도와 복잡한 환경 속에서 우리는 종종 내면의 소리에 귀 기울이지 못합니다. 하지만 자연에 몸을 맡기고 그 속에서 시간을 보내는 것은 나의 내면을 다시 바라볼 수 있는 기회를 제공합니다. 숲속을 걷거나 바다를 바라보며 느끼는 편안함은 나에게 안정감을 주고, 내 안의 빛을 찾는 데 큰 도움이 됩니다. 자연은 내면의 자원을 발견하는 최적의 공간이며, 그곳에서 나는 나 자신과 연결될 수 있습니다.

또한, '소중한 사람들과의 깊은 대화'는 내면의 자원을 발견하는 데 중요한 요소입니다. 친구, 가족, 멘토와의 진솔한 대화는 나의 감정을 공유하고, 서로의 경험을 나누는 소중한 순간을 제공합니다. 이러한 대화 속에서 나는 나의 고민과 불안을 털어놓을 수 있으며, 그들의 지혜와 조언을 통해 새로운 통찰을 얻게 됩니다. 타인과의 소통은 나의 내면을 풍부하게 만들어주며, 그 속에서 내면의 자원을 발견하는 기회를 제공합니다.

'작은 성취를 인정하는 것'도 내면의 자원을 발견하는 데 중요한 과정입니다. 나는 매일의 작은 목표를 설정하고 이를 성취하는 기쁨을 느끼는 것이 필요합니다. 작은 성취는 나에게 큰 만족감을 주며, 그 과정에서 나는 내면의 자원들을 발견하게 됩니다. 내가 이룬 작은 목표들을 스스로 축하하고 인정할 때, 나는 나의 강점을 더욱 확고히 할 수 있으며, 이는 나의 삶의 질을 높이는 데 기여합니다.

또한, '취미 활동을 통해 발견하는 자원'도 큰 의미가 있습니다. 내가 좋아하는 취미를 통해 나는 나의 열정을 느끼고, 그 과정에서 내면의 자원을 발견하게 됩니다. 그림을 그리거나 음악을 연주하는 등 창의적인 활동은 나의 감정을 표현하는 데 큰 도움이 되며, 그 속에서 나는 나의 내면을 더욱 깊이 이해할 수 있습니다. 취미를 통해 느끼는 즐거움은 나에게 긍정적인 에너지를 주고, 내면의 자원을 밝히는 원동력이 됩니다.

'새로운 경험을 시도하는 것'도 내면의 자원을 발견하는 기회가 됩니다. 새로운 도전을 받아들이고 다양한 경험을 통해 나는 나의 한계를 넘어서는 법을 배우게 됩니다. 내가 익숙하지 않은 것을 시도할 때, 나는 나 자신을 발견하게 되고, 그 속에서 나의 잠재력을 확인할 수 있습니다. 새로운 경험은 나에게 다양한 자원을 발견하게 해주며, 나의 삶을 더욱 풍요롭게 만들어줍니다.

마지막으로, '명상이나 마음챙김의 실천'은 내면의 자원을 발견하는 데 큰 도움이 됩니다. 명상을 통해 나는 내면의 소리에 귀 기울이고, 내 감정을 명확히 인식할 수 있게 됩니다. 마음챙김을 통해 나는 현재 순간에 집중하고, 내면의 자원들이 어떻게 나의 삶에 영향을 미치는지를 깨달을 수 있습니다. 이 과정은 나에게 깊은 평화를 주고, 나의 내면의 빛을 발견하는 데 필요한 통찰력을 제공합니다.

결국, 내면의 자원을 발견하는 순간들은 자연 속에서의 시간, 소중한 사람들과의 대화, 작은 성취 인정, 취미 활동, 새로운 경험 시도, 그리고 명상과 마음챙김을 통해 이루어집니다. 이러한 경험들은 나의 내면의 빛을 발견하고, 그것이 나의 삶을 더욱 의미 있게 만들어주는 원동력이 될 수 있음을 깨닫게 합니다. 내 안의 자원을 발견하고 그것을 통해 나의 삶을 풍요롭게 만드는 과정은 나에게 큰 기쁨과 힘을 주며, 앞으로의 여정을 더욱 빛나게 해줄 것입니다.

내면의 자원을 발견하는 과정에서 '일상 속의 루틴을 재정비하는 것'도 큰 의미를 지닙니다. 나는 매일 반복되는 일상이 나에게 지루함을 안겨줄 때가 많지만, 이 일상 속에서도 나의 내면을 탐구할 수 있는 기회를 찾아야 합니다. 일정한 루틴을 세우고, 그 속에서 나의 감정과 에너지를 점검하는 시간을 가지면, 나는 더욱 긍정적이고 생산적인 삶을 살아갈 수 있습니다. 나의 일상을 돌아보며 필요한 부분을 수정하는 것은 내면의 자원을 발견하고 활용하는 데 큰 도움이 됩니다.

또한, '과거의 경험을 되새기는 시간'도 내면의 자원을 발견하는 데 중요한 요소입니다. 내가 겪었던 힘든 경험이나 어려운 순간들은 나를 성장시키는 밑거름이 되었습니다. 이러한 경험들을 되돌아보며, 나는 그 속에서 어떤 교훈을 얻었는지를 살펴보아야 합니다. 과거의 경험은 나의 내면을 더욱 풍부하게 만들어주며, 이를 통해 나는 나의 강점을 재확인하게 됩니다. 나는 나의 과거를 돌아보는 시간을 통해 내면의 자원을 재발견하고, 더 나은 미래를 위한 준비를 할 수 있습니다.

'목표를 향한 한 걸음 한 걸음'을 소중히 여기는 것도 중요합니다. 나는 큰 목표를 이루기 위해 매일 작은 목표를 설정하고, 그 목표를 향해 나아가는 과정에서 내면의 자원을 발견하게 됩니다. 작은 목표를 이루는 데서 오는 성취감은 나에게 큰 힘을 주며, 나의 내면의 자원을 더욱 확고히 하는 데 도움이 됩니다. 목표에 도달하기 위한 과정 속에서 내가 느끼는 성장과 발전은 나의 내면의 빛을 더욱 밝게 만들어 줍니다.

또한, '자연과의 연결을 통한 치유'는 내면의 자원을 발견하는 중요한 방법입니다. 나는 자연 속에서 시간을 보내며 내 안의 불안과 스트레스를 해소할 수 있습니다. 공원에서의 산책, 산속의 트레킹, 바닷가의 조용한 시간 등은 나에게 큰 위안이 됩니다. 자연 속에서 느끼는 평화는 나의 내면을 돌아보게 하고, 그 속에서 나의 내면의 자원을 발견하게 해줍니다. 자연과의 연결은 내게 편안함을 주며, 내 안의 빛을 찾는 과정에서 큰 도움이 됩니다.

'긍정적인 마인드셋을 유지하는 것'도 내면의 자원을 발견하는 데 중요한 요소입니다. 나는 부정적인 생각이 드는 순간, 긍정적인 시각으로 전환하려는 노력을 해야 합니다. 긍정적인 마인드셋은 내가 마주하는 문제들을 해결하는 데 큰 도움을 주며, 나의 내면의 자원을 더욱 발휘할 수 있게 해줍니다. 매일 아침 긍정적인 다짐을 하며 하루를 시작하는 것은 나에게 긍정적인 에너지를 주고, 내면의 자원을 발견하는 데 큰 역할을 합니다.

'자기 연민을 기르는 것' 역시 내면의 자원을 발견하는 데 중요한 방법입니다. 나는 스스로에게 부드럽고 친절하게 대해야 하며, 내 감정을 수용하고 이해하는 태도를 가져야 합니다. 자기 연민은 나를 지지해주는 힘이 되며, 힘든 순간에도 나를 위로할 수 있는 자원이 됩니다. 나는 자기 연민을 통해 내 안의 자원을 발견하고, 더욱 강한 자신으로 나아갈 수 있습니다.

마지막으로, '소중한 추억을 회상하는 시간'은 내면의 자원을 발견하는 데 큰 의미가 있습니다. 나는 과거의 소중한 순간들을 떠올리며, 그때의 감정과 경험을 다시 느껴보는 시간을 가져야 합니다. 이러한 추억들은 나에게 긍정적인 에너지를 주고, 내 삶의 의미를 되새기는 데 도움이 됩니다. 소중한 기억을 떠올리는 것은 내 안의 자원을 재발견하게 해주며, 나의 내면의 빛을 더욱 밝게 만들어줍니다.

결국, 내면의 자원을 발견하는 순간들은 일상 속 루틴 재정비, 과거 경험의 회상, 목표를 향한 작은 걸음, 자연과의 연결, 긍정적인 마인드셋, 자기 연민, 그리고 소중한 추억의 회상 등을 통해 이루어집니다. 이러한 경험들은 나의 내면의 빛을 발견하고, 그것이 나의 삶을 더욱 의미 있게 만들어주는 원동력이 될 수 있음을 깨닫게 합니다. 내면의 자원을 발견하는 과정은 나를 더욱 강하게 하고, 삶을 보다 깊이 있게 만들어주는 기회를 제공합니다.

내면의 자원을 발견하는 과정에서 '영감을 주는 콘텐츠'를 소비하는 것도 매우 중요한 방법입니다. 나는 책, 영화, 음악, 또는 강연과 같은 다양한 매체를 통해 나에게 영감을 주는 이야기를 접해야 합니다. 이러한 콘텐츠는 나의 생각을 자극하고, 새로운 시각을 제공하여 내면의 자원을 발견하는 데 도움을 줍니다. 내가 감동받거나 동기부여를 느끼는 이야기들은 내 마음속 깊은 곳에 숨겨진 가능성을 깨우고, 나의 내면의 빛을 더욱 밝게 만들어 줍니다.

'자신의 강점을 인식하고 강화하는 과정'도 필수적입니다. 나는 내 강점을 알고, 이를 적극적으로 활용해야 합니다. 나의 강점을 식별하고 이를 개발하기 위해 노력하는 것은 내면의 자원을 발견하는 중요한 기회가 됩니다. 내가 잘하는 일에 집중함으로써 나는 자신감을 느끼고, 나의 내면의 자원을 더욱 발전시킬 수 있습니다. 강점을 강화하는 과정은 나에게 긍정적인 에너지를 주고, 내 삶을 더욱 의미 있게 만들어 줍니다.

'규칙적인 운동을 통한 자기 발견'도 내면의 자원을 찾는 데 유익합니다. 운동은 나의 신체적 건강을 유지할 뿐만 아니라, 정신적인 안정감과 자신감을 제공해 줍니다. 내가 운동을 통해 몸과 마음의 경계를 허물고, 더 나은 자신을 발견하게 됩니다. 운동하는 동안 나는 스트레스를 해소하고, 내면의 자원을 재충전할 수 있는 기회를 얻습니다. 신체의 움직임은 내면의 힘을 깨우고, 나의 내면의 빛을 발견하는 과정에서 중요한 역할을 합니다.

또한, '전문적인 도움을 받는 것'도 내면의 자원을 발견하는 데 중요한 방법입니다. 나는 필요할 때 상담사나 코치와 같은 전문가의 도움을 받는 것이 좋습니다. 전문가와의 대화는 나의 감정을 정리하고, 내면의 문제를 이해하는 데 큰 도움이 됩니다. 그들은 나에게 새로운 시각과 전략을 제공하여, 내가 내면의 자원을 발견하는 데 필요한 길잡이가 되어 줄 수 있습니다. 전문가의 조언을 통해 나는 더욱 깊이 있는 자기 이해를 이룰 수 있게 됩니다.

'자신만의 마인드풀니스 실천'은 내면의 자원을 발견하는 데 유용한 방법입니다. 마인드풀니스는 현재 순간에 집중하는 연습으로, 내가 느끼는 감정과 생각을 있는 그대로 인식하는 데 도움이 됩니다. 이러한 연습을 통해 나는 내면의 소리에 귀 기울이고, 내가 어떤 자원을 가지고 있는지를 발견할 수 있습니다. 매일 몇 분간의 마인드풀니스 연습은 내게 큰 평화와 안정감을 주며, 내면의 자원을 탐구하는 데 필요한 공간을 마련해 줍니다.

또한, '자기 발전을 위한 목표 설정'이 중요합니다. 나는 나의 내면의 자원을 발견하기 위해 구체적인 목표를 세우고 이를 향해 나아가야 합니다. 목표는 나에게 동기를 부여하고, 내가 내면의 자원을 발휘할 수 있는 기회를 제공합니다. 목표를 설정하고 이를 달성하는 과정 속에서 나는 나의 성장과 발전을 느끼게 되며, 이는 나의 내면의 자원을 발견하는 데 큰 도움이 됩니다. 나의 목표는 나를 더욱 강하게 만들고, 내면의 빛을 더욱 밝게 비출 수 있게 해줍니다.

마지막으로, '일상에서의 작은 기적을 찾는 것'도 내면의 자원을 발견하는 데 큰 의미가 있습니다. 매일의 삶 속에서 나는 작고 소중한 순간들을 발견해야 합니다. 햇살이 비추는 순간, 사랑하는 사람의 미소, 맛있는 음식 한 입 등과 같은 작은 기적들은 나의 마음을 따뜻하게 하고, 내 안의 빛을 더욱 밝게 만들어 줍니다. 이러한 순간들을 놓치지 않고 기억하며, 감사의 마음을 가지는 것은 내면의 자원을 발견하는 데 있어 큰 도움이 됩니다.

결국, 내면의 자원을 발견하는 순간들은 영감을 주는 콘텐츠 소비, 강점 인식과 강화, 규칙적인 운동, 전문가의 도움, 마인드풀니스 실천, 목표 설정, 그리고 일상 속 작은 기적 찾기를 통해 이루어집니다. 이러한 경험들은 나의 내면의 빛을 발견하고, 그것이 나의 삶을 더욱 의미 있게 만들어주는 원동력이 될 수 있음을 깨닫게 합니다. 내면의 자원을 발견하는 여정은 나를 더욱 강하게 하고, 나의 삶을 더 풍요롭게 만들어주는 기회가 될 것입니다.

나를 빛나게 하는 것들

17

우리의 삶에는 우리가 누리고 있는 작은 것들이나 특별한 경험들이 있으며, 이러한 요소들은 나를 빛나게 만드는 힘이 됩니다. 내가 진정으로 소중히 여기는 것들을 찾아내고 그것들을 인식하는 과정은 내면의 빛을 더욱 환하게 하는 데 큰 도움이 됩니다. 이러한 것들은 나의 자아를 강화하고, 삶의 질을 높이는 데 필수적인 요소가 됩니다.

먼저, '사랑하는 사람들과의 관계'는 나를 빛나게 하는 가장 중요한 요소 중 하나입니다. 가족, 친구, 연인 등 나에게 소중한 사람들과의 유대감은 내 마음에 큰 안정을 주고, 삶의 의미를 더해 줍니다. 이들과의 대화와 교류는 나에게 긍정적인 에너지를 주며, 그 속에서 나의 내면의 빛을 더욱 발견하게 됩니다. 사랑하는 사람들과의 소중한 순간들을 기억하고, 그 관계를 소중히 여기는 것은 내 삶을 더욱 풍요롭게 만들어줍니다.

또한, '자연의 아름다움'도 나를 빛나게 하는 요소입니다. 자연 속에서의 시간은 나에게 힐링을 주고, 내 마음을 평화롭게 만들어 줍니다. 아름다운 풍경을 바라보며 느끼는 감정은 나의 내면의 빛을 더욱 밝게 해주는 힘이 됩니다. 나는 바람의 소리, 나뭇잎의 흔들림, 그리고 맑은 하늘을 보며 그 속에서 나의 존재의 의미를 찾게 됩니다. 자연은 내게 진정한 안식처가 되어주며, 내면의 평화를 찾아가는 여정을 돕습니다.

'열정적으로 몰두하는 취미 활동'도 나를 빛나게 해주는 중요한 요소입니다. 내가 좋아하는 취미를 통해 나는 나의 열정과 창의력을 발휘할 수 있습니다. 그림 그리기, 음악 연주, 글쓰기 등과 같은 활동은 나의 감정을 표현하고, 나의 내면을 더욱 깊이 탐구하는 기회를 제공합니다. 이러한 활동을 통해 나는 내면의 자원을 발견하게 되고, 그것이 나를 더욱 빛나게 만들어줍니다. 몰입하는 순간은 나에게 진정한 만족과 행복을 안겨주는 시간이 됩니다.

또한, '성취감'을 느끼는 순간들도 나를 빛나게 합니다. 내가 설정한 목표를 이루었을 때, 그 성취감은 나에게 큰 힘이 됩니다. 작은 목표부터 시작해 하나하나 이루어 나가면서 느끼는 기쁨은 나를 더욱 강하게 만들어줍니다. 목표를 향해 나아가는 과정 속에서의 성장과 발전은 나에게 긍정적인 에너지를 주고, 나의 내면의 빛을 밝히는 데 큰 도움이 됩니다. 나의 노력과 성취를 인정하고 축하하는 것은 나의 자아를 더욱 강화하는 데 필수적입니다.

'자기 돌봄의 실천'도 나를 빛나게 하는 중요한 요소입니다. 나는 나 자신을 소중히 여기고, 필요한 돌봄을 주는 것이 필요합니다. 정기적으로 자신을 위해 시간을 할애하고, 건강한 식습관과 운동을 실천함으로써 나는 내 안의 에너지를 유지할 수 있습니다. 자기 돌봄은 나에게 안정감을 주고,

내면의 빛을 발견하는 데 중요한 기반이 됩니다. 나를 사랑하고 돌보는 과정은 나의 삶을 더욱 의미 있게 만들어줍니다.

마지막으로, '내면의 성장과 발전을 위한 노력'도 나를 빛나게 하는 핵심 요소입니다. 나는 지속적으로 배우고 성장하기 위해 노력해야 합니다. 새로운 지식과 경험을 쌓아가면서 나는 내면의 자원을 발견하게 되고, 나 자신을 더욱 발전시킬 수 있는 기회를 얻게 됩니다. 자기 개발에 대한 노력은 나를 더욱 빛나게 하고, 내 삶의 방향성을 명확하게 하는 데 기여합니다.

결국, 나를 빛나게 하는 것들은 사랑하는 사람들과의 관계, 자연의 아름다움, 열정적인 취미 활동, 성취감, 자기 돌봄, 그리고 내면의 성장과 발전을 위한 노력을 통해 이루어집니다. 이러한 요소들은 나의 내면의 빛을 발견하고, 그것이 나의 삶을 더욱 의미 있게 만들어주는 원동력이 될 수 있음을 깨닫게 합니다. 나를 빛나게 하는 것들을 인식하고 소중히 여기는 과정은 나의 삶을 더욱 풍요롭고 행복하게 만들어줄 것입니다.

'감사하는 마음을 갖는 것'도 나를 빛나게 하는 중요한 요소입니다. 나는 매일의 일상 속에서 감사할 수 있는 작은 것들을 발견해야 합니다. 사랑하는 사람의 미소, 아름다운 자연 풍경, 따뜻한 한 끼 식사 등 일상에서 흔히 지나치는 것들 속에서도 큰 행복을 느낄 수 있습니다. 감사하는 마음을 가지면 나는 내 삶의 소중함을 느끼게 되고, 그 속에서 나의 내면의 빛을 더욱 발견하게 됩니다. 매일 감사일기를 쓰는 것은 내가 누리는 것들에 대한 인식을 높여주고, 긍정적인 감정을 불러일으키는 데 큰 도움이 됩니다.

또한, '다양한 경험을 통해 나를 발견하는 것'도 나를 빛나게 합니다. 새로운 경험을 시도하고, 다른 문화를 접하는 것은 나의 시야를 넓히고 내면의 자원을 발견하는 데 도움이 됩니다. 여행을 통해 새로운 환경과 사람들을 만나고, 그들의 삶의 방식과 가치관을 이해하는 과정은 내 안의 빛을 더욱 밝게 해줍니다. 다양한 경험은 나에게 새로운 시각을 제공하고, 내가 몰랐던 나 자신을 발견하게 해줍니다.

'미소 짓는 것'도 나를 빛나게 하는 간단하면서도 강력한 방법입니다. 나는 매일 조금씩 미소를 지으며 긍정적인 에너지를 주변과 나누어야 합니다. 미소는 나에게 행복을 불러일으키고, 주변 사람들에게도 긍정적인 영향을 미칩니다. 미소를 지을 때, 나는 내 안의 빛을 더욱 밝게 비출 수 있으며, 나의 감정이 긍정적으로 변화하는 것을 느낄 수 있습니다. 작은 미소가 나의 하루를 더욱 빛나게 해주고, 내면의 자원을 강화하는 데 큰 역할을 합니다.

또한, '자기 표현의 자유'를 갖는 것이 중요합니다. 나는 나의 생각과 감정을 솔직하게 표현할 수 있어야 합니다. 이를 통해 나는 나의 정체성을 확립하고, 내면의 자원을 발견하게 됩니다. 글쓰기, 그림 그리기, 음악 연주 등 다양한 방식으로 나를 표현하는 것은 내 감정을 해소하고, 내 안의 빛을 드러내는 기회가 됩니다. 자기 표현은 나에게 큰 위안이 되며, 내면의 자원을 강화하는 데 중요한 역할을 합니다.

'자신의 이야기를 나누는 것'도 나를 빛나게 하는 중요한 경험입니다. 나의 경험과 이야기를 다른 사람들과 나누는 과정에서 나는 깊은 연결을 느끼게 됩니다. 이를 통해 나는 나의 내면을 더욱 깊이 이해하게 되고, 다른 사람들의 이야기에서 배우는 기회를 얻습니다. 나의 이야기가 누군가에게 힘이 되고, 서로의 경험을 공유함으로써 우리는 더 큰 연대감을 느끼게 됩니다. 이 과정은 나를 더욱 빛나게 하고, 내면의 자원을 더욱 확고히 하는 데 큰 도움이 됩니다.

또한, '정서적 회복을 위한 시간'을 갖는 것이 중요합니다. 나는 힘든 경험을 겪었을 때, 충분히 감정을 정리하고 회복할 수 있는 시간을 가져야 합니다. 이 과정에서 나의 감정을 인정하고, 내가 느끼는 고통과 슬픔을 수용하는 것이 필요합니다. 정서적으로 회복되는 과정 속에서 나는 내 안의 강인함을 발견하게 되고, 내면의 자원을 더욱 강화할 수 있습니다. 회복의 시간은 나에게 내면의 평화를 가져다주며, 다시 한 번 나를 빛나게 할 기회를 제공합니다.

마지막으로, '자신의 꿈을 시각화하는 연습'을 통해 내 안의 빛을 찾는 것도 중요합니다. 나는 내가 원하는 미래의 모습을 생생하게 상상하며, 그 꿈을 이루기 위한 계획을 세워야 합니다. 꿈을 시각화하는 과정은 나에게 동기를 부여하고, 목표를 향해 나아가는 힘을 줍니다. 내가 그리는 꿈이 나의 내면의 자원과 연결될 때, 나는 그 꿈을 이루기 위해 더욱 열심히 노력하게 됩니다.

결국, 나를 빛나게 하는 것들은 감사하는 마음, 다양한 경험, 미소 짓기, 자기 표현의 자유, 자신의 이야기를 나누는 것, 정서적 회복의 시간, 그리고 꿈을 시각화하는 연습을 통해 이루어집니다. 이러한 요소들은 나의 내면의 빛을 발견하고, 그것이 나의 삶을 더욱 의미 있게 만들어주는 원동력이 될 수 있음을 깨닫게 합니다. 나를 빛나게 하는 것들을 소중히 여기는 과정은 나의 삶을 더욱 풍요롭고 행복하게 만들어줄 것입니다.

'일상 속 작은 의식'을 만드는 것도 나를 빛나게 하는 방법입니다. 나는 하루의 시작과 끝에 나만의 의식을 두어야 합니다. 아침에 긍정적인 다짐을 하거나, 저녁에 하루를 돌아보는 시간을 가지는 것과 같은 간단한 의식들은 나에게 안정감과 여유를 줍니다. 이러한 의식은 나의 하루를 의미 있게 만들어주고, 내면의 자원을 강화하는 데 큰 역할을 합니다. 매일 반복되는 작은 의식이 쌓이면서 나는 점점 더 나 자신을 이해하고, 내면의 빛을 발견하게 됩니다.

또한, '건강한 삶을 위한 식습관'을 유지하는 것도 나를 빛나게 하는 요소입니다. 나는 균형 잡힌 식단을 통해 내 몸에 필요한 영양소를 공급받고, 건강한 몸을 유지해야 합니다. 건강한 식습관은 나에게 에너지를 주고, 긍정적인 마인드셋을 유지하는 데 큰 도움이 됩니다. 몸이 건강해야 마음도 건강할 수 있으며, 이는 내면의 빛을 더욱 밝게 해주는 기반이 됩니다. 스스로의 몸을 잘 돌보는 것은 나의 내면을 존중하는 중요한 행위입니다.

'자신의 감정에 솔직해지는 것'도 나를 빛나게 하는 중요한 요소입니다. 나는 내 감정을 숨기거나 억누르지 말고, 솔직하게 느끼고 표현해야 합니다. 기쁨, 슬픔, 분노 등 다양한 감정을 인정하고 수용하는 것은 내면의 자원을 발견하는 데 필수적입니다. 내 감정을 솔직하게 마주함으로써 나는 나의 내면을 더욱 깊이 이해하게 되고, 그 속에서 나의 빛을 발견할 수 있습니다. 감정은 나의 본질적인 부분이며, 이를 인정하는 것은 나 자신을 사랑하는 데 큰 도움이 됩니다.

또한, '긍정적인 자극을 주는 콘텐츠 소비'도 중요합니다. 나는 영감을 주는 책이나 영화, 음악을 통해 내 안의 자원을 발견하고 강화할 수 있습니다. 긍정적인 메시지를 전달하는 콘텐츠는 나의 마음을 감동시키고, 나의 내면의 빛을 더욱 환하게 밝혀줍니다. 내가 접하는 콘텐츠가 나에게 주는 영향을 소중히 여기고, 이를 통해 나의 삶을 더욱 풍요롭게 만들어야 합니다.

'자신을 격려하는 습관'도 나를 빛나게 하는 중요한 요소입니다. 나는 내가 이룬 성과와 노력을 스스로 칭찬하고 격려하는 습관을 가져야 합니다. 매일 작은 성취를 인정하고 스스로에게 격려의 말을 건네는 것은 내 자신에게 긍정적인 에너지를 줍니다. 이러한 습관은 나의 내면의 자원을 발견하게 하고, 앞으로 나아갈 수 있는 힘을 줍니다. 나 자신을 격려하는 것은 나의 존재 가치를 높이는 중요한 과정입니다.

또한, '자신의 정체성을 확립하는 것'도 나를 빛나게 하는 핵심 요소입니다. 나는 내가 누구인지, 무엇을 원하는지를 깊이 탐구해야 합니다. 자신의 정체성을 인식하고 확립하는 과정은 나의 내면의 자원을 발견하는 데 중요한 기회가 됩니다. 내가 진정으로 원하는 삶의 방향을 명확히 할수록, 나는 더욱 강한 자신을 발견하게 됩니다. 이는 내 안의 빛을 더욱 밝히는 과정이 될 것입니다.

마지막으로, '일상의 아름다움을 발견하는 것'도 나를 빛나게 하는 중요한 방법입니다. 나는 일상 속에서 소소한 아름다움과 기쁨을 찾아야 합니다. 작은 꽃의 향기, 맛있는 음식, 친구와의 소중한 순간 등을 통해 나는 나의 내면의 자원을 발견하게 됩니다. 이러한 일상의 아름다움을 인식하고 느끼는 것은 나의 마음을 따뜻하게 하고, 내면의 빛을 더욱 밝게 만들어 줍니다.

결국, 나를 빛나게 하는 것들은 일상 속 작은 의식, 건강한 식습관, 감정의 솔직한 표현, 긍정적인 자극, 자기 격려, 정체성 확립, 그리고 일상의 아름다움을 발견하는 것을 통해 이루어집니다. 이러한 경험들은 나의 내면의 빛을 발견하고, 그것이 나의 삶을 더욱 의미 있게 만들어주는 원동력이 될 수 있음을 깨닫게 합니다. 나를 빛나게 하는 것들을 인식하고 소중히 여기는 과정은 나의 삶을 더욱 풍요롭고 행복하게 만들어줄 것입니다.

'정기적인 자기 평가'를 통해 나를 빛나게 하는 것도 중요합니다. 나는 일정한 주기로 스스로를 돌아보는 시간을 가져야 합니다. 내 목표와 성취, 그리고 나의 감정을 점검함으로써 나는 내가 가고 있는 방향이 올바른지를 확인할 수 있습니다. 이러한 자기 평가는 내가 더 나은 방향으로 나아가는 데 필요한 피드백을 제공해 주며, 내면의 자원을 발견하는 데 큰 도움이 됩니다. 나의 현재 상태를 이해하고, 필요한 조정을 함으로써 나는 더 나은 나로 성장할 수 있습니다.

또한, '마음 챙김 연습'을 통해 내면의 자원을 발견하는 것도 좋은 방법입니다. 마음 챙김은 내가 현재 순간에 집중하고, 그 순간을 온전히 느끼는 연습입니다. 하루에 몇 분이라도 마음 챙김의 시간을 가지며, 내 감정과 생각을 관찰하는 것이 필요합니다. 이 과정은 나의 내면을 돌아보는 기회를 제공하고, 내가 진정으로 원하는 것이 무엇인지를 깨닫게 합니다. 마음 챙김은 나의 내면의 빛을 더욱 선명하게 만들어주며, 스트레스를 줄이는 데도 효과적입니다.

'자신의 가치에 맞는 삶을 사는 것'도 나를 빛나게 하는 중요한 요소입니다. 나는 내 가치관과 목표를 명확히 하고, 그에 따라 삶을 꾸려 나가야 합니다. 내가 중요하게 여기는 가치에 맞춰 행동하고 결정을 내리면, 나는 더 큰 만족과 행복을 느낄 수 있습니다. 가치에 충실한 삶을 살 때, 나는 내면의 자원을 더욱 깊이 발견하게 되고, 그것이 나의 빛을 더욱 밝히는 원동력이 됩니다.

또한, '자연과의 연결을 강화하는 것'도 내면의 자원을 발견하는 데 큰 의미가 있습니다. 나는 정기적으로 자연 속에서 시간을 보내고, 자연의 아름다움과 조화를 느끼는 것이 필요합니다. 나무의 소리, 바람의 흐름, 그리고 새의 지저귐은 나에게 큰 위안과 영감을 줍니다. 자연은 나의 마음을 치유해주고, 내 안의 빛을 발견하는 기회를 제공합니다. 자연과의 연결은 내면의 자원을 더욱 풍부하게 만들어주며, 나의 삶을 더욱 의미 있게 해줍니다.

'감정을 나누는 것'도 나를 빛나게 하는 중요한 요소입니다. 나는 신뢰할 수 있는 사람들과 내 감정을 나누고, 그들과의 대화를 통해 나의 내면을 탐구할 수 있습니다. 감정을 나누는 것은 나에게 큰 위안이 되고, 나의 경험을 더 깊이 이해할 수 있는 기회를 제공합니다. 타인과의 소통은 나의 내면의 자원을 발견하는 데 큰 도움을 주며, 나의 삶을 더욱 풍요롭게 만들어 줍니다.

또한, '실패를 통해 배우는 것'은 나를 빛나게 하는 중요한 기회입니다. 실패는 두려운 경험이지만, 그것을 통해 나는 많은 것을 배울 수 있습니다. 실패를 경험하면서 얻은 교훈은 나의 내면을 더욱 성장시키고, 나의 가능성을 확장하는 데 도움이 됩니다. 나는 실패를 두려워하기보다는, 그것을 통해 나의 내면의 자원을 발견하는 기회로 삼아야 합니다. 실패는 나를 더욱 강하게 만드는 중요한 과정입니다.

마지막으로, '내면의 소리에 귀 기울이는 것'은 나를 빛나게 하는 핵심 요소입니다. 나는 나의 진정한 욕구와 감정에 귀 기울이고, 그 소리를 듣는 것이 필요합니다. 내 안의 목소리를 무시하지 않고, 솔직하게 나의 감정을 표현할 때 나는 내면의 빛을 더욱 밝힐 수 있습니다. 내면의 소리를 듣는 것은 나의 진정한 자아를 발견하고, 그것을 통해 더 의미 있는 삶을 살아갈 수 있는 기회를 제공합니다.

결국, 나를 빛나게 하는 것들은 정기적인 자기 평가, 마음 챙김 연습, 가치에 맞는 삶, 자연과의 연결, 감정 나누기, 실패를 통한 배움, 그리고 내면의 소리에 귀 기울이는 것을 통해 이루어집니다. 이러한 경험들은 나의 내면의 빛을 발견하고, 그것이 나의 삶을 더욱 의미 있게 만들어주는 원동력이 될 수 있음을 깨닫게 합니다. 나를 빛나게 하는 것들을 소중히 여기는 과정은 나의 삶을 더욱 풍요롭고 행복하게 만들어줄 것입니다.

'자신을 위한 시간'을 정기적으로 갖는 것도 나를 빛나게 하는 중요한 요소입니다. 우리는 일상에서 많은 역할을 수행하며 분주하게 살아가지만, 스스로에게 시간을 주는 것은 필수적입니다. 이 시간을 통해 나는 나의 생각과 감정을 정리하고, 나 자신을 되돌아보는 기회를 가질 수 있습니다. 자기 반성의 시간을 통해 나는 나의 필요와 원하는 바를 명확히 할 수 있으며, 이를 통해 내면의 자원을 더욱 잘 활용하게 됩니다. 나를 위한 시간을 갖는 것은 내 삶을 더욱 의미 있게 만들어주는 기반이 됩니다.

또한, '긍정적인 자아 이미지 구축'도 나를 빛나게 하는 중요한 과정입니다. 나는 나 자신에 대한 긍정적인 관점을 가져야 하며, 나의 강점과 가능성을 인식해야 합니다. 자신을 사랑하고 존중하는 태도를 기르면서, 나는 내 안의 자원들을 더욱 발휘할 수 있게 됩니다. 긍정적인 자아 이미지는 나에게 자신감을 주고, 삶의 도전을 두려워하지 않도록 도와줍니다. 나는 매일 나의 긍정적인 특성을 적어보거나, 스스로에게 긍정적인 말을 해보는 연습을 통해 이를 강화할 수 있습니다.

또한, '영감이 되는 인물과의 관계'도 나를 빛나게 하는 중요한 요소입니다. 나는 나에게 영감을 주는 멘토나 롤모델과의 관계를 통해 배움과 성장을 얻을 수 있습니다. 그들의 경험과 지혜는 나의 삶의 방향을 설정하는 데 큰 도움이 됩니다. 긍정적인 영향을 주는 사람들과의 소통은 나의 내면의 자원을 발견하고 강화하는 기회를 제공하며, 나의 삶을 더욱 풍요롭게 만들어 줍니다.

'작은 기쁨을 찾는 연습'도 나를 빛나게 하는 중요한 방법입니다. 나는 일상에서 소소한 기쁨을 찾아야 합니다. 아침에 일어났을 때의 상쾌함, 좋아하는 음악을 들을 때의 기분, 친구와의 한 잔의 커피 등 작은 행복을 느끼는 순간들을 놓치지 않아야 합니다. 이러한 작은 기쁨들은 나에게 긍정적인 에너지를 주고, 나의 내면의 빛을 더욱 밝히는 원동력이 됩니다. 매일의 작은 행복들을 인식하고 감사하는 습관을 기르는 것은 내 삶의 질을 높이는 데 큰 도움이 됩니다.

또한, '영혼을 치유하는 활동'은 내면의 자원을 발견하는 데 큰 의미가 있습니다. 나는 명상, 요가, 자연 속 산책 등 내 영혼을 치유할 수 있는 활동을 통해 내 마음의 평화를 찾는 것이 필요합니다. 이러한 활동들은 나의 내면을 깊이 돌아보게 하고, 내 안의 자원들을 발견하게 해줍니다. 영혼을 치유하는 활동을 통해 나는 마음의 안정과 편안함을 느끼며, 내면의 빛을 찾을 수 있는 기회를 얻게 됩니다.

또한, '일상의 루틴을 즐기는 것'도 나를 빛나게 하는 요소입니다. 나는 매일의 루틴을 소중히 여기고, 그 속에서 즐거움을 찾아야 합니다. 아침에 차 한 잔을 마시는 것, 하루를 마무리하는 저녁 시간, 그리고 주말의 여유로운 산책 등 일상의 작은 루틴은 나에게 큰 행복을 줍니다. 이러한 일상의 즐거움은 나의 내면의 자원을 더욱 풍부하게 하고, 삶을 더욱 의미 있게 만들어 줍니다.

마지막으로, '감정의 솔직한 표현'은 내면의 자원을 발견하는 데 큰 도움이 됩니다. 나는 나의 감정을 억누르지 않고, 솔직하게 표현할 수 있어야 합니다. 기쁨, 슬픔, 분노와 같은 감정을 인정하고 표현하는 과정은 내 마음을 가볍게 하고, 내면의 빛을 발견하게 합니다. 감정을 솔직하게 드러내는 것은 내면의 자원을 발굴하고, 나의 진정한 자아를 드러내는 중요한 과정입니다.

결국, 나를 빛나게 하는 것들은 자신을 위한 시간, 긍정적인 자아 이미지 구축, 영감을 주는 인물과의 관계, 작은 기쁨 찾기, 영혼을 치유하는 활동, 일상의 루틴 즐기기, 그리고 감정의 솔직한 표현을 통해 이루어집니다. 이러한 경험들은 나의 내면의 빛을 발견하고, 그것이 나의 삶을 더욱 의미 있게 만들어주는 원동력이 될 수 있음을 깨닫게 합니다. 나를 빛나게 하는 것들을 인식하고 소중히 여기는 과정은 나의 삶을 더욱 풍요롭고 행복하게 만들어줄 것입니다.

'창의적인 사고를 자극하는 활동'은 나를 빛나게 하는 중요한 방법입니다. 나는 다양한 방식으로 창의력을 발휘하는 활동을 통해 내 안의 잠재력을 발견할 수 있습니다. 그림을 그리거나, 음악을 작곡하거나, 글을 쓰는 등 창의적인 작업은 나의 감정을 표현하고 내면의 자원을 활성화하는 데 큰 도움이 됩니다. 창의적인 활동을 통해 나는 새로운 아이디어를 발견하고, 그 과정에서 내 자신을 더욱 깊이 이해하게 됩니다. 창의성은 내면의 빛을 밝히는 중요한 요소입니다.

또한, '사회적 봉사와 나눔의 실천'은 나를 빛나게 하는 또 다른 방법입니다. 나는 주변 사람들과 나눔의 활동에 참여함으로써 큰 보람을 느낄 수 있습니다. 도움의 손길이 필요한 이들에게 손을 내밀고, 그들의 삶에 긍정적인 영향을 미칠 때 나는 내 안의 자원을 더욱 발견하게 됩니다. 봉사 활동을 통해 얻는 기쁨과 감사는 나의 내면의 빛을 더욱 밝게 비추어 줍니다. 나눔의 경험은 나에게 깊은 행복을 주고, 내 삶의 의미를 더욱 풍요롭게 만들어 줍니다.

'스스로의 한계를 뛰어넘는 도전'도 나를 빛나게 하는 요소입니다. 나는 두려움이나 불안감을 느끼는 순간에도 도전적인 목표를 설정하고 이를 향해 나아가는 것이 필요합니다. 새로운 분야에 도전하거나, 익숙하지 않은 일에 도전하는 과정에서 나는 내 안의 가능성을 발견하게 됩니다. 도전은 나에게 새로운 경험을 선사하고, 그 속에서 나의 내면의 빛을 찾아가는 기회를 제공합니다. 도전은 나를 성장하게 하고, 내면의 자원을 더욱 강화하는 데 기여합니다.

또한, '자연 속에서의 명상'은 내면의 자원을 발견하는 데 큰 도움이 됩니다. 나는 조용한 자연 속에서 마음을 가라앉히고, 깊은 호흡을 하며 명상하는 시간을 가져야 합니다. 자연의 소리와 바람, 그리고 그 속에서 느끼는 평화는 나에게 큰 위안과 안정감을 줍니다. 명상은 내면의 소리에 귀 기울일 수 있는 기회를 제공하며, 내 안의 자원을 발견하는 데 필수적인 방법입니다. 이러한 명상의 시간은 내 삶의 속도를 조절하고, 내면의 빛을 더욱 밝히는 데 기여합니다.

'스스로에게 긍정적인 대화하기'는 나를 빛나게 하는 데 필요한 과정입니다. 나는 나의 내면의 목소리에 귀 기울이고, 스스로에게 긍정적인 말을 건네는 것이 필요합니다. 매일 아침 거울을 보며 "나는 충분히 가치 있는 존재이다"라고 스스로에게 말해주는 것은 큰 힘이 됩니다. 긍정적인 대화는 내 안의 자원을 발견하고, 자신감을 높이는 데 도움이 됩니다. 스스로를 긍정적으로 바라보는 과정은 내면의 빛을 더욱 강화해 주는 중요한 요소입니다.

또한, '자신의 성취를 기념하는 것'도 나를 빛나게 하는 중요한 방법입니다. 나는 작은 성취라도 소중히 여기고, 이를 축하하는 시간을 가져야 합니다. 목표를 달성했을 때, 내가 이룬 성취를 돌아보며 자신에게 상을 주는 것은 나에게 큰 기쁨을 줍니다. 성취를 기념하는 과정은 내 안의 자원을 더욱 강화하고, 앞으로 나아갈 수 있는 동기를 부여합니다. 나의 성취를 인정하고 축하하는 것은 나의 존재 가치를 높이는 데 큰 도움이 됩니다.

마지막으로, '하루를 마무리하는 루틴'을 갖는 것은 나를 빛나게 하는 중요한 요소입니다. 나는 하루의 끝에 나만의 마무리 루틴을 만들어야 합니다. 저녁에 잠시 시간을 내어 하루를 돌아보고, 감사한 일을 떠올리는 것은 내 마음을 편안하게 해줍니다. 이러한 마무리 루틴은 내일을 준비하는 데 필요한 여유를 주고, 내면의 자원을 재충전하는 기회를 제공합니다. 하루를 마무리하며 느끼는 평화는 내 안의 빛을 더욱 밝게 비추어줍니다.

결국, 나를 빛나게 하는 것들은 창의적인 사고 자극, 사회적 봉사와 나눔의 실천, 한계를 뛰어넘는 도전, 자연 속에서의 명상, 긍정적인 대화, 성취 기념, 그리고 하루를 마무리하는 루틴을 통해 이루어집니다. 이러한 경험들은 나의 내면의 빛을 발견하고, 그것이 나의 삶을 더욱 의미 있게 만들어주는 원동력이 될 수 있음을 깨닫게 합니다. 나를 빛나게 하는 것들을 인식하고 소중히 여기는 과정은 나의 삶을 더욱 풍요롭고 행복하게 만들어줄 것입니다.

'목표를 다시 설정하는 것'도 나를 빛나게 하는 중요한 방법입니다. 때로는 목표를 설정한 후 시간이 지나면서 그 목표가 나의 가치관이나 상황에 맞지 않게 변할 수 있습니다. 이런 경우, 나는 목표를 재조정하는 과정을 통해 나 자신을 새롭게 발견할 수 있습니다. 내가 진정으로 원하는 목표를 찾고 이를 설정하는 과정은 내면의 자원을 더욱 강화하는 데 큰 도움이 됩니다. 목표가 나의 가치에 부합할 때, 나는 더욱 강한 동기를 느끼고 목표를 이루기 위해 나아갈 수 있습니다.

또한, '나의 관심사를 탐구하는 것'은 내면의 자원을 발견하는 좋은 방법입니다. 나는 새로운 관심사를 찾아보고, 이를 깊이 있게 탐구하는 시간을 가져야 합니다. 예를 들어, 내가 좋아하는 취미나 새로운 분야에 대해 배우는 것은 나에게 큰 즐거움과 성취감을 줍니다. 관심사를 탐구하는 과정에서 나는 나의 가능성을 발견하고, 내면의 자원을 더욱 확장할 수 있습니다. 새로운 것을 배우는 경험은 나의 내면의 빛을 더욱 밝게 해줍니다.

'자기 표현을 위한 공간 마련하기'도 나를 빛나게 하는 방법 중 하나입니다. 나는 나의 생각과 감정을 자유롭게 표현할 수 있는 공간을 마련해야 합니다. 이를 위해 나만의 공간이나 시간을 가지는 것이 필요합니다. 그 공간에서 나는 나의 글을 쓰거나, 그림을 그리거나, 음악을 연주하며 내면을 표현할 수 있습니다. 자기 표현의 공간은 나에게 위안과 영감을 주며, 내면의 자원을 발견하는 데 큰 도움이 됩니다.

또한, '감정의 흐름을 받아들이는 것'도 중요한 과정입니다. 나는 내 감정을 억누르지 않고, 그 감정이 흘러가는 것을 인정해야 합니다. 슬픔이나 불안, 기쁨과 같은 다양한 감정을 있는 그대로 받아들이는 것은 나의 내면을 이해하는 데 필수적입니다. 감정을 수용함으로써 나는 더 깊은 자아를 발견하게 되고, 내면의 자원을 더욱 풍부하게 할 수 있습니다. 감정은 나의 삶을 더욱 깊이 있게 만들어주는 중요한 요소입니다.

'커뮤니티와의 연결'도 나를 빛나게 하는 중요한 방법입니다. 나는 관심 있는 분야나 활동에 참여하여 비슷한 관심사를 가진 사람들과 연결되어야 합니다. 커뮤니티의 일원이 되는 것은 나에게 소속감을 주고, 나의 내면의 자원을 발견하는 데 큰 도움을 줍니다. 다른 사람들과의 소통과 협력은 나에게 긍정적인 에너지를 주며, 나의 삶을 더욱 풍요롭게 만들어 줍니다.

또한, '자신의 가치를 다른 사람과 나누는 것'도 나를 빛나게 하는 요소입니다. 나는 나의 지식과 경험을 주변 사람들과 나누며 그들에게 도움을 주는 것이 필요합니다. 누군가에게 긍정적인 영향을 미치고 그들과 함께 성장하는 경험은 나의 내면을 더욱 밝게 만들어줍니다. 나의 가치를 나누는 것은 내 안의 자원을 발굴하고, 나의 삶에 의미를 더해주는 중요한 과정입니다.

마지막으로, '스스로에게 상을 주는 것'도 나를 빛나게 하는 중요한 방법입니다. 내가 목표를 달성했거나 작은 성취를 이루었을 때, 스스로에게 소소한 선물을 주거나 특별한 시간을 가지는 것은 나에게 큰 기쁨이 됩니다. 이러한 상은 나의 노력과 성취를 인정하는 것이며, 내면의 자원을 더욱 강화하는 데 큰 도움이 됩니다. 나를 위한 작은 보상은 내가 더 나은 자신으로 성장할 수 있도록 격려해주는 중요한 요소입니다.

결국, 나를 빛나게 하는 것들은 목표 재설정, 관심사 탐구, 자기 표현 공간 마련, 감정의 흐름 수용, 커뮤니티와의 연결, 나눔의 실천, 그리고 스스로에게 상을 주는 것을 통해 이루어집니다. 이러한 경험들은 나의 내면의 빛을 발견하고, 그것이 나의 삶을 더욱 의미 있게 만들어주는 원동력이 될 수 있음을 깨닫게 합니다. 나를 빛나게 하는 것들을 소중히 여기는 과정은 나의 삶을 더욱 풍요롭고 행복하게 만들어줄 것입니다.

'일상의 리듬을 조절하는 것' 또한 나를 빛나게 하는 중요한 요소입니다. 나는 바쁜 일상 속에서 종종 압박감을 느끼곤 합니다. 이런 때, 일상의 속도를 조절하고 나만의 리듬을 찾는 것이 필요합니다. 아침에 일찍 일어나 하루를 계획하거나, 저녁에 잠시 쉬며 하루를 돌아보는 루틴은 내 마음을 가라앉히고, 내면의 자원을 다시 발견하게 해줍니다. 나의 일상에서 규칙적인 시간을 만들고, 필요할 때는 여유를 주는 것은 내 안의 빛을 더 밝게 할 수 있는 방법입니다.

또한, '심리적 안정감을 찾는 것'도 나를 빛나게 하는 데 필수적입니다. 나는 정서적으로 안정된 상태를 유지하는 것이 중요하다는 것을 깨달아야 합니다. 스트레스를 줄이기 위해 명상, 요가, 또는 자연 속에서의 산책과 같은 활동을 통해 내 마음의 평화를 찾아야 합니다. 심리적 안정감은 내면의 자원을 발굴하는 데 필수적인 기초가 되며, 이를 통해 나는 더욱 긍정적인 에너지를 얻을 수 있습니다.

'소중한 사람들과의 시간'을 보내는 것도 내면의 자원을 발견하는 데 큰 도움이 됩니다. 나는 사랑하는 사람들과의 대화를 통해 서로의 감정을 나누고, 그로 인해 나의 내면을 더 깊이 이해하게 됩니다. 가족, 친구, 동료와의 소중한 순간들은 나에게 큰 행복과 위안을 주며, 그들로부터 얻는 지혜는 내 삶을 더욱 풍요롭게 만듭니다. 이처럼 인간관계의 깊이는 내면의 빛을 더욱 환하게 해주는 중요한 원동력이 됩니다.

또한, '스스로의 감정을 기록하는 일기쓰기'는 나를 빛나게 하는 중요한 방법입니다. 나는 매일의 감정을 기록하는 시간을 가지며, 그 속에서 나의 감정을 솔직하게 표현해야 합니다. 일기를 통해 나는 내 마음을 정리하고, 내면의 자원들을 발견할 수 있는 기회를 가집니다. 기록된 감정들은 나에게 큰 위안이 되며, 나의 성장과 변화를 돌아보는 데 큰 도움이 됩니다. 일기를 쓰는 과정은 나의 내면을 탐구하고, 스스로를 더욱 이해하는 데 기여합니다.

또한, '작은 실천을 통한 긍정적인 변화'도 나를 빛나게 하는 요소입니다. 나는 매일 작은 변화를 시도해보는 것이 필요합니다. 예를 들어, 건강한 음식을 선택하거나, 운동을 하는 것과 같은 일상 속 작은 실천은 나의 삶을 더욱 건강하게 만들어줍니다. 이러한 변화는 내면의 자원을 강화하고, 내 삶의 질을 높이는 데 중요한 역할을 합니다. 작은 변화가 쌓여 큰 변화를 이루게 되며, 이는 나를 더욱 빛나게 해줍니다.

마지막으로, '기대와 희망을 갖는 것'은 나를 빛나게 하는 필수적인 요소입니다. 나는 내 삶에서 좋은 일들이 일어날 것이라는 믿음을 가져야 합니다. 미래에 대한 긍정적인 시각을 갖는 것은 나의 내면의 빛을 더욱 밝게 비추어 줍니다. 나는 작은 기대를 품고, 그것이 이루어질 것이라는 믿음을 가지고 앞으로 나아가야 합니다. 희망은 나에게 힘을 주고, 더 나은 삶을 위한 원동력이 되어줍니다.

결국, 나를 빛나게 하는 것들은 일상의 리듬 조절, 심리적 안정 찾기, 소중한 사람들과의 시간, 감정 기록하기, 작은 실천을 통한 변화, 그리고 기대와 희망을 갖는 것을 통해 이루어집니다. 이러한 경험들은 나의 내면의 빛을 발견하고, 그것이 나의 삶을 더욱 의미 있게 만들어주는 원동력이 될 수 있음을 깨닫게 합니다. 나를 빛나게 하는 것들을 소중히 여기는 과정은 나의 삶을 더욱 풍요롭고 행복하게 만들어줄 것입니다.

나의 잠재력을 깨우기

18

우리 각자 안에는 무한한 잠재력이 존재합니다. 그러나 그 잠재력을 깨우고 실현하기 위해서는 자각과 노력, 그리고 용기가 필요합니다. 나는 이 글을 통해 나의 잠재력을 발견하고 실현하는 방법에 대해 이야기하고자 합니다. 잠재력은 단순한 가능성에 그치는 것이 아니라, 내가 진정으로 원하는 삶을 살기 위한 중요한 열쇠입니다.

먼저, '자신에 대한 믿음'을 가지는 것이 잠재력을 깨우는 첫걸음입니다. 나는 내가 할 수 있다는 믿음을 가져야 하며, 그 믿음이 내 잠재력을 자극하는 원동력이 됩니다. 나 자신을 긍정적으로 바라보는 것은 나의 내면을 강화하는 중요한 과정입니다. 스스로에 대한 신뢰가 없으면 잠재력을 발휘하기 어려운 법이기 때문에, 나는 매일 긍정적인 자기 대화를 통해 내 자신을 격려해야 합니다. 나의 강점과 가능성을 인정하고, 나를 믿는 것은 내면의 빛을 더욱 밝히는 기초가 됩니다.

또한, '목표 설정'은 잠재력을 깨우는 데 매우 중요한 역할을 합니다. 나는 구체적이고 실현 가능한 목표를 설정함으로써 내 잠재력을 발견할 수 있는 기회를 얻습니다. 목표는 나에게 방향성을 제공하고, 나의 잠재력을 실현하기 위한 로드맵이 됩니다. 목표를 달성하기 위한 단계별 계획을 세우고, 작은 성취를 이루어 나가는 과정은 나의 자신감을 높이고, 내면의 자원을 발휘하는 데 큰 도움이 됩니다.

'도전하는 태도'를 유지하는 것 역시 중요합니다. 나는 새로운 경험에 대한 두려움을 극복하고, 나를 불편하게 만드는 상황에 스스로를 내보내야 합니다. 도전은 나의 한계를 확장하고, 새로운 가능성을 발견하는 기회를 제공합니다. 나는 불확실성을 두려워하기보다는, 그 속에서 배우고 성장할 수 있다는 믿음을 가져야 합니다. 도전은 내 잠재력을 깨우는 중요한 과정이며, 이를 통해 나는 더 나은 나로 발전할 수 있습니다.

또한, '지속적인 학습'은 잠재력을 발견하는 데 필수적입니다. 나는 새로운 지식과 기술을 배우고, 나의 관심 분야에 대해 깊이 있는 연구를 통해 내 잠재력을 더욱 발전시켜야 합니다. 배우는 과정에서 나는 나의 한계를 넘어설 수 있는 기회를 얻고, 내 안의 자원을 발견하게 됩니다. 새로운 것을 배우는 경험은 나의 시야를 넓혀주고, 더 많은 가능성을 열어주는 열쇠가 됩니다.

'자신의 감정을 이해하고 수용하는 것'도 잠재력을 깨우는 데 중요한 역할을 합니다. 나는 내 감정을 솔직하게 마주하고, 그 감정이 나에게 어떤 메시지를 전달하고 있는지를 이해해야 합니다. 감정을 수용함으로써 나는 나의 내면을 더욱 깊이 탐구하게 되고, 내 잠재력을 발견하는 데 필요한 기반을 마련할 수 있습니다. 감정은 나의 경험을 형성하는 중요한 요소이며,

이를 통해 나는 나 자신을 더욱 잘 이해할 수 있습니다.

마지막으로, '자신의 성공 사례를 돌아보는 것'도 잠재력을 깨우는 데 도움이 됩니다. 나는 과거의 성취를 되돌아보며, 그 과정에서 내가 어떻게 성장했는지를 돌아보는 시간을 가져야 합니다. 성공의 경험은 나에게 자신감을 주고, 나의 잠재력을 실현하는 데 필요한 동기를 부여합니다. 내가 이룬 성취를 돌아보는 것은 나의 내면의 자원을 확인하고, 앞으로 나아갈 수 있는 길을 제시해 줍니다.

결국, 나의 잠재력을 깨우기 위한 과정은 자신에 대한 믿음, 목표 설정, 도전하는 태도, 지속적인 학습, 감정의 이해와 수용, 그리고 성공 사례의 회상을 통해 이루어집니다. 이러한 경험들은 나의 내면의 빛을 발견하고, 그것이 나의 삶을 더욱 의미 있게 만들어주는 원동력이 될 수 있음을 깨닫게 합니다. 내 잠재력을 깨우는 여정은 나를 더욱 강하게 만들고, 나의 삶을 더욱 풍요롭게 만들어줄 것입니다.

'자신의 강점을 명확히 인식하는 것'도 잠재력을 깨우는 데 중요한 과정입니다. 나는 내가 잘하는 것과 내가 좋아하는 것의 교차점을 찾아야 합니다. 내가 자연스럽게 잘할 수 있는 일, 즉 내 강점은 내가 가진 잠재력을 가장 잘 발휘할 수 있는 영역입니다. 이러한 강점을 명확히 인식하고 이를 개발하는 것은 내 잠재력을 최대한 활용할 수 있는 기회를 제공합니다. 강점을 발견하고 그에 맞는 방향으로 나아갈 때, 나는 더욱 깊은 만족감을 느낄 수 있으며, 내면의 자원을 더욱 확장할 수 있습니다.

또한, '정기적으로 자기 점검하기'는 나의 잠재력을 깨우는 데 필수적인 단계입니다. 나는 자신의 목표와 성취를 점검하며, 진전을 확인하고 조정할 필요가 있습니다. 정기적인 자기 점검은 나의 방향성을 유지하고, 나의 성장 과정을 확인하는 기회를 제공합니다. 이 과정을 통해 나는 나의 잠재력을 더욱 명확하게 인식하게 되고, 내가 이루고자 하는 목표를 더욱 분명히 할 수 있습니다.

'두려움을 관리하는 방법'을 배우는 것도 매우 중요합니다. 많은 사람들이 두려움으로 인해 잠재력을 발휘하지 못하는 경우가 많습니다. 나는 두려움을 부정적인 감정으로만 인식하지 말고, 그것을 성장의 기회로 삼아야 합니다. 두려움은 나에게 경고 신호가 될 수 있으며, 이를 통해 내가 나아가야 할 방향을 재조정할 수 있습니다. 두려움을 관리하고 극복하는 과정은 내 잠재력을 깨우는 데 필요한 중요한 경험이 됩니다.

또한, '일상적인 작은 도전들'도 나의 잠재력을 깨우는 데 큰 도움이 됩니다. 나는 매일 작은 도전을 시도해보는 것이 필요합니다. 새로운 음식을 시도하거나, 익숙하지 않은 경로로 출퇴근하는 등의 작은 변화는 나에게 새로운 경험을 제공합니다. 이런 일상 속에서의 작은 도전들은 나의 사고방식을 넓히고, 나의 내면의 자원을 발견하는 기회를 제공합니다. 작은 도전들이 쌓여 나의 자신감을 키우고, 나의 잠재력을 깨우는 데 기여합니다.

'전문적인 도움을 받는 것' 또한 중요한 방법입니다. 나는 필요할 때 멘토나 코치, 혹은 상담사의 도움을 받는 것이 좋습니다. 그들은 나의 목표를 설정하고, 실행하는 데 필요한 피드백을 제공해 줄 수 있는 전문가입니다. 그들과의 대화는 내가 놓치고 있던 부분을 인식하게 해주며, 나의 잠재력을 최대한 발휘하는 데 큰 도움이 됩니다. 전문가의 조언을 통해 나는 더욱 효과적으로 내 잠재력을 깨우고 성장할 수 있는 길을 찾게 됩니다.

　또한, '자신의 이야기를 기록하는 것'은 내 잠재력을 깨우는 데 매우 효과적입니다. 나는 내 경험과 감정을 일기나 블로그 등의 형태로 기록하며 나를 돌아보는 시간을 가져야 합니다. 이 기록은 나의 성장 과정을 명확히 하고, 내가 어떻게 발전해왔는지를 인식하는 데 도움이 됩니다. 자신의 이야기를 적는 과정에서 나는 내 잠재력을 발견하게 되고, 앞으로 나아갈 수 있는 자신감을 얻게 됩니다.

　마지막으로, '비전을 세우는 것'은 내 잠재력을 깨우는 데 매우 중요한 요소입니다. 나는 나의 꿈과 목표를 명확히 하고, 이를 실현하기 위한 비전을 세워야 합니다. 비전은 나에게 방향성을 제공하며, 나의 행동을 구체화하는 데 필요한 원동력이 됩니다. 나는 내가 원하는 미래의 모습을 시각화하며, 그 꿈을 향해 나아가는 과정에서 내 잠재력을 발견하게 됩니다. 나의 비전이 나를 이끌고, 내면의 빛을 밝히는 기회가 될 것입니다.

　결국, 나의 잠재력을 깨우기 위한 과정은 강점 인식, 자기 점검, 두려움 관리, 일상의 작은 도전, 전문적인 도움, 이야기 기록, 그리고 비전 세우기를 통해 이루어집니다. 이러한 경험들은 나의 내면의 빛을 발견하고, 그것이 나의 삶을 더욱 의미 있게 만들어주는 원동력이 될 수 있음을 깨닫게 합니다. 내 잠재력을 깨우는 여정은 나를 더욱 강하게 만들고, 나의 삶을 더욱 풍요롭게 만들어줄 것입니다.

'자신에게 도전하는 경험'을 갖는 것도 잠재력을 깨우는 중요한 방법입니다. 나는 익숙한 환경을 벗어나 새로운 상황에 도전함으로써 내 잠재력을 발견할 수 있습니다. 예를 들어, 새로운 기술을 배우거나, 관심 있는 분야의 워크숍에 참여하는 것은 나의 한계를 넓히는 기회가 됩니다. 이러한 도전은 내가 스스로에게 주는 선물이며, 성장의 계기가 됩니다. 도전의 과정을 통해 나는 새로운 가능성을 발견하고, 내면의 자원을 활성화하게 됩니다.

또한, '꾸준한 연습과 반복'이 내 잠재력을 깨우는 데 필수적입니다. 나는 어떤 기술이나 능력을 키우기 위해 지속적으로 연습해야 합니다. 반복적인 연습은 나의 자신감을 높이고, 그 과정에서 나의 잠재력을 실현하는 데 큰 도움을 줍니다. 예를 들어, 운동, 악기 연주, 글쓰기 등 내가 하고 싶은 분야에서 꾸준한 연습을 통해 나의 실력을 향상시키는 것은 매우 중요합니다. 꾸준한 노력은 결국 나의 내면의 빛을 발견하고, 나의 잠재력을 깨우는 길로 이어질 것입니다.

'성장 마인드셋'을 갖는 것도 매우 중요합니다. 나는 실패나 실수를 성장의 기회로 받아들여야 합니다. 성장 마인드셋은 내가 가진 능력이 노력과 경험을 통해 발전할 수 있다는 믿음을 의미합니다. 이러한 마인드셋을 갖게 되면, 나는 도전과 변화를 두려워하지 않고 새로운 가능성에 열려 있게 됩니다. 실패를 두려워하기보다는, 그것이 나의 발전에 도움이 되는 기회임을 인식할 때 나는 내 잠재력을 더욱 발휘할 수 있습니다.

  또한, '자신의 목표를 시각적으로 표현하는 것'도 나의 잠재력을 깨우는 데 유용한 방법입니다. 나는 비전 보드를 만들어 내가 이루고 싶은 목표와 꿈을 시각적으로 표현하는 과정을 통해 그 목표에 대한 의지를 더욱 강화할 수 있습니다. 비전 보드는 나의 꿈을 일상에서 자주 떠올리게 하여, 내 잠재력을 실현하기 위한 지속적인 동기를 제공합니다. 이러한 시각적 표현은 나의 내면의 자원과 연결되어 나의 행동을 구체화하는 데 큰 역할을 합니다.

  '관계의 중요성'도 잊지 말아야 합니다. 나는 나의 잠재력을 깨우는 과정에서 주변의 사람들과의 관계를 소중히 여겨야 합니다. 긍정적인 영향을 주는 사람들과의 연결은 나에게 동기를 부여하고, 성장의 기회를 제공합니다. 멘토나 친구와의 대화는 나의 경험을 풍부하게 해주고, 서로의 가능성을 키워주는 귀중한 시간이 될 것입니다. 주변의 긍정적인 에너지는 내면의 자원을 발견하고 강화하는 데 큰 도움이 됩니다.

또한, '자신의 성장 여정을 공유하는 것'도 중요합니다. 나는 나의 경험과 배움을 다른 사람들과 나누어야 합니다. 이를 통해 나는 내가 겪은 과정에서 얻은 통찰력을 다른 사람들과 공유하고, 그들의 성장에도 기여할 수 있습니다. 나의 이야기가 누군가에게 도움이 될 수 있다는 사실은 나의 내면의 자원을 더욱 확고히 하여, 나를 더욱 빛나게 만들어줍니다. 나의 경험을 나누는 것은 나 자신을 더욱 이해하게 해주고, 그 과정에서 나의 잠재력을 재확인하게 됩니다.

마지막으로, '일상 속에서의 감사를 표현하는 것'은 나의 잠재력을 깨우는 데 중요한 역할을 합니다. 나는 매일 감사할 것들을 찾아보며, 그 속에서 내 삶의 긍정적인 요소를 인식해야 합니다. 감사하는 마음은 내면의 에너지를 강화하고, 나의 잠재력을 발견하는 기회를 제공합니다. 일상에서 작은 것들에 대한 감사는 나의 내면의 빛을 더욱 밝히고, 나의 삶을 더 풍요롭게 만들어주는 중요한 요소입니다.

결국, 나의 잠재력을 깨우기 위한 과정은 도전하는 경험, 꾸준한 연습과 반복, 성장 마인드셋, 목표의 시각적 표현, 관계의 중요성, 성장 여정의 공유, 그리고 감사의 표현을 통해 이루어집니다. 이러한 경험들은 나의 내면의 빛을 발견하고, 그것이 나의 삶을 더욱 의미 있게 만들어주는 원동력이 될 수 있음을 깨닫게 합니다. 나의 잠재력을 깨우는 여정은 나를 더욱 강하게 만들고, 나의 삶을 더욱 풍요롭게 만들어줄 것입니다.

'자신의 실패를 긍정적으로 재구성하는 능력'은 잠재력을 깨우는 데 매우 중요한 요소입니다. 실패는 누구에게나 있는 경험이지만, 이를 어떻게 바라보느냐에 따라 그 의미가 달라집니다. 나는 실패를 단순히 부정적인 사건으로 여기기보다는, 배움의 기회로 인식해야 합니다. 실패의 원인을 분석하고 그 속에서 배운 교훈을 찾아내는 과정은 나의 내면을 더욱 강하게 만들어주고, 앞으로 나아갈 방향을 제시하는 데 큰 도움이 됩니다. 실패는 나에게 도전할 용기와 인내를 가르쳐 주며, 이는 잠재력을 깨우는 중요한 경험이 됩니다.

 또한, '적극적인 피드백 수용'은 내 잠재력을 깨우는 데 필수적인 요소입니다. 나는 타인의 의견과 피드백을 귀 기울여 들어야 합니다. 긍정적인 피드백은 나의 자신감을 높여주고, 부정적인 피드백은 나의 성장에 도움이 되는 교훈으로 삼을 수 있습니다. 피드백을 통해 나는 내가 놓치고 있는 점을 발견하게 되고, 그것을 개선할 수 있는 기회를 얻게 됩니다. 타인의 관점에서 나를 바라보는 것은 내 잠재력을 더욱 명확하게 인식하게 해주는 과정입니다.

 '자신의 리더십을 발휘하는 경험'도 잠재력을 깨우는 데 중요한 방법입니다. 나는 친구들이나 동료들에게 도움이 필요할 때, 내가 주도적으로 행동하여 그들을 돕는 경험을 해야 합니다. 리더십은 단순히 지휘하는 것이 아니라, 다른 사람들과 함께 목표를 향해 나아가는 능력입니다. 다른 사람들을 이끌고 돕는 과정에서 나는 내 안에 숨어 있는 잠재력을 발견하게 되고, 자신감을 얻을 수 있습니다. 리더십 경험은 내면의 자원을 더욱 풍부하게 만들어주는 귀중한 기회가 됩니다.

또한, '자신의 삶의 목적을 찾는 것'은 내 잠재력을 깨우는 데 큰 의미가 있습니다. 나는 내 삶에서 진정으로 중요하게 여기는 가치를 명확히 하고, 그것에 맞춰 나의 목표를 세워야 합니다. 삶의 목적을 찾는 과정에서 나는 내 안의 깊은 자원을 발견하게 되고, 그 자원은 나의 행동을 이끌어주는 힘이 됩니다. 목적을 가지고 살아가는 것은 나의 존재 가치를 더욱 분명히 하며, 내면의 빛을 더욱 밝히는 데 기여합니다.

'멘토와의 대화'도 내 잠재력을 깨우는 데 중요한 역할을 합니다. 나는 나의 분야에서 경험이 풍부한 멘토와의 대화를 통해 얻는 지혜와 통찰력을 소중히 여겨야 합니다. 멘토는 나에게 방향성을 제시하고, 내가 가야 할 길을 명확히 할 수 있도록 도와주는 존재입니다. 그들의 경험담과 조언은 나의 잠재력을 발견하고 발휘하는 데 큰 도움이 됩니다. 멘토와의 관계는 나의 성장에 있어 중요한 연결고리가 됩니다.

또한, '자기 반성의 시간을 가지는 것'도 필수적입니다. 나는 일정한 주기로 나의 감정과 경험을 돌아보는 시간을 가져야 합니다. 이 과정은 내가 얼마나 성장했는지를 인식하고, 앞으로 나아가야 할 방향을 결정하는 데 도움이 됩니다. 자기 반성을 통해 나는 나의 잠재력을 확인하고, 이를 통해 내가 가진 가능성을 더욱 깊이 이해하게 됩니다. 반성의 과정은 나의 내면의 자원을 더욱 확고히 할 수 있는 기회를 제공합니다.

마지막으로, '긍정적인 환경 조성'은 나의 잠재력을 깨우는 데 중요한 역할을 합니다. 나는 긍정적인 영향을 주는 사람들과의 관계를 유지하고, 나의 환경을 나에게 도움이 되는 방향으로 조정해야 합니다. 나를 지지해주는 사람들과 함께할 때, 나는 더욱 용기와 힘을 얻고, 내 잠재력을 더욱 발휘할 수 있습니다. 또한, 내가 자주 접하는 환경이 긍정적이고 영감을 주는 것이라면, 내 안의 빛을 더욱 밝게 만들 수 있습니다.

결국, 나의 잠재력을 깨우기 위한 과정은 실패 긍정적 재구성, 적극적인 피드백 수용, 리더십 발휘 경험, 삶의 목적 찾기, 멘토와의 대화, 자기 반성의 시간, 긍정적 환경 조성을 통해 이루어집니다. 이러한 경험들은 나의 내면의 빛을 발견하고, 그것이 나의 삶을 더욱 의미 있게 만들어주는 원동력이 될 수 있음을 깨닫게 합니다. 내 잠재력을 깨우는 여정은 나를 더욱 강하게 만들고, 나의 삶을 더욱 풍요롭게 만들어줄 것입니다.

'일관된 루틴을 수립하는 것' 또한 나의 잠재력을 깨우는 데 중요한 요소입니다. 나는 매일의 삶 속에서 일관된 루틴을 설정함으로써 나의 목표를 향해 지속적으로 나아갈 수 있는 기반을 마련해야 합니다. 아침에 일어나는 시간, 운동하는 시간, 독서나 공부하는 시간 등을 규칙적으로 정함으로써 나는 스스로에게 책임감을 부여하고, 일상 속에서 나의 잠재력을 발휘할 수 있는 환경을 조성할 수 있습니다. 일관된 루틴은 나에게 안정감을 주고, 목표 달성을 위한 강한 동기를 부여합니다.

또한, '감사하는 마음을 지속적으로 키우는 것'도 나의 잠재력을 깨우는 중요한 방법입니다. 나는 매일 감사할 것들을 생각하고 기록하는 시간을 가져야 합니다. 작은 일에도 감사하는 마음을 갖는 것은 내 안의 긍정적인 에너지를 강화하고, 내면의 자원을 발견하는 데 도움을 줍니다. 감사의 마음은 내가 가진 것에 대한 인식을 높여주고, 나의 삶에 대한 만족감을 느끼게 해줍니다. 감사하는 마음은 나의 내면의 빛을 더욱 밝히고, 긍정적인 변화를 만들어내는 원동력이 됩니다.

'나만의 피드백 루프'를 만드는 것 또한 효과적인 방법입니다. 나는 스스로의 행동에 대해 정기적으로 피드백을 주고받으며 나의 성장과 발전을 확인해야 합니다. 이를 통해 나는 나의 강점과 약점을 명확히 인식할 수 있으며, 필요한 부분을 개선하는 데 도움이 됩니다. 피드백을 주고받는 과정은 나의 잠재력을 더욱 극대화할 수 있는 기회를 제공하며, 나의 내면을 탐구하는 데 중요한 역할을 합니다.

또한, '새로운 기술을 배우는 것'은 나의 잠재력을 깨우는 중요한 단계입니다. 나는 다양한 분야의 기술이나 지식을 배우며 나의 가능성을 확장해야 합니다. 온라인 강좌, 워크숍, 독서 등을 통해 새로운 것을 배우는 과정에서 나는 나의 내면의 자원을 발견하게 됩니다. 이러한 학습은 나의 시야를 넓히고, 나에게 새로운 기회를 제공하여 잠재력을 실현하는 데 도움이 됩니다.

'자기 관리의 실천'도 내 잠재력을 깨우는 데 중요한 역할을 합니다. 나는 신체적, 정신적 건강을 위해 꾸준히 운동하고, 올바른 식습관을 유지해야 합니다. 건강한 몸과 마음은 나의 잠재력을 최대한 발휘할 수 있도록 도와주는 기반이 됩니다. 자기 관리의 실천은 나의 에너지를 높이고, 일상에서의 활력을 주어 내면의 빛을 발견하는 데 큰 기여를 합니다.

또한, '변화에 대한 개방성'을 갖는 것이 중요합니다. 나는 변화에 대한 두려움을 줄이고, 새로운 경험을 수용하는 자세를 가져야 합니다. 변화는 나에게 불확실성을 가져올 수 있지만, 그것은 또한 나의 성장과 발전을 위한 기회가 될 수 있습니다. 변화에 개방적일 때, 나는 새로운 가능성을 발견하고 내 잠재력을 깨우는 데 필요한 다양한 경험을 할 수 있습니다. 변화는 나를 더욱 강하게 만들고, 내면의 자원을 발휘하게 해주는 촉매가 됩니다.

마지막으로, '자신의 가치를 인정하는 것'은 내 잠재력을 깨우는 데 큰 의미가 있습니다. 나는 나 자신을 소중히 여기고, 나의 존재 가치를 인식해야 합니다. 내가 가진 강점과 가능성을 인정할 때, 나는 더 큰 자신감을 느끼게 되고, 내면의 빛을 발산할 수 있습니다. 자기 존중은 나의 성장과 발전에 필요한 에너지를 제공하며, 잠재력을 최대한으로 발휘하는 데 중요한 역할을 합니다.

결국, 나의 잠재력을 깨우기 위한 과정은 일관된 루틴 수립, 감사하는 마음의 지속, 피드백 루프 구축, 새로운 기술 배우기, 자기 관리 실천, 변화에 대한 개방성, 그리고 자기 가치 인정 등을 통해 이루어집니다. 이러한 경험들은 나의 내면의 빛을 발견하고, 그것이 나의 삶을 더욱 의미 있게 만들어주는 원동력이 될 수 있음을 깨닫게 합니다. 내 잠재력을 깨우는 여정은 나를 더욱 강하게 만들고, 나의 삶을 더욱 풍요롭게 만들어줄 것입니다.

'지속적인 자기 개발의 중요성'은 잠재력을 깨우는 데 있어 또 다른 핵심 요소입니다. 나는 배움이 끝이 없다는 사실을 인식하고, 평생 학습의 태도를 가져야 합니다. 새로운 지식이나 기술을 배우는 것은 나의 잠재력을 발휘하는 데 필수적이며, 이는 나를 지속적으로 성장하게 만드는 원동력이 됩니다. 온라인 강좌, 책, 세미나 등 다양한 학습 기회를 활용하여 끊임없이 자신을 발전시키는 것은 나의 잠재력을 깨우는 중요한 방법입니다. 이러한 과정은 나에게 새로운 아이디어와 관점을 제공하며, 나의 내면의 자원을 더욱 확장할 수 있도록 도와줍니다.

또한, '건강한 인간관계의 유지'는 내 잠재력을 깨우는 데 매우 중요한 요소입니다. 나는 나의 주변에 긍정적인 영향을 주는 사람들과의 관계를 소중히 여겨야 합니다. 서로의 성장과 발전을 응원하고 지지하는 관계는 나에게 큰 힘이 됩니다. 이러한 관계를 통해 나는 나의 가능성을 발견하고, 내면의 빛을 더욱 강화할 수 있습니다. 긍정적인 사람들과의 소통은 나의 기분을 좋게 하고, 나의 열정을 더욱 북돋아 주는 원동력이 됩니다.

'성공적인 롤모델의 사례를 분석하는 것'도 유익합니다. 나는 내가 존경하는 사람들의 경험을 분석하고, 그들의 성공 요소를 파악하여 나에게 적용해보는 것이 중요합니다. 롤모델이 걸어온 길을 탐구함으로써 나는 나의 방향성을 더욱 명확히 할 수 있습니다. 그들의 도전과 성공 이야기는 나에게 영감을 주고, 나의 잠재력을 깨우는 데 큰 도움이 됩니다. 나는 이러한 사례를 통해 자신의 길을 더욱 확고히 하고, 자신감을 얻을 수 있습니다.

또한, '상상력을 자극하는 연습'을 해보는 것도 좋은 방법입니다. 나는 나의 이상적인 삶을 상상해보고, 그 삶을 이루기 위한 구체적인 계획을 세워야 합니다. 상상력을 발휘하는 연습은 나에게 다양한 가능성을 탐구하는 기회를 제공하며, 나의 잠재력을 깨우는 데 큰 도움이 됩니다. 나는 내 마음속에서 그리는 이상적인 모습이 나의 목표가 되도록 하여, 그것을 향해 나아갈 수 있는 힘을 얻게 됩니다.

'실패에서 배우는 것' 또한 잠재력을 깨우는 중요한 경험입니다. 실패는 나에게 큰 상처가 될 수 있지만, 동시에 나에게 중요한 교훈을 줄 수 있습니다. 실패를 겪고 난 뒤, 나는 무엇이 잘못되었는지, 앞으로 어떻게 개선할 수 있는지를 분석해야 합니다. 이 과정을 통해 나는 더욱 단단해지고, 내 잠재력을 발견하게 됩니다. 실패는 나를 성장시키는 중요한 요소임을 인식하는 것이 중요합니다.

또한, '자신의 감정과 생각을 시각적으로 표현하는 것'도 내 잠재력을 깨우는 데 큰 도움이 됩니다. 나는 감정이나 생각을 그림이나 글, 또는 다이어그램으로 표현해보는 연습을 해야 합니다. 이러한 표현은 내 감정을 정리하고, 내 안의 생각을 명확히 하는 데 도움이 됩니다. 시각적인 표현을 통해 나는 내면의 자원을 발견하고, 내 잠재력을 활성화할 수 있는 기회를 얻게 됩니다.

마지막으로, '적극적인 변화 추구'는 내 잠재력을 깨우는 데 필수적인 요소입니다. 나는 변화에 대한 두려움을 극복하고, 스스로의 삶을 주도적으로 변화시키는 노력을 해야 합니다. 새로운 기회가 주어졌을 때, 나는 그 기회를 두려워하지 않고 받아들여야 합니다. 변화는 나에게 새로운 가능성을 열어주고, 내 안의 빛을 더욱 밝게 만들어 줄 수 있는 중요한 기회입니다. 변화는 내가 성장하는 데 있어 필수적인 부분이며, 이를 통해 나는 나의 잠재력을 최대한 발휘할 수 있습니다.

결국, 나의 잠재력을 깨우기 위한 과정은 지속적인 자기 개발, 건강한 인간관계 유지, 성공적인 롤모델 분석, 상상력 자극, 실패에서의 배움, 감정과 생각의 시각적 표현, 그리고 적극적인 변화 추구를 통해 이루어집니다. 이러한 경험들은 나의 내면의 빛을 발견하고, 그것이 나의 삶을 더욱 의미 있게 만들어주는 원동력이 될 수 있음을 깨닫게 합니다. 내 잠재력을 깨우는 여정은 나를 더욱 강하게 만들고, 나의 삶을 더욱 풍요롭게 만들어줄 것입니다.

'자신의 가치와 목표를 지속적으로 점검하는 것'은 잠재력을 깨우는 과정에서 필수적입니다. 나는 주기적으로 내 목표와 가치를 다시 생각하고 점검해야 합니다. 시간이 지나면서 나는 새로운 경험과 통찰을 얻고, 그에 따라 나의 가치와 목표도 변화할 수 있습니다. 이러한 점검 과정은 내가 진정으로 원하는 것이 무엇인지, 그리고 그 목표를 향해 올바른 길을 가고 있는지를 확인하는 기회를 제공합니다. 나의 목표가 내 가치에 맞지 않거나 변화를 필요로 할 때, 즉시 조정하는 것이 중요합니다. 이를 통해 나는 더욱 확고한 방향성을 가질 수 있고, 내 잠재력을 최대한 발휘하는 데 필요한 기반을 마련할 수 있습니다.

또한, '영감을 주는 콘텐츠를 소비하는 것'도 내 잠재력을 깨우는 데 중요한 역할을 합니다. 나는 책, 강연, 영화 등 다양한 매체를 통해 나에게 영감을 주는 내용을 소비해야 합니다. 이러한 콘텐츠는 나에게 새로운 시각을 제공하고, 나의 내면의 자원을 발견하는 데 큰 도움을 줍니다. 내가 흥미롭게 느끼는 이야기나 강연은 나의 사고를 자극하고, 새로운 아이디어를 발견하는 기회를 제공합니다. 영감을 주는 콘텐츠는 나의 삶에 긍정적인 영향을 미치며, 나의 잠재력을 활성화하는 데 기여합니다.

또한, '자신의 목표를 다른 사람들과 공유하는 것'도 잠재력을 깨우는 데 도움이 됩니다. 내가 설정한 목표를 주변 사람들과 나누면, 그들이 나를 지지해주고, 격려해줄 수 있습니다. 목표를 공유함으로써 나는 책임감을 느끼고, 더 큰 동기를 부여받을 수 있습니다. 또한, 그 과정에서 다른 사람들의 경험과 지혜를 나눌 수 있어 나의 목표 달성을 위한 전략을 더욱 풍부하게 만들 수 있습니다. 이는 나의 내면의 자원을 더욱 발휘하게 해주고, 나의 성장에 긍정적인 영향을 미칩니다.

'사소한 변화부터 시작하는 것'도 잠재력을 깨우는 중요한 방법입니다. 나는 큰 목표를 세우고 한 번에 모든 것을 바꾸려고 하기보다는, 작은 변화부터 시작해야 합니다. 예를 들어, 새로운 취미를 시작하거나, 일상의 루틴을 조정하는 것과 같은 사소한 변화는 나에게 큰 동기부여가 될 수 있습니다. 작은 변화가 쌓여서 큰 변화를 이루는 과정을 통해 나는 나의 잠재력을 발견하고, 내면의 자원을 발휘하게 됩니다. 이러한 작은 변화는 나의 삶을 더욱 의미 있게 만들어 줄 것입니다.

또한, '자신의 성공을 축하하는 것'은 잠재력을 깨우는 데 큰 도움이 됩니다. 나는 내가 이룬 작은 성취조차 소중히 여기고, 이를 축하하는 시간을 가져야 합니다. 축하하는 행위는 나에게 긍정적인 감정을 주고, 스스로에 대한 믿음을 강화하는 데 기여합니다. 내가 이룬 성취를 축하함으로써 나는 내 잠재력을 더욱 확고히 하고, 앞으로 나아갈 수 있는 동기를 얻게 됩니다. 축하의 과정은 내 안의 빛을 더욱 밝게 만들어주는 중요한 요소입니다.

마지막으로, '가장 중요하게는 자신에게 솔직해지는 것'입니다. 나는 내가 원하는 것, 필요로 하는 것, 그리고 두려워하는 것을 솔직하게 마주해야 합니다. 자기 자신에게 솔직해지는 것은 내 안의 잠재력을 발견하는 데 있어 가장 중요한 첫걸음입니다. 나는 내 마음의 소리에 귀 기울이고, 그것을 인정하는 것이 필요합니다. 솔직한 내면의 대화는 나의 진정한 욕구와 잠재력을 인식하게 해주며, 이를 통해 나는 더욱 강한 자신으로 성장할 수 있습니다.

결국, 나의 잠재력을 깨우기 위한 과정은 가치와 목표 점검, 영감을 주는 콘텐츠 소비, 목표 공유, 사소한 변화 시도, 성공 축하, 그리고 자기 자신에게 솔직해지기를 통해 이루어집니다. 이러한 경험들은 나의 내면의 빛을 발견하고, 그것이 나의 삶을 더욱 의미 있게 만들어주는 원동력이 될 수 있음을 깨닫게 합니다. 내 잠재력을 깨우는 여정은 나를 더욱 강하게 만들고, 나의 삶을 더욱 풍요롭게 만들어줄 것입니다.

'내면의 목소리에 귀 기울이는 것'은 나의 잠재력을 깨우는 과정에서 매우 중요한 요소입니다. 나는 바쁜 일상 속에서 자주 내 마음의 소리를 잊고 지낼 수 있습니다. 하지만 내면의 목소리는 나의 진정한 욕구와 필요를 알려주는 중요한 신호입니다. 나는 조용한 시간을 가지며, 내 안의 목소리에 귀 기울이는 연습을 해야 합니다. 이러한 내면의 대화는 내가 원하는 방향으로 나아가게 해주고, 나의 잠재력을 발휘할 수 있는 기회를 제공합니다. 내면의 소리를 듣고 이해하는 과정은 나의 성장에 큰 도움이 됩니다.

또한, '다양한 관점을 받아들이는 것'도 나의 잠재력을 깨우는 데 중요합니다. 나는 타인의 의견이나 시각을 존중하고, 그들의 경험에서 배우는 태도를 가져야 합니다. 다양한 관점을 수용하는 것은 나에게 새로운 아이디어와 영감을 주며, 내 생각을 더욱 풍부하게 만들어줍니다. 이 과정에서 나는 나의 사고 방식을 확장하고, 나의 잠재력을 발견하는 데 필요한 통찰을 얻을 수 있습니다. 타인의 시각은 나에게 새로운 기회를 제공하고, 나의 내면의 자원을 더욱 활성화하는 데 기여합니다.

'자신을 위한 공간 만들기'도 나의 잠재력을 깨우는 중요한 방법입니다. 나는 내 생각과 감정을 자유롭게 표현할 수 있는 공간을 마련해야 합니다. 이 공간은 내가 내면의 소리에 귀 기울이고, 나의 잠재력을 발견할 수 있는 기회를 제공합니다. 나만의 공간에서 글을 쓰거나, 그림을 그리거나, 음악을 듣는 등의 활동을 통해 나는 내면의 자원을 탐구할 수 있습니다. 이러한 공간은 나에게 큰 위안이 되고, 내 잠재력을 발휘할 수 있는 중요한 장소가 됩니다.

또한, '자기 비판을 줄이는 것'은 잠재력을 깨우는 데 중요한 요소입니다. 나는 스스로를 지나치게 비판하지 않고, 나의 노력을 인정하고 격려해야 합니다. 자기 비판은 나의 자신감을 떨어뜨리고, 내면의 잠재력을 억누르는 원인이 될 수 있습니다. 대신, 나는 나의 실수와 실패를 학습의 기회로 삼아야 하며, 긍정적인 태도를 유지하는 것이 중요합니다. 자기 비판을 줄이고 긍정적인 내면의 대화를 통해 나는 내 잠재력을 더욱 발휘할 수 있습니다.

또한, '자신의 경험을 나누는 것'도 나의 잠재력을 깨우는 데 큰 도움이 됩니다. 나는 나의 이야기와 경험을 다른 사람들과 나누는 것이 필요합니다. 이를 통해 나는 내 경험이 누군가에게 도움이 될 수 있다는 것을 깨닫게 되며, 내 경험의 가치를 인식하게 됩니다. 다른 사람과 나누는 과정에서 나는 새로운 통찰을 얻고, 내 잠재력을 더욱 확고히 할 수 있습니다. 나의 이야기가 다른 이들에게 영감을 줄 수 있다는 사실은 나의 내면의 빛을 더욱 밝게 만들어주는 원동력이 됩니다.

마지막으로, '자신의 잠재력을 신뢰하는 것'은 이 모든 과정을 뒷받침하는 중요한 요소입니다. 나는 나 자신을 믿고, 내 안에 있는 잠재력을 의심하지 않아야 합니다. 나의 가능성과 능력을 믿는 것은 내가 미래를 향해 나아갈 수 있는 힘이 됩니다. 잠재력을 깨우기 위해서는 스스로를 신뢰하는 것이 중요하며, 이를 통해 나는 내면의 자원을 발견하고, 더욱 발전할 수 있는 기회를 얻습니다.

결국, 나의 잠재력을 깨우기 위한 과정은 내면의 목소리에 귀 기울이기, 다양한 관점 수용하기, 자신을 위한 공간 만들기, 자기 비판 줄이기, 경험 나누기, 그리고 잠재력 신뢰하기를 통해 이루어집니다. 이러한 경험들은 나의 내면의 빛을 발견하고, 그것이 나의 삶을 더욱 의미 있게 만들어주는 원동력이 될 수 있음을 깨닫게 합니다. 내 잠재력을 깨우는 여정은 나를 더욱 강하게 만들고, 나의 삶을 더욱 풍요롭게 만들어줄 것입니다.

내 안의 강점을 사랑하기

우리 각자는 저마다의 고유한 강점을 가지고 있습니다. 그러나 많은 이들이 자신의 강점을 인식하지 못하거나, 그 가치를 과소평가하는 경우가 많습니다. 내 안의 강점을 사랑하는 것은 내면의 빛을 밝히고, 삶의 질을 높이는 데 있어 매우 중요한 과정입니다. 내가 가진 강점을 사랑하고 인정하는 것은 나 자신을 더욱 깊이 이해하는 첫걸음이 됩니다.

먼저, '강점을 발견하는 과정'이 필요합니다. 나는 내 안에 어떤 강점이 있는지를 깊이 탐구해야 합니다. 스스로에게 다음과 같은 질문을 던져볼 수 있습니다: "내가 잘하는 것은 무엇인가?" "타인들이 나에게서 무엇을 긍정적으로 평가하는가?" 이러한 질문은 나의 강점을 인식하는 데 도움이 되며, 스스로를 돌아보는 기회를 제공합니다. 내가 가진 강점을 발견하고 이를 기록하는 과정은 나의 자아를 더욱 확고히 하고, 내면의 자원을 발견하는 데 큰 기여를 합니다.

또한, '강점에 집중하는 연습'을 해야 합니다. 나는 일상생활에서 내 강점을 활용하려고 노력해야 합니다. 예를 들어, 내가 사교성이 뛰어난 사람이라면, 다른 사람들과의 소통을 통해 더 많은 관계를 형성하는 데 힘쓸 수 있습니다. 내가 갖고 있는 강점을 의식적으로 활용하면서, 나는 그 강점을 더욱 발전시키고, 나 자신에 대한 긍정적인 인식을 강화할 수 있습니다. 강점을 자주 활용하는 것은 내 잠재력을 깨우고, 나를 더욱 빛나게 만드는 경험이 될 것입니다.

'강점의 가치 인정하기'도 중요합니다. 나는 내가 가진 강점이 얼마나 소중한지를 스스로 인식해야 합니다. 각자의 강점은 서로 다르며, 그 자체로 특별한 가치를 지닙니다. 나의 강점을 사랑하기 위해서는 이를 부정적으로 보지 않고 긍정적으로 바라보는 것이 필요합니다. 내가 가진 강점이 나에게 주는 긍정적인 영향을 인식하고, 이를 소중히 여기는 태도를 가져야 합니다. 나의 강점이 나의 삶에 어떤 긍정적인 변화를 가져오는지를 고민하는 것은 내면의 자원을 더욱 깊이 이해하게 해줍니다.

또한, '타인의 강점을 존중하는 것'은 내 강점을 사랑하는 데 중요한 역할을 합니다. 나는 나와 다른 강점을 가진 사람들을 존중하고 그들의 가치를 인정해야 합니다. 다른 사람의 강점을 인정함으로써, 나는 나의 강점도 더욱 사랑하게 되고, 서로의 강점을 통해 더 많은 것을 배울 수 있습니다. 이러한 관계는 나에게 긍정적인 영향을 미치고, 내 안의 강점을 더욱 발전시키는 데 기여합니다.

'강점에 대한 감사하는 마음'을 갖는 것도 필요합니다. 나는 내가 가진 강점에 대해 감사하는 마음을 가져야 합니다. 강점이 없었다면 나의 삶은 지금과 다를 수 있음을 인식하고, 이를 소중히 여기는 태도를 가져야 합니다. 내가 가진 강점이 나를 특별하게 만들어주고, 삶의 질을 높이는 데 얼마나 중요한지를 인식하는 것은 내면의 빛을 더욱 밝게 만들어줍니다. 감사하는 마음은 내 안의 강점을 사랑하는 데 큰 도움이 됩니다.

마지막으로, '자신의 강점을 다른 사람과 나누는 것'은 나의 강점을 더욱 사랑하게 만드는 경험이 될 것입니다. 나는 내가 가진 강점을 다른 사람들과 공유하고, 그들에게 도움을 주는 과정에서 나의 강점이 어떻게 가치 있게 쓰일 수 있는지를 깨닫게 됩니다. 나의 경험과 지식을 나누는 것은 나에게 큰 만족감을 주며, 동시에 내 안의 강점을 더욱 확고히 할 수 있는 기회를 제공합니다.

결국, 내 안의 강점을 사랑하기 위한 과정은 강점 발견하기, 강점에 집중하기, 강점의 가치 인정하기, 타인의 강점 존중하기, 감사하는 마음 가지기, 그리고 강점 나누기를 통해 이루어집니다. 이러한 경험들은 나의 내면의 빛을 발견하고, 그것이 나의 삶을 더욱 의미 있게 만들어주는 원동력이 될 수 있음을 깨닫게 합니다. 내 강점을 사랑하는 여정은 나를 더욱 강하게 만들고, 나의 삶을 더욱 풍요롭게 만들어줄 것입니다.

'강점에 대한 정기적인 점검'을 통해 나는 나의 강점을 더욱 깊이 이해할 수 있습니다. 시간이 지나면서 나의 강점이 변화하거나 새로운 강점이 나타날 수 있습니다. 나는 정기적으로 나의 강점을 재평가하고, 현재 나의 삶에서 어떤 강점을 더욱 강화하고 발전시킬 수 있을지를 고민해야 합니다.

이러한 점검은 내가 성장하는 데 중요한 기회가 되며, 내가 가진 강점을 더욱 확고히 할 수 있습니다. 나의 강점이 어떤 변화에 영향을 미치는지, 그리고 그것이 나에게 어떤 가치를 주는지를 알아가는 과정은 내면의 자원을 더욱 깊이 이해하게 해줍니다.

또한, '강점을 활용한 목표 설정'은 나의 성장에 큰 도움이 됩니다. 나는 나의 강점을 기반으로 목표를 설정함으로써 더욱 구체적이고 실현 가능한 계획을 세울 수 있습니다. 예를 들어, 내가 창의적인 재능이 있다면, 그 재능을 살려 새로운 프로젝트에 도전하는 목표를 세우는 것입니다. 강점을 활용한 목표 설정은 나에게 더 많은 동기와 열정을 주며, 나의 잠재력을 최대한 발휘할 수 있는 기회를 제공합니다. 나는 내 강점을 잘 활용하면서 목표를 향해 나아갈 수 있는 힘을 얻을 수 있습니다.

'강점을 통해 새로운 도전을 시도하는 것'도 나의 강점을 사랑하는 방법입니다. 나는 내가 가진 강점을 활용하여 새로운 분야에 도전해 보아야 합니다. 예를 들어, 내가 대인관계에 강점이 있다면, 새로운 사회적 활동에 참여하거나 리더십 역할을 맡아보는 것이 좋습니다. 강점을 활용하는 새로운 도전은 나의 자신감을 높이고, 내 안의 자원을 더욱 확장하는 기회를 제공합니다. 이러한 도전은 나의 잠재력을 깨우고, 내면의 빛을 더욱 밝게 만들어줍니다.

또한, '자기 표현의 기회를 찾는 것'도 매우 중요합니다. 나는 나의 강점을 자연스럽게 표현할 수 있는 기회를 찾아야 합니다. 예를 들어, 내가 잘하는 것을 공유하는 블로그를 운영하거나, 지역 사회에서 워크숍을 진행하는 등의 활동은 나의 강점을 표현하는 좋은 방법입니다. 이러한 자기 표현은 나의 내면의 자원을 발견하게 해주고, 나의 강점을 더욱 발전시킬 수 있는 기회를 제공합니다. 나의 경험을 나누고, 다른 이들과의 소통을 통해 강점을 사랑하는 기쁨을 느낄 수 있습니다.

또한, '강점에 대한 지속적인 학습'은 나의 강점을 더욱 발전시키는 데 중요한 요소입니다. 나는 내가 가진 강점을 더욱 깊이 있게 배우고, 관련된 기술이나 지식을 쌓아가야 합니다. 예를 들어, 내가 글쓰기에 강점이 있다면, 글쓰기 기술을 더욱 발전시키기 위해 다양한 자료를 참고하고, 연습을 지속해야 합니다. 강점에 대한 학습은 나의 가능성을 더욱 확장하고, 내면의 자원을 더욱 풍부하게 만들어주는 기회가 됩니다.

'강점으로 인한 자아 존중감 향상'도 필수적입니다. 나는 나의 강점을 인정하고 사랑함으로써, 내 자아 존중감을 높일 수 있습니다. 강점을 소중히 여기는 것은 나의 존재 가치를 인식하는 데 큰 도움을 줍니다. 나는 매일 나의 강점을 생각하며, 그것이 나에게 주는 긍정적인 영향을 느끼고, 스스로를 존중하는 태도를 가져야 합니다. 강점을 인정하는 과정은 나의 내면의 빛을 더욱 밝히고, 나의 성장에 중요한 기여를 합니다.

마지막으로, '강점을 사랑하기 위한 작은 습관을 기르는 것'도 중요합니다. 나는 매일 자신의 강점을 되새기고, 그것을 소중히 여기는 작은 습관을 만들어야 합니다. 아침에 거울을 보며 오늘의 강점을 떠올리거나, 일기를 통해 강점에 대해 기록하는 등의 간단한 방법을 통해 나는 내 안의 강점을 더욱 사랑하게 될 것입니다. 이러한 습관은 나의 내면의 자원을 발굴하고, 잠재력을 최대한 활용하는 데 큰 도움이 됩니다.

결국, 내 안의 강점을 사랑하기 위한 과정은 강점 점검, 강점 기반 목표 설정, 새로운 도전 시도, 자기 표현 기회 찾기, 강점에 대한 지속적인 학습, 자아 존중감 향상, 그리고 작은 습관 기르기를 통해 이루어집니다. 이러한 경험들은 나의 내면의 빛을 발견하고, 그것이 나의 삶을 더욱 의미 있게 만들어주는 원동력이 될 수 있음을 깨닫게 합니다. 내 안의 강점을 사랑하는 여정은 나를 더욱 강하게 만들고, 나의 삶을 더욱 풍요롭게 만들어줄 것입니다.

'강점을 다양한 방식으로 활용하는 것'은 내 잠재력을 깨우는 또 다른 방법입니다. 나는 나의 강점을 일상생활뿐만 아니라, 새로운 프로젝트나 활동에서도 적극적으로 활용해야 합니다. 예를 들어, 내가 창의성이 뛰어난 경우, 팀 프로젝트에서 아이디어를 제안하거나 문제 해결에 기여함으로써 나의 강점을 발휘할 수 있습니다. 이러한 경험은 나의 자신감을 높이고, 내 안의 강점을 더욱 확고히 하는 기회가 됩니다. 강점을 적극적으로 활용할 때, 나는 나의 내면의 빛을 더욱 밝히고, 다른 사람들에게 긍정적인 영향을 미칠 수 있습니다.

또한, '강점에 대한 교육과 훈련을 받는 것'도 중요합니다. 나는 내가 가진 강점을 더욱 발전시키기 위해 전문적인 교육이나 훈련을 통해 지식과 기술을 쌓아야 합니다. 예를 들어, 내가 사람들과의 소통에 강점이 있다면, 커뮤니케이션 기술을 더욱 향상시키기 위해 관련 과정을 수강하는 것이 좋습니다. 교육은 나의 강점을 더욱 강화하고, 새로운 기술을 배울 수 있는 기회를 제공합니다. 이러한 훈련은 내면의 자원을 더욱 풍부하게 하여, 내가 가진 잠재력을 발휘하는 데 큰 도움이 됩니다.

'내 강점을 발견하는 여정을 나누는 것'도 나의 성장에 기여합니다. 나는 내 강점을 발견하고 발전시키는 과정을 블로그나 소셜 미디어를 통해 공유함으로써, 다른 사람들과의 소통을 강화할 수 있습니다. 나의 이야기를 나누는 것은 나에게 큰 의미가 있으며, 동시에 다른 이들에게 영감을 줄 수 있는 기회를 제공합니다. 이를 통해 나는 내 강점에 대한 자부심을 느끼게 되고, 내면의 자원을 더욱 확고히 할 수 있습니다.

또한, '비판적인 사고를 기르는 것'은 내 강점을 사랑하는 데 중요한 역할을 합니다. 나는 비판적인 사고를 통해 나의 강점과 약점을 객관적으로 평가할 수 있어야 합니다. 스스로를 돌아보며, 내가 어떤 상황에서 강점을 발휘할 수 있는지를 생각해보는 것이 중요합니다. 비판적인 사고는 나의 강점을 더 깊이 이해하게 해주고, 내가 필요한 부분에서 개선할 수 있는 기회를 제공합니다. 이러한 사고는 내면의 자원을 더욱 활성화하고, 나의 성장에 큰 도움이 됩니다.

'자신의 감정과 경험을 받아들이는 것' 또한 필요합니다. 나는 나의 감정과 경험이 나의 강점에 어떻게 영향을 미치는지를 이해해야 합니다. 긍정적인 경험은 나의 강점을 더욱 강화하는 데 기여하고, 부정적인 경험은 나의 강점을 다시 재조명하는 기회가 될 수 있습니다. 모든 경험은 나를 성장하게 하는 중요한 요소이며, 이를 받아들이는 것은 내 잠재력을 깨우는 데 필수적입니다. 내가 가진 감정을 수용하고 이해하는 과정은 내 안의 강점을 더욱 사랑하게 만드는 원동력이 됩니다.

마지막으로, '내 강점을 사랑하기 위해 나 자신에게 관대해지는 것'도 중요합니다. 나는 나의 실수나 부족함을 자책하기보다는, 이를 통해 배운 교훈을 소중히 여겨야 합니다. 나에게 관대해지면 나는 내 강점을 더욱 사랑하게 되고, 스스로를 긍정적으로 바라보게 됩니다. 이러한 자기 관대함은 나의 내면의 자원을 더욱 풍부하게 만들어주며, 잠재력을 발휘하는 데 필요한 자신감을 줍니다.

결국, 내 안의 강점을 사랑하기 위한 과정은 강점을 활용하는 방법, 교육과 훈련을 통한 발전, 강점 발견 여정 나누기, 비판적 사고 기르기, 감정과 경험 수용하기, 그리고 자기에게 관대해지기를 통해 이루어집니다. 이러한 경험들은 나의 내면의 빛을 발견하고, 그것이 나의 삶을 더욱 의미 있게 만들어주는 원동력이 될 수 있음을 깨닫게 합니다. 내 강점을 사랑하는 여정은 나를 더욱 강하게 만들고, 나의 삶을 더욱 풍요롭게 만들어 줄 것입니다.

'내 강점을 지속적으로 개발하기 위한 계획을 세우는 것'은 매우 중요한 단계입니다. 나는 내가 가진 강점을 더욱 발전시키기 위해 구체적인 계획을 세워야 합니다. 예를 들어, 내가 글쓰기에서 강점을 가지고 있다면, 매주 특정한 글쓰기 목표를 설정하거나, 새로운 장르의 글에 도전하는 등 지속적으로 발전할 수 있는 방향으로 나아가야 합니다. 이러한 계획은 나의 강점을 더욱 공고히 할 수 있도록 도와주며, 나의 잠재력을 실현하는 데 필요한 구체적인 방법을 제공합니다.

또한, '강점의 효과를 다른 사람에게 공유하는 것'도 내 강점을 사랑하는 데 도움이 됩니다. 나는 내가 가진 강점을 활용하여 다른 사람들을 돕거나, 지식을 나누는 기회를 가져야 합니다. 강점을 다른 사람들과 나누는 것은 내 자신을 더욱 가치 있게 느끼게 해주며, 동시에 내가 가진 강점을 더욱 확고히 할 수 있습니다. 나의 경험을 통해 다른 이들에게 긍정적인 영향을 미친다면, 그것은 나에게 큰 만족감을 주고, 내 안의 자원을 더욱 풍부하게 만들어줄 것입니다.

'강점을 통해 새로운 기회를 찾는 것'도 중요한 부분입니다. 나는 내가 가진 강점을 바탕으로 새로운 기회를 탐색해야 합니다. 강점을 활용하여 새로운 직업이나 취미를 찾거나, 내가 좋아하는 분야에서의 자원봉사 활동에 참여하는 등의 방법이 있습니다. 이러한 기회를 통해 나는 나의 능력을 더욱 확장할 수 있으며, 내 안의 잠재력을 발휘할 수 있는 새로운 장을 열게 됩니다. 강점을 통해 얻는 새로운 기회는 나의 내면의 빛을 더욱 밝히는 데 큰 도움이 됩니다.

또한, '강점을 향상시키기 위한 멘토 찾기'도 나의 성장에 중요한 요소입니다. 나는 나의 강점을 더욱 발전시킬 수 있도록 도와줄 멘토를 찾아야 합니다. 멘토는 나의 경험을 공유하고, 나의 강점을 어떻게 발전시킬 수 있는지를 알려줄 수 있는 중요한 존재입니다. 그들의 조언을 통해 나는 더 나은 방향으로 나아갈 수 있으며, 내 안의 잠재력을 발견하는 데 필요한 지혜를 얻을 수 있습니다. 멘토와의 관계는 나의 강점을 더욱 사랑하게 만들어줄 것입니다.

'자신의 강점으로부터 긍정적인 감정을 느끼는 것'도 중요합니다. 나는 내가 가진 강점을 인식하고 그것을 통해 긍정적인 감정을 느끼는 경험을 가져야 합니다. 강점을 발휘할 때 느끼는 성취감과 자부심은 나에게 큰 에너지를 주며, 내면의 자원을 더욱 활성화합니다. 내가 가진 강점으로부터 긍정적인 감정을 느낄 때, 나는 내면의 빛을 더욱 밝히게 됩니다. 이러한 감정은 나를 더욱 성장하게 만들고, 나의 삶을 풍요롭게 해주는 원동력이 됩니다.

또한, '강점을 기반으로 한 목표의 재조정'도 필요합니다. 나는 강점을 발견하고 이를 활용하여 새로운 목표를 세우고, 그 목표를 달성하기 위해 필요한 전략을 재조정해야 합니다. 나의 강점을 고려한 목표 설정은 나의 성장에 긍정적인 영향을 미치며, 내 잠재력을 최대한 활용할 수 있는 기회를 제공합니다. 목표가 나의 강점에 부합할 때, 나는 더 큰 동기와 열정을 느끼게 됩니다.

마지막으로, '자신의 강점에 대한 자기 칭찬'을 게을리하지 않아야 합니다. 나는 내가 가진 강점을 실천하고, 그것을 통해 이룬 성취에 대해 스스로에게 칭찬하는 시간을 가져야 합니다. 이러한 자기 칭찬은 나의 자아 존중감을 높이고, 내 강점을 더욱 사랑하게 만드는 데 기여합니다. 스스로를 격려하고 인정하는 것은 내 안의 강점을 더욱 빛나게 하고, 나의 성장에 중요한 영향을 미치는 요소가 됩니다.

결국, 내 안의 강점을 사랑하기 위한 과정은 강점 개발 계획 세우기, 강점의 효과 나누기, 새로운 기회 찾기, 멘토 찾기, 긍정적인 감정 느끼기, 목표 재조정하기, 그리고 자기 칭찬하기를 통해 이루어집니다. 이러한 경험들은 나의 내면의 빛을 발견하고, 그것이 나의 삶을 더욱 의미 있게 만들어주는 원동력이 될 수 있음을 깨닫게 합니다. 내 강점을 사랑하는 여정은 나를 더욱 강하게 만들고, 나의 삶을 더욱 풍요롭게 만들어줄 것입니다.

'자신의 강점을 직업적으로 활용하는 방법'을 모색하는 것도 매우 중요합니다. 나는 내가 가진 강점을 직업이나 경력에서 어떻게 활용할 수 있을지를 고민해야 합니다. 강점을 바탕으로 한 직업 선택은 나에게 큰 만족감과 성취감을 안겨주며, 나의 내면의 자원을 발휘할 수 있는 기회를 제공합니다. 예를 들어, 내가 사람들과의 소통에 강점이 있다면, 커뮤니케이션 분야의 직업을 고려해 볼 수 있습니다. 이렇게 강점을 직업에 연결짓는 과정은 나의 삶의 질을 높이고, 내 안의 빛을 더욱 밝히는 데 기여합니다.

또한, '나의 강점을 자주 상기하는 습관을 기르는 것'도 중요합니다. 나는 매일의 일상에서 내가 가진 강점을 떠올리고, 그것이 나에게 주는 긍정적인 영향을 느끼는 연습을 해야 합니다. 아침에 일어날 때나, 하루를 마무리할 때 내가 가진 강점에 대해 생각하는 시간을 가져보는 것입니다. 이러한 상기 과정은 나의 강점에 대한 인식을 높여주고, 내가 나 자신을 더욱 사랑하게 만드는 데 기여합니다. 나의 강점을 자주 떠올리는 것은 내면의 자원을 강화하는 방법 중 하나입니다.

'강점 기반의 협업을 시도하는 것'도 나의 강점을 사랑하는 데 도움이 됩니다. 나는 팀 프로젝트나 그룹 활동에서 나의 강점을 적극적으로 활용하여 다른 사람들과 협업할 수 있는 기회를 만들어야 합니다. 서로의 강점을 살려 협력하는 경험은 나에게 큰 만족감을 주고, 나의 강점을 더욱 발전시킬 수 있는 기회를 제공합니다. 협업을 통해 나는 나의 강점뿐만 아니라, 다른 사람의 강점도 인정하고 존중하게 됩니다. 이러한 과정은 나의 내면의 빛을 더욱 밝히고, 나의 잠재력을 깨우는 데 큰 기여를 합니다.

또한, '성공적인 사람들의 강점 분석'을 통해 나의 강점을 발전시킬 수 있는 기회를 찾는 것도 중요합니다. 나는 다양한 분야에서 성공한 사람들의 강점을 분석하고, 그들이 어떻게 자신의 강점을 활용하고 있는지를 공부해야 합니다. 이 과정을 통해 나는 나의 강점을 더 잘 이해하고, 발전시키는 방법을 배울 수 있습니다. 성공적인 사람들의 사례를 참고함으로써, 나도 나만의 강점을 더욱 사랑하고 발전시키는 방향으로 나아갈 수 있습니다.

'가벼운 실험을 통해 강점을 시험해 보는 것'도 나의 강점을 발견하는 데 중요한 방법입니다. 나는 다양한 활동이나 프로젝트에 참여하여 내가 가진 강점을 시험해보는 기회를 가져야 합니다. 예를 들어, 새로운 취미에 도전하거나, 자원봉사 활동에 참여하여 나의 강점을 어떻게 발휘할 수 있는지를 경험해보는 것입니다. 이러한 실험은 내가 가진 강점을 더 잘 이해하고, 이를 통해 새로운 가능성을 발견하는 데 큰 도움이 됩니다.

마지막으로, '강점의 중요성을 인식하는 대화'를 나누는 것도 필요합니다. 나는 친구나 가족과 함께 내가 가진 강점에 대해 이야기하며, 그들의 의견을 들어보는 시간을 가져야 합니다. 이러한 대화는 나에게 새로운 관점을 제공하고, 내가 가진 강점에 대한 긍정적인 인식을 더욱 강화하는 기회를 줍니다. 내가 강점에 대해 이야기하는 과정은 나의 내면의 자원을 발견하고, 나의 성장에 긍정적인 영향을 미치는 중요한 요소가 됩니다.

결국, 내 안의 강점을 사랑하기 위한 과정은 강점을 직업적으로 활용하기, 강점을 자주 상기하기, 강점 기반 협업 시도하기, 성공적인 사람들의 강점 분석하기, 가벼운 실험 통해 시험하기, 그리고 강점의 중요성을 인식하는 대화를 나누기를 통해 이루어집니다. 이러한 경험들은 나의 내면의 빛을 발견하고, 그것이 나의 삶을 더욱 의미 있게 만들어주는 원동력이 될 수 있음을 깨닫게 합니다. 내 강점을 사랑하는 여정은 나를 더욱 강하게 만들고, 나의 삶을 더욱 풍요롭게 만들어줄 것입니다.

'강점을 인정하고 축하하는 문화 만들기'는 나의 내면의 빛을 더욱 밝히는 중요한 과정입니다. 나는 내 주변 사람들과 함께 강점을 서로 인정하고 축하하는 문화를 만들어야 합니다. 이를 위해 정기적인 모임이나 대화 시간을 통해 각자의 강점에 대해 이야기하고, 서로의 성취를 격려하는 기회를 가질 수 있습니다. 이러한 문화는 나의 강점을 더욱 사랑하게 만들고, 나의 잠재력을 더욱 발휘할 수 있는 환경을 조성하는 데 큰 도움이 됩니다. 강점을 인정받는 경험은 내가 느끼는 자부심을 높이고, 더욱 긍정적인 에너지를 제공하여 내면의 빛을 더욱 밝게 비추게 합니다.

또한, '강점을 활용한 자아 개발 프로그램에 참여하는 것'도 좋은 방법입니다. 나는 다양한 자아 개발 프로그램이나 워크숍에 참여하여 내 강점을 발전시키고, 이를 통해 다른 사람들과의 네트워킹 기회를 가질 수 있습니다. 이런 프로그램은 나에게 새로운 아이디어와 통찰을 제공할 뿐만 아니라, 내 강점을 더욱 확고히 하는 데 큰 도움이 됩니다. 강점을 중심으로 한 학습과 경험은 나의 내면의 자원을 발견하고, 나의 잠재력을 깨우는 데 중요한 역할을 합니다.

'스스로에게 도전 과제를 설정하는 것'도 내 강점을 사랑하는 데 유용합니다. 나는 내가 가진 강점을 활용하여 매주 또는 매달 나 자신에게 도전 과제를 설정해 보아야 합니다. 예를 들어, 내가 대인관계에 강점이 있다면, 새로운 사람들과의 만남을 통해 소통하는 기회를 늘려보는 것입니다. 이러한 도전 과제는 내가 가진 강점을 더욱 발전시키고, 나의 자신감을 높여주는 기회를 제공합니다. 도전 과제를 통해 성취감을 느끼는 것은 나의 내면의 빛을 더욱 밝히는 데 큰 도움이 됩니다.

또한, '자신의 강점을 기반으로 한 저널링'을 통해 내 강점을 더욱 사랑할 수 있습니다. 나는 매일이나 매주 자신의 강점과 그것을 활용한 경험을 기록하는 시간을 가져야 합니다. 이러한 저널링은 나의 강점을 되새기고, 내가 이루어낸 성취를 돌아보는 기회를 제공합니다. 또한, 내가 가진 강점에 대한 긍정적인 생각을 정리하는 과정은 나의 내면의 자원을 발견하고, 강점을 더욱 사랑하게 만드는 데 큰 도움이 됩니다. 저널을 통해 나의 경험과 감정을 기록함으로써, 나는 나의 강점을 더욱 확고히 할 수 있습니다.

'소중한 사람들에게 강점에 대한 피드백 받기'도 나의 강점을 사랑하는 데 유익한 방법입니다. 나는 친구, 가족 또는 동료들에게 내가 가진 강점에 대한 피드백을 요청하고, 그들의 의견을 통해 나의 강점에 대한 인식을 넓혀야 합니다. 타인의 시각은 나의 강점을 새로운 관점에서 바라보게 해주며, 나의 자아 존중감을 높이는 데 기여합니다. 피드백을 통해 얻은 정보는 내가 가진 강점을 더욱 발전시키는 데 유용한 자원이 됩니다.

마지막으로, '강점을 통한 기부 및 나눔'은 내 강점을 사랑하는 데 있어 큰 기쁨을 가져다줍니다. 나는 나의 강점을 활용하여 주변 사람들에게 도움을 주고, 그 과정에서 느끼는 보람과 만족감을 소중히 여겨야 합니다. 예를 들어, 내가 가지고 있는 지식을 나누거나, 다른 사람들을 도와주는 자원봉사 활동에 참여함으로써 나는 내 강점을 더욱 사랑하게 됩니다. 강점을 통해 다른 사람들에게 긍정적인 영향을 미치는 경험은 나의 내면의 빛을 더욱 밝게 하고, 나의 잠재력을 실현하는 데 중요한 역할을 합니다.

  결국, 내 안의 강점을 사랑하기 위한 과정은 강점을 인정하고 축하하는 문화 만들기, 자아 개발 프로그램 참여, 도전 과제 설정, 저널링, 피드백 받기, 그리고 강점을 통한 기부 및 나눔을 통해 이루어집니다. 이러한 경험들은 나의 내면의 빛을 발견하고, 그것이 나의 삶을 더욱 의미 있게 만들어주는 원동력이 될 수 있음을 깨닫게 합니다. 내 강점을 사랑하는 여정은 나를 더욱 강하게 만들고, 나의 삶을 더욱 풍요롭게 만들어줄 것입니다.

  '내 강점을 활용한 경험을 기록하는 것'은 나의 강점을 더욱 사랑하는 데 큰 도움이 됩니다. 나는 내가 강점을 발휘했던 순간들을 정리하여 기록해 두는 것이 필요합니다. 이러한 기록은 내가 어떤 상황에서 강점을 발휘했는지를 명확하게 보여주고, 나에게 큰 자신감을 심어줍니다. 내가 쌓아온 경험을 되돌아보는 과정은 내 강점을 인식하고, 이를 더욱 강화할 수 있는 기회를 제공합니다. 이렇게 정리된 경험들은 나의 강점이 얼마나 중요한지를 상기시켜주며, 나의 내면의 자원을 더욱 확고히 할 수 있습니다.

또한, '자기 개발을 위한 강점 중심의 계획 수립'이 필요합니다. 나는 나의 강점을 바탕으로 장기적인 목표와 단기적인 목표를 설정해야 합니다. 예를 들어, 내가 가지고 있는 강점을 최대한 활용할 수 있는 프로젝트를 계획하고, 이를 위해 필요한 기술을 배우는 등의 구체적인 계획을 세워야 합니다. 강점을 중심으로 한 목표 설정은 나의 동기를 강화하고, 나의 잠재력을 실현하는 데 필요한 길잡이가 됩니다. 목표를 달성하는 과정에서 느끼는 성취감은 내 안의 강점을 더욱 사랑하게 만드는 원동력이 됩니다.

'긍정적인 피드백을 주고받는 것'도 중요한 과정입니다. 나는 내 강점을 발휘한 뒤, 주변 사람들에게 피드백을 요청하여 그들의 반응을 들어보는 것이 필요합니다. 긍정적인 피드백은 나의 자신감을 높여주고, 나의 강점에 대한 인식을 강화하는 데 기여합니다. 이 과정에서 나는 나의 강점이 다른 사람들에게 어떤 긍정적인 영향을 미쳤는지를 알게 되고, 그것이 나에게 큰 자극이 됩니다. 주변의 반응은 나의 강점을 더욱 사랑하게 만들고, 내면의 자원을 더욱 발휘할 수 있는 기회를 제공합니다.

또한, '자신의 강점을 기반으로 한 성공 사례 만들기'도 중요합니다. 나는 내가 가진 강점을 활용하여 작은 성공을 이루는 경험을 만들어야 합니다. 예를 들어, 내가 팀 프로젝트에서 강점을 발휘하여 성공적으로 마무리한 경험이나, 개인적인 목표를 이루는 과정에서의 성취를 기록하고 나누는 것입니다. 이러한 성공 사례는 나에게 큰 자부심을 주고, 나의 강점이 실제로 어떻게 작용하는지를 보여줍니다. 성공 사례를 통해 나는 내 강점을 더욱 사랑하게 되고, 내면의 빛을 더욱 밝히는 기회를 얻게 됩니다.

'일상 속에서 나의 강점을 발견하는 연습'을 하는 것도 필요합니다. 나는 매일의 생활 속에서 나의 강점을 발견하고 활용하는 연습을 해야 합니다. 예를 들어, 내가 타인을 도와주는 것이 자연스럽다면, 일상 속에서 그 강점을 활용할 수 있는 방법을 찾아야 합니다. 작은 순간에서 강점을 인식하고 활용하는 경험은 내 강점에 대한 인식을 높이고, 더욱 사랑하게 만드는 기회를 제공합니다. 일상적인 상황 속에서도 강점을 발견하는 것은 나의 내면의 자원을 더욱 깊이 이해하는 데 기여합니다.

또한, '자기 강점에 대한 교육 자료 활용'도 유익합니다. 나는 강점 발견과 관련된 책이나 자료를 활용하여 더 깊이 있는 이해를 가져야 합니다. 이러한 자료는 나에게 강점의 중요성과 활용 방법에 대한 새로운 시각을 제공하며, 나의 강점을 더욱 사랑하게 만드는 데 도움을 줍니다. 나의 강점에 대한 교육 자료를 통해 나는 나의 내면의 빛을 더욱 밝히고, 나의 잠재력을 깨우는 데 필요한 지식을 쌓을 수 있습니다.

마지막으로, '강점을 기반으로 한 목표의 시각화'를 실천하는 것도 좋은 방법입니다. 나는 내 목표를 시각적으로 표현하여 나의 강점을 명확히 인식하고 이를 통해 나의 방향성을 확인해야 합니다. 비전 보드나 마인드 맵을 활용하여 나의 강점을 시각화하고, 이를 통해 목표를 향해 나아가는 과정을 명확하게 할 수 있습니다. 목표의 시각화는 나에게 큰 영감을 주고,

나의 내면의 자원을 발견하는 데 중요한 역할을 합니다.

결국, 내 안의 강점을 사랑하기 위한 과정은 강점 활용 경험 기록하기, 강점 중심 계획 수립하기, 긍정적 피드백 주고받기, 성공 사례 만들기, 일상 속 강점 발견하기, 교육 자료 활용하기, 그리고 목표 시각화하기를 통해 이루어집니다. 이러한 경험들은 나의 내면의 빛을 발견하고, 그것이 나의 삶을 더욱 의미 있게 만들어주는 원동력이 될 수 있음을 깨닫게 합니다. 내 강점을 사랑하는 여정은 나를 더욱 강하게 만들고, 나의 삶을 더욱 풍요롭게 만들어줄 것입니다.

'강점을 기반으로 한 자아 인식의 증진'은 내가 가진 강점을 더욱 사랑하는 데 중요한 요소입니다. 나는 나의 강점을 정확히 인식하고 그것이 나의 삶에 어떻게 긍정적인 영향을 미치는지를 명확히 이해해야 합니다. 이 과정을 통해 나는 내가 어떤 점에서 뛰어난지, 무엇이 나를 특별하게 만드는지를 깨닫게 됩니다. 강점을 인식하는 것은 내 자신을 사랑하는 첫걸음이며, 이를 통해 나는 내면의 자원을 더욱 확고히 할 수 있습니다. 나의 강점을 자주 떠올리고, 이를 바탕으로 한 긍정적인 자기 대화를 통해 나는 스스로를 더욱 사랑하게 됩니다.

또한, '강점을 활용한 팀워크 경험'은 내 강점을 사랑하는 데 큰 도움이 됩니다. 나는 팀 프로젝트나 그룹 활동에서 나의 강점을 활용하여 다른 사람들과 협력해야 합니다. 서로의 강점을 존중하고 인정하며 함께하는 경험은 나에게 큰 만족감을 주고, 나의 강점을 더욱 발전시키는 기회를 제공합니다. 협업을 통해 나의 강점을 발휘하고, 다른 사람들의 강점을 배우는 과정은 나의 내면의 빛을 더욱 밝히게 하고, 나의 잠재력을 깨우는 데 중요한 역할을 합니다.

'자신의 강점을 긍정적으로 표현하는 연습'도 중요합니다. 나는 내 강점에 대해 긍정적으로 이야기하는 연습을 통해 스스로의 가치를 인식해야 합니다. 강점에 대한 긍정적인 표현은 내 자신감과 자아 존중감을 높여주며, 나의 내면의 자원을 더욱 풍부하게 만드는 기회가 됩니다. 나는 나의 강점을 자랑스럽게 생각하고, 이를 다른 사람들과 나누는 과정에서 긍정적인 에너지를 얻게 됩니다. 이러한 표현은 나의 강점을 사랑하는 데 큰 도움이 됩니다.

또한, '강점을 통해 다른 사람들에게 긍정적인 영향을 미치는 것'도 내 강점을 사랑하는 데 중요한 역할을 합니다. 나는 나의 강점을 활용하여 주변 사람들에게 도움을 주고, 그들의 삶에 긍정적인 변화를 가져오는 경험을 통해 나의 강점을 더욱 사랑하게 됩니다. 내가 가진 강점을 통해 누군가의 삶에 좋은 영향을 미치는 것은 나에게 큰 만족감을 주고, 이는 다시 나의 내면의 빛을 더욱 밝히는 원동력이 됩니다. 강점을 통해 다른 사람들을 돕는 경험은 나의 삶의 의미를 더욱 깊게 만들어줍니다.

'강점에 대한 지속적인 피드백 요청'도 중요한 과정입니다. 나는 주변 사람들에게 나의 강점에 대한 피드백을 요청하고, 그들의 의견을 통해 나의 강점을 더욱 잘 이해해야 합니다. 긍정적인 피드백은 나의 자신감을 높여주고, 강점에 대한 나의 인식을 강화하는 데 기여합니다. 피드백을 통해 얻은 정보는 나의 강점을 더욱 발전시키는 데 유용한 자원이 됩니다. 이러한 피드백은 나의 내면의 자원을 더욱 활성화하고, 나의 잠재력을 깨우는 데 큰 도움이 됩니다.

또한, '자신의 강점을 활용한 기회를 찾아내는 것'도 필요합니다. 나는 내가 가진 강점을 기반으로 다양한 기회를 모색해야 합니다. 예를 들어, 강점이 사람들과의 소통이라면, 이를 활용하여 네트워킹 행사나 발표 기회를 찾아보는 것입니다. 강점을 통해 얻는 새로운 기회는 나의 내면의 빛을 더욱 밝히고, 나의 성장에 긍정적인 영향을 미치는 요소가 됩니다. 이러한 기회를 통해 나는 나의 잠재력을 더욱 발휘하고, 내면의 자원을 발견하는 기회를 얻게 됩니다.

마지막으로, '강점을 사랑하기 위한 자아 돌봄'도 잊지 말아야 합니다. 나는 나 자신을 사랑하고 돌보는 시간을 가져야 합니다. 스스로를 아끼고, 자신에게 필요한 것들을 충족시키는 것은 내 강점을 더욱 사랑하는 데 필수적입니다. 자아 돌봄은 나의 정신적, 신체적, 정서적 건강을 유지하는 데 중요한 역할을 하며, 이는 내 강점을 더욱 발전시키는 데 필요한 에너지를 제공합니다.

결국, 내 안의 강점을 사랑하기 위한 과정은 자아 인식 증진, 팀워크 경험, 긍정적 표현 연습, 긍정적인 영향 미치기, 지속적인 피드백 요청, 기회 찾아내기, 그리고 자아 돌봄을 통해 이루어집니다. 이러한 경험들은 나의 내면의 빛을 발견하고, 그것이 나의 삶을 더욱 의미 있게 만들어주는 원동력이 될 수 있음을 깨닫게 합니다. 내 강점을 사랑하는 여정은 나를 더욱 강하게 만들고, 나의 삶을 더욱 풍요롭게 만들어줄 것입니다.

내 삶을 비추는 빛이 되다

20

　나는 매일의 삶 속에서 나의 내면의 빛을 발견하고, 그것이 내 삶에 어떻게 긍정적인 영향을 미치는지를 깊이 성찰해야 합니다. 내 안의 빛은 나의 가치관, 꿈, 그리고 나의 강점에서 나오는 에너지를 의미합니다. 이 빛은 나에게 방향성을 제시하고, 어려운 상황에서도 나를 지탱해주는 중요한 원동력이 됩니다. 내 삶을 비추는 빛이 되는 것은 내가 스스로를 이해하고 사랑하는 과정에서 시작됩니다.

　첫째로, '내 안의 빛을 인식하는 과정'이 필요합니다. 나는 나의 내면에 무엇이 있는지를 탐구하고, 그 속에서 나의 진정한 모습을 발견해야 합니다. 나의 강점과 가치관을 정리하며, 내가 추구하는 목표를 분명히 할 필요가 있습니다. 이를 통해 나는 나의 내면의 빛을 더욱 선명하게 인식하게 되고, 그 빛이 내 삶에 어떤 역할을 하는지를 깨닫게 됩니다. 이 과정은 나의 존재 가치를 확인하고, 나의 삶을 더욱 의미 있게 만들어주는 기회가 됩니다.

　둘째로, '내 안의 빛을 키우는 노력'을 해야 합니다. 나는 내면의 빛을 키우기 위해 매일 작은 실천을 통해 나 자신을 돌보고 성장할 수 있는 기회를 찾아야 합니다. 긍정적인 사고 방식을 유지하고, 감사하는 마음을 가지며, 새로운 경험에 열린 자세를 가지는 것이 중요합니다. 이러한 노력을 통해 나는 내 안의 빛이 더욱 밝아지게 하고, 그것이 나의 삶에 긍정적인 영향을 미치도록 할 수 있습니다.

셋째로, '내 안의 빛을 다른 사람들과 나누는 것'이 중요합니다. 나는 나의 내면의 빛을 주변 사람들과 나누고, 그들에게 긍정적인 영향을 미치기 위해 노력해야 합니다. 나의 경험과 지혜를 공유함으로써 나는 그들이 자신의 내면의 빛을 발견하는 데 도움을 줄 수 있습니다. 이러한 나눔은 나에게도 큰 보람을 주고, 내 삶에 더 많은 의미를 더해줍니다. 내가 가진 빛을 나누는 것은 나의 내면의 자원을 더욱 풍부하게 하고, 나의 삶을 더욱 의미 있게 만들어주는 중요한 방법입니다.

또한, '삶의 순간들을 소중히 여기기'도 필요합니다. 나는 매일의 소소한 순간들을 귀하게 여기고, 그 속에서 행복을 찾는 연습을 해야 합니다. 일상의 작은 것들에서 기쁨을 느끼고, 감사하는 마음을 가지며 살 때, 내 안의 빛은 더욱 빛을 발하게 됩니다. 매일의 삶에서 느끼는 작은 행복은 나의 내면의 에너지를 강화하고, 나의 존재 가치를 더욱 높여줍니다. 이러한 경험은 나의 삶을 더욱 풍요롭게 만들어주고, 내 안의 빛이 나의 길을 비추는 데 큰 도움이 됩니다.

마지막으로, '내 안의 빛을 지속적으로 탐구하는 자세'를 유지해야 합니다. 나는 내면의 빛이 변화하고 발전하는 과정을 지속적으로 탐구해야 합니다. 변화하는 환경과 내 마음속의 감정을 수용하고, 이를 통해 나의 빛이 더욱 밝아질 수 있는 방법을 찾아야 합니다. 이 과정은 나에게 새로운 통찰을 제공하고, 나의 잠재력을 발휘하는 데 필요한 힘이 됩니다. 내 안의 빛을 탐구하는 자세는 나의 성장과 발전을 지속적으로 이어가는 데 중요한 역할을 합니다.

결국, 내 삶을 비추는 빛이 되기 위한 과정은 내 안의 빛 인식, 키우기, 나누기, 순간 소중히 여기기, 그리고 지속적인 탐구를 통해 이루어집니다. 이러한 경험들은 나의 내면의 빛을 발견하고, 그것이 나의 삶을 더욱 의미 있게 만들어주는 원동력이 될 수 있음을 깨닫게 합니다. 내 삶을 비추는 빛이 되는 여정은 나를 더욱 강하게 만들고, 나의 삶을 더욱 풍요롭게 만들어줄 것입니다.

'내 안의 빛을 강화하기 위한 실천적 방법'은 내가 가진 내면의 자원을 더욱 풍부하게 만드는 데 큰 도움이 됩니다. 나는 매일의 일상에서 나의 빛을 강화하기 위한 작은 습관들을 실천해야 합니다. 예를 들어, 매일 아침 감사 일기를 작성하는 습관을 들임으로써, 나는 긍정적인 감정을 키울 수 있습니다. 이렇게 감사하는 마음을 기록하면 내 마음속에 긍정적인 에너지가 흐르게 되고, 이는 내 삶을 비추는 빛이 되어줍니다. 작은 습관들이 모여 큰 변화를 만들어내는 것처럼, 일상 속에서의 긍정적인 실천은 나의 내면의 빛을 더욱 밝히게 합니다.

또한, '자기 반성의 시간을 가지는 것'은 내 삶을 비추는 빛을 찾는 데 필수적입니다. 나는 하루의 마무리 시간에 내 자신을 돌아보며, 하루 동안 내가 어떻게 내 안의 빛을 발휘했는지를 되돌아보는 연습을 해야 합니다. 이 과정을 통해 나는 어떤 부분에서 내 강점을 잘 활용했는지, 어떤 순간이 내 삶에 의미를 더해줬는지를 파악할 수 있습니다. 자기 반성은 나에게 내면의 자원을 인식하고, 앞으로 나아갈 방향을 정하는 데 큰 도움을 줍니다.

'사랑하는 사람들과의 소통'도 나의 내면의 빛을 더욱 밝히는 데 중요한 역할을 합니다. 나는 가족이나 친구들과의 깊이 있는 대화를 통해 내 감정을 나누고, 그들의 지혜와 통찰을 얻어야 합니다. 나의 감정을 솔직하게 표현함으로써, 나는 내 안의 빛을 더욱 드러내고, 서로의 관계를 더욱 깊이 있게 만들어 줄 수 있습니다. 이러한 소통은 나에게 큰 위안과 힘이 되어주며, 내 삶을 더욱 의미 있게 만들어주는 원동력이 됩니다.

또한, '새로운 경험에 대한 개방성'을 가져야 합니다. 나는 새로운 경험이나 기회를 받아들이고, 그것을 통해 나의 내면의 빛을 발견해야 합니다. 새로운 도전이나 활동은 나에게 신선한 자극이 되어주며, 나는 그 속에서 내 잠재력을 깨우고, 내면의 자원을 발견할 수 있습니다. 이러한 경험들은 나의 삶에 다양성과 깊이를 더해주며, 내 안의 빛을 더욱 밝히는 기회가 됩니다.

'비전과 목표의 재정립'도 필요합니다. 나는 내 삶의 방향성을 지속적으로 점검하고, 필요에 따라 목표를 조정해야 합니다. 내가 추구하는 비전이 시간이 지나면서 변화할 수 있으며, 이에 맞춰 나의 목표를 다시 설정하는 것이 중요합니다. 비전과 목표를 재정립함으로써, 나는 내 안의 빛이 더욱 분명하게 비추게 하고, 나의 삶에 대한 의지를 다질 수 있습니다. 나의 비전이 나의 삶을 이끄는 등불이 되어 줄 것입니다.

마지막으로, '내 안의 빛을 비추는 사람들과의 관계를 강화하는 것'도 중요합니다. 나는 나의 삶을 비추는 빛이 되어주는 사람들과의 관계를 소중히 여겨야 합니다. 긍정적인 영향을 주는 친구들이나 멘토들과의 관계를 지속적으로 유지하고, 서로를 격려하며 함께 성장하는 경험을 쌓는 것이 필요합니다. 이러한 관계는 나의 내면의 자원을 더욱 풍부하게 만들어 주며, 내 안의 빛을 더욱 확산시킬 수 있는 기회를 제공합니다.

결국, 내 삶을 비추는 빛이 되기 위한 과정은 강한 실천, 자기 반성의 시간, 사랑하는 사람들과의 소통, 새로운 경험의 개방성, 비전과 목표의 재정립, 그리고 긍정적인 관계 강화 등을 통해 이루어집니다. 이러한 경험들은 나의 내면의 빛을 발견하고, 그것이 나의 삶을 더욱 의미 있게 만들어주는 원동력이 될 수 있음을 깨닫게 합니다. 내 삶을 비추는 빛이 되는 여정은 나를 더욱 강하게 만들고, 나의 삶을 더욱 풍요롭게 만들어줄 것입니다.

'삶의 목적을 명확히 하는 것'은 내 안의 빛을 비추는 데 필수적인 요소입니다. 나는 나의 삶에서 무엇이 가장 중요하고 의미 있는지를 깊이 생각해야 합니다. 자신의 삶의 목적을 명확히 하는 것은 나에게 방향성을 제공하며, 힘든 순간에도 나를 지탱해주는 힘이 됩니다. 목적이 분명할 때, 나는 그에 맞춰 행동하고 결정을 내릴 수 있으며, 내 안의 빛을 더욱 밝게 할 수 있습니다. 이 과정은 나에게 지속적인 동기와 영감을 주어, 내 삶의 질을 높이는 데 기여합니다.

또한, '감정의 회복력을 키우는 것'도 중요합니다. 삶의 여정 속에서 어려움과 고난은 피할 수 없는 부분입니다. 하지만 이러한 순간에서도 나는 내 안의 빛을 잃지 않기 위해 감정의 회복력을 키워야 합니다. 어려움이 찾아올 때, 나는 긍정적인 시각을 유지하고, 문제를 해결할 수 있는 방법을 모색해야 합니다. 회복력은 나에게 어려운 상황에서도 내면의 빛을 발휘할 수 있는 힘을 주며, 다시 일어설 수 있는 용기를 제공합니다. 회복력을 키우는 과정은 나의 성장을 가져오고, 내 삶을 더욱 의미 있게 만들어줍니다.

'일상 속에서의 작은 기쁨 찾기' 또한 내 안의 빛을 발견하는 데 큰 도움이 됩니다. 나는 매일의 일상 속에서 소소한 기쁨을 찾아야 합니다. 아침에 마시는 따뜻한 차 한 잔, 친구와의 즐거운 대화, 아름다운 자연의 풍경 등 작은 것들에서 행복을 느끼는 연습을 해야 합니다. 이러한 작은 기쁨들은 나의 내면의 빛을 더욱 밝게 하고, 삶에 대한 감사의 마음을 키우는 데 큰 역할을 합니다. 작은 것에 감사하며 살아가는 것은 내 삶의 질을 높이는 중요한 요소가 됩니다.

또한, '자기 계발의 중요성을 인식하는 것'도 필요합니다. 나는 내가 성장하기 위해 필요한 교육이나 경험을 찾아야 합니다. 새로운 지식이나 기술을 배우는 것은 내 잠재력을 깨우고, 내 안의 빛을 더욱 강화하는 데 도움이 됩니다. 내가 성장하는 만큼, 내 삶의 비전이 더욱 확고해지고, 내 안의 빛이 더욱 뚜렷해집니다. 자기 계발은 나에게 지속적인 동기와 영감을 주어, 내면의 자원을 발견하는 데 큰 도움이 됩니다.

'실패를 받아들이는 태도'를 가지는 것도 중요합니다. 나는 실패를 두려워하기보다는, 그것을 통해 배우고 성장하는 기회로 삼아야 합니다. 실패는 나에게 소중한 교훈을 주고, 이를 통해 나는 더 나은 방향으로 나아갈 수 있는 기회를 얻게 됩니다. 실패를 긍정적으로 바라보는 태도는 내 안의 빛을 더욱 발휘하게 하고, 나의 삶을 더욱 풍요롭게 만들어주는 원동력이 됩니다.

또한, '자신의 감정과 생각을 표현하는 것'도 중요합니다. 나는 나의 감정을 솔직하게 표현하고, 내면의 생각을 자유롭게 나누는 것이 필요합니다. 일기 쓰기, 그림 그리기, 또는 친구와의 대화 등 다양한 방법으로 내 감정을 표현함으로써, 나는 내 안의 빛을 더욱 발견하게 됩니다. 이러한 표현은 나의 내면의 자원을 활성화하고, 나의 강점을 더욱 사랑하게 만드는 데 기여합니다.

마지막으로, '일상에서의 자기 사랑을 실천하는 것'은 내 삶을 비추는 빛을 더욱 확고히 합니다. 나는 나 자신을 존중하고, 스스로에게 친절하게 대해야 합니다. 나의 강점을 인정하고 사랑하는 태도는 나의 내면의 빛을 더욱 강화하는 데 큰 도움이 됩니다. 자기 사랑은 나의 삶을 더욱 의미 있게 만들어주고, 내 잠재력을 발휘하는 데 필요한 힘을 제공합니다.

결국, 내 삶을 비추는 빛이 되기 위한 과정은 목적 명확히 하기, 감정의 회복력 키우기, 작은 기쁨 찾기, 자기 계발 인식하기, 실패 받아들이기, 감정 표현하기, 그리고 자기 사랑 실천하기를 통해 이루어집니다. 이러한 경험들은 나의 내면의 빛을 발견하고, 그것이 나의 삶을 더욱 의미 있게 만들어주는 원동력이 될 수 있음을 깨닫게 합니다. 내 삶을 비추는 빛이 되는 여정은 나를 더욱 강하게 만들고, 나의 삶을 더욱 풍요롭게 만들어줄 것입니다.

'자신의 이야기를 다른 사람과 나누는 것'은 내 삶의 빛을 비추는 데 큰 도움이 됩니다. 나는 내가 겪은 경험, 느낀 감정, 그리고 배운 교훈들을 솔직하게 나누어야 합니다. 이를 통해 다른 사람들과의 유대감을 강화하고, 서로에게 긍정적인 영향을 미칠 수 있습니다. 나의 이야기가 누군가에게 위로와 힘이 될 수 있다는 사실은 나에게 큰 의미를 주며, 이는 나의 내면의 빛을 더욱 밝히는 원동력이 됩니다. 나의 경험을 나누는 것은 나에게도 치유의 과정이 될 수 있습니다.

또한, '내면의 빛을 표현하는 예술적 활동'도 중요합니다. 나는 글쓰기,

그림 그리기, 음악 만들기 등 다양한 예술적 활동을 통해 내 안의 빛을 표현해야 합니다. 예술은 나의 감정과 생각을 자유롭게 표현할 수 있는 강력한 도구입니다. 이를 통해 나는 나의 내면의 자원을 발견하고, 내 삶의 이야기를 시각적으로 나타내는 기회를 얻게 됩니다. 예술적 표현은 나의 내면의 빛을 더욱 확장시키고, 다른 사람들에게도 감동을 줄 수 있는 기회가 됩니다.

'자연 속에서의 시간 가지기' 또한 나의 내면의 빛을 비추는 데 큰 도움이 됩니다. 나는 자연과의 교감을 통해 내 마음의 평화를 찾고, 내 안의 에너지를 재충전해야 합니다. 자연은 나에게 소중한 영감을 주며, 그 속에서 나는 나의 존재 가치를 깊이 느끼게 됩니다. 자연의 아름다움과 조화를 느끼는 것은 내 내면의 빛을 더욱 밝히는 데 중요한 역할을 합니다. 나의 일상에서 자연을 경험하는 것은 나에게 치유와 평화를 가져다주는 귀중한 시간이 됩니다.

또한, '긍정적인 환경을 조성하는 것'도 필요합니다. 나는 나의 주변 환경을 긍정적으로 바꾸기 위해 노력해야 합니다. 긍정적인 사람들과의 관계를 유지하고, 부정적인 영향을 줄 수 있는 요소들을 최소화하는 것이 중요합니다. 긍정적인 환경은 내 안의 빛을 더욱 확산시키고, 나의 잠재력을 깨우는 데 큰 도움이 됩니다. 내가 속한 환경이 나에게 긍정적인 에너지를 주는 한, 나는 더욱 자유롭게 내 안의 빛을 발휘할 수 있습니다.

'명상과 마음 챙김'은 내 안의 빛을 발견하는 데 중요한 도구입니다. 나는 정기적으로 명상이나 마음 챙김을 실천함으로써 내면의 평화를 찾고, 내 감정을 안정시킬 수 있습니다. 이러한 연습은 내가 내 안의 빛을 인식하고, 그것을 더욱 강화하는 데 기여합니다. 명상은 내 마음의 소리에 귀 기울이고, 내면의 자원을 발견하는 중요한 시간입니다. 이를 통해 나는 더욱 깊은 통찰을 얻고, 내 삶의 방향성을 확고히 할 수 있습니다.

마지막으로, '자기 발전을 위한 지속적인 노력'을 게을리하지 말아야 합니다. 나는 나의 강점을 바탕으로 지속적으로 나 자신을 발전시키기 위해 노력해야 합니다. 새로운 기술이나 지식을 배우고, 경험을 쌓는 것은 나의 내면의 빛을 더욱 밝히는 데 필수적입니다. 나의 발전은 나의 내면의 자원을 더욱 풍부하게 만들고, 내가 원하는 삶을 창조하는 데 큰 도움이 됩니다. 나 자신을 끊임없이 발전시키는 과정에서 나는 더욱 빛나는 존재가 되어갈 것입니다.

결국, 내 삶을 비추는 빛이 되기 위한 과정은 자신의 이야기를 나누기, 예술적 표현하기, 자연 속에서 시간 가지기, 긍정적인 환경 조성하기, 명상과 마음 챙김, 그리고 자기 발전을 위한 지속적인 노력을 통해 이루어집니다. 이러한 경험들은 나의 내면의 빛을 발견하고, 그것이 나의 삶을 더욱 의미 있게 만들어주는 원동력이 될 수 있음을 깨닫게 합니다. 내 삶을 비추는 빛이 되는 여정은 나를 더욱 강하게 만들고, 나의 삶을 더욱 풍요롭게 만들어줄 것입니다.

'나의 경험을 통해 다른 이들에게 영감을 주는 것'은 내 삶의 빛을 더욱 확고히 하는 중요한 방법입니다. 나는 내 경험을 나누고, 내가 배운 교훈을 다른 사람들과 공유함으로써 그들에게 긍정적인 영향을 미칠 수 있습니다. 내 이야기가 누군가에게 희망과 용기가 된다면, 이는 나의 내면의 빛이 확산되는 귀한 순간이 됩니다. 다른 사람들에게 영감을 주는 것은 나의 존재 가치를 느끼게 해주고, 내 삶을 더욱 의미 있게 만들어주는 기회를 제공합니다.

또한, '자신의 가치를 재정립하는 과정'도 필요합니다. 나는 주기적으로 나의 가치를 되새기고, 내가 어떤 존재인지 확인해야 합니다. 이는 나의 내면의 빛을 더욱 밝히는 데 큰 도움이 됩니다. 내가 추구하는 가치와 목표를 명확히 하면서, 나의 존재에 대한 확신을 갖는 것은 나의 자아 존중감을 높이고, 내 삶의 방향성을 더욱 확고히 하는 데 기여합니다. 자신의 가치를 재정립하는 과정은 나의 내면의 자원을 발견하고, 더욱 강한 나로 나아갈 수 있는 원동력이 됩니다.

'자신의 감정과 욕구를 인정하는 것'도 필수적입니다. 나는 내 감정이 무엇인지, 내가 진정으로 원하는 것이 무엇인지를 명확히 인식해야 합니다. 내 감정과 욕구를 인정함으로써 나는 더욱 진실된 삶을 살아갈 수 있으며, 내 안의 빛을 더욱 뚜렷하게 발휘할 수 있습니다. 자기 인식은 나의 내면의 자원을 발휘하게 하고, 나의 강점을 더욱 사랑하게 만드는 데 큰 도움이 됩니다. 감정을 솔직하게 표현하는 것은 내 삶을 비추는 빛을 더욱 밝게 하는 방법입니다.

또한, '지속적인 목표 설정과 성취'는 내 삶을 비추는 빛이 되기 위한 중요한 과정입니다. 나는 나의 삶에서 이루고자 하는 목표를 지속적으로 설정하고, 그 목표를 달성하기 위한 계획을 세워야 합니다. 작은 목표부터 시작하여 점차 큰 목표를 향해 나아가는 것은 나의 자신감을 높이고, 내면의 빛을 더욱 밝게 만들어줍니다. 목표를 성취하는 과정은 나에게 큰 성취감을 주고, 내 안의 자원을 더욱 강화하는 데 기여합니다.

'매일의 긍정적인 루틴을 정립하는 것'도 나의 내면의 빛을 발휘하는 데 도움이 됩니다. 나는 매일 아침 긍정적인 마인드로 하루를 시작하고, 건강한 생활 습관을 유지해야 합니다. 운동, 명상, 독서 등의 긍정적인 루틴은 내 안의 에너지를 증진시키고, 나의 내면의 빛을 더욱 밝히는 기회를 제공합니다. 긍정적인 루틴을 실천하는 것은 나에게 일상에서의 기쁨과 행복을 느끼게 해주는 중요한 요소입니다.

마지막으로, '자신의 성장을 위해 주변의 지지를 받는 것'도 중요합니다. 나는 나를 지지해주는 친구, 가족, 멘토들과의 관계를 소중히 여겨야 합니다. 그들과의 소통과 지지는 내가 힘들 때 큰 힘이 되어주고, 내 안의 빛을 더욱 밝히는 데 기여합니다. 나는 그들의 응원과 지지를 통해 나의 존재 가치를 더욱 느끼고, 나의 내면의 자원을 발견하는 데 도움이 됩니다. 나의 주변 사람들과의 관계는 나의 성장과 발전에 큰 영향을 미치는 요소입니다.

결국, 내 삶을 비추는 빛이 되기 위한 과정은 경험을 나누기, 가치를 재정립하기, 감정과 욕구 인정하기, 목표 설정과 성취하기, 긍정적인 루틴 정립하기, 그리고 주변의 지지 받기를 통해 이루어집니다. 이러한 경험들은 나의 내면의 빛을 발견하고, 그것이 나의 삶을 더욱 의미 있게 만들어주는 원동력이 될 수 있음을 깨닫게 합니다. 내 삶을 비추는 빛이 되는 여정은 나를 더욱 강하게 만들고, 나의 삶을 더욱 풍요롭게 만들어줄 것입니다.

'내가 가진 고유한 특성을 사랑하는 것'은 내 삶의 빛을 더욱 밝게 만드는 기초가 됩니다. 나는 나 자신을 있는 그대로 받아들이고, 나의 독특함을 소중히 여기는 태도를 가져야 합니다. 나의 고유한 특성이 나를 특별하게 만들어주는 요소이며, 이는 나의 내면의 빛이 비추는 방식에 깊은 영향을 미칩니다. 나의 개성과 성격, 취향은 나의 삶을 더욱 다채롭고 풍요롭게 만들어줍니다. 이러한 인식을 통해 나는 나의 삶에서 느끼는 만족감과 행복을 더욱 깊이 있게 경험할 수 있습니다.

또한, '과거의 경험에서 배우기'도 중요합니다. 나는 내 과거의 경험, 특히 어려움과 실패에서 중요한 교훈을 얻어야 합니다. 이러한 경험들은 나에게 귀중한 가르침을 주며, 앞으로의 삶에 도움이 되는 자원으로 작용합니다.

나는 과거의 아픔을 기억하면서도 그 속에서 배운 점을 통해 내 삶을 긍정적으로 변화시킬 수 있는 방법을 찾아야 합니다. 이 과정은 나의 내면의 빛을 더욱 밝혀주고, 내가 성장할 수 있는 기회를 제공합니다.

'자신의 가치와 신념을 존중하는 것' 또한 필요합니다. 나는 나의 가치관과 신념을 따르며 살아갈 때, 내 안의 빛이 더욱 뚜렷하게 드러납니다. 나의 가치관이 나의 행동과 결정에 영향을 미칠 때, 나는 진정한 자신으로 살아가는 기쁨을 느끼게 됩니다. 이는 나에게 내면의 안정감과 평화를 가져다주며, 내가 나아가고자 하는 방향성을 명확히 하는 데 큰 도움이 됩니다. 자신의 가치를 존중하는 과정은 내 안의 빛을 더욱 강하게 만들어주고, 나의 삶에 대한 신뢰를 높이는 원동력이 됩니다.

또한, '자기 자신에게 솔직해지는 것'은 내 안의 빛을 발현하는 데 중요한 요소입니다. 나는 나의 생각과 감정을 숨기지 않고 솔직하게 드러내는 것이 필요합니다. 이러한 솔직함은 나에게 진정한 나 자신을 받아들이고, 나의 내면의 자원을 발견하는 기회를 제공합니다. 스스로에게 솔직할 때, 나는 더 큰 힘과 자신감을 얻게 되며, 이는 나의 내면의 빛을 더욱 밝히는 기초가 됩니다.

'일상의 루틴에서 긍정적인 변화를 주는 것'도 필요합니다. 나는 나의 일상에서 작은 변화들을 실천함으로써 내 삶의 질을 높여야 합니다. 예를 들어, 매일 조금씩 운동을 하거나, 건강한 식습관을 유지하는 것과 같은 소소한 변화는 내면의 에너지를 높이고, 나의 삶을 더욱 의미 있게 만들어주는 요소가 됩니다. 일상의 변화는 나의 내면의 빛을 더욱 확산시키고, 긍정적인 기운을 불어넣는 데 기여합니다.

또한, '자기 연민을 기르는 것'도 중요합니다. 나는 나 자신에게 자비를 베풀고, 내 감정과 경험에 대해 긍정적으로 바라보는 태도를 가져야 합니다. 자기 연민은 나에게 따뜻한 위안을 제공하고, 내가 힘든 시기를 겪을 때 더욱 큰 힘이 됩니다. 나 자신을 따뜻하게 대하는 것은 내 안의 빛을 더욱 밝히는 데 중요한 요소입니다. 자기 연민을 통해 나는 내 삶의 어려움 속에서도 희망과 긍정적인 시각을 유지할 수 있습니다.

마지막으로, '자신의 강점을 통해 나의 삶을 재조명하는 것'이 필요합니다. 나는 내가 가진 강점을 바탕으로 삶의 방향을 재조정하고, 이를 통해 더욱 의미 있는 목표를 설정해야 합니다. 강점을 통해 나의 삶을 재조명하는 과정은 나에게 새로운 시각과 가능성을 제공하며, 내 안의 빛을 더욱 확고히 하는 기회를 줍니다. 나의 강점이 나의 선택과 결정에 중요한 영향을 미치도록 함으로써, 나는 내 삶의 방향성을 더욱 분명히 할 수 있습니다.

결국, 내 삶을 비추는 빛이 되기 위한 과정은 고유한 특성 사랑하기, 과거 경험에서 배우기, 가치와 신념 존중하기, 솔직해지기, 긍정적인 변화 주기, 자기 연민 기르기, 그리고 강점을 통한 삶 재조명하기를 통해 이루어집니다. 이러한 경험들은 나의 내면의 빛을 발견하고, 그것이 나의 삶을 더욱 의미 있게 만들어주는 원동력이 될 수 있음을 깨닫게 합니다. 내 삶을 비추는 빛이 되는 여정은 나를 더욱 강하게 만들고, 나의 삶을 더욱 풍요롭게 만들어줄 것입니다.

'내가 가진 내면의 힘을 활용하는 것'은 내 삶을 비추는 빛이 되는 데 매우 중요합니다. 나는 각자의 경험 속에서 얻은 교훈과 지혜를 활용하여 나 자신을 더욱 발전시켜야 합니다. 내면의 힘이란 나의 강점, 가치관, 그리고 경험에서 비롯된 지혜를 의미합니다. 이를 통해 나는 어려운 상황에서도 내면의 빛을 잃지 않고, 스스로를 지키며 나아갈 수 있는 힘을 얻게 됩니다. 내면의 힘을 인식하고 활용하는 과정은 나의 삶을 더욱 의미 있게 만들어줍니다.

또한, '긍정적인 목표를 설정하는 것'은 내 삶을 비추는 빛이 되는 데 필수적입니다. 나는 나의 내면의 빛을 통해 무엇을 이루고자 하는지를 명확히 하여, 구체적인 목표를 세워야 합니다. 이러한 목표는 나의 가치와 비전에 부합해야 하며, 나의 강점을 기반으로 하여 설정되어야 합니다. 목표를 세우는 과정에서 나는 나의 잠재력을 더욱 발휘할 수 있는 기회를 가지게 됩니다. 긍정적인 목표는 나에게 방향성을 제공하고, 삶의 의미를 더욱 깊게 만들어줍니다.

'내 안의 빛을 표현하는 소통의 중요성'도 간과할 수 없습니다. 나는 내 마음의 소리를 표현하고, 내면의 감정을 솔직하게 나누는 것이 필요합니다. 나의 이야기와 경험을 나누는 것은 나 자신을 이해하고, 다른 사람들과의 유대감을 강화하는 데 도움이 됩니다. 소통은 나의 내면의 빛을 세상에 드러내는 중요한 방법입니다. 이를 통해 나는 타인에게 긍정적인 영향을 미칠 수 있으며, 나의 내면의 빛이 더욱 확산될 수 있습니다.

또한, '자신의 건강을 우선시하는 것'은 내 삶을 비추는 빛을 더욱 밝히는 데 중요합니다. 나는 신체적, 정신적 건강을 유지하기 위해 노력해야 합니다. 규칙적인 운동, 균형 잡힌 식사, 그리고 충분한 휴식은 내 안의 에너지를 높여줍니다. 건강한 생활습관은 나의 내면의 빛을 강화하고, 긍정적인 마음가짐을 유지하는 데 기여합니다. 건강한 몸과 마음은 나의 삶을 더욱 풍요롭게 만들어줄 것입니다.

'관계의 소중함을 인식하는 것'도 내 삶의 빛을 비추는 데 중요한 역할을 합니다. 나는 나를 지지해주는 친구와 가족, 그리고 소중한 사람들과의 관계를 소중히 여겨야 합니다. 긍정적인 관계는 나에게 큰 힘이 되며, 그들이 나의 내면의 빛을 더욱 빛나게 해주는 역할을 합니다. 나는 그들과의 소통을 통해 서로의 강점을 인정하고, 함께 성장할 수 있는 기회를 가져야 합니다. 소중한 관계는 나의 삶을 더욱 의미 있게 만들어주는 원동력이 됩니다.

또한, '일상에서의 자아 발견'은 나의 내면의 빛을 더욱 확고히 하는 데 도움이 됩니다. 나는 일상 속에서 자신을 돌아보고, 내 안의 새로운 면을 발견하는 시간을 가져야 합니다. 매일의 소소한 경험 속에서 나는 나의 강점과 관심사를 발견하고, 이를 통해 나의 정체성을 더욱 확립할 수 있습니다. 자아 발견의 과정은 나의 내면의 자원을 활성화하고, 내 삶의 방향성을 더욱 명확히 하는 기회를 제공합니다.

마지막으로, '지속적인 긍정의 실천'은 내 삶을 비추는 빛이 되기 위한 필수 요소입니다. 나는 긍정적인 마인드를 유지하고, 매일 긍정적인 행동을 실천해야 합니다. 작은 일이라도 긍정적인 태도로 바라보고, 감사하는 마음을 갖는 것이 중요합니다. 이러한 긍정적인 실천은 내 삶에 더 많은 행복과 의미를 불어넣으며, 나의 내면의 빛을 더욱 밝게 합니다.

결국, 내 삶을 비추는 빛이 되기 위한 과정은 내면의 힘 활용하기, 긍정적인 목표 설정하기, 소통의 중요성 인식하기, 건강 우선시하기, 관계의 소중함 인식하기, 자아 발견하기, 그리고 긍정의 실천을 통해 이루어집니다. 이러한 경험들은 나의 내면의 빛을 발견하고, 그것이 나의 삶을 더욱 의미 있게 만들어주는 원동력이 될 수 있음을 깨닫게 합니다. 내 삶을 비추는 빛이 되는 여정은 나를 더욱 강하게 만들고, 나의 삶을 더욱 풍요롭게 만들어줄 것입니다.

'자신의 성장과 발전을 기념하는 것'은 내 삶을 비추는 빛이 되는 중요한 요소입니다. 나는 나의 성취를 축하하고, 작은 진전을 기념하는 시간을 가져야 합니다. 일상에서의 작은 성취는 나에게 큰 자부심을 주고, 이러한 긍정적인 감정은 나의 내면의 빛을 더욱 밝게 만들어줍니다. 성취를 기념하는 것은 나에게 동기를 부여하고, 앞으로의 도전을 지속할 수 있는 힘이 됩니다.

또한, '인내와 끈기를 기르는 것'도 필요합니다. 나는 목표를 향해 나아가면서 어려움을 겪을 수 있습니다. 이러한 상황에서 인내와 끈기를 가지고 노력하는 것은 내 안의 빛을 더욱 발휘하게 해줍니다. 나는 어려움을 극복하고 목표를 이루기 위해 꾸준히 노력하는 과정 속에서 더욱 강해지며, 나의 존재 가치도 확고해집니다. 인내는 나의 내면의 빛을 더욱 밝히는 과정이며, 이는 내가 어떤 도전에서도 불굴의 의지를 가지고 나아갈 수 있도록 돕습니다.

'자연과의 연결을 통한 재충전'도 내 삶의 빛을 비추는 데 큰 도움이 됩니다. 나는 자연 속에서 시간을 보내며 내 마음을 다스리고, 나의 내면의 에너지를 회복해야 합니다. 자연은 나에게 위안과 영감을 주며, 내면의 소리를 듣는 공간이 되어줍니다. 공원에서의 산책, 바다의 파도 소리, 혹은 산의 경치를 바라보는 것과 같은 소소한 경험들은 나의 내면의 빛을 더욱 밝히고, 자연과의 연결을 통해 나의 존재 가치를 되새기게 합니다.

또한, '자신의 성공과 실패에 대해 열린 마음을 가지기'도 필요합니다. 나는 나의 성공뿐만 아니라 실패의 경험도 받아들이고, 그로부터 배우는 자세를 가져야 합니다. 실패는 나의 성장의 중요한 부분이며, 이를 통해 나는 더 나은 사람이 될 수 있습니다. 나의 경험을 열린 마음으로 바라보고, 그것이 나에게 주는 교훈을 소중히 여길 때, 내

안의 빛은 더욱 강하게 비춰질 것입니다. 실패를 두려워하지 않고, 이를 기회로 삼는 긍정적인 태도는 나의 내면의 자원을 활성화하는 데 큰 도움이 됩니다.

또한, '타인에게 긍정적인 영향을 미치는 행동'을 실천하는 것도 중요합니다. 나는 주변 사람들에게 긍정적인 에너지를 전파하고, 그들이 성장할 수 있도록 도와주는 역할을 해야 합니다. 나의 작은 친절이나 격려의 말이 누군가에게 큰 힘이 될 수 있습니다. 타인을 돕는 경험은 나의 내면의 빛을 더욱 밝히고, 삶의 의미를 더욱 깊이 느끼게 합니다. 이러한 행동은 나를 더 나은 사람으로 성장하게 만들어주며, 나의 강점을 더욱 확고히 하는 기회가 됩니다.

마지막으로, '내 삶의 방향성을 확인하는 정기적인 점검'을 통해 나는 내 안의 빛을 더욱 뚜렷하게 할 수 있습니다. 나는 주기적으로 나의 목표와 가치를 재확인하고, 나의 진전을 점검하는 시간을 가져야 합니다. 이를 통해 나는 내가 나아가고자 하는 방향을 다시 한번 분명히 하고, 필요하다면 조정할 수 있는 기회를 가집니다. 삶의 방향성을 확인하는 과정은 나의 내면의 자원을 발견하고, 내 삶을 비추는 빛을 더욱 선명하게 하는 데 중요한 역할을 합니다.

결국, 내 삶을 비추는 빛이 되기 위한 과정은 성장과 발전 기념하기, 인내와 끈기 기르기, 자연과의 연결 통해 재충전하기, 성공과 실패에 대한 열린 마음 가지기, 긍정적인 영향 미치기, 방향성 점검하기 등을 통해 이루어집니다. 이러한 경험들은 나의 내면의 빛을 발견하고, 그것이 나의 삶을 더욱 의미 있게 만들어주는 원동력이 될 수 있음을 깨닫게 합니다. 내 삶을 비추는 빛이 되는 여정은 나를 더욱 강하게 만들고, 나의 삶을 더욱 풍요롭게 만들어줄 것입니다.

4부_ 내 안의 빛을 찾아서

5부

나를 소중히 여기기

# 자존감을 키우는 작은 습관들

21

자존감은 나 자신을 사랑하고 존중하는 마음으로, 건강한 자아를 형성하는 데 중요한 역할을 합니다. 하지만 현대 사회에서는 자존감이 낮아지는 경우가 많습니다. 따라서 자존감을 키우기 위한 작은 습관들을 실천하는 것이 필요합니다. 이러한 습관들은 내가 스스로를 소중히 여기고, 내 안의 가치를 깨닫는 데 도움을 줄 것입니다.

첫째로, '긍정적인 자기 대화'를 시작하는 것이 중요합니다. 나는 매일 아침 거울 앞에서 스스로에게 긍정적인 말을 건네는 습관을 가져야 합니다. "나는 소중한 존재이다," "나는 할 수 있다," "나는 내 꿈을 이룰 수 있다"와 같은 긍정적인 문장을 반복함으로써, 내 자존감을 높이고 스스로를 격려할 수 있습니다. 이러한 자기 대화는 내가 가진 강점과 가치를 인식하게 해주며, 부정적인 사고를 줄이는 데 큰 도움이 됩니다.

둘째로, '작은 목표를 설정하고 달성하기'도 자존감을 키우는 데 큰 도움이 됩니다. 나는 일상 속에서 작은 목표를 설정하고, 그것을 이루기 위해 노력해야 합니다. 예를 들어, 매일 10분씩 책을 읽거나, 간단한 운동을 하는 것과 같은 소소한 목표를 세우고 실천하는 것입니다. 이러한 작은 성취는 나에게 자존감을 주고, 나의 능력을 확신하게 해줍니다. 작은 목표를 달성하는 경험은 내 자신을 더욱 사랑하게 만드는 원동력이 됩니다.

셋째로, '감사하는 마음을 가지는 것'도 자존감을 높이는 데 중요합니다. 나는 매일 감사한 일들을 기록하는 시간을 가져야 합니다. 하루 중 느낀 작은 감사의 순간들을 적어보는 것이 좋습니다. 예를 들어, 가족과의 소중한 시간, 친구의 따뜻한 말, 아름다운 날씨 등 다양한 일상 속 감사한 순간들을 기록함으로써 나는 긍정적인 시각을 키울 수 있습니다. 감사하는 마음은 내 삶의 가치를 느끼게 해주며, 나의 자존감을 더욱 높이는 데 기여합니다.

또한, '내 감정을 솔직하게 표현하기'도 자존감을 키우는 좋은 습관입니다. 나는 내 감정을 숨기지 않고, 솔직하게 표현할 수 있는 공간을 만들어야 합니다. 친구나 가족과의 대화에서 나의 감정과 생각을 나누는 것은 나를 더욱 깊이 이해하고, 소중한 관계를 형성하는 데 도움이 됩니다. 감정을 표현하는 것은 내 존재의 가치를 느끼게 해주며, 자존감을 높이는 데 중요한 역할을 합니다.

또한, '자신을 위한 시간 가지기'도 필요합니다. 나는 매일 자신을 돌보는 시간을 갖고, 좋아하는 활동을 통해 나에게 기쁨을 주어야 합니다. 취미를 즐기거나, 산책을 하거나, 좋아하는 음악을 듣는 등의 활동은 나에게 큰 위안을 주며, 나를 소중히 여기는 방법이 됩니다. 나 자신을 위한 시간을 가지는 것은 자존감을 높이는 데 큰 도움이 되며, 내가 나를 사랑하는 방법을 배우게 됩니다.

 마지막으로, '타인의 긍정적인 피드백을 수용하는 것'도 자존감을 키우는 데 중요합니다. 나는 주변 사람들의 칭찬이나 격려를 솔직하게 받아들이고, 그로부터 긍정적인 영향을 받는 연습을 해야 합니다. 타인의 긍정적인 시선은 나의 가치를 더욱 높여주는 데 큰 도움이 됩니다. 나는 자신의 가치를 다른 사람의 시선에서 확인하며, 더욱 큰 자신감을 가질 수 있습니다.

 결국, 자존감을 키우는 작은 습관들은 긍정적인 자기 대화, 작은 목표 설정, 감사하는 마음, 감정 표현, 자신을 위한 시간, 그리고 긍정적인 피드백 수용하기 등을 통해 이루어집니다. 이러한 경험들은 나의 내면의 가치를 발견하고, 나를 소중히 여기는 데 도움을 줄 것입니다. 자존감을 키우는 여정은 나를 더욱 강하게 만들고, 나의 삶을 더욱 풍요롭게 만들어줄 것입니다.

 '자기 인정의 연습'은 자존감을 키우는 데 있어 매우 중요한 습관입니다. 나는 매일 자신이 이룬 작은 성취나 감정을 인정하는 시간을 가져야 합니다. 예를 들어, 하루를 마감하며 나의 긍정적인 행동이나 감정, 그리고 내 강점을 적어보는 것입니다. 이러한 자기 인정을 통해 나는 나의 가치를 더욱 확고히 하고, 스스로를 사랑하는 방법을 배우게 됩니다. 자기 인식의 과정은 나에게 긍정적인 감정을 주며, 자존감을 높이는 데 큰 도움이 됩니다.

 또한, '신체적 건강을 챙기는 것'도 자존감을 높이는 데 중요한 요소입니다. 나는 규칙적인 운동과 건강한 식습관을 통해 신체적 건강을 유지해야 합니다. 신체가 건강할 때, 나는 더 큰 에너지를 느끼고 자신감을 얻을 수 있습니다. 운동을 통해 스트레스를 해소하고, 몸과 마음이 조화를 이루는 경험은 자존감을 높이는 데 매우 효과적입니다. 나의 몸을 소중히 여기고 돌보는 것은 내 자신을 존중하는 방법이기도 합니다.

'자신을 위해 긍정적인 환경 조성하기'도 필요합니다. 나는 나를 둘러싼 환경이 긍정적일 때 더 큰 행복과 만족을 느낍니다. 부정적인 사람들과의 관계를 정리하고, 나를 지지해주는 사람들과 함께하는 시간을 늘려야 합니다. 긍정적인 환경은 내 마음을 편안하게 하고, 나의 내면의 빛이 더욱 밝게 빛나도록 도와줍니다. 내가 있는 공간이 나에게 긍정적인 영향을 미치면, 나는 더욱 나 자신을 사랑하고 존중할 수 있게 됩니다.

또한, '자기 표현의 기회를 늘리는 것'도 자존감을 높이는 데 큰 도움이 됩니다. 나는 나의 감정과 생각을 표현할 수 있는 다양한 기회를 찾아야 합니다. 예를 들어, 블로그나 일기 작성, 예술 활동 등을 통해 나의 감정을 솔직하게 드러내는 것은 내 존재의 가치를 느끼게 해줍니다. 자기 표현을 통해 나는 내 안의 빛을 세상에 드러내고, 스스로를 더욱 소중히 여길 수 있는 기회를 얻습니다.

'다양한 경험에 도전하기' 또한 중요한 습관입니다. 나는 새로운 활동이나 취미에 도전함으로써 나의 능력을 확장해야 합니다. 새로운 경험은 나에게 자신감을 주고, 내 자신에 대한 인식을 넓히는 기회를 제공합니다. 도전과 성취는 자존감을 높이는 데 중요한 요소이며, 나는 이러한 경험을 통해 나의 강점을 발견하고 더욱 성장할 수 있습니다.

'긍정적인 자아 이미지를 심어주는 것'도 필요합니다. 나는 내가 원하는 모습에 대해 상상하고, 이를 실현하기 위해 노력해야 합니다. 긍정적인 자아 이미지는 나에게 더 많은 가능성을 열어주고, 내가 나를 소중히 여길 수 있도록 돕습니다. 나는 긍정적인 자아 이미지를 유지하기 위해 필요한 행동을 실천하고, 이를 통해 나의 자존감을 높여 나갈 수 있습니다.

마지막으로, '자기 보호의 경계를 설정하는 것'도 매우 중요합니다. 나는 나의 마음과 감정을 보호하기 위해 나만의 경계를 설정해야 합니다. 타인의 비판이나 부정적인 영향을 최소화하고, 나에게 해가 되는 상황에서 벗어나는 것은 내 자존감을 지키는 데 필수적입니다. 경계를 설정함으로써 나는 나의 가치를 지키고, 내면의 빛을 더욱 강화할 수 있습니다.

결국, 자존감을 키우는 작은 습관들은 자기 인정의 연습, 신체적 건강 챙기기, 긍정적인 환경 조성하기, 자기 표현의 기회 늘리기, 다양한 경험에 도전하기, 긍정적인 자아 이미지 심어주기, 그리고 자기 보호의 경계를 설정하기 등을 통해 이루어집니다. 이러한 경험들은 나의 내면의 가치를 발견하고, 나를 소중히 여기는 데 도움을 줄 것입니다. 자존감을 키우는 여정은 나를 더욱 강하게 만들고, 나의 삶을 더욱 풍요롭게 만들어줄 것입니다.

'소소한 감사의 습관'을 들이는 것은 자존감을 키우는 데 큰 도움이 됩니다. 나는 매일 저녁, 하루 동안 감사한 일 세 가지를 기록하는 시간을 가져야 합니다. 이 과정은 나에게 긍정적인 시각을 제공하고, 내 삶에서 소중한 것들을 발견할 수 있는 기회를 줍니다. 감사하는 마음은 내 자존감을 높여주고, 나를 둘러싼 긍정적인 요소들을 인식하게 해줍니다. 이러한 감사의 습관은 일상 속에서 나의 내면의 빛을 더욱 밝히는 역할을 합니다.

또한, '자신을 위한 작은 선물 주기'도 자존감을 높이는 좋은 방법입니다. 나는 내가 좋아하는 것들, 예를 들어 내가 좋아하는 책이나 작은 액세서리, 혹은 편안한 시간을 가지는 등 자신에게 소중한 선물을 주는 습관을 가져야 합니다. 이러한 작은 선물은 나에게 즐거움을 주고, 내가 나를 소중히 여기는 방법이 됩니다. 자주 나에게 작은 행복을 선물함으로써 나는 <u>스스로를 사랑하고 존중하는 태도를 기를 수 있습니다.</u>

'비교하지 않는 습관' 또한 자존감을 키우는 데 필요합니다. 나는 다른 사람들과 나 자신을 비교하는 것을 피해야 합니다. SNS나 주변 사람들과의 비교는 나의 자존감을 떨어뜨릴 수 있기 때문에, 이러한 습관을 버리고 나만의 길을 걸어가야 합니다. 나는 나의 고유한 특성과 성취를 인정하고, 남들과의 비교에서 벗어나 내 삶을 살아가는 것이 중요합니다. 비교하지 않는 태도는 나에게 더 많은 자유를 주고, 내면의 빛을 더욱 밝게 만들어 줄 것입니다.

또한, '자신의 감정을 존중하는 것'도 필수적입니다. 나는 내 감정이 어떤 것이라도 그것을 받아들이고 존중해야 합니다. 슬프거나 힘든 감정은 나에게 중요한 신호이며, 이를 통해 내가 필요한 것들을 알아차릴 수 있습니다. 내 감정을 무시하지 않고, 인정하고 수용하는 과정은 나의 자존감을 높이는 데 기여합니다. 감정을 존중함으로써 나는 나 자신을 더욱 사랑하게 되고, 내면의 자원을 더욱 활성화할 수 있습니다.

'자신의 강점을 적극적으로 활용하는 것'도 자존감을 높이는 데 큰 도움이 됩니다. 나는 나의 강점을 인식하고, 이를 다양한 상황에서 활용해야 합니다. 예를 들어, 내가 소통 능력이 뛰어난 경우, 그룹 활동이나 발표에서 적극적으로 나서야 합니다. 강점을 활용하는 경험은 나에게 자존감을 주고, 내가 소중한 존재임을 느끼게 해줍니다. 나의 강점을 인정하고 활용함으로써 내 내면의 빛이 더욱 밝아지게 됩니다.

마지막으로, '자신의 목표에 대한 의지를 굳건히 하는 것'도 중요합니다. 나는 나의 목표를 세우고 이를 향해 나아갈 때, 내 자존감이 더욱 높아진다는 것을 알아야 합니다. 목표를 향해 나아가면서 느끼는 성취감은 나에게 큰 만족을 주고, 나의 존재 가치를 높여줍니다. 목표를 향한 의지를 다짐함으로써 나는 내 안의 빛을 더욱 확고히 할 수 있으며, 내 인생의 방향성을 명확히 하는 데 기여합니다.

결국, 자존감을 키우는 작은 습관들은 감사의 습관, 자신에게 선물 주기, 비교하지 않는 습관, 감정 존중하기, 강점 활용하기, 그리고 목표에 대한 의지 굳건히 하기를 통해 이루어집니다. 이러한 경험들은 나의 내면의 가치를 발견하고, 나를 소중히 여기는 데 도움을 줄 것입니다. 자존감을 키우는 여정은 나를 더욱 강하게 만들고, 나의 삶을 더욱 풍요롭게 만들어줄 것입니다.

'정기적인 자기 평가를 하는 것'은 자존감을 키우는 데 매우 중요한 습관입니다. 나는 매주 또는 매월 자신을 돌아보며, 내가 이룬 성취와 배운 점을 정리하는 시간을 가져야 합니다. 이 평가 과정에서 나는 나의 강점을 다시 한번 확인하고, 발전할 수 있는 부분을 명확히 할 수 있습니다. 나의 성장 과정을 스스로 점검하는 것은 내 자존감을 높이는 데 큰 도움이 되며, 앞으로의 목표를 더욱 분명히 하는 기회를 제공합니다.

또한, '감정 표현의 다양성을 인정하기'도 중요합니다. 나는 내 감정을 다양한 방식으로 표현할 수 있는 기회를 가져야 합니다. 글쓰기, 그림 그리기, 또는 음악을 통해 감정을 풀어내는 것은 나에게 큰 위안이 됩니다. 이러한 감정 표현은 내가 나 자신을 더욱 잘 이해하게 해주고, 자존감을 높이는 데 기여합니다. 감정을 자유롭게 표현함으로써 나는 내 안의 복잡한 감정을 정리하고, 긍정적인 에너지를 불어넣을 수 있습니다.

'자신의 행복을 위한 환경 조성하기' 또한 자존감을 높이는 데 필수적입니다. 나는 나를 둘러싼 환경이 긍정적이고 편안할 수 있도록 신경 써야 합니다. 깔끔한 공간, 나를 응원하는 사람들과의 관계, 나의 기호에 맞는 소품들로 내 주변을 꾸미는 것은 내 자존감을 높이는 데 도움이 됩니다. 좋은 환경은 나의 정신적 안정감을 높이고, 내 안의 빛을 더욱 밝히는 역할을 합니다.

'매일의 루틴에서 자신에게 보상을 주기'도 중요합니다. 나는 내가 설정한 목표를 달성했을 때 스스로에게 작은 보상을 주는 습관을 가져야 합니다. 예를 들어, 목표를 이룬 후 내가 좋아하는 음식을 먹거나, 휴식을 취하는 시간을 가지는 것입니다. 이러한 보상은 나에게 동기를 부여하고, 나의 자존감을 더욱 강화하는 기회를 제공합니다. 나의 노력을 인정하고 보상하는 과정은 내 자신을 사랑하는 방법 중 하나입니다.

또한, '내가 좋아하는 활동에 참여하는 것'도 자존감을 높이는 좋은 방법입니다. 나는 나의 흥미와 열정을 따르는 활동을 통해 즐거움을 느껴야 합니다. 이는 나의 정서적 웰빙을 증진시키고, 내 안의 빛을 더욱 밝히는 기회를 제공합니다. 좋아하는 일을 통해 얻는 행복은 나의 자존감을 높여주고, 일상생활에서의 기쁨을 증가시킵니다.

'정신적 건강을 위한 휴식 시간을 가지기'도 필수적입니다. 나는 바쁜 일상 속에서도 나만의 휴식 시간을 갖고, 정신적인 피로를 풀어야 합니다. 명상, 독서, 또는 조용히 생각하는 시간은 내 정신적 건강을 유지하는 데 큰 도움이 됩니다. 이러한 휴식은 나의 내면의 빛을 다시금 밝히는 기회가 되며, 내 자존감을 높이는 데 기여합니다.

마지막으로, '자신의 정체성을 확립하는 것'도 자존감을 키우는 데 중요합니다. 나는 내가 누구인지, 무엇을 원하고, 어떤 가치를 가지고 있는지를 명확히 할 필요가 있습니다. 나의 정체성을 확립하는 과정은 나에게 내 자신에 대한 깊은 이해를 가져다주며, 나의 삶의 방향성을 더욱 뚜렷하게 합니다. 이러한 자아 확립은 내 자존감을 높이는 데 중요한 역할을 하며, 내 안의 빛을 더욱 선명하게 드러나게 해줍니다.

결국, 자존감을 키우는 작은 습관들은 자기 평가하기, 감정 표현의 다양성 인정하기, 행복을 위한 환경 조성하기, 보상 주기, 좋아하는 활동 참여하기, 정신적 휴식 시간 가지기, 그리고 정체성 확립하기 등을 통해 이루어집니다. 이러한 경험들은 나의 내면의 가치를 발견하고, 나를 소중히 여기는 데 도움을 줄 것입니다. 자존감을 키우는 여정은 나를 더욱 강하게 만들고, 나의 삶을 더욱 풍요롭게 만들어줄 것입니다.

'자신의 강점을 시각화하는 연습'은 자존감을 높이는 데 유용한 방법입니다. 나는 나의 강점을 시각적으로 표현하기 위해 비전 보드를 만들거나 다이어리에 긍정적인 단어와 이미지를 붙이는 등의 방법을 활용할 수 있습니다. 시각적으로 강점을 정리하면, 나는 내 내면의 빛을 더욱 확고하게 느낄 수 있으며, 스스로를 더욱 사랑하게 됩니다. 이러한 시각화는 나의 목표를 더욱 명확히 하고, 나의 자존감을 높이는 데 큰 도움이 됩니다.

또한, '성공의 작은 순간들을 기록하는 것'도 자존감을 키우는 좋은 습관입니다. 나는 매일 이루어낸 작은 성공이나 긍정적인 사건들을 기록해 두어야 합니다. 일기나 노트에 긍정적인 경험을 적어두는 것은 내 자존감을 높이는 데 기여합니다. 이러한 기록은 내가 나 자신을 사랑하고 존중하는 방법이 되며, 힘든 순간에도 내가 이룬 성취를 돌아보며 자신감을 얻을 수 있는 기회를 제공합니다.

'주변의 긍정적인 영향 받기'도 매우 중요합니다. 나는 나를 지지하고 격려하는 사람들과의 관계를 강화해야 합니다. 긍정적인 친구, 가족, 멘토들과 함께 시간을 보내는 것은 나에게 큰 힘이 됩니다. 그들과의 소통은 나의 자존감을 더욱 높여주고, 나의 내면의 빛을 더욱 밝히는 기회를 제공합니다. 좋은 관계를 유지하는 것은 내 마음의 평화를 유지하고, 나를 소중히 여기는 방법 중 하나입니다.

또한, '의식적으로 긍정적인 정보를 소비하는 것'도 자존감을 높이는 데 기여합니다. 나는 매일 긍정적인 책을 읽거나, 긍정적인 메시지를 담고 있는 팟캐스트를 듣는 등의 방법을 통해 나의 생각을 긍정적으로 유지해야 합니다. 긍정적인 정보는 나의 마음가짐에 큰 영향을 미치며, 내 자존감을 높이는 데 큰 도움이 됩니다. 이러한 정보는 나에게 긍정적인 에너지를 불어넣고, 내 안의 빛을 더욱 밝히는 역할을 합니다.

또한, '일상 속에서의 작은 성취를 축하하는 것'도 필요합니다. 나는 일상에서 이룬 작은 성취들, 예를 들어 업무에서의 작은 목표 달성이나 일상적인 일의 완수를 스스로 축하하는 시간을 가져야 합니다. 이러한 작은 축하는 나에게 긍정적인 피드백을 주고, 자존감을 높이는 데 기여합니다. 스스로에게 자주 축하의 시간을 주는 것은 나의 삶을 더욱 의미 있게 만들어 주는 방법입니다.

'긍정적인 자기 이미지를 형성하는 것'도 중요합니다. 나는 내가 원하는 모습이나 나의 강점을 반영한 긍정적인 이미지를 상상해야 합니다. 이 이미지를 바탕으로 나 자신을 자주 그려보며, 내가 원하는 삶을 비전으로 삼는 연습을 하는 것이 좋습니다. 긍정적인 자기 이미지는 나의 자존감을 높이는 데 큰 도움이 되며, 나에게 긍정적인 자극을 줄 수 있습니다. 이를 통해 나는 나의 목표를 향해 나아갈 수 있는 힘을 얻게 됩니다.

마지막으로, '자기 존중의 원칙을 세우는 것'이 필요합니다. 나는 나 자신을 존중하고 사랑하기 위해 지켜야 할 원칙을 정립해야 합니다. 예를 들어, 나의 감정을 소중히 여기는 것, 내 강점을 인정하는 것, 부정적인 영향에서 벗어나는 것 등이 있습니다. 이러한 원칙을 지키는 것은 나의 자존감을 높이는 데 기여하며, 나를 더욱 소중히 여기게 만드는 방법이 됩니다. 자기 존중의 원칙은 내 안의 빛을 더욱 밝히고, 나의 존재 가치를 확고히 하는 데 중요한 역할을 합니다.

결국, 자존감을 키우는 작은 습관들은 강점 시각화하기, 성공의 작은 순간 기록하기, 긍정적인 영향 받기, 긍정적인 정보 소비하기, 작은 성취 축하하기, 긍정적인 자기 이미지 형성하기, 그리고 자기 존중의 원칙 세우기를 통해 이루어집니다. 이러한 경험들은 나의 내면의 가치를 발견하고, 나를 소중히 여기는 데 도움을 줄 것입니다. 자존감을 키우는 여정은 나를 더욱 강하게 만들고, 나의 삶을 더욱 풍요롭게 만들어줄 것입니다.

'사람들과의 긍정적인 상호작용을 늘리기'도 자존감을 높이는 데 큰 영향을 미치는 요소입니다. 나는 주변 사람들과의 관계에서 긍정적인 소통을 시도해야 합니다. 누군가에게 감사의 말을 전하거나, 작은 칭찬을 아끼지 않는 것이 그 예입니다. 이러한 작은 친절은 나에게도 큰 기쁨을 주며, 나의 자존감을 높이는 데 기여합니다. 긍정적인 상호작용은 내 안의 빛을 확산시키고, 내 삶을 더욱 풍요롭게 만들어주는 원동력이 됩니다.

또한, '실패에 대한 긍정적인 태도'는 자존감을 유지하는 데 필수적입니다. 나는 실패를 두려워하기보다는 그것을 성장의 기회로 바라보아야 합니다. 실패의 경험을 통해 나는 더 많은 것을 배우고, 나의 가능성을 확장할 수 있습니다. 실패를 겪더라도 그 경험에서 긍정적인 교훈을 찾고, 이를 통해 나를 더욱 강하게 만들 수 있는 방법을 고민해야 합니다. 이렇게 긍정적인 태도를 유지하는 것은 내 자존감을 높이는 데 중요한 역할을 합니다.

'자신의 성과를 외부와 공유하는 것'도 자존감을 높이는 데 도움이 됩니다. 나는 나의 성과를 다른 사람들과 나누고, 그들이 나의 노력을 인정해 주는 순간을 경험해야 합니다. 친구나 가족에게 나의 성과를 이야기하는 것은 나의 자존감을 높이고, 나의 내면의 빛을 더욱 밝히는 기회를 제공합니다. 타인이 나의 성취를 인식하고 인정해줄 때, 나는 나 자신에 대한 긍정적인 감정을 느낄 수 있습니다.

또한, '자기 돌봄의 실천'은 자존감을 높이는 데 꼭 필요합니다. 나는 내 몸과 마음을 소중히 여기고, 필요한 만큼의 휴식을 취해야 합니다. 피로를 느끼면 내가 가진 자원과 에너지가 고갈되기 때문에, 정기적인 휴식과 자기 돌봄은 매우 중요합니다. 스스로에게 좋은 음식을 제공하고, 충분한 수면을 취하는 것은 내 건강을 유지하는 데 필수적입니다. 자기 돌봄을 통해 나는 내 안의 빛을 재충전하고, 자존감을 더욱 높일 수 있습니다.

또한, '사회적 봉사에 참여하는 것'도 자존감을 높이는 훌륭한 방법입니다. 나는 자원봉사나 지역 사회에 기여하는 활동에 참여함으로써, 다른 사람들에게 긍정적인 영향을 미칠 수 있습니다. 타인을 돕는 경험은 내 존재의 의미를 느끼게 하고, 나를 소중히 여기는 방법이 됩니다. 이러한 활동은 나에게 큰 만족감을 주고, 자존감을 높이는 데 기여합니다.

마지막으로, '마음챙김과 명상'을 실천하는 것도 자존감을 높이는 데 유익합니다. 나는 마음챙김 명상을 통해 내 감정과 생각을 관찰하고, 현재의 순간에 집중하는 연습을 해야 합니다. 마음챙김은 나의 마음을 안정시켜 주고, 내 안의 소중한 자원을 발견하는 데 도움을 줍니다. 내면의 평화는 자존감을 높이는 데 큰 역할을 하며, 나의 존재 가치를 확고히 할 수 있는 기회를 제공합니다.

결국, 자존감을 키우는 작은 습관들은 긍정적인 상호작용 늘리기, 실패에 대한 긍정적 태도 유지하기, 성과 공유하기, 자기 돌봄 실천하기, 사회적 봉사 참여하기, 그리고 마음챙김 명상하기 등을 통해 이루어집니다. 이러한 경험들은 나의 내면의 가치를 발견하고, 나를 소중히 여기는 데 도움을 줄 것입니다. 자존감을 키우는 여정은 나를 더욱 강하게 만들고, 나의 삶을 더욱 풍요롭게 만들어줄 것입니다.

　'자신의 경험을 다른 이와 나누는 것'은 자존감을 키우는 중요한 방법입니다. 나는 나의 과거 경험, 특히 극복한 어려움이나 배운 교훈을 솔직하게 나누어야 합니다. 이러한 이야기는 나 자신을 다시 돌아보는 기회를 제공하고, 나의 성장 과정을 확인하는 데 도움이 됩니다. 또한, 내 경험이 누군가에게 위안이나 영감을 줄 수 있다는 사실은 내 존재의 가치를 높여줍니다. 나의 이야기가 다른 이들에게 긍정적인 영향을 미친다면, 나는 더욱 자존감을 느낄 수 있습니다.

　또한, '주기적으로 목표를 재조정하는 것'도 자존감을 높이는 데 중요합니다. 나는 목표가 변화할 수 있음을 이해하고, 필요에 따라 목표를 조정해야 합니다. 나의 상황과 감정에 맞는 현실적인 목표를 설정함으로써, 나는 더욱 효과적으로 목표를 이룰 수 있습니다. 목표를 성취하는 과정은 나의 자존감을 높이고, 내 안의 가능성을 더욱 확장하는 데 기여합니다. 나는 나의 목표를 정기적으로 점검하고 조정함으로써, 내가 나아가고 있는 방향이 올바른지를 확인해야 합니다.

'작은 실천을 통해 나 자신을 사랑하는 것'도 자존감을 키우는 데 필요합니다. 나는 매일 자신에게 좋은 대우를 해주는 작은 실천을 통해 스스로를 사랑해야 합니다. 예를 들어, 일상에서 간단한 요리를 해보거나, 편안한 시간을 가져보는 등 나 자신을 소중히 여기는 습관을 기르는 것입니다. 이러한 작은 실천은 나에게 큰 만족감을 주고, 자존감을 높이는 데 긍정적인 영향을 미칩니다. 나 자신을 사랑하는 것은 나의 존재 가치를 인정하는 첫걸음입니다.

또한, '건강한 경계 설정하기'도 필수적입니다. 나는 타인의 요구와 기대에 휘둘리지 않고, 나에게 필요한 경계를 설정해야 합니다. 나의 감정과 에너지를 소중히 여기는 것은 자존감을 높이는 데 매우 중요합니다. 경계를 설정함으로써, 나는 내 자신을 보호하고, 나의 마음을 안정적으로 유지할 수 있습니다. 나를 소중히 여기는 경계를 갖는 것은 내가 나의 가치와 권리를 인정하는 방법입니다.

'일상의 즐거움을 찾는 것'도 자존감을 높이는 데 도움이 됩니다. 나는 매일의 삶 속에서 소소한 즐거움을 찾고, 그 경험을 통해 행복을 느껴야 합니다. 좋아하는 음악을 듣거나, 맛있는 음식을 먹고, 자연을 감상하는 것과 같은 작은 즐거움들은 내 마음에 긍정적인 에너지를 주고, 자존감을 높이는 데 기여합니다. 작은 즐거움을 통해 나는 삶의 소중함을 깨닫고, 더 큰 행복을 느낄 수 있습니다.

마지막으로, '스스로에게 친절한 말 걸기'는 자존감을 높이는 데 중요한 습관입니다. 나는 일상 속에서 스스로에게 부드럽고 긍정적인 말을 건네는 연습을 해야 합니다. "나는 충분히 잘하고 있어," "나는 사랑받을 자격이 있어," "나는 나 자신을 존중해"와 같은 문장은 나의 내면에 긍정적인 영향을 미칩니다. 나 자신에게 친절하게 대하는 것은 자존감을 높이고, 나의 존재 가치를 더욱 확고히 하는 데 큰 도움이 됩니다.

결국, 자존감을 키우는 작은 습관들은 경험 나누기, 목표 재조정하기, 사랑하는 실천하기, 건강한 경계 설정하기, 즐거움 찾기, 그리고 스스로에게 친절하게 말 걸기를 통해 이루어집니다. 이러한 경험들은 나의 내면의 가치를 발견하고, 나를 소중히 여기는 데 도움을 줄 것입니다. 자존감을 키우는 여정은 나를 더욱 강하게 만들고, 나의 삶을 더욱 풍요롭게 만들어줄 것입니다.

'자기 계발을 위한 새로운 기술 배우기'는 자존감을 높이는 데 매우 유익한 방법입니다. 나는 내가 관심 있는 분야나 새로운 기술을 배우기 위해 시간을 투자해야 합니다. 새로운 기술을 습득하는 과정은 나에게 성취감을 주고, 나의 자신감을 높이는 데 큰 역할을 합니다. 예를 들어, 온라인 강의를 수강하거나, 책을 읽고 독서를 통해 나의 지식을 확장하는 것은 내 자존감을 키우는 중요한 방법입니다. 배움의 즐거움은 나의 내면의 빛을 더욱 밝히게 해주고, 나의 가능성을 발견하는 기회를 제공합니다.

또한, '나의 가치에 대한 교육을 받는 것'도 중요합니다. 나는 자존감을 키우기 위해 자아 존중감에 대한 책이나 강의를 찾아보아야 합니다. 이러한 교육은 나의 자존감에 대한 이해를 높여주고, 나 스스로를 더욱 소중히 여기는 방법을 배우게 됩니다. 나의 가치를 재확인하는 과정은 내 안의 빛을 더욱 강하게 만들어주며, 나의 존재감을 더욱 깊이 있게 느끼게 해줍니다.

'좋아하는 취미 활동에 시간을 할애하기' 또한 자존감을 높이는 좋은 방법입니다. 나는 취미를 통해 나의 창의성을 발휘하고, 즐거움을 느끼는 경험을 해야 합니다. 예를 들어, 그림 그리기, 음악 연주, 정원 가꾸기 등의 활동은 내 안의 빛을 밝히고, 나에게 큰 만족을 줍니다. 취미를 통해 느끼는 행복은 자존감을 높이고, 나의 내면의 자원을 더욱 활성화시키는 데 기여합니다.

또한, '정기적으로 나의 강점을 되새기는 것'도 필요합니다. 나는 나의 강점을 정리하고, 이를 통해 내 자신을 다시 한 번 확인해야 합니다. 나의 강점 리스트를 작성하여 자주 읽는 것은 나에게 긍정적인 에너지를 주고, 자존감을 높이는 데 기여합니다. 내가 가진 강점을 명확히 인식함으로써, 나는 나 자신을 더욱 사랑하게 되고, 내 내면의 빛을 더욱 뚜렷하게 느낄 수 있습니다.

'실수와 실패를 받아들이는 마음가짐'은 자존감을 키우는 데 필수적입니다. 나는 실수와 실패를 두려워하지 않고, 이를 통해 배운 교훈을 귀하게 여겨야 합니다. 실패는 나에게 성장의 기회를 주며, 이를 받아들이는 태도는 나의 자존감을 높이는 데 도움이 됩니다. 실패를 통해 얻는 경험은 나를 더욱 강하게 만들고, 내 인생의 소중한 자산으로 남게 됩니다.

마지막으로, '자신에게 긍정적인 환경을 조성하기'는 자존감을 높이는 데 중요한 요소입니다. 나는 나를 둘러싼 환경을 긍정적으로 변화시키기 위해 노력해야 합니다. 공간을 정리하고, 긍정적인 사람들과의 관계를 유지하며, 나에게 기분 좋은 영향을 미치는 요소들로 나의 생활 환경을 꾸며야 합니다. 긍정적인 환경은 내 마음을 안정시켜주고, 나의 자존감을 높이는 데 큰 도움이 됩니다. 내가 있는 공간이 나에게 긍정적인 영향을 미치면, 나는 더욱 나 자신을 사랑하고 존중할 수 있게 됩니다.

결국, 자존감을 키우는 작은 습관들은 새로운 기술 배우기, 가치 교육 받기, 취미 활동 시간 가지기, 강점 되새기기, 실수와 실패 받아들이기, 긍정적인 환경 조성하기 등을 통해 이루어집니다. 이러한 경험들은 나의 내면의 가치를 발견하고, 나를 소중히 여기는 데 도움을 줄 것입니다. 자존감을 키우는 여정은 나를 더욱 강하게 만들고, 나의 삶을 더욱 풍요롭게 만들어줄 것입니다.

일상 속 나를 돌보는 방법

22

일상 속에서 나를 돌보는 것은 자존감과 정신적 웰빙을 유지하는 데 필수적입니다. 우리는 종종 바쁜 일상에 쫓겨 자신을 소홀히 하거나, 다른 사람들을 우선시하며 나를 잊는 경우가 많습니다. 그러나 나 자신을 돌보는 것은 나의 행복과 건강을 위한 중요한 기반이 됩니다. 이 글에서는 일상 속에서 나를 돌보는 다양한 방법을 살펴보겠습니다.

첫째로, '규칙적인 신체 활동'은 나를 돌보는 기본적인 방법 중 하나입니다. 나는 매일 적어도 30분 정도 운동하는 습관을 들여야 합니다. 걷기, 조깅, 요가, 또는 자전거 타기 등 다양한 운동을 통해 몸을 움직이면, 내 몸과 마음이 더욱 건강해질 수 있습니다. 신체 활동은 스트레스를 줄이고 기분을 개선하는 데 도움을 주며, endorphins와 같은 행복 호르몬을 분비하여 긍정적인 에너지를 가져다줍니다.

둘째로, '균형 잡힌 식사'는 나를 돌보는 데 중요한 요소입니다. 나는 다양한 영양소를 섭취하는 건강한 식단을 유지해야 합니다. 과일, 채소, 단백질, 곡물 등 다양한 음식을 골고루 섭취함으로써 내 몸에 필요한 에너지를 공급하고, 건강을 지킬 수 있습니다. 또한, 식사를 즐기고 여유를 가지는 것도 중요합니다. 느긋하게 음식을 즐기며 감사하는 마음으로 식사하는 것은 내 마음에도 긍정적인 영향을 미칩니다.

셋째로, '정신적 휴식과 자기 반성의 시간'을 가지는 것이 필요합니다. 나는 하루 중 짧은 시간을 내어 조용히 앉아 내 감정을 돌아보는 연습을 해야 합니다. 명상이나 깊은 호흡을 통해 마음을 안정시키고, 내 감정을 들여다보는 것은 내 자신을 이해하는 데 큰 도움이 됩니다. 자기 반성의 시간은 내면의 소리에 귀 기울이고, 나의 생각과 감정을 정리하는 기회를 제공합니다.

또한, '좋아하는 활동에 몰두하기'도 나를 돌보는 좋은 방법입니다. 나는 내 취미나 관심사를 통해 시간을 보내며, 그 과정에서 얻는 즐거움과 만족감을 느껴야 합니다. 그림 그리기, 글쓰기, 음악 감상, 정원 가꾸기 등 나에게 즐거움을 주는 활동은 나의 스트레스를 해소하고, 내 안의 빛을 더욱 밝게 만들어줍니다. 이러한 활동은 나의 내면의 자원을 활성화하고, 나의 존재 가치를 느끼게 해줍니다.

마지막으로, '긍정적인 사람들과의 관계 형성하기'는 나를 돌보는 데 큰 도움이 됩니다. 나는 나를 지지하고 응원해주는 긍정적인 사람들과의 관계를 소중히 여겨야 합니다. 그들과의 대화나 시간을 보내는 것은 나에게 위안과 힘을 주며, 내 자존감을 높이는 데 큰 기여를 합니다. 긍정적인 관계는 내 마음을 안정시키고, 내 안의 빛을 더욱 확산시키는 역할을 합니다.

결국, 일상 속에서 나를 돌보는 방법들은 규칙적인 신체 활동, 균형 잡힌 식사, 정신적 휴식, 좋아하는 활동에 몰두하기, 긍정적인 사람들과의 관계 형성을 통해 이루어집니다. 이러한 경험들은 나의 내면의 가치를 발견하고, 나를 소중히 여기는 데 도움을 줄 것입니다. 나를 돌보는 여정은 나를 더욱 강하게 만들고, 나의 삶을 더욱 풍요롭게 만들어줄 것입니다.

'정서적 관리'를 통해 나를 돌보는 것도 매우 중요합니다. 나는 내 감정을 인식하고, 그 감정을 건강하게 표현하는 방법을 배워야 합니다. 감정을 억압하거나 숨기는 것이 아니라, 일기 쓰기나 대화를 통해 나의 감정을 솔직하게 표현하는 것이 필요합니다. 예를 들어, 힘든 날이었을 때 내 기분을 글로 적거나, 친구와 이야기를 나누며 감정을 풀어내는 것은 나의 정서적 안정에 큰 도움이 됩니다. 이러한 자기 표현은 내 마음을 가볍게 하고, 감정을 정리하는 데 기여합니다.

또한, '일상에서의 작은 즐거움 찾기'도 자아 돌봄의 중요한 방법입니다. 나는 하루 중 소소한 행복을 찾는 습관을 가져야 합니다. 예를 들어, 아침에 차 한 잔을 마시며 느끼는 따뜻함, 길을 걷다가 마주친 아름다운 꽃, 친구와의 짧은 대화 등이 작은 즐거움이 될 수 있습니다. 이러한 순간들을 소중히 여기는 것은 내 삶의 질을 높이고, 자존감을 높이는 데 기여합니다. 작은 것에서 행복을 느끼는 연습은 내 내면의 빛을 더욱 밝히는 역할을 합니다.

'규칙적인 수면 패턴 유지하기'도 나를 돌보는 데 필수적입니다. 나는 매일 일정한 시간에 잠자리에 들고 일어나는 습관을 가져야 합니다. 충분한 수면은 내 몸과 마음을 회복시키고, 하루를 활기차게 시작하는 데 중요한 요소입니다. 좋은 수면 패턴은 내 집중력과 생산성을 높이고, 전반적인 정서적 안정감에도 긍정적인 영향을 미칩니다. 수면을 소홀히 하지 않고, 내 몸의 신호에 귀 기울이는 것이 중요합니다.

또한, '시간 관리'를 통해 나를 돌보는 방법도 필요합니다. 나는 내 일상에서 우선순위를 정하고, 시간을 효율적으로 배분하는 습관을 길러야 합니다. 이를 통해 나는 불필요한 스트레스를 줄이고, 나에게 필요한 활동에 충분한 시간을 할애할 수 있습니다. 시간 관리는 내 삶의 균형을 유지하는 데 도움이 되며, 내가 소중히 여기는 것들에 집중할 수 있게 해줍니다.

'자기 개발을 위한 독서 습관'을 들이는 것도 나를 돌보는 좋은 방법입니다. 나는 다양한 주제의 책을 읽음으로써 지식과 통찰을 얻을 수 있습니다. 독서는 나의 사고의 폭을 넓히고, 내면의 성장을 촉진하는 훌륭한 도구입니다. 책을 통해 다른 사람들의 경험과 교훈을 배우며, 나 자신을 돌아보는 기회를 가질 수 있습니다. 독서의 즐거움은 내 마음을 풍요롭게 하고, 내 안의 빛을 더욱 밝히는 데 기여합니다.

마지막으로, '정기적으로 나를 위한 나만의 시간 가지기'는 자아 돌봄의 필수 요소입니다. 나는 일주일에 한 번 정도, 나 자신을 위해 시간을 할애해야 합니다. 이 시간 동안 나는 혼자서 산책을 하거나, 좋아하는 영화를 감상하며, 그동안의 스트레스를 풀고 내면의 소리에 귀 기울일 수 있는 기회를 가져야 합니다. 나를 위한 시간을 가지는 것은 나의 자존감을 높이고, 나 자신을 더욱 사랑하게 만드는 데 중요한 역할을 합니다.

결국, 일상 속에서 나를 돌보는 방법들은 정서적 관리, 작은 즐거움 찾기, 규칙적인 수면 유지하기, 시간 관리하기, 자기 개발을 위한 독서, 그리고 나를 위한 시간을 가지기를 통해 이루어집니다. 이러한 경험들은 나의 내면의 가치를 발견하고, 나를 소중히 여기는 데 도움을 줄 것입니다. 나를 돌보는 여정은 나를 더욱 강하게 만들고, 나의 삶을 더욱 풍요롭게 만들어줄 것입니다.

'감정적인 경계 설정하기'는 나를 돌보는 데 매우 중요한 요소입니다. 나는 나의 정서적 에너지를 보호하기 위해, 때로는 부정적인 영향을 미치는 사람이나 상황으로부터 거리를 두어야 합니다. 건강하지 않은 관계나 스트레스를 유발하는 환경에서 벗어나는 것은 내 자존감을 지키고 내 마음을 안정시키는 데 큰 도움이 됩니다. 나의 감정적 경계를 설정하는 것은 내가 소중한 존재라는 사실을 스스로 인식하고, 나를 지키기 위한 필수적인 과정입니다.

또한, '긍정적인 자아상 형성하기'도 나를 돌보는 중요한 방법입니다. 나는 내 자신에 대한 긍정적인 이미지를 가질 수 있도록 노력해야 합니다. 매일 아침 거울을 보며 스스로에게 긍정적인 말을 건네는 것이 그 한 예입니다. "나는 나 자신을 사랑한다," "나는 내 꿈을 이룰 수 있는 능력이 있다"는 식의 긍정적인 자기 대화는 내 자아상을 강화하고, 내가 가진 강점을 더욱 부각시킬 수 있도록 돕습니다. 이러한 연습은 내 자존감을 높이고, 나의 내면의 빛을 더욱 밝히는 데 기여합니다.

또한, '스트레스 관리 기법 배우기'는 일상 속에서 나를 돌보는 데 필수적입니다. 나는 스트레스를 효과적으로 관리하기 위해 다양한 기법을 배워야 합니다. 심호흡, 명상, 또는 요가와 같은 활동은 나의 마음을 진정시키고, 스트레스를 해소하는 데 큰 도움이 됩니다. 이러한 기법들은 내 마음의 평화를 유지하고, 나의 자아를 더욱 소중히 여기는 데 기여합니다. 스트레스를 관리하는 능력은 나의 전반적인 행복과 웰빙을 향상시키는 데 중요한 역할을 합니다.

'규칙적인 자기 성찰의 시간 가지기'도 중요한 습관입니다. 나는 매일 또는 매주 특정 시간을 정해 내 감정과 생각을 돌아보는 시간을 가져야 합니다. 이 시간 동안 나는 내 감정의 흐름을 관찰하고, 내가 어떤 것에 감사한지, 어떤 점에서 어려움을 겪고 있는지를 점검할 수 있습니다. 자기 성찰은 내 자신을 이해하고, 나의 내면의 자원을 발견하는 기회를 제공합니다. 이를 통해 나는 내 삶의 방향성을 재확인하고, 나 자신을 더욱 소중히 여길 수 있습니다.

또한, '자연과의 교감하기'는 나를 돌보는 방법 중 하나입니다. 나는 자연 속에서 시간을 보내며 내 마음을 치유할 수 있는 기회를 가져야 합니다. 공원에서 산책하거나, 바닷가에서 일몰을 감상하는 등의 활동은 나의 정서를 안정시키고 내면의 평화를 가져다줍니다. 자연의 아름다움은 나에게 위안과 영감을 주며, 나의 내면의 빛을 더욱 밝히는 역할을 합니다. 자연과의 교감은 내가 느끼는 스트레스를 줄이고, 행복을 느끼게 해주는 중요한 요소입니다.

마지막으로, '자기 사랑의 실천'은 나를 돌보는 데 매우 중요한 과정입니다. 나는 나 자신에게 친절하고 부드러운 태도를 유지해야 합니다. 실수나 실패를 했을 때 나를 비난하기보다는, 그 경험에서 배우고 성장할 수 있는 기회로 삼아야 합니다. 자기 사랑을 실천하는 것은 나의 자존감을 높이고, 나의 존재 가치를 인식하는 데 큰 도움이 됩니다. 자신에게 친절하게 대하는 것은 나를 소중히 여기고, 내 안의 빛을 더욱 밝히는 방법입니다.

결국, 일상 속에서 나를 돌보는 방법들은 감정적 경계 설정하기, 긍정적인 자아상 형성하기, 스트레스 관리 기법 배우기, 자기 성찰의 시간 가지기, 자연과의 교감하기, 그리고 자기 사랑의 실천하기를 통해 이루어집니다. 이러한 경험들은 나의 내면의 가치를 발견하고, 나를 소중히 여기는 데 도움을 줄 것입니다. 나를 돌보는 여정은 나를 더욱 강하게 만들고, 나의 삶을 더욱 풍요롭게 만들어줄 것입니다.

'자기에게 솔직해지는 것'은 나를 돌보는 데 있어 필수적인 요소입니다. 나는 내 생각과 감정을 솔직하게 인정하고, 이를 통해 나 자신을 이해하는 노력을 해야 합니다. 내가 무엇을 느끼고 있는지, 어떤 상황에서 불편함을 느끼는지 등을 정확히 인식하는 것은 내 정서적 건강을 지키는 데 매우 중요합니다. 이를 통해 나는 나의 감정을 조절하고, 필요한 경우 적절한 행동을 취할 수 있게 됩니다. 자기 인식은 나를 사랑하고 존중하는 첫걸음이 됩니다.

또한, '정기적인 디지털 디톡스'를 실천하는 것도 나를 돌보는 좋은 방법입니다. 나는 스마트폰, 소셜 미디어, 컴퓨터 등의 사용을 일정 기간 줄여야 합니다. 디지털 기기에서 벗어나 오프라인에서 시간을 보내는 것은 내 마음을 진정시키고, 나의 내면에 집중할 수 있는 기회를 제공합니다. 디지털 디톡스는 나의 정신적 건강을 증진시키고, 나 자신을 더욱 깊이 이해하는 데 도움이 됩니다. 이러한 시간을 통해 나는 더욱 진정한 나를 발견하고, 내 안의 빛을 회복할 수 있습니다.

'일상 속 루틴 만들기'는 나를 돌보는 데 매우 효과적인 방법입니다. 나는 매일 일정한 루틴을 정해 생활함으로써, 규칙적인 패턴을 만들어야 합니다. 아침에 일어나서 하는 간단한 스트레칭이나 명상, 저녁에 하루를 돌아보는 시간 등은 내가 내 자신을 돌보는 데 도움을 줍니다. 규칙적인 루틴은 내 삶에 안정감을 주고, 나의 자존감을 높이는 데 기여합니다. 일상에서의 반복적인 행동은 내 안의 빛을 더욱 밝히는 역할을 합니다.

또한, '자신의 꿈과 목표를 시각화하는 것'도 필요합니다. 나는 내가 이루고자 하는 꿈과 목표를 시각적으로 표현해 보는 연습을 해야 합니다. 비전 보드나 다이어리를 활용하여 나의 목표를 그림으로 그리거나 글로 적어보는 것이 좋습니다. 이러한 시각화는 나에게 동기를 부여하고, 내가 원하는 삶을 구체적으로 상상하게 해줍니다. 꿈을 시각화함으로써 나는 더 큰 목표를 향해 나아갈 수 있는 힘을 얻게 됩니다.

'매일의 자기 돌봄 체크리스트'를 만드는 것도 좋은 방법입니다. 나는 매일 내 자신을 돌보기 위해 어떤 행동을 했는지를 체크하는 리스트를 만들어야 합니다. 예를 들어, 규칙적인 운동, 건강한 식사, 감사의 표현 등을 체크리스트에 적어두고, 이를 실천하는 것입니다. 이러한 체크리스트는 내가 나를 돌보고 있다는 것을 상기시켜 주고, 내 일상 속에서 나를 소중히 여기는 행동을 강화하는 데 기여합니다. 나의 노력과 성취를 확인하는 것은 자존감을 높이는 데 매우 효과적입니다.

마지막으로, '정기적인 자기 성장 활동'에 참여하는 것도 나를 돌보는 방법 중 하나입니다. 나는 나의 관심사나 전문 분야에 관련된 세미나, 워크숍, 강의 등에 참여함으로써 지속적으로 성장해야 합니다. 이러한 자기 성장 활동은 나에게 새로운 시각과 지식을 제공하고, 나의 전문성을 강화하는 데 큰 도움이 됩니다. 자기 성장은 나의 내면의 빛을 더욱 강하게 만들어주는 중요한 요소입니다.

결국, 일상 속에서 나를 돌보는 방법들은 자기에게 솔직해지기, 디지털 디톡스 실천하기, 일상 속 루틴 만들기, 꿈과 목표 시각화하기, 체크리스트 만들기, 그리고 자기 성장 활동 참여하기 등을 통해 이루어집니다. 이러한 경험들은 나의 내면의 가치를 발견하고, 나를 소중히 여기는 데 도움을 줄 것입니다. 나를 돌보는 여정은 나를 더욱 강하게 만들고, 나의 삶을 더욱 풍요롭게 만들어줄 것입니다.

'정기적인 자기 반성 시간 갖기'는 나를 돌보는 데 있어 매우 중요한 습관입니다. 나는 매일 혹은 매주 자신을 돌아보는 시간을 마련하여, 내 감정과 행동을 성찰해야 합니다. 이 시간 동안 나는 지난 일주일 동안 내가 경험한 일과 느낀 감정에 대해 생각해보고, 내가 무엇을 잘했는지, 무엇을 개선해야 할지를 검토합니다. 자기 반성은 내 자신을 더욱 깊이 이해하는 데 큰 도움이 되며, 나의 성장과 발전을 위한 기회를 제공합니다. 나의 내면을 돌아보는 것은 나의 감정을 존중하고, 나를 소중히 여기는 방법 중 하나입니다.

또한, '일상에서의 작은 변화 주기'도 나를 돌보는 좋은 방법입니다. 나는 매일 같은 일상 속에서 작은 변화를 시도함으로써 새로운 기분을 느낄 수 있습니다. 예를 들어, 평소에 가던 길 대신 새로운 길로 걸어보거나, 새로운 음식을 시도하는 것처럼 일상에 작은 변화를 주는 것입니다. 이러한 변화는 나에게 새로운 경험을 선사하고, 내 안의 호기심과 창의력을 자극합니다. 일상의 작은 변화는 내 삶을 더욱 다채롭고 풍요롭게 만들어

줍니다.

'긍정적인 활동에 참여하기'도 일상 속에서 나를 돌보는 방법입니다. 나는 자원봉사, 커뮤니티 활동, 또는 동호회와 같은 긍정적인 활동에 참여함으로써 내 존재의 가치를 느낄 수 있습니다. 다른 사람들을 도와주고 긍정적인 변화를 만들어내는 과정은 내 자존감을 높여주고, 나의 내면의 빛을 더욱 확산시키는 기회를 제공합니다. 이러한 경험은 나에게 큰 만족감과 행복을 주며, 나를 소중히 여기는 방법이 됩니다.

또한, '주말마다 나만의 시간을 가지기'도 필요합니다. 나는 매주 주말에 시간을 내어 나에게 집중하는 시간을 가져야 합니다. 이 시간 동안 나는 취미 활동이나 여가 생활을 통해 나 자신을 충전하고, 재충전할 수 있는 기회를 마련해야 합니다. 나만의 시간을 갖는 것은 스트레스를 해소하고, 내 마음의 평화를 찾는 데 큰 도움이 됩니다. 이러한 시간은 나의 자존감을 높이고, 나를 더욱 소중히 여기는 방법 중 하나입니다.

'편안한 환경 조성하기'는 나를 돌보는 데 중요한 요소입니다. 나는 내가 생활하는 공간을 긍정적이고 편안한 환경으로 만들기 위해 노력해야 합니다. 청결한 공간, 편안한 가구, 그리고 나를 편안하게 해주는 소품들은 내 마음의 안정에 기여합니다. 나의 생활 환경이 쾌적할 때, 나는 더욱 편안한 마음으로 일상에 임할 수 있고, 나를 소중히 여기는 기분을 느낄 수 있습니다.

마지막으로, '감정 일기 쓰기'는 나를 돌보는 좋은 방법입니다. 나는 하루 동안의 감정을 기록하는 일기를 작성함으로써, 내 감정을 정리하고 이해할 수 있는 기회를 가질 수 있습니다. 감정 일기는 나의 기분을 분석하고, 나의 내면의 소리를 듣는 데 큰 도움이 됩니다. 이러한 기록은 내가 어떤 상황에서 어떤 감정을 느끼는지를 이해하는 데 기여하며, 나의 자존감을 높이는 데 중요한 역할을 합니다.

결국, 일상 속에서 나를 돌보는 방법들은 자기 반성 시간 갖기, 작은 변화 주기, 긍정적인 활동 참여하기, 나만의 시간 가지기, 편안한 환경 조성하기, 감정 일기 쓰기를 통해 이루어집니다. 이러한 경험들은 나의 내면의 가치를 발견하고, 나를 소중히 여기는 데 도움을 줄 것입니다. 나를 돌보는 여정은 나를 더욱 강하게 만들고, 나의 삶을 더욱 풍요롭게 만들어줄 것입니다.

'소중한 순간을 기록하는 습관'은 나를 돌보는 데 큰 도움이 됩니다. 나는 매일 혹은 매주, 내 삶에서 특별한 순간이나 감사한 경험을 기록하는 시간을 가져야 합니다. 이 경험은 나의 삶에서 소중한 가치를 재발견하게 해주고, 긍정적인 마인드를 유지하는 데 기여합니다. 예를 들어, 내가 느꼈던 감정이나 특별한 사람과의 대화, 혹은 작은 성취에 대한 이야기를 기록해 보세요. 이러한 기록은 나에게 행복을 주고, 나의 내면의 빛을 더욱 확고히 할 수 있는 기회를 제공합니다.

또한, '마음 챙김 연습'은 나를 돌보는 데 중요한 방법입니다. 나는 매일 정해진 시간에 잠깐 멈추고 내 숨을 깊게 쉬며 현재의 순간에 집중하는 연습을 해야 합니다. 마음 챙김은 내 감정을 알아차리고 받아들이는 데 도움이 되며, 스트레스를 줄이고 정신적인 안정감을 제공합니다. 이 연습을 통해 나는 내 안의 고요함을 느끼고, 나 자신을 더 깊이 이해할 수 있게 됩니다. 내면의 평화를 유지하는 것은 자존감을 높이는 데 기여합니다.

'건강한 경계 설정'도 중요합니다. 나는 다른 사람들의 요구와 기대에 휘둘리지 않고, 나에게 필요한 것을 우선시해야 합니다. 자신의 한계를 인식하고, 필요할 때는 "아니요"라고 말할 수 있는 용기를 가져야 합니다. 건강한 경계를 설정하는 것은 나의 자아를 보호하고, 나의 정서적 에너지를 지키는 데 큰 도움이 됩니다. 이러한 경계는 내가 나를 소중히 여기는 방법의 일환입니다.

'자신의 감정을 기록하고 표현하기' 또한 나를 돌보는 데 효과적입니다. 나는 내 감정을 솔직하게 기록하는 일기를 써야 합니다. 힘든 감정, 기쁜 감정, 그리고 그 사이의 감정들까지 모두 적어보는 것이 좋습니다. 이를 통해 나는 감정을 정리하고, 내 안의 감정의 흐름을 이해할 수 있습니다. 감정을 표현하는 것은 내 존재 가치를 느끼게 하고, 나 자신을 더욱 소중히 여기는 방법입니다.

또한, '일상에서 나를 위한 작은 의식 만들기'도 필요합니다. 나는 매일 자신을 위해 작은 의식을 만드는 것이 좋습니다. 예를 들어, 아침에 차 한 잔을 마시는 것, 저녁에 따뜻한 목욕을 즐기는 것, 혹은 자신만의 작은 명상을 하는 것과 같은 일상 속의 의식은 나에게 큰 위안이 됩니다. 이러한 의식은 나의 마음을 진정시키고, 나의 내면의 빛을 더욱 밝히는 역할을 합니다.

마지막으로, '꿈과 목표를 다시 점검하기'도 중요합니다. 나는 주기적으로 내 꿈과 목표를 돌아보고, 내가 어떤 방향으로 나아가고 있는지를 점검해야 합니다. 목표가 나의 현재 상황에 맞는지, 내가 원하는 삶을 이루기 위해 올바른 방향으로 나아가고 있는지를 확인하는 과정은 내 삶을 더욱 의미 있게 만들어줍니다. 이 점검 과정은 나의 내면의 빛을 발견하고, 내가 원하는 삶을 향해 나아가는 데 도움이 됩니다.

결국, 일상 속에서 나를 돌보는 방법들은 소중한 순간 기록하기, 마음 챙김 연습하기, 건강한 경계 설정하기, 감정 기록하고 표현하기, 나를 위한 작은 의식 만들기, 꿈과 목표 점검하기 등을 통해 이루어집니다. 이러한 경험들은 나의 내면의 가치를 발견하고, 나를 소중히 여기는 데 도움을 줄 것입니다. 나를 돌보는 여정은 나를 더욱 강하게 만들고, 나의 삶을 더욱 풍요롭게 만들어줄 것입니다.

'자신의 감정과 욕구를 인식하는 것'은 나를 돌보는 데 있어 핵심적인 요소입니다. 나는 내 감정이 어떤 것인지, 내가 어떤 필요를 가지고 있는지를 명확히 알아야 합니다. 이를 위해 나는 일기나 노트를 활용하여 감정의 변화를 기록하거나, 매일 저녁 스스로에게 질문을 던지는 시간을 가질 수 있습니다. "오늘 내가 느낀 감정은 무엇인가?", "내가 원하는 것은 무엇인가?" 이러한 질문은 나의 내면을 깊이 이해하는 데 도움이 되며, 나를 소중히 여기는 기초가 됩니다. 감정과 욕구를 인식하는 것은 내 자신에 대한 존중을 높여주고, 자존감을 강화하는 데 기여합니다.

또한, '긍정적인 자기 이미지 만들기'도 중요합니다. 나는 매일 아침 스스로에게 긍정적인 문구를 말하는 습관을 들여야 합니다. "나는 나 자신을 사랑한다," "나는 나의 강점을 알고 있다," "나는 내 꿈을 이룰 수 있다"와 같은 문구를 반복함으로써 긍정적인 자기 이미지를 형성할 수 있습니다. 이러한 자기 암시는 나의 자존감을 높이고, 내가 소중한 존재임을 느끼게 해줍니다. 긍정적인 자기 이미지는 나의 내면의 빛을 더욱 밝히고, 삶에 대한 자신감을 증진시키는 데 큰 도움이 됩니다.

'일상 속에서 작은 감사의 실천'도 나를 돌보는 방법입니다. 나는 매일 아침이나 저녁에 감사한 일 세 가지를 적어보는 시간을 가져야 합니다. 이는 내가 가진 것들에 대한 인식을 높이고, 긍정적인 마음을 키우는 데 기여합니다. 작은 것에도 감사하는 마음을 가지는 것은 내 자존감을 높이고, 나 자신을 소중히 여기는 방법이 됩니다. 감사의 실천은 내 내면의 빛을 더욱 밝히는 데 중요한 역할을 합니다.

또한, '자신의 건강과 안녕을 위한 취미 생활'은 나를 돌보는 중요한 요소입니다. 나는 내가 좋아하는 취미에 시간을 투자함으로써 내 마음을 편안하게 하고 스트레스를 해소해야 합니다. 그림 그리기, 독서, 요리, 음악 감상 등 내가 좋아하는 활동을 통해 내 안의 기쁨과 만족을 느껴야 합니다. 취미 활동은 나의 창의력을 자극하고, 내면의 에너지를 회복하는 데 큰 도움이 됩니다. 이러한 즐거움은 자존감을 높이고, 나 자신을 더욱 소중히 여기는 데 기여합니다.

'자신에게 여유를 주기'도 필요합니다. 나는 바쁜 일상 속에서 자신에게 여유를 가지며, 충분한 휴식을 취해야 합니다. 짧은 산책, 차 한 잔의 여유, 또는 좋아하는 책을 읽는 시간은 내 마음을 안정시키고 나 자신을 소중히 여기는 기회를 제공합니다. 여유를 가지는 것은 내 마음의 평화를 찾는 데 큰 도움이 되며, 나의 자존감을 높이는 데 기여합니다.

마지막으로, '사회적 관계에서의 긍정적인 소통'도 자아 돌봄의 중요한 요소입니다. 나는 나를 지지해주고 긍정적인 영향을 주는 사람들과의 관계를 소중히 여겨야 합니다. 이들과의 대화나 소통은 나에게 큰 힘이 되고, 자존감을 더욱 높여줍니다. 긍정적인 사람들과의 관계는 내 내면의 빛을 더욱 밝게 하고, 내가 소중히 여기는 존재임을 느끼게 해줍니다.

결국, 일상 속에서 나를 돌보는 방법들은 감정과 욕구 인식하기, 긍정적인 자기 이미지 만들기, 감사의 실천하기, 취미 생활 즐기기, 여유 주기, 긍정적인 소통을 통해 이루어집니다. 이러한 경험들은 나의 내면의 가치를 발견하고, 나를 소중히 여기는 데 도움을 줄 것입니다. 나를 돌보는 여정은 나를 더욱 강하게 만들고, 나의 삶을 더욱 풍요롭게 만들어줄 것입니다.

'자기 인식의 향상'은 나를 돌보는 데 있어 필수적인 부분입니다. 나는 나 자신을 깊이 이해하고, 나의 감정과 반응을 주의 깊게 살펴보아야 합니다. 이를 위해, 나는 자주 내 감정을 확인하고 그 원인을 탐구하는 연습을 해야 합니다. 내가 어떤 상황에서 불안하거나 기쁜지를 알아차리는 것은 나를 소중히 여기는 데 큰 도움이 됩니다. 자기 인식을 통해 나는 내 자신을 더 잘 이해하게 되고, 나의 반응을 조절할 수 있는 능력을 키울 수 있습니다. 이러한 과정은 나의 자존감을 높이는 데 기여합니다.

또한, '규칙적인 독서 습관'은 나를 돌보는 데 매우 효과적인 방법입니다. 나는 매일 조금씩이라도 책을 읽는 시간을 가져야 합니다. 독서는 나에게 새로운 아이디어와 통찰력을 제공하고, 다른 사람들의 경험을 통해 나 자신을 돌아보게 합니다. 나는 다양한 주제의 책을 읽음으로써 지식을 넓히고, 내 삶의 질을 향상시킬 수 있습니다. 독서를 통해 얻는 만족감은 나의 내면의 빛을 더욱 밝히고, 나를 소중히 여기는 방법이 됩니다.

'정기적인 휴식과 재충전의 시간 갖기'도 중요합니다. 나는 하루 중 짧은 시간이라도 나만의 휴식을 취하는 시간을 가져야 합니다. 이 시간을 통해 나는 정신적, 신체적 피로를 회복하고, 내 마음을 편안하게 할 수 있습니다. 요가, 명상, 또는 조용한 음악을 감상하는 등 다양한 방법으로 내 자신을 재충전하는 것은 나의 자존감을 높이는 데 큰 도움이 됩니다. 나를 돌보는 시간을 가지는 것은 내 존재의 가치를 인정하는 방법입니다.

또한, '자연과의 접촉'은 나를 돌보는 데 있어 강력한 효과를 발휘합니다. 나는 자연 속에서 시간을 보내며 내 마음을 치유할 수 있는 기회를 가져야 합니다. 공원에서 산책하거나, 바닷가에서 파도 소리를 듣는 것은 나의 스트레스를 줄이고 마음의 평화를 가져다줍니다. 자연의 아름다움은 내 마음을 따뜻하게 하고, 내 내면의 빛을 더욱 밝게 만들어줍니다. 자연과의 접촉은 나에게 새로운 에너지를 불어넣어 줍니다.

'규칙적인 수면 패턴 유지하기'도 나를 돌보는 데 필수적입니다. 나는 충분한 수면을 취함으로써 몸과 마음의 회복을 도모해야 합니다. 좋은 수면은 내 집중력을 높이고, 정신적 건강을 유지하는 데 큰 도움이 됩니다. 수면 부족은 내 감정의 불균형을 초래할 수 있으므로, 매일 일정한 시간에 잠자리에 드는 습관을 길러야 합니다. 규칙적인 수면 패턴은 나의 자존감을 높이고, 건강한 삶을 유지하는 데 기여합니다.

마지막으로, '자신에게 긍정적인 피드백 주기'는 나를 돌보는 데 중요한 요소입니다. 나는 매일 스스로에게 긍정적인 말을 해주고, 내 성취를 인정해야 합니다. "나는 오늘 잘했어," "나는 최선을 다했어," "나는 나 자신을 사랑해"라는 문구는 나에게 큰 힘이 됩니다. 긍정적인 피드백은 나의 자존감을 높이고, 내 존재의 가치를 재확인하는 데 기여합니다. 내가 나 자신에게 긍정적인 에너지를 주는 것은 나를 더욱 소중히 여기고, 내 내면의 빛을 더욱 밝히는 방법입니다.

결국, 일상 속에서 나를 돌보는 방법들은 자기 인식 향상하기, 규칙적인 독서 습관 가지기, 재충전 시간 갖기, 자연과 접촉하기, 수면 패턴 유지하기, 긍정적인 피드백 주기를 통해 이루어집니다. 이러한 경험들은 나의 내면의 가치를 발견하고, 나를 소중히 여기는 데 도움을 줄 것입니다. 나를 돌보는 여정은 나를 더욱 강하게 만들고, 나의 삶을 더욱 풍요롭게 만들어 줄 것입니다.

나 자신과의 약속 지키기

23

나 자신과의 약속을 지키는 것은 내 삶의 질을 높이고, 자존감을 강화하는 데 매우 중요한 요소입니다. 나는 나 자신과의 약속을 통해 내가 누구인지, 무엇을 원하는지를 명확히 할 수 있으며, 이를 통해 나의 존재 가치를 더욱 확고히 할 수 있습니다. 이러한 약속은 나의 성장과 발전에 큰 영향을 미치며, 일상 속에서 내가 소중히 여기는 것들을 지키는 방법이 됩니다.

첫째로, 나 자신과의 약속을 구체적으로 설정하는 것이 중요합니다. 나는 애매모호한 약속보다는 명확하고 실천 가능한 목표를 세워야 합니다. 예를 들어, "매일 운동하기"라는 약속은 "주 3회, 30분씩 조깅하기"와 같이 구체적으로 설정하는 것이 좋습니다. 명확한 약속은 내가 이를 실천하기 위해 필요한 계획을 세우고, 실행하는 데 도움이 됩니다. 구체적인 약속을 세우는 과정은 나의 의지를 강화하고, 자존감을 높이는 데 기여합니다.

둘째로, 나 자신과의 약속을 기록하는 습관을 들이는 것이 필요합니다. 나는 약속을 일기장이나 노트에 적어두고, 정기적으로 확인하는 습관을 가져야 합니다. 이러한 기록은 내가 나 자신과의 약속을 잊지 않고, 이를 지키기 위한 동기를 부여합니다. 기록된 약속은 나에게 책임감을 느끼게 하고, 나의 목표에 집중할 수 있는 기회를 제공합니다. 이를 통해 나는 나 자신을 더욱 존중하고 소중히 여길 수 있습니다.

셋째로, 약속을 지키는 과정에서 발생하는 작은 성취를 기념하는 것도 중요합니다. 나는 약속을 이행했을 때 스스로에게 작은 보상을 주는 습관을 들여야 합니다. 예를 들어, 운동을 잘 마친 후 좋아하는 음식을 먹거나, 일주일 동안의 목표를 달성한 후 편안한 시간을 갖는 것입니다. 이러한 보상은 나에게 긍정적인 피드백을 주고, 다음에도 약속을 지키도록 격려하는 역할을 합니다. 작은 성취를 기념하는 것은 내 자존감을 높이고, 나를 소중히 여기는 방법이 됩니다.

또한, 나 자신과의 약속을 지키는 데 어려움이 있을 때는 이를 정직하게 받아들이고, 그 원인을 분석하는 것이 필요합니다. 나는 약속을 지키지 못했을 때, 왜 그랬는지를 솔직하게 돌아보고, 이를 개선할 수 있는 방법을 모색해야 합니다. 이런 과정은 나를 더욱 성장하게 하고, 실패를 두려워하지 않게 만듭니다. 나 자신과의 약속을 지키는 과정에서의 어려움은 나의 강점을 발견하고, 내면의 빛을 더욱 밝히는 기회가 됩니다.

마지막으로, '자기 연민'의 태도를 갖는 것이 중요합니다. 나는 약속을 지키지 못했을 때 자신을 심하게 비난하기보다는, 이해하고 격려하는 태도를 가져야 합니다. 자기 연민은 나에게 필요한 안정감을 제공하고, 내가 다시 일어설 수 있는 힘을 줍니다. 내가 스스로를 존중하고 이해하는 태도는 자존감을 높이는 데 큰 도움이 됩니다.

결국, 나 자신과의 약속을 지키는 것은 구체적인 약속 설정, 기록하기, 작은 성취 기념하기, 정직한 반성하기, 자기 연민의 태도 가지기를 통해 이루어집니다. 이러한 경험들은 나의 내면의 가치를 발견하고, 나를 소중히 여기는 데 도움을 줄 것입니다. 나 자신과의 약속을 지키는 여정은 나를 더욱 강하게 만들고, 나의 삶을 더욱 풍요롭게 만들어줄 것입니다.

'약속을 지키기 위한 환경 조성'도 중요합니다. 나는 내가 설정한 약속을 실천하기 위해 나의 환경을 긍정적으로 변화시켜야 합니다. 예를 들어, 운동을 하기 위한 공간을 마련하고, 건강한 간식을 준비하여 쉽게 접근할 수 있도록 하는 것입니다. 이러한 환경 조성은 내가 약속을 지키는 데 필요한 동기를 제공하고, 실천을 더욱 용이하게 만듭니다. 환경을 잘 조성함으로써, 나는 나 자신과의 약속을 더욱 쉽게 지킬 수 있습니다.

또한, '자신의 목표를 시각화하기'는 약속을 지키는 데 큰 도움이 됩니다. 나는 내가 설정한 목표를 시각적으로 표현하여 항상 눈앞에 두는 것이 좋습니다. 비전 보드를 만들거나, 목표를 그래픽으로 정리하여 나의 공간에 걸어두는 것은 나의 목표를 지속적으로 상기시키는 방법입니다. 이러한 시각화는 내가 그 목표를 향해 나아가도록 끊임없이 자극하며, 나 자신과의 약속을 지키는 데 필요한 동기를 제공합니다.

'목표와 약속에 대한 정기적인 점검'도 필수적입니다. 나는 정기적으로 나의 약속과 목표를 점검하고, 이를 다시 확인하는 시간을 가져야 합니다. 주간 또는 월간으로 내가 설정한 약속의 진행 상황을 체크하고, 필요한 경우 목표를 조정하는 것입니다. 이런 점검 과정은 나에게 책임감을 주고, 내가 나아가고 있는 방향이 올바른지를 확인하는 기회를 제공합니다. 약속을 지키는 과정에서의 반성과 조정은 나의 성장과 발전에 큰 기여를 합니다.

또한, '타인의 지지와 격려를 받는 것'도 나 자신과의 약속을 지키는 데 큰 도움이 됩니다. 나는 나의 목표를 가족이나 친구에게 공유하고, 그들의 지지를 받는 것이 좋습니다. 누군가에게 나의 목표를 이야기하고, 그들이 나를 응원해줄 때, 나는 더욱 책임감을 느끼고 약속을 지키기 위한 노력을 하게 됩니다. 긍정적인 피드백과 격려는 내 자존감을 높이고, 내가 설정한 목표를 이루기 위한 원동력이 됩니다.

'과거의 성취를 돌아보는 것'도 나 자신과의 약속을 지키는 데 도움이 됩니다. 나는 이전에 이룬 성취나 목표를 되돌아보며, 그 경험에서 얻은 교훈을 다시 한 번 상기해야 합니다. 내가 어떤 어려움을 극복했는지, 그리고 그 과정에서 어떤 긍정적인 변화가 있었는지를 떠올리며, 나 자신에게 자부심을 느껴야 합니다. 이러한 성취를 돌아보는 것은 나에게 동기를 주고, 앞으로의 목표를 향해 나아가는 힘이 됩니다.

마지막으로, '나의 약속을 지키는 과정에서의 기쁨을 느끼기'도 중요합니다. 나는 약속을 지킬 때마다 나에게 주는 기쁨과 만족을 느끼고, 이를 스스로에게 인정해야 합니다. 작은 성취라도 기뻐하고 축하하는 것은 나의 자존감을 높이는 데 도움이 됩니다. 나 자신과의 약속을 지키는 과정에서의 기쁨은 내 삶을 더욱 의미 있게 만들어주는 요소가 됩니다.

 결국, 나 자신과의 약속을 지키기 위해서는 환경 조성하기, 목표 시각화하기, 정기적인 점검하기, 타인의 지지 받기, 과거 성취 돌아보기, 그리고 약속을 지키는 과정의 기쁨을 느끼는 것을 통해 이루어집니다. 이러한 경험들은 나의 내면의 가치를 발견하고, 나를 소중히 여기는 데 도움을 줄 것입니다. 나 자신과의 약속을 지키는 여정은 나를 더욱 강하게 만들고, 나의 삶을 더욱 풍요롭게 만들어줄 것입니다.

 '꾸준함의 중요성'을 인식하는 것도 나 자신과의 약속을 지키는 데 필수적입니다. 나는 작은 목표를 세워 그것을 꾸준히 실천하는 습관을 가져야 합니다. 약속을 지키기 위한 행동이 하루 이틀의 일로 끝나는 것이 아니라, 지속적으로 이어질 수 있도록 나 자신에게 동기를 부여해야 합니다. 예를 들어, 매일 10분씩 명상하기, 매주 한 번 운동하기와 같은 작은 실천은 시간이 지나면서 큰 변화를 만들어냅니다. 꾸준함은 내가 설정한 목표를 이루는 데 있어 가장 중요한 열쇠입니다.

 또한, '실패를 두려워하지 않기'도 매우 중요합니다. 나는 약속을 지키지 못했을 때 자신을 비난하기보다는, 이를 배움의 기회로 삼아야 합니다. 실수나 실패는 나의 성장 과정의 일부이며, 이를 통해 나는 더 나은 방향으로 나아갈 수 있습니다. 나는 약속을 지키지 못했을 때, 왜 그렇게 되었는지를 분석하고, 다음 번에는 어떻게 다르게 할 수 있을지를 고민해야 합니다. 이러한 태도는 나의 자존감을 지키고, 나 자신과의 약속을 더욱 확고히 하는 데 도움을 줍니다.

'자신을 다독이는 연습'도 중요한 부분입니다. 나는 약속을 지키기 위해 노력할 때, 스스로에게 친절하고 이해심을 가져야 합니다. "이번에는 잘 못했지만, 다음에는 꼭 해낼 수 있을 거야"라는 긍정적인 메시지를 나 자신에게 전달해야 합니다. 자기 다독임은 나에게 안도감을 주고, 나의 자존감을 높이는 데 도움이 됩니다. 나는 나 자신을 격려하고 지지함으로써, 더욱 강한 의지를 가질 수 있습니다.

또한, '나와의 약속을 상기시켜주는 물건이나 공간을 만들어보기'도 유용합니다. 나는 나의 목표나 약속을 시각적으로 표현할 수 있는 방법을 찾아야 합니다. 예를 들어, 내가 목표로 삼고 있는 내용을 적은 메모를 책상이나 거울에 붙여두거나, 비전 보드를 만들어 눈에 띄는 곳에 두는 것이 좋습니다. 이러한 시각적 요소는 나에게 약속을 지속적으로 상기시켜 주고, 내가 나아가야 할 방향을 명확히 해줍니다.

'사회적 지원망 구축하기'도 나 자신과의 약속을 지키는 데 큰 도움이 됩니다. 나는 친구, 가족, 멘토와 같은 지지 세력을 구축하여 그들과 나의 목표에 대해 이야기하고, 피드백을 받는 것이 좋습니다. 그들이 나를 격려하고 응원해줄 때, 나는 더욱 책임감을 느끼고 약속을 지키려는 노력을 하게 됩니다. 주변의 긍정적인 영향을 통해 나는 내 목표를 이루기 위한 동기를 강화할 수 있습니다.

마지막으로, '약속을 지키는 과정에서 느낀 감정을 기록하기'는 나에게 많은 도움을 줍니다. 나는 약속을 지킨 후 느낀 감정이나, 지키지 못했을 때의 감정을 일기나 노트에 기록하는 습관을 가져야 합니다. 이러한 기록은 내가 약속을 지키는 과정에서의 생각과 감정을 정리하는 데 도움이 되며, 나의 경험을 되돌아보는 기회를 제공합니다. 감정을 기록함으로써 나는 나 자신을 더욱 잘 이해하고, 앞으로의 약속을 지키는 데 필요한 통찰력을 얻게 됩니다.

결국, 나 자신과의 약속을 지키기 위해서는 꾸준함 인식하기, 실패를 두려워하지 않기, 자기 다독이기, 시각적 상기 요소 만들기, 사회적 지원망 구축하기, 그리고 감정 기록하기를 통해 이루어집니다. 이러한 경험들은 나의 내면의 가치를 발견하고, 나를 소중히 여기는 데 도움을 줄 것입니다. 나 자신과의 약속을 지키는 여정은 나를 더욱 강하게 만들고, 나의 삶을 더욱 풍요롭게 만들어줄 것입니다.

'나 자신과의 약속을 지키기 위한 일상적인 루틴'을 설정하는 것도 중요합니다. 나는 매일 또는 매주 특정한 시간에 약속을 점검하고, 이를 실천하기 위한 행동을 취하는 일상적인 루틴을 만드는 것이 좋습니다. 예를 들어, 매주 일요일 저녁에 한 주 동안의 약속 이행 여부를 점검하고, 다음 주의 목표를 설정하는 시간을 가지는 것입니다. 이러한 정기적인 점검은 나의 목표에 대한 책임감을 더욱 강화시키고, 약속을 지키는 과정을 더 명확하게 만들어 줍니다.

또한, '작은 목표부터 시작하기'도 유용한 방법입니다. 나는 큰 목표를 한 번에 달성하기보다는, 작은 목표로 나누어 차근차근 이뤄나가는 것이 좋습니다. 작은 목표를 이루는 과정은 나에게 성취감을 주고, 나 자신과의 약속을 지키는 데 대한 자신감을 심어줍니다. 예를 들어, "매일 10분씩 책 읽기"와 같은 작은 목표는 부담 없이 시작할 수 있으며, 점차 그 목표를 확장할 수 있는 기회를 제공합니다. 이러한 방법은 나의 내면의 빛을 더욱 확고히 하며, 자존감을 높이는 데 큰 기여를 합니다.

'자신의 성취를 기록하고 공유하기'도 나 자신과의 약속을 지키는 데 도움이 됩니다. 나는 내가 이루어낸 작은 성취나 약속 이행의 과정을 기록하고, 이를 신뢰할 수 있는 사람과 공유함으로써, 나에게 긍정적인 피드백을 받을 수 있습니다. 이 과정은 나의 자존감을 높이고, 내가 설정한 목표에 대한 동기를 강화해 줍니다. 나의 성취를 공유함으로써 나는 다른 사람들의 격려를 받을 수 있고, 이를 통해 더 큰 책임감을 느끼게 됩니다.

또한, '긍정적인 자극을 찾기'도 필요합니다. 나는 나의 목표와 약속을 지키기 위해 긍정적인 자극이 되는 책, 강연, 또는 팟캐스트를 찾아보는 것이 좋습니다. 이러한 자극은 나에게 영감을 주고, 나 자신과의 약속을 지키려는 의지를 더욱 굳건하게 만들어 줍니다. 긍정적인 콘텐츠를 접함으로써 나는 나의 목표에 대한 열정을 다시금 불러일으키고, 나를 소중히 여기는 과정이 더욱 의미 있게 됩니다.

'가끔은 나 자신에게 관대해지는 것'도 중요합니다. 나는 약속을 지키지 못했을 때, 나 자신을 너무 심하게 비난하지 말아야 합니다. 인간은 누구나 실수를 할 수 있으며, 나에게도 그러한 순간이 있을 수 있습니다. 이러한 때에는 내가 최선을 다했음을 인정하고, 실패를 성장의 기회로 삼아야 합니다. 자기 연민을 가지고 나 자신을 이해하는 태도는 나의 자존감을 지키고, 나를 더욱 소중히 여기는 방법이 됩니다.

마지막으로, '약속을 지킨 날에 대한 작은 축하'를 잊지 말아야 합니다. 나는 내가 설정한 약속을 지킨 날에는 스스로에게 작은 보상을 주는 것이 좋습니다. 예를 들어, 좋아하는 음식을 먹거나, 한 주의 목표를 달성한 후 영화 한 편을 보는 것과 같은 방식입니다. 이러한 작은 축하는 내가 나 자신과의 약속을 지키는 데 대한 긍정적인 피드백을 주고, 앞으로의 목표를 향해 나아가는 동기를 강화하는 데 도움이 됩니다.

결국, 나 자신과의 약속을 지키기 위해서는 일상적인 루틴 설정하기, 작은 목표부터 시작하기, 성취 기록하고 공유하기, 긍정적인 자극 찾기, 자기에게 관대해지기, 약속 지킨 날 축하하기를 통해 이루어집니다. 이러한 경험들은 나의 내면의 가치를 발견하고, 나를 소중히 여기는 데 도움을 줄 것입니다. 나 자신과의 약속을 지키는 여정은 나를 더욱 강하게 만들고, 나의 삶을 더욱 풍요롭게 만들어줄 것입니다.

'지속적인 자기 피드백'은 나 자신과의 약속을 지키는 데 필수적인 요소입니다. 나는 정기적으로 내 약속을 이행하면서 어떤 점이 잘 이루어졌고, 어떤 점이 개선이 필요한지를 성찰해야 합니다. 이 피드백 과정은 내가 나의 약속을 어떻게 지키고 있는지를 객관적으로 평가하는 기회를 제공합니다. 예를 들어, 매달 마지막 날에 약속 이행에 대한 피드백을 기록하고, 다음 달의 목표를 수정하는 것입니다. 이러한 지속적인 자기 피드백은 나의 성장과 발전에 큰 도움이 되며, 내가 나 자신과의 약속을 얼마나 잘 지키고 있는지를 파악하는 데 기여합니다.

또한, '내가 존경하는 인물의 삶에서 배우기'도 나 자신과의 약속을 지키는 데 많은 도움이 됩니다. 나는 존경하는 인물들의 생애나 경험에서 그들이 어떻게 자신의 목표를 세우고, 이를 지켜왔는지를 배워야 합니다. 그들의 이야기를 통해 나는 나 자신과의 약속을 지키는 데 필요한 인내와 노력의 중요성을 깨닫게 됩니다. 롤모델의 삶은 나에게 큰 영감을 주고, 목표를 향해 나아가는 데 동기를 부여하는 중요한 요소가 될 수 있습니다.

또한, '자신과의 약속을 시각적으로 표현하기'는 나의 목표와 약속을 더욱 구체화하는 데 도움이 됩니다. 나는 비전 보드나 다이어리를 활용하여 내가 이루고자 하는 약속을 시각적으로 표현해 볼 수 있습니다. 이런 시각적 요소들은 나에게 목표를 잊지 않게 하고, 매일매일 나 자신에게 다짐하는 느낌을 주게 됩니다. 내 눈앞에 있는 목표와 약속은 나에게 지속적인 동기를 제공하며, 이를 이루기 위한 의지를 더욱 강하게 만들어줍니다.

'나 자신과의 약속을 지키기 위해 필요한 도구 만들기'도 유용합니다. 나는 나의 목표를 이루기 위해 필요한 도구와 자원을 준비해야 합니다. 예를 들어, 운동 목표를 세웠다면 운동용 기구를 준비하고, 건강한 식단을 위해 요리책이나 레시피를 찾아보는 것입니다. 이러한 준비는 나의 약속을 지키기 위한 환경을 조성하는 데 큰 도움이 됩니다. 필요한 도구를 갖추는 것은 내가 설정한 목표를 이행하는 데 있어 실질적인 지원이 되어줄 것입니다.

'자신에게 질문 던지기' 또한 나 자신과의 약속을 지키는 데 큰 도움이 됩니다. 나는 스스로에게 "이 약속을 지킴으로써 내가 무엇을 얻을 수 있을까?" 또는 "내가 왜 이 약속을 지키고 싶은가?"와 같은 질문을 던져야 합니다. 이러한 질문은 나의 동기를 강화하고, 약속을 지키는 과정에서의 진정한 목적을 되새기게 합니다. 나의 내면을 탐구하는 것은 내가 설정한 목표를 더 깊이 이해하고, 그에 따라 행동하도록 유도합니다.

마지막으로, '내가 성취한 것을 돌아보며 자축하기'도 중요합니다. 나는 작은 목표라도 이룬 후에는 나 자신을 칭찬하고 축하하는 시간을 가져야 합니다. 이러한 자축은 나에게 긍정적인 에너지를 주고, 다음 목표를 향해 나아갈 수 있는 힘이 됩니다. 내가 이루어낸 것을 인정하는 것은 내 자존감을 높이고, 나를 소중히 여기는 방법입니다. 자축의 순간은 내 존재의 가치를 재확인하는 기회가 됩니다.

결국, 나 자신과의 약속을 지키기 위해서는 지속적인 자기 피드백, 존경하는 인물의 삶에서 배우기, 약속의 시각적 표현, 필요한 도구 만들기, 질문 던지기, 그리고 성취한 것에 대한 자축을 통해 이루어집니다. 이러한 경험들은 나의 내면의 가치를 발견하고, 나를 소중히 여기는 데 도움을 줄 것입니다. 나 자신과의 약속을 지키는 여정은 나를 더욱 강하게 만들고, 나의 삶을 더욱 풍요롭게 만들어줄 것입니다.

'상황 변화에 따른 유연성 유지'는 나 자신과의 약속을 지키는 데 중요한 요소입니다. 나는 약속을 지키는 과정에서 상황이 변할 수 있음을 인식해야 합니다. 예를 들어, 내가 설정한 목표가 갑자기 어려워질 때, 나는 그 목표를 수정하거나 재조정하는 방법을 고민해야 합니다. 이렇게 유연하게 대처함으로써, 나는 실패감이나 좌절감을 줄일 수 있습니다. 나의 약속이 무조건 고수해야 할 것이 아니라, 상황에 따라 변화할 수 있는 것임을 이해하는 것은 자존감을 유지하는 데 큰 도움이 됩니다.

또한, '나의 약속을 공유하기'는 나 자신과의 약속을 지키는 데 유용한 방법입니다. 나는 가까운 친구나 가족에게 나의 목표를 이야기하고, 그들의 지지를 받을 수 있도록 해야 합니다. 누군가와 나의 약속을 공유함으로써, 나는 그 약속을 더욱 책임감 있게 지키려고 노력하게 됩니다. 주변 사람들의 격려는 나의 동기를 더욱 강화하고, 내가 나 자신과의 약속을 지키는 데 필요한 지원을 받는 방법이 됩니다.

'기록과 반성의 시간 갖기'도 중요한 과정입니다. 나는 정기적으로 내 약속 이행에 대한 기록을 남기고, 이를 바탕으로 반성하는 시간을 가져야 합니다. 일주일 또는 한 달 동안의 진행 상황을 돌아보며, 잘 지킨 부분과 개선이 필요한 부분을 분석하는 것입니다. 이러한 과정은 나의 성장과 발전을 확인하는 기회를 제공하며, 약속을 지키는 데 필요한 조언을 스스로 해줄 수 있습니다. 기록하는 것은 내가 나 자신을 더욱 깊이 이해하는 데 큰 도움이 됩니다.

또한, '정기적인 보상 체계 만들기'도 나를 도와주는 방법입니다. 나는 내가 설정한 약속을 이행했을 때 자신에게 주는 보상을 정리해두는 것이 좋습니다. 예를 들어, 일주일 동안 운동 목표를 달성했다면, 내가 좋아하는 음식을 즐기거나, 새로운 책을 사는 것처럼 나 자신을 보상하는 것입니다. 이러한 보상 체계는 나에게 긍정적인 피드백을 주고, 다음 약속을 지키기 위한 의욕을 불어넣습니다. 보상을 통해 나는 내가 소중한 존재임을 인식하고, 약속을 지키는 것이 즐거운 경험이 될 수 있도록 합니다.

또한, '자신의 약속 이행 과정에서의 기쁨을 느끼기'도 중요한 요소입니다. 나는 약속을 지키는 과정에서 느끼는 기쁨이나 만족을 소중히 여겨야 합니다. 약속을 지킬 때마다 스스로에게 긍정적인 피드백을 주고, 그 경험을 기념하는 것이 좋습니다. 작은 성취라도 자축하고 기뻐하는 것은 내 자존감을 높이고, 나 자신과의 약속을 더욱 소중히 여기는 방법이 됩니다.

마지막으로, '자신의 한계를 인정하기'도 나 자신과의 약속을 지키는 데 있어 중요한 부분입니다. 나는 모든 약속을 완벽하게 지킬 수는 없다는 것을 받아들여야 합니다. 때로는 내가 약속을 지키지 못하는 순간이 있을 수 있으며, 이는 자연스러운 일입니다. 이럴 때 나는 스스로를 비난하기보다는, 그 경험에서 배우고 다음에는 더 잘할 수 있도록 노력해야 합니다. 나의 한계를 인정하는 것은 나 자신을 더욱 소중히 여기고, 자존감을 유지하는 데 도움이 됩니다.

결국, 나 자신과의 약속을 지키기 위해서는 상황 변화에 유연하게 대처하기, 약속 공유하기, 기록과 반성의 시간 가지기, 보상 체계 만들기, 기쁨 느끼기, 한계 인정하기를 통해 이루어집니다. 이러한 경험들은 나의 내면의 가치를 발견하고, 나를 소중히 여기는 데 도움을 줄 것입니다. 나 자신과의 약속을 지키는 여정은 나를 더욱 강하게 만들고, 나의 삶을 더욱 풍요롭게 만들어줄 것입니다.

'약속 이행을 위한 동기 부여의 중요성'은 나 자신과의 약속을 지키는 데 있어 핵심적입니다. 나는 왜 이 약속이 나에게 중요한지, 그것을 지킴으로써 어떤 긍정적인 변화가 생길지를 깊이 생각해야 합니다. 내가 설정한 목표의 의미를 다시 한 번 되새기고, 그로 인해 나의 삶에 미칠 긍정적인 영향을 구체적으로 상상하는 것이 필요합니다. 이러한 과정은 나에게 강한 동기를 부여하고, 약속을 지키기 위한 지속적인 힘이 됩니다.

또한, '나 자신과의 약속을 기록하는 다이어리 만들기'도 유용한 방법입니다. 나는 약속의 이행 여부, 느낀 감정, 성취한 것들을 매일 혹은 매주 기록하는 다이어리를 작성해야 합니다. 이러한 기록은 나에게 반성과 성찰의 기회를 제공하고, 내가 약속을 얼마나 잘 지키고 있는지를 시각적으로 확인할 수 있게 해줍니다. 나의 약속 이행 과정을 정리한 다이어리는 나의 성장 과정을 돌아보는 데 큰 도움이 됩니다.

'자신에게 부여하는 정기적인 점검'도 매우 중요합니다. 나는 매주 또는 매달 특정한 날짜를 정해 나의 약속을 점검하는 시간을 가져야 합니다. 이 점검 시간에는 내가 설정한 약속에 대한 진행 상황을 확인하고, 그동안의 성취를 되돌아보며 반성하는 것이 포함됩니다. 이렇게 정기적으로 나 자신을 점검함으로써, 나는 약속을 지키기 위한 동기를 잃지 않고 지속적으로 성장할 수 있는 기회를 가질 수 있습니다.

또한, '과거의 약속 이행 사례를 되새기기'도 나 자신과의 약속을 지키는 데 도움이 됩니다. 나는 이전에 내가 성공적으로 약속을 지켰던 경험들을 떠올리며, 그때 느꼈던 기쁨과 성취감을 다시 한 번 느껴봐야 합니다. 이 과정은 내가 약속을 지키는 것이 얼마나 소중한 일인지 깨닫게 해주고, 다음 약속을 지키기 위한 의지를 더욱 강화하는 데 도움이 됩니다. 과거의 성공 사례는 나에게 긍정적인 자극을 주고, 나의 자신감을 높이는 데 기여합니다.

또한, '자기 관리와 함께하는 약속 이행'이 중요합니다. 나는 약속을 지키기 위해서는 신체적, 정서적 건강이 뒷받침되어야 한다는 사실을 잊지 말아야 합니다. 따라서, 나는 규칙적인 운동과 올바른 식습관을 통해 내 몸을 관리해야 합니다. 건강한 신체는 나에게 더 많은 에너지를 주고, 약속을 지키기 위한 의지를 더욱 강하게 만들어줍니다. 나 자신을 돌보는 것은 약속을 지키는 데 있어 필수적인 요소입니다.

마지막으로, '자신의 목표를 재평가하고 수정하기'도 나 자신과의 약속을 지키는 과정에서 중요한 단계입니다. 나는 시간이 지남에 따라 목표나 상황이 변화할 수 있음을 인식해야 합니다. 그러므로, 정기적으로 나의 목표를 점검하고 필요에 따라 수정하는 것이 좋습니다. 이러한 재평가는 나의 목표가 나의 현재 상황에 맞는지 확인하는 기회를 제공하며, 나의 약속을 더 실현 가능하게 만들어줍니다.

결국, 나 자신과의 약속을 지키기 위해서는 동기 부여의 중요성 인식하기, 다이어리 기록하기, 정기적인 점검 실시하기, 과거 이행 사례 떠올리기,

자기 관리 및 약속 이행하기, 목표 재평가 및 수정하기 등을 통해 이루어집니다. 이러한 경험들은 나의 내면의 가치를 발견하고, 나를 소중히 여기는 데 도움을 줄 것입니다. 나 자신과의 약속을 지키는 여정은 나를 더욱 강하게 만들고, 나의 삶을 더욱 풍요롭게 만들어줄 것입니다.

'자신의 진전을 축하하는 습관'은 나 자신과의 약속을 지키는 데 있어 중요한 요소입니다. 나는 약속을 이행한 후 그 성과를 인정하고 축하하는 시간을 가져야 합니다. 이는 작은 성취라도 마찬가지입니다. 예를 들어, 목표를 성공적으로 달성했을 때 스스로에게 작은 보상을 주거나, 이를 기념하는 시간을 갖는 것입니다. 축하하는 행위는 나에게 긍정적인 피드백을 제공하고, 다음 목표를 향한 동기를 더욱 강화시킵니다. 내가 이룬 것에 대해 스스로 자부심을 느끼는 것은 나의 자존감을 높이는 데 중요한 역할을 합니다.

또한, '기억할 만한 순간들을 기록하기'도 중요합니다. 나는 약속을 지킨 날의 기쁨이나 특별한 순간들을 일기장에 기록하는 것이 좋습니다. 이 기록은 시간이 지나면서 나의 목표를 돌아볼 수 있는 귀중한 자산이 됩니다. 어려운 순간에 이 기록을 다시 읽어보면, 과거의 성취를 통해 자신감을 회복할 수 있습니다. 기록하는 것은 나의 경험을 정리하고, 나 자신과의 약속을 더욱 공고히 하는 데 기여합니다.

'긍정적인 환경 조성'은 약속을 지키는 데 있어 필수적입니다. 나는 나의 목표와 약속을 지키기 위해 필요한 도구와 자원을 잘 준비해야 합니다. 예를 들어, 건강한 식단을 위한 식자재를 미리 구매하거나, 운동을 위한 기구를 마련하는 것입니다. 이러한 준비는 내가 약속을 지키기 위해 필요한 환경을 조성하는 데 큰 도움이 됩니다. 나의 주변 환경이 내가 설정한 목표를 지키는 데 지원이 된다면, 실천하기가 훨씬 수월해집니다.

또한, '자신을 격려하는 문구 활용하기'는 약속을 지키는 데 긍정적인 영향을 미칩니다. 나는 나 자신을 격려하는 긍정적인 문구를 만들어서 눈에 잘 띄는 곳에 붙여두는 것이 좋습니다. 예를 들어, "나는 할 수 있다," "나의 꿈은 이루어질 것이다," "매일 조금씩 나아진다"는 문구는 나에게 지속적인 동기를 부여합니다. 이러한 문구들은 내 안의 긍정적인 에너지를 끌어올려주고, 약속을 지키기 위한 힘을 주는 중요한 도구가 됩니다.

'자신과의 약속을 지키기 위한 지원 시스템 구축하기'도 필요합니다. 나는 나의 목표와 약속을 지키기 위해 도움을 줄 수 있는 사람들과의 관계를 형성해야 합니다. 이러한 지원 시스템은 나의 친구, 가족, 혹은 멘토가 될 수 있습니다. 그들에게 내 목표를 공유하고, 그들의 피드백과 격려를 받는 것은 나의 약속을 지키는 데 큰 도움이 됩니다. 주변 사람들의 지지는 나의 동기를 높여주고, 내가 나 자신과의 약속을 지키기 위해 노력하는 데 필요한 힘을 줍니다.

마지막으로, '자신의 약속을 통해 배우는 과정'을 잊지 말아야 합니다.

나는 약속을 지키는 과정에서 얻는 교훈을 소중히 여기고, 이를 통해 나의 성장과 발전을 도모해야 합니다. 실패와 성공 모두 나에게 소중한 경험이며, 이를 통해 나는 더 나은 나 자신으로 나아갈 수 있습니다. 약속을 지키는 과정에서 배우는 것은 나의 인생에서 중요한 자산이 되며, 나의 내면의 빛을 더욱 밝게 비추는 기회가 됩니다.

결국, 나 자신과의 약속을 지키기 위해서는 진전을 축하하는 습관, 기억할 만한 순간 기록하기, 긍정적인 환경 조성, 격려하는 문구 활용, 지원 시스템 구축하기, 배움의 과정 인식하기를 통해 이루어집니다. 이러한 경험들은 나의 내면의 가치를 발견하고, 나를 소중히 여기는 데 도움을 줄 것입니다. 나 자신과의 약속을 지키는 여정은 나를 더욱 강하게 만들고, 나의 삶을 더욱 풍요롭게 만들어줄 것입니다.

내 안의 고요함 찾기

24

현대 사회는 끊임없는 소음과 분주함으로 가득 차 있습니다. 이러한 환경 속에서 나는 내 안의 고요함을 찾는 것이 얼마나 중요한지 깨닫게 됩니다. 고요함은 단순히 외부의 소음이 없는 상태가 아니라, 내 마음 속의 안정과 평화를 의미합니다. 내 안의 고요함을 찾는 과정은 나의 정신적 웰빙을 증진시키고, 나 자신을 더욱 깊이 이해하는 데 중요한 역할을 합니다.

첫째로, 고요함을 찾기 위해서는 '마음챙김'의 연습이 필요합니다. 나는 일상 속에서 잠시 멈추고, 현재의 순간에 집중하는 연습을 해야 합니다. 이를 위해 매일 몇 분간의 명상 시간을 갖거나, 깊은 호흡을 통해 내 마음을 안정시키는 것이 좋습니다. 마음챙김은 내가 느끼는 감정과 생각을 관찰하고 받아들이는 데 도움을 주며, 내 안의 고요함을 회복하는 데 큰 역할을 합니다. 이 과정에서 나는 내면의 소리에 귀 기울이고, 내 감정을 이해할 수 있는 기회를 얻게 됩니다.

둘째로, '자연과의 접촉'을 통해 고요함을 찾는 것도 효과적입니다. 나는 자연 속에서 시간을 보내며 내 마음을 치유할 수 있는 기회를 가져야 합니다. 예를 들어, 공원에서 산책하거나, 바닷가에서 파도 소리를 듣는 것은 나의 마음을 편안하게 하고, 내 안의 고요함을 찾는 데 도움을 줍니다. 자연의 아름다움은 내 마음을 따뜻하게 해주고, 나의 내면의 빛을 더욱 밝게 만들어 줍니다. 자연과의 접촉은 나에게 새로운 에너지를 불어넣어 주고, 일상의 스트레스를 해소하는 기회를 제공합니다.

셋째로, '규칙적인 자기 반성의 시간을 가지기'도 중요합니다. 나는 매일 또는 매주 자신을 돌아보는 시간을 가져야 합니다. 이 시간 동안 나는 내 감정의 흐름을 관찰하고, 현재 내가 어떤 상태에 있는지를 점검하는 것입니다. 자기 반성은 내가 느끼는 감정을 정리하고, 내 마음의 고요함을 찾는 데 큰 도움이 됩니다. 내면을 돌아보는 과정은 나의 생각과 감정을 정리하고, 나 자신을 더 깊이 이해하는 데 기여합니다.

또한, '나만의 공간 만들기'도 고요함을 찾는 데 도움을 줍니다. 나는 집이나 사무실에서 내가 편안함을 느끼는 작은 공간을 만들어야 합니다. 이 공간은 나의 생각을 정리하고 마음을 가라앉힐 수 있는 장소로 활용될 수 있습니다. 예를 들어, 아늑한 의자에 앉아 좋아하는 책을 읽거나, 차 한 잔을 마시며 조용히 생각에 잠길 수 있는 공간을 마련하는 것입니다. 이러한 나만의 공간은 내 안의 고요함을 찾는 데 필요한 시간과 여유를 제공합니다.

마지막으로, '자신에게 친절한 말을 건네기'도 중요합니다. 나는 매일 아침 또는 저녁에 자신에게 긍정적인 말을 해주어야 합니다. "나는 충분히 잘하고 있다," "내 감정은 소중하다," "나는 나 자신을 사랑한다"는 메시지는 내 마음에 긍정적인 영향을 미칩니다. 자신에게 따뜻한 말 한마디는 내 안의 고요함을 유지하는 데 필요한 에너지를 제공합니다. 스스로에게 친절하게 대하는 것은 나를 소중히 여기고, 내 존재 가치를 더욱 확고히 하는 방법입니다.

결국, 내 안의 고요함을 찾기 위해서는 마음챙김의 연습, 자연과의 접촉, 자기 반성의 시간, 나만의 공간 만들기, 긍정적인 자기 대화가 필요합니다. 이러한 경험들은 나의 내면의 가치를 발견하고, 나를 소중히 여기는 데 도움을 줄 것입니다. 내 안의 고요함을 찾는 여정은 나를 더욱 강하게 만들고, 나의 삶을 더욱 풍요롭게 만들어줄 것입니다.

'지속적인 심리적 안정 추구'도 고요함을 찾는 과정에서 매우 중요합니다. 나는 일상 속에서 스트레스를 줄이고, 마음의 평화를 유지하기 위해 지속적인 심리적 안정에 신경 써야 합니다. 이를 위해 정기적인 명상이나 요가 수업에 참여하거나, 마인드풀니스 워크숍에 참석하는 등의 방법을 고려할 수 있습니다. 이러한 활동들은 내 안의 고요함을 유지하는 데 필요한 내면의 안정감을 제공해주며, 스트레스를 해소하는 데 큰 도움이 됩니다.

또한, '감정 일기 쓰기'는 내 마음의 상태를 이해하고, 고요함을 찾는 데 매우 유용한 방법입니다. 나는 매일 느낀 감정이나 경험을 기록하는 일기를 작성해야 합니다. 이렇게 기록함으로써 나는 내가 느끼는 감정을 객관적으로 바라볼 수 있게 되며, 그 과정에서 내 감정의 흐름을 이해하게 됩니다. 감정 일기를 통해 나는 고요함을 찾기 위한 실질적인 방법을 모색할 수 있으며, 내면의 소리에 귀 기울이는 연습을 하게 됩니다.

'규칙적인 운동을 통한 신체적 안정'도 중요합니다. 나는 운동을 통해 몸과 마음의 긴장을 풀고, 내 안의 고요함을 찾는 데 도움을 받을 수 있습니다. 걷기, 요가, 수영 등 다양한 운동은 내 몸에 긍정적인 영향을 미치고, 스트레스를 해소하는 데 기여합니다. 운동 후 느끼는 상쾌함과 만족감은 내 마음의 고요함을 더욱 강화해줍니다. 또한, 운동은 신체의 에너지를 높여주고, 긍정적인 마음가짐을 유지하는 데 필요한 힘을 주는 중요한 요소입니다.

또한, '일상의 리듬을 정리하기'는 내 안의 고요함을 찾는 데 도움이 됩니다. 나는 하루의 스케줄을 계획하고, 일과 여가의 균형을 맞추는 것이 필요합니다. 과도한 업무에 시달리기보다는 나에게 필요한 휴식과 재충전의 시간을 분배해야 합니다. 이를 통해 나는 정서적인 안정감을 유지하고, 내 안의 고요함을 찾는 데 필요한 에너지를 충전할 수 있습니다. 일상의 리듬을 조정하는 것은 나의 전반적인 행복과 웰빙에 긍정적인 영향을 미칩니다.

마지막으로, '나를 위한 작은 의식 만들기'도 고요함을 찾는 데 큰 도움이 됩니다. 나는 매일 혹은 매주 자신만의 의식을 설정하여 이를 실천해야 합니다. 예를 들어, 아침에 일어나서 몇 분간 조용히 앉아 호흡을 고르고, 감사를 느끼는 시간을 갖는 것입니다. 또는 매일 저녁 자기 전, 하루 동안의 감정과 경험을 되돌아보며 나에게 주는 시간을 가져야 합니다. 이러한 의식은 내 마음을 편안하게 하고, 내 안의 고요함을 유지하는 데 기여합니다.

결국, 내 안의 고요함을 찾기 위해서는 지속적인 심리적 안정 추구, 감정 일기 쓰기, 규칙적인 운동, 일상의 리듬 정리하기, 나를 위한 작은 의식 만들기를 통해 이루어집니다. 이러한 경험들은 나의 내면의 가치를 발견하고, 나를 소중히 여기는 데 도움을 줄 것입니다. 내 안의 고요함을 찾는 여정은 나를 더욱 강하게 만들고, 나의 삶을 더욱 풍요롭게 만들어줄 것입니다.

'내면의 평화 찾기'는 나 자신을 이해하고 소중히 여기는 데 필수적인 과정입니다. 나는 마음의 소음을 줄이고, 내 안의 고요함을 찾기 위해 매일 몇 분씩 조용한 시간을 가져야 합니다. 이 시간 동안 나는 깊게 호흡하며, 내 마음 속에서 일어나는 생각들을 관찰합니다. 이러한 자기 관찰은 내면의 소리에 귀 기울이고, 내가 현재 느끼고 있는 감정과 상태를 인식하는 데 큰 도움이 됩니다. 내가 느끼는 감정을 무시하거나 억누르기보다는, 있는 그대로 받아들이는 연습을 통해 내 안의 고요함을 회복할 수 있습니다.

또한, '자신의 감정에 대한 인정과 수용'도 중요한 요소입니다. 나는 내가 느끼는 감정을 있는 그대로 인정하고, 그 감정이 자연스럽게 흐르도록 해야 합니다. 슬픔, 기쁨, 불안 등 어떤 감정이든지 내가 그것을 느끼고 있다는 사실을 인정하는 것이 중요합니다. 감정을 수용함으로써 나는 스스로를 이해하고, 내 안의 고요함을 찾는 데 필요한 안전한 공간을 마련할 수 있습니다. 감정을 수용하는 과정은 나의 내면의 소리를 더욱 분명하게 만들어주고, 내 존재의 가치를 재확인하는 기회를 제공합니다.

'감사하는 마음을 가지기' 또한 내 안의 고요함을 찾는 데 중요한 역할을 합니다. 나는 매일 감사한 일을 세 가지씩 적어보는 습관을 들여야 합니다. 작은 일이라도 감사한 마음으로 적어보면, 긍정적인 감정이 생겨나고, 내 마음이 편안해집니다. 감사의 실천은 내 삶의 작은 기적들을 발견하게 해주고, 나의 마음 속에 고요함을 가져다주는 방법이 됩니다. 감사하는 마음을 가지는 것은 내 안의 빛을 더욱 밝게 만들어줍니다.

또한, '명상이나 심신의 이완'은 내 안의 고요함을 찾는 데 매우 효과적입니다. 나는 정기적으로 명상이나 이완 요가를 통해 내 마음을 진정시키고, 몸과 마음의 긴장을 풀어야 합니다. 이러한 활동들은 내 내면의 소리에 집중하고, 고요함을 찾는 데 필요한 공간을 제공합니다. 명상은 스트레스를 줄이고, 내 마음을 가라앉히는 데 큰 도움이 됩니다. 나는 매일 잠시의 시간을 내어 명상하는 습관을 길러야 합니다.

'부정적인 생각을 긍정적인 생각으로 전환하기'도 고요함을 찾는 데 도움이 됩니다. 나는 나의 마음 속에 부정적인 생각이 떠오를 때, 이를 긍정적인 시각으로 바꾸는 연습을 해야 합니다. 예를 들어, "나는 할 수 없어"라는 생각이 들 때, "나는 최선을 다할 수 있어"로 바꾸는 것입니다. 이러한 사고의 전환은 내 안의 고요함을 유지하는 데 필요한 힘을 줍니다. 긍정적인 사고는 내 자신을 더 소중히 여기고, 자존감을 높이는 데 큰 기여를 합니다.

마지막으로, '자기 돌봄을 위한 루틴 만들기'도 중요합니다. 나는 내 안의 고요함을 찾기 위해 규칙적인 자기 돌봄 루틴을 설정해야 합니다. 이 루틴에는 나에게 편안함과 안정감을 주는 활동이 포함되어야 합니다. 예를 들어, 매일 아침 조용히 차를 마시며 하루를 계획하는 것, 저녁에 차분한 음악을 듣는 것 등은 내 마음을 편안하게 하고, 내 안의 고요함을 회복하는 데 도움을 줍니다.

결국, 내 안의 고요함을 찾기 위해서는 내면의 평화 찾기, 감정의 인정과 수용, 감사하는 마음 가지기, 명상이나 심신 이완, 부정적인 생각 전환하기, 자기 돌봄 루틴 만들기를 통해 이루어집니다. 이러한 경험들은 나의 내면의 가치를 발견하고, 나를 소중히 여기는 데 도움을 줄 것입니다. 내 안의 고요함을 찾는 여정은 나를 더욱 강하게 만들고, 나의 삶을 더욱 풍요롭게 만들어줄 것입니다.

'정신적 공간 만들기'는 내 안의 고요함을 찾는 데 중요한 과정입니다. 나는 내 주변 환경을 정돈하고, 물리적으로도 나의 공간을 편안하게 만드는 것이 필요합니다. 깨끗하고 정리된 공간은 내 마음을 정리하는 데 도움을 주며, 내 안의 고요함을 유지하는 데 기여합니다. 예를 들어, 매일 잠자기 전에 방을 정리하고, 필요한 것만 남기는 습관을 들이는 것은 마음의 편안함을 가져다줍니다. 물리적인 공간의 정돈은 내 정신적 안정감을 더욱 높여줍니다.

또한, '규칙적인 루틴의 중요성'도 잊지 말아야 합니다. 나는 매일 일정한 루틴을 세워 생활하는 것이 좋습니다. 아침에 일어나서 하는 간단한 스트레칭이나 명상, 저녁에 하루를 돌아보는 시간을 갖는 것 등이 포함될 수 있습니다. 이러한 일상적인 루틴은 내 마음에 안정감을 주고, 내 안의 고요함을 찾는 데 도움을 줍니다. 규칙적인 루틴은 일상 속에서 예측 가능한 패턴을 제공하며, 내가 느끼는 스트레스를 줄여줍니다.

'자신에게 솔직한 대화하기'도 고요함을 찾는 데 중요한 요소입니다. 나는 내 마음속의 소리를 듣고, 그에 귀 기울여야 합니다. 내가 느끼는 감정이나 고민을 솔직하게 인정하고, 나 자신에게 어떤 것을 원하는지를 물어보는 것이 필요합니다. 이러한 대화는 나의 감정을 정리하고, 내가 진정으로 원하는 것이 무엇인지 명확히 하는 데 큰 도움이 됩니다. 솔직한 대화를 통해 나는 내 안의 고요함을 더욱 확립할 수 있습니다.

또한, '기억에 남는 감정적 순간 회상하기'는 나의 고요함을 찾는 데 도움이 됩니다. 나는 내가 과거에 느꼈던 기쁘고 행복했던 순간을 회상하며 그 감정을 되살리는 것이 좋습니다. 이러한 긍정적인 기억을 떠올림으로써 나는 내 마음을 따뜻하게 하고, 내 안의 고요함을 찾는 데 필요한 감정의 안정감을 가져올 수 있습니다. 긍정적인 기억은 내 자신을 소중히 여기고, 나의 삶에 대한 감사의 마음을 불러일으킵니다.

'자연의 소리에 귀 기울이기'도 고요함을 찾는 방법 중 하나입니다. 나는 자주 자연 속에서 시간을 보내며, 자연의 소리와 아름다움을 느껴야 합니다. 나무의 바람에 흔들리는 소리, 새의 지저귐, 물이 흐르는 소리는 내 마음을 편안하게 해주고, 내 안의 고요함을 회복하는 데 큰 도움이 됩니다. 자연은 나에게 치유의 에너지를 주며, 일상에서 벗어나 마음의 안정을 찾을 수 있는 기회를 제공합니다.

마지막으로, '일상 속에서 소소한 기쁨 찾기'도 고요함을 찾는 데 중요한 역할을 합니다. 나는 매일의 작은 순간에서 기쁨을 찾는 연습을 해야 합니다. 예를 들어, 따뜻한 차 한 잔, 책 한 권의 여유로운 시간, 햇살 아래의 산책 등이 그러한 순간입니다. 이러한 작은 기쁨들은 나의 마음을 편안하게 하고, 내 안의 고요함을 더욱 깊게 만들어 줍니다. 소소한 기쁨을 소중히 여기고 경험하는 것은 내 삶을 더욱 풍요롭게 만들어주는 방법입니다.

결국, 내 안의 고요함을 찾기 위해서는 정신적 공간 만들기, 규칙적인 루틴 설정하기, 솔직한 대화하기, 긍정적인 감정 회상하기, 자연의 소리에 귀 기울이기, 소소한 기쁨 찾기를 통해 이루어집니다. 이러한 경험들은 나의 내면의 가치를 발견하고, 나를 소중히 여기는 데 도움을 줄 것입니다. 내 안의 고요함을 찾는 여정은 나를 더욱 강하게 만들고, 나의 삶을 더욱 풍요롭게 만들어줄 것입니다.

'일상의 단순화'는 내 안의 고요함을 찾는 데 있어 중요한 과정입니다. 나는 복잡한 일상 속에서 필요 없는 것들을 제거하고, 중요한 것들에 집중하는 습관을 가져야 합니다. 일상에서 불필요한 물건을 정리하고, 나의 목표에 맞지 않는 활동을 줄이는 것이 필요합니다. 이러한 단순화는 나의 마음을 가볍게 하고, 내 안의 고요함을 회복하는 데 큰 도움이 됩니다. 내가 진정으로 소중하게 여기는 것들에 집중함으로써, 내 삶은 더욱 의미 있게 변할 것입니다.

또한, '정기적인 휴식 시간을 가지기'도 중요합니다. 나는 바쁜 일상 속에서도 정기적으로 휴식을 취하는 시간을 가져야 합니다. 짧은 시간이라도 스스로에게 충분한 여유를 주고, 스트레스를 해소할 수 있는 기회를 마련해야 합니다. 휴식은 내 마음을 안정시키고, 내 안의 고요함을 찾는 데 필요한 에너지를 제공합니다. 이러한 시간을 통해 나는 나의 내면을 더욱 깊이 들여다보는 기회를 가질 수 있습니다.

'감정의 흐름을 관찰하기'도 내 안의 고요함을 찾는 데 중요한 방법입니다. 나는 내 감정을 억누르기보다는, 그 감정을 느끼고 그 흐름을 관찰해야 합니다. 어떤 감정이든 그것이 내 마음에 미치는 영향을 이해하고, 이를 받아들이는 연습이 필요합니다. 감정의 흐름을 이해함으로써 나는 나 자신을 더욱 깊이 이해하게 되고, 내 안의 고요함을 더욱 확고히 할 수 있습니다.

또한, '사람들과의 긍정적인 관계 유지하기'도 나의 마음의 평화를 지키는 데 중요한 역할을 합니다. 나는 긍정적인 에너지를 주는 사람들과의 관계를 유지하고, 서로의 기분을 존중하는 것이 필요합니다. 소중한 관계는 나에게 안정감을 주고, 내가 힘들 때 지지받을 수 있는 안전망이 됩니다. 이런 긍정적인 관계는 내 안의 고요함을 찾는 데 큰 도움이 됩니다.

마지막으로, '창의적인 표현 활동'은 내 안의 고요함을 찾는 데 도움이 됩니다. 나는 그림 그리기, 글쓰기, 음악 감상 등 창의적인 활동을 통해 내 감정을 표현하고, 내 안의 갈등을 해소할 수 있습니다. 이러한 창의적 표현은 내 마음 속에 있는 감정을 털어놓는 기회를 제공하며, 내 안의 고요함을 회복하는 데 필요한 출구 역할을 합니다. 감정을 표현하는 것은 나의 내면을 이해하고, 나를 더욱 소중히 여기는 방법이 됩니다.

결국, 내 안의 고요함을 찾기 위해서는 일상의 단순화, 정기적인 휴식 시간 가지기, 감정의 흐름 관찰하기, 긍정적인 관계 유지하기, 창의적인 표현 활동을 통해 이루어집니다. 이러한 경험들은 나의 내면의 가치를 발견하고, 나를 소중히 여기는 데 도움을 줄 것입니다. 내 안의 고요함을 찾는 여정은 나를 더욱 강하게 만들고, 나의 삶을 더욱 풍요롭게 만들어줄 것입니다.

'정신적 공간의 청소'는 내 안의 고요함을 찾는 데 있어 매우 중요한 단계입니다. 나는 나의 마음속에서 불필요한 생각이나 부정적인 감정을 정리해야 합니다. 이는 마치 물리적인 공간에서 먼지를 털어내듯이, 내 마음의 짐을 덜어내는 과정입니다. 내가 느끼는 두려움이나 불안, 스트레스 같은 감정들을 솔직하게 바라보고, 그것들을 해소하는 방법을 찾아야 합니다. 이러한 청소는 내 마음을 가볍게 하고, 내 안의 고요함을 유지하는 데 필요한 기초를 다집니다.

또한, '감정 표현의 중요성'을 인식해야 합니다. 나는 감정을 억누르기보다는 이를 표현하는 것이 필요합니다. 감정을 표현하는 방법은 다양합니다. 글쓰기, 그림 그리기, 음악 감상 등을 통해 내 안의 감정을 밖으로 드러내는 것은 나에게 큰 위안이 됩니다. 감정을 건강하게 표현함으로써 나는 내면의 갈등을 해소하고, 고요함을 찾는 데 필요한 공간을 마련할 수 있습니다. 감정을 표현하는 과정은 나를 이해하고, 나 자신을 더욱 소중히 여기는 방법이 됩니다.

'스스로를 인정하는 연습' 또한 내 안의 고요함을 찾는 데 큰 도움이 됩니다. 나는 나의 노력과 성과를 인정하고, 내가 한 것에 대해 스스로에게 감사해야 합니다. 일상 속에서 작은 성취를 축하하는 것은 자존감을 높이고, 내 안의 고요함을 회복하는 데 필요한 기쁨을 줍니다. 나 자신을 인정하는 것은 내가 소중한 존재임을 상기시키는 중요한 방법입니다.

또한, '자연 속에서의 휴식'은 고요함을 찾는 데 매우 효과적입니다. 나는 자연 속에서 시간을 보내며, 나의 마음을 치유하고 회복하는 기회를 가져야 합니다. 나무 그늘 아래에서의 휴식이나 바닷가의 파도 소리를 들으며 산책하는 것은 나에게 큰 평안을 선사합니다. 자연의 소리와 아름다움은 내 마음을 진정시키고, 내 안의 고요함을 회복하는 데 큰 도움이 됩니다. 자연은 나에게 치유의 에너지를 주며, 내가 소중히 여기는 존재임을 느끼게 해줍니다.

'루틴 속의 소소한 행복 찾기'도 고요함을 찾는 데 중요한 방법입니다. 나는 매일의 일상 속에서 작은 행복을 발견하는 연습을 해야 합니다. 예를 들어, 아침의 첫 커피 한 잔, 따뜻한 햇살을 느끼는 순간, 혹은 친구와의 소소한 대화 등에서 행복을 찾는 것입니다. 이러한 작은 순간들은 내 안의 고요함을 증진시키고, 일상에 대한 감사의 마음을 불러일으킵니다. 소소한 행복을 소중히 여기는 것은 내 삶을 더욱 의미 있게 만들어줍니다.

마지막으로, '정기적인 자기 점검의 시간'도 필요합니다. 나는 일정한 주기로 내 마음의 상태를 점검하고, 내가 원하는 것이 무엇인지 돌아보는 시간을 가져야 합니다. 이를 통해 나는 내 감정을 정리하고, 내 목표를 다시 설정할 수 있는 기회를 얻습니다. 자기 점검은 나의 마음속에서 무엇이 중요한지를 다시 한 번 확인하는 과정이며, 내 안의 고요함을 유지하는 데 필수적인 요소입니다.

결국, 내 안의 고요함을 찾기 위해서는 정신적 공간 청소, 감정 표현의 중요성 인식, 스스로를 인정하는 연습, 자연 속에서의 휴식, 루틴 속의 소소한 행복 찾기, 정기적인 자기 점검의 시간을 통해 이루어집니다. 이러한 경험들은 나의 내면의 가치를 발견하고, 나를 소중히 여기는 데 도움을 줄 것입니다. 내 안의 고요함을 찾는 여정은 나를 더욱 강하게 만들고, 나의 삶을 더욱 풍요롭게 만들어줄 것입니다.

'감정의 균형 유지'는 내 안의 고요함을 찾는 데 필수적입니다. 나는 다양한 감정을 경험하게 되며, 이를 잘 조화롭게 다루는 것이 중요합니다. 기쁨, 슬픔, 불안 등 어떤 감정이든지 그것을 억누르기보다는 인정하고 표현하는 것이 필요합니다. 예를 들어, 슬픔을 느낄 때 그 감정을 외면하기보다는, 그것을 받아들이고 친구와 이야기를 나누거나 감정을 일기로 표현하는 것이 좋습니다. 감정을 적절히 표현하는 것은 나의 정신적 건강을 지키고, 내면의 고요함을 유지하는 데 기여합니다.

또한, '자신의 한계를 인식하고 수용하기'도 중요한 과정입니다. 나는 모든 약속이나 목표를 완벽하게 지킬 수는 없다는 사실을 인정해야 합니다.

가끔은 상황이나 감정이 나의 계획을 방해할 수 있습니다. 이러한 경우, 스스로를 비난하기보다는, 한계를 인정하고 이를 개선하기 위한 방법을 고민해야 합니다. 자기 연민을 가지며 나 자신을 받아들이는 태도는 내 안의 고요함을 찾는 데 필수적입니다. 나는 나의 불완전함을 받아들이며, 이 과정을 통해 더 강한 나로 성장할 수 있습니다.

'정신적 여유를 가지기'도 내 안의 고요함을 찾는 데 중요한 요소입니다. 나는 매일의 일상에서 너무 많은 부담을 지지 않도록 주의해야 합니다. 일이 많고 정신적으로 피곤한 날일수록, 잠시 멈추고 숨을 고르며 마음의 여유를 찾는 것이 필요합니다. 간단한 호흡 운동이나 짧은 산책은 내 마음을 편안하게 하고, 나에게 필요한 여유를 제공해줍니다. 이런 여유로운 시간은 내 안의 고요함을 회복하는 데 큰 도움이 됩니다.

또한, '취미 생활을 통한 마음의 안정'도 중요합니다. 나는 내가 좋아하는 활동에 몰두함으로써 스트레스를 해소하고 마음의 평화를 찾는 것이 필요합니다. 그림 그리기, 요리, 독서, 음악 감상 등 내가 즐기는 활동은 내 마음을 편안하게 하고, 고요함을 찾는 데 큰 역할을 합니다. 취미 활동은 나의 창의력을 자극하고, 일상에서 벗어나 나 자신을 돌보는 기회를 제공합니다. 이러한 활동을 통해 나는 나 자신과의 연결을 더욱 강화할 수 있습니다.

마지막으로, '정신적인 지원망 구축'이 필요합니다. 나는 긍정적인 에너지를 주는 사람들과의 관계를 소중히 여기고, 그들과의 대화를 통해 나의 감정을 나누어야 합니다. 친구나 가족과의 대화는 나의 마음속에 쌓인 감정을 털어내고, 내 안의 고요함을 찾는 데 도움을 줍니다. 내가 믿을 수 있는 사람들과의 소통은 나에게 안전한 공간을 제공하고, 정서적인 지지를 받을 수 있는 기회를 줍니다.

결국, 내 안의 고요함을 찾기 위해서는 감정의 균형 유지, 한계 인식과 수용, 정신적 여유 가지기, 취미 생활 통한 안정, 정신적 지원망 구축하기 등을 통해 이루어집니다. 이러한 경험들은 나의 내면의 가치를 발견하고, 나를 소중히 여기는 데 도움을 줄 것입니다. 내 안의 고요함을 찾는 여정은 나를 더욱 강하게 만들고, 나의 삶을 더욱 풍요롭게 만들어줄 것입니다.

'내면의 고요함을 위한 규칙적인 의식 만들기'는 내가 일상 속에서 고요함을 찾는 데 필요한 또 다른 방법입니다. 나는 매일 정해진 시간에 짧은 의식을 통해 내 마음을 정리할 수 있습니다. 예를 들어, 아침에 눈을 뜨자마자 깊은 호흡을 하고, 감사한 마음으로 하루를 시작하는 시간을 가지는 것입니다. 이러한 의식은 하루의 시작을 긍정적인 에너지로 가득 채우고, 내 마음의 고요함을 유지하는 데 큰 도움이 됩니다. 의식의 반복은 나의 내면을 더욱 안정시키고, 고한 상태를 지속할 수 있도록 도와줍니다.

또한, '자신의 마음을 돌보는 작은 일상 만들기'도 중요합니다. 나는 매일 자기 전에 내가 사랑하는 작은 일들을 즐기는 시간을 가져야 합니다. 예를 들어, 따뜻한 차 한 잔을 마시거나, 좋아하는 음악을 들으며 편안하게 시간을 보내는 것입니다. 이러한 작은 일들은 내 마음을 안정시키고, 내 안의 고요함을 찾는 데 큰 기여를 합니다. 일상의 작은 행복을 누리며 나 자신을 돌보는 것은 나에게 큰 위안이 됩니다.

'과거의 경험에서 배우기'도 내 안의 고요함을 찾는 데 큰 도움이 됩니다. 나는 힘들었던 과거의 경험을 돌아보며, 그때의 감정과 상황을 이해하고 수용하는 것이 필요합니다. 이러한 과정은 나에게 깊은 통찰을 제공하고, 나의 내면을 더욱 풍요롭게 만들어줍니다. 과거의 어려움을 통해 배운 교훈은 나를 더 강하게 만들고, 앞으로의 도전에 대한 긍정적인 태도를 형성하는 데 기여합니다.

또한, '자신의 기분을 주의 깊게 관찰하기'도 고요함을 찾는 데 필요한 방법입니다. 나는 하루 동안 느끼는 다양한 감정의 변화를 주의 깊게 살펴보아야 합니다. 기분이 나쁠 때 그 이유를 찾고, 긍정적인 기분이 들 때는 그 원인을 발견하는 것입니다. 이러한 감정 관찰은 나를 더 잘 이해하게 만들고, 내가 왜 특정한 감정을 느끼는지를 파악하는 데 도움을 줍니다. 자신의 감정을 인식하고 받아들이는 과정은 내 안의 고요함을 더욱 강화하는 데 기여합니다.

마지막으로, '일상 속에서 나를 위한 시간을 만드는 것'도 중요합니다. 나는 매일 잠시라도 나를 위한 시간을 따로 설정해야 합니다. 이 시간 동안 나는 나의 관심사나 취미를 즐기며, 스트레스를 해소할 수 있는 기회를 가져야 합니다. 나를 위한 시간은 내가 소중히 여기는 활동을 통해 내 마음의 고요함을 찾는 데 필요한 공간을 제공합니다. 이러한 시간이 쌓여 나를 더 행복하게 만들어줄 것이며, 내 안의 고요함을 찾는 여정의 중요한 한 부분이 됩니다.

결국, 내 안의 고요함을 찾기 위해서는 규칙적인 의식 만들기, 작은 일상 만들기, 과거 경험에서 배우기, 기분 관찰하기, 나를 위한 시간 만들기를 통해 이루어집니다. 이러한 경험들은 나의 내면의 가치를 발견하고, 나를 소중히 여기는 데 도움을 줄 것입니다. 내 안의 고요함을 찾는 여정은 나를 더욱 강하게 만들고, 나의 삶을 더욱 풍요롭게 만들어줄 것입니다.

나를 사랑하는 연습

우리는 종종 자신을 사랑하는 것이 어렵다고 느낍니다. 하지만 나를 사랑하는 것은 내 삶의 질을 향상시키고, 내 안의 고요함을 찾는 데 중요한 요소입니다. 나를 사랑하는 연습은 단순히 감정적인 기분을 넘어서, 나의 존재를 인정하고 존중하는 과정입니다. 이 과정은 나의 자존감을 높이고, 내가 행복하게 살아갈 수 있는 기반을 마련해줍니다.

첫째로, '자기 인정의 첫걸음'을 내딛는 것이 필요합니다. 나는 나의 감정, 생각, 행동을 있는 그대로 받아들이고 인정해야 합니다. 이때 중요한 것은 나의 부족함이나 단점을 비난하지 않고, 그것이 나의 일부임을 인정하는 것입니다. 나를 사랑하기 위해서는 나의 불완전함을 수용하고, 나 자신을 있는 그대로 받아들이는 태도가 필요합니다. "나는 나 자신을 사랑할 자격이 있다"는 확신을 가져야 합니다.

둘째로, '긍정적인 자기 대화'를 연습하는 것이 중요합니다. 나는 내 안에서 부정적인 생각이나 비판적인 목소리를 없애고, 긍정적인 언어로 스스로에게 이야기해야 합니다. 예를 들어, "나는 충분히 잘하고 있어" 또는 "나는 나의 감정을 소중히 여긴다"라는 긍정적인 문구를 반복하여 스스로에게 힘을 주는 것입니다. 이러한 긍정적인 자기 대화는 내 자존감을 높이고, 나를 사랑하는 태도를 키우는 데 큰 도움이 됩니다.

셋째로, '소중한 자기 시간을 마련하기'도 필요합니다. 나는 일상 속에서 나만의 시간을 확보하고, 내가 좋아하는 활동을 즐기는 것이 좋습니다. 이 시간은 내가 진정으로 원하는 것을 탐색하고, 나의 감정을 돌보는 데 필요한 소중한 순간입니다. 나를 위해 계획한 이 시간을 통해 나는 내 안의 소중함을 느끼고, 나를 더욱 사랑할 수 있는 기회를 얻습니다. 이러한 자기 시간은 내 삶의 질을 높이는 데 중요한 역할을 합니다.

또한, '감사하는 마음을 가지기'도 나를 사랑하는 연습의 일환입니다. 나는 매일 내가 가진 것들에 대해 감사하는 시간을 가져야 합니다. 나의 건강, 주변의 사람들, 나의 경험 등 나에게 소중한 것들에 감사함을 느끼며, 이를 기록해보는 것이 좋습니다. 감사의 마음은 나의 내면을 따뜻하게 하고, 나 자신을 사랑하는 데 필요한 긍정적인 에너지를 제공합니다. 내가 감사함을 느낄 때, 나는 나 자신과 내 삶에 대해 더욱 긍정적인 시각을 가지게 됩니다.

마지막으로, '자기 돌봄을 위한 실천'은 나를 사랑하는 데 필수적입니다. 나는 나의 신체적, 정신적 건강을 돌보는 것이 필요합니다. 규칙적인 운동, 건강한 식습관, 충분한 수면을 통해 나의 몸과 마음을 지켜야 합니다. 이러한 자기 돌봄은 나의 존재 가치를 인정하고, 나를 사랑하는 중요한 방법입니다. 내 몸과 마음을 돌보는 것은 나 자신을 존중하는 행위이며, 나를 사랑하는 데 있어 기본적인 요소가 됩니다.

결국, 나를 사랑하는 연습은 자기 인정하기, 긍정적인 자기 대화하기, 소중한 자기 시간 만들기, 감사하는 마음 가지기, 자기 돌봄 실천하기를 통해 이루어집니다. 이러한 경험들은 나의 내면의 가치를 발견하고, 나를 소중히 여기는 데 도움을 줄 것입니다. 나를 사랑하는 연습은 나를 더욱 강하게 만들고, 나의 삶을 더욱 풍요롭게 만들어줄 것입니다.

'나를 사랑하는 연습'의 첫 단계는 자기 존중감 키우기입니다. 나는 자신에 대한 존중감을 가지기 위해 스스로를 긍정적으로 바라보는 연습을 해야 합니다. 나의 장점과 재능을 스스로 인정하고, 나를 비교하는 것이 아니라 나만의 길을 가는 것을 지향해야 합니다. 나의 강점과 개성을 찾아내고, 이를 소중히 여기며 나 자신에게 자부심을 느껴야 합니다. 예를 들어, 나는 매주 나의 강점을 세 가지씩 적어보는 시간을 가짐으로써 나 자신을 더 잘 이해하고, 나의 가치를 재확인할 수 있습니다.

둘째로, 자신에게 친절한 태도를 유지하는 것이 중요합니다. 나는 나 자신에게도 타인에게 하는 것처럼 친절하고 배려 깊게 대해야 합니다. 힘든 순간이나 실패를 경험했을 때, 나는 나를 비난하기보다는 "괜찮아, 다음에는 더 잘할 수 있어"라는 긍정적인 메시지를 스스로에게 전해야 합니다. 자신에게 관대해지는 것은 나의 자존감을 지키고, 나를 사랑하는 데 필요한 안정감을 제공합니다. 이러한 태도는 내 안의 부정적인 감정을 줄이고, 고요함을 찾는 데 도움을 줍니다.

또한, 일상 속에서 작은 성취를 축하하는 것도 나를 사랑하는 연습의 일환입니다. 나는 매일의 작은 목표를 설정하고, 이를 달성했을 때 스스로를 축하하는 시간을 가져야 합니다. "오늘 운동을 했다"는 것부터 "정해진 일정을 모두 마쳤다"는 작은 성취라도 좋습니다. 이러한 작은 성취들을 축하함으로써 나는 나의 노력을 인정하고, 내 존재의 가치를 높일 수 있습니다. 매일의 작은 축하는 나를 사랑하는 마음을 키워주고, 긍정적인 에너지를 제공합니다.

자신의 감정을 존중하는 것도 중요합니다. 나는 느끼는 모든 감정이 나의 일부임을 이해하고, 그 감정을 수용해야 합니다. 기쁘고 행복한 감정뿐만 아니라 슬픔이나 불안 같은 감정도 존중해야 합니다. 감정을 억누르거나 숨기기보다는, 그것을 인정하고 표현하는 것이 필요합니다. 나는 슬프거나 힘든 감정을 느낄 때, 이를 표현하고 털어놓는 연습을 해야 합니다. 감정을 표현하는 것은 나를 사랑하는 중요한 방법이며, 내면의 갈등을 해소하는 데 도움이 됩니다.

또한, 나를 위해 시간을 내는 것도 나를 사랑하는 연습의 한 부분입니다. 나는 하루 중 잠시라도 나만의 시간을 만들어야 합니다. 이 시간 동안 나는 좋아하는 책을 읽거나, 음악을 듣거나, 간단한 운동을 하는 등 나에게 필요한 활동을 즐겨야 합니다. 나를 위한 시간을 갖는 것은 내 마음을 안정시키고, 나 자신을 더욱 소중히 여기는 방법이 됩니다. 자기 시간을 통해 나는 나 자신과의 연결을 더욱 강화할 수 있습니다.

마지막으로, 긍정적인 사람들과의 관계를 형성하는 것도 나를 사랑하는 데 중요한 역할을 합니다. 나는 나를 지지하고 응원해주는 사람들과 함께 시간을 보내야 합니다. 긍정적인 에너지를 주는 사람들과의 관계는 내 자존감을 높이고, 나를 사랑하는 태도를 더욱 강화합니다. 그들과의 대화와 소통은 나에게 새로운 시각과 영감을 주며, 내 자신을 사랑하는 연습에 도움이 됩니다.

결국, 나를 사랑하는 연습은 자기 존중감 키우기, 친절한 태도 유지하기, 작은 성취 축하하기, 감정 존중하기, 나를 위한 시간 가지기, 긍정적인 사람들과의 관계 형성을 통해 이루어집니다. 이러한 경험들은 나의 내면의 가치를 발견하고, 나를 소중히 여기는 데 도움을 줄 것입니다. 나를 사랑하는 연습은 나를 더욱 강하게 만들고, 나의 삶을 더욱 풍요롭게 만들어 줄 것입니다.

'나를 사랑하는 연습'의 중요한 한 부분은 긍정적인 습관을 형성하는 것입니다. 나는 나를 사랑하는 마음을 키우기 위해 긍정적인 습관을 형성해야 합니다. 예를 들어, 매일 아침 일어나서 "나는 소중한 존재이다"라는 다짐을 하거나, 자기 전에 하루 동안의 감사한 일을 세 가지 적어보는 습관을 들이는 것입니다. 이러한 긍정적인 습관은 내 자존감을 높이고, 나 자신을 사랑하는 마음을 강화하는 데 큰 도움이 됩니다. 나를 사랑하는 연습은 꾸준히 반복할수록 더 강한 힘을 발휘합니다.

또한, 자신의 한계를 이해하고 수용하는 것도 중요한 요소입니다. 나는 완벽할 수 없으며, 누구나 실수를 하게 마련입니다. 이 점을 인정하는 것은 나 자신을 더욱 사랑하는 데 필수적입니다. 나는 나의 한계를 이해하고, 이를 받아들이는 과정을 통해 나 자신을 더욱 깊이 사랑하게 됩니다. 실수를 두려워하기보다는, 실패를 통해 배우고 성장할 수 있는 기회로 삼는 것입니다. 나의 부족함을 수용하는 것은 나를 사랑하는 데 있어 중요한 단계입니다.

또한, 나의 감정과 생각을 존중하는 것도 필요합니다. 나는 내 감정과 생각을 무시하거나 억누르기보다는, 있는 그대로 받아들이고 존중해야 합니다. 슬프거나 불안한 감정을 느낄 때, 나는 그것이 나에게 주는 메시지를 이해하려고 노력해야 합니다. 이러한 자기 인식은 내면의 평화를 찾는 데 도움이 되며, 나 자신을 더욱 깊이 이해하고 사랑하게 만듭니다. 감정을 존중하는 것은 나의 존재를 더욱 소중하게 만들어줍니다.

'일상 속에서 나를 소중히 여기는 활동을 찾는 것'도 중요합니다. 나는 자신에게 기쁨을 주는 활동을 통해 나를 사랑하는 연습을 해야 합니다. 내가 좋아하는 취미나 여가 활동을 통해 자신을 돌보는 것은 나에게 큰 기쁨을 줍니다. 예를 들어, 나는 매주 한 번씩 나만의 시간을 정해 나의 취미 활동에 몰두하는 것입니다. 이러한 시간은 나에게 안정감과 행복을 주고, 나를 더욱 사랑할 수 있는 기회를 제공합니다.

또한, 타인과의 비교를 줄이는 연습도 나를 사랑하는 데 큰 도움이 됩니다. 나는 타인의 삶과 나의 삶을 비교하며 스스로를 비난하는 경향이 있습니다. 하지만 나는 나만의 길을 가고 있다는 것을 인식해야 합니다. 각자의 삶은 다르며, 나에게는 나만의 가치와 소중함이 있습니다. 타인과의 비교를 줄이고, 나 자신을 있는 그대로 받아들이는 연습은 나의 자존감을 높이고, 나를 더욱 사랑하는 데 기여합니다.

마지막으로, 나 자신에게 작은 선물을 주는 것도 훌륭한 방법입니다. 나는 나에게 작은 선물을 주거나, 좋아하는 음식을 사먹는 등의 방식으로 나를 사랑하는 연습을 해야 합니다. 이러한 작은 선물은 나에게 긍정적인 감정을 불러일으키고, 나 자신을 소중히 여기는 방법이 됩니다. 스스로에게 선물을 주는 것은 나의 존재 가치를 확인하는 기회이며, 나를 사랑하는 태도를 강화하는 데 큰 역할을 합니다.

결국, 나를 사랑하는 연습은 긍정적인 습관 형성, 한계 수용하기, 감정 존중하기, 소중한 활동 찾기, 비교 줄이기, 작은 선물 주기를 통해 이루어집니다. 이러한 경험들은 나의 내면의 가치를 발견하고, 나를 소중히 여기는 데 도움을 줄 것입니다. 나를 사랑하는 연습은 나를 더욱 강하게 만들고, 나의 삶을 더욱 풍요롭게 만들어줄 것입니다.

'자기 사랑을 위한 진정한 의식'은 내가 나를 소중히 여기고 사랑하는 데 필수적인 부분입니다. 나는 매일 정해진 시간에 자신을 위한 의식을 가져야 합니다. 이 의식은 내가 나를 사랑하고 있다는 것을 인식하게 해주며, 내 감정과 생각을 다독이는 기회를 제공합니다. 예를 들어, 아침에 일어나서 거울 앞에서 자신에게 미소를 짓고, 긍정적인 자기 다짐을 해보는 것입니다. "나는 오늘도 나 자신을 사랑할 것이다,"라는 문구를 반복하는 것은 나에게 큰 힘이 됩니다. 이러한 의식은 나의 마음을 안정시키고, 하루를 긍정적으로 시작하는 데 도움이 됩니다.

또한, '자신의 이야기 듣기'는 나를 사랑하는 데 중요한 과정입니다. 나는 스스로의 이야기를 듣고, 나의 경험과 감정을 돌아보아야 합니다. 내가 느끼는 감정이나 상황을 진지하게 받아들이는 것은 내 존재의 가치를 인정하는 데 도움이 됩니다. 내가 겪은 어려움이나 성취를 반추하며, 그 과정에서 배운 것들을 기록하는 것도 좋습니다. 이러한 자기 반성은 나를 더욱 깊이 이해하게 해주고, 나를 사랑하는 과정에서 필요한 통찰을 제공합니다.

'상황에 따른 유연성 가지기' 또한 나를 사랑하는 데 필요한 자세입니다. 나는 나의 목표를 설정할 때, 그 목표에 대한 지나친 고집을 피하고 유연한 태도를 가져야 합니다. 때로는 예상치 못한 상황이 발생할 수 있으며, 이럴 때 나는 목표를 조정하거나 수정하는 것이 필요합니다. 유연한 태도를 가지면 나는 내 감정을 관리하고, 나를 사랑하는 마음을 잃지 않게 됩니다. 자신의 목표와 상황에 따라 적절히 조정하는 것은 나의 성장과 발전에 도움이 됩니다.

'감정의 흐름에 귀 기울이기'도 나를 사랑하는 연습의 한 부분입니다. 나는 내 감정이 어떤 방식으로 흐르는지를 주의 깊게 살펴보아야 합니다. 기쁨, 슬픔, 분노 등 다양한 감정을 느끼면서 그 감정이 나에게 주는 메시지를 이해하는 것이 중요합니다. 감정의 흐름을 받아들이고 이해하는 과정은 나의 내면을 더욱 깊이 탐구하게 해주고, 나를 사랑하는 데 필요한 깊은 통찰을 제공합니다.

또한, '자신을 위한 특별한 시간 갖기'도 중요합니다. 나는 일정한 시간 동안 나만을 위한 특별한 활동을 즐기는 것이 좋습니다. 이 시간에는 내가 좋아하는 취미나 여가 활동에 몰두하며, 온전히 나 자신에게 집중할 수 있는 기회를 가져야 합니다. 이러한 자기 중심적인 시간은 나에게 큰 행복을 주고, 나를 더욱 사랑하게 만드는 데 도움이 됩니다. 나를 위한 특별한 시간을 가짐으로써 나는 내 삶의 주인으로서의 가치를 느낄 수 있습니다.

마지막으로, '자신의 꿈을 소중히 여기기'도 나를 사랑하는 연습에서 중요한 부분입니다. 나는 나의 꿈과 목표를 존중하고, 이를 이루기 위해 노력해야 합니다. 나의 꿈은 나를 소중하게 만드는 원동력이며, 그 꿈을 향해 나아가는 과정은 나를 사랑하는 중요한 방법입니다. 나는 내 꿈을 실현하기 위해 필요한 계획을 세우고, 이를 적극적으로 실천하는 것이 필요합니다. 꿈을 향해 나아가는 과정은 나에게 긍정적인 에너지를 주고, 나를 더욱 사랑하게 만듭니다.

결국, 나를 사랑하는 연습은 진정한 의식 가지기, 이야기 듣기, 유연성 가지기, 감정 흐름 살피기, 특별한 시간 갖기, 꿈 소중히 여기기를 통해 이루어집니다. 이러한 경험들은 나의 내면의 가치를 발견하고, 나를 소중히 여기는 데 도움을 줄 것입니다. 나를 사랑하는 연습은 나를 더욱 강하게 만들고, 나의 삶을 더욱 풍요롭게 만들어줄 것입니다.

'자신을 위해 건강한 경계를 설정하기'는 나를 사랑하는 데 있어 중요한 요소입니다. 나는 타인과의 관계에서 나의 필요와 감정을 존중하는 경계를 설정해야 합니다. 이는 내가 편안하게 느끼고 나의 에너지를 보존하는 데 필수적입니다. 나의 감정이나 에너지가 소모되지 않도록, 나는 "아니요"라고 말할 수 있는 용기를 가져야 합니다. 건강한 경계를 설정함으로써 나는 나 자신을 보호하고, 나를 사랑하는 데 필요한 공간을 마련할 수 있습니다.

또한, '내면의 소리에 귀 기울이기'도 나를 사랑하는 연습에서 중요한 부문입니다. 나는 내가 원하는 것과 필요로 하는 것이 무엇인지를 깊이 탐색해야 합니다. 내 마음의 소리를 듣는 것은 내가 진정으로 원하는 삶을 살기 위한 기초가 됩니다. 나는 정기적으로 조용한 시간을 갖고, 내 내면의 소리에 귀 기울이며, 내가 현재 어떤 상태인지, 어떤 변화가 필요한지를 점검해야 합니다. 이러한 내면의 대화는 나를 더욱 잘 이해하고, 나를 사랑하는 데 큰 도움이 됩니다.

'자신에게 긍정적인 목표 설정하기'도 나를 사랑하는 연습의 한 방법입니다. 나는 현실적이고 긍정적인 목표를 세우고, 이를 달성하기 위해 노력해야 합니다. 목표는 나에게 방향성과 동기를 주며, 나를 더욱 발전시키는 원동력이 됩니다. 목표를 설정할 때는 나의 욕구와 꿈을 반영하여, 진정으로 내가 원하는 것에 맞춰야 합니다. 이를 통해 나는 나 자신을 소중히 여기고, 나의 꿈을 이루기 위해 필요한 노력과 에너지를 쏟을 수 있습니다.

또한, '소중한 사람들과의 관계 강화하기'도 나를 사랑하는 데 중요한 역할을 합니다. 나는 긍정적인 관계를 형성하고 유지하는 것이 필요합니다. 나를 지지해주고, 나의 존재를 소중히 여기는 사람들과의 소통은 내 자존감을 높이고, 나를 사랑하는 데 필요한 에너지를 제공합니다. 나는 소중한 사람들과 함께 시간을 보내며, 그들과의 관계를 깊이 있는 것으로 만들어가야 합니다. 이러한 관계는 내 안의 고요함을 증진시키고, 내가 나 자신을 더욱 사랑하는 데 도움이 됩니다.

마지막으로, '꾸준한 자기 개발의 실천'은 나를 사랑하는 연습에서 중요한 부분입니다. 나는 지속적으로 나 자신을 발전시키기 위해 새로운 경험을 추구하고, 배우는 것을 즐겨야 합니다. 이는 나의 자존감을 높이고, 나 자신을 더욱 사랑할 수 있는 기회를 제공합니다. 예를 들어, 새로운 취미를 배우거나, 관심 있는 분야에 대해 공부하는 것은 나의 삶을 더욱 풍요롭게 만들어줍니다. 자기 개발은 내 존재 가치를 강화하고, 나를 사랑하는 데 큰 기여를 합니다.

결국, 나를 사랑하는 연습은 건강한 경계 설정하기, 내면의 소리에 귀 기울이기, 긍정적인 목표 설정하기, 관계 강화하기, 꾸준한 자기 개발 실천하기를 통해 이루어집니다. 이러한 경험들은 나의 내면의 가치를 발견하고, 나를 소중히 여기는 데 도움을 줄 것입니다. 나를 사랑하는 연습은 나를 더욱 강하게 만들고, 나의 삶을 더욱 풍요롭게 만들어줄 것입니다.

'자신의 감정과 필요를 인식하는 것'은 나를 사랑하는 연습의 핵심 요소입니다. 나는 내 감정이 무엇인지, 무엇이 나를 행복하게 하는지를 분명히 이해해야 합니다. 이를 위해 나는 일기를 작성하거나, 감정 스케일을 사용하여 내가 느끼는 감정의 변화와 그것이 나에게 주는 의미를 탐색하는 것이 좋습니다. 감정을 명확하게 인식하는 것은 내 안의 고요함을 찾는 데 큰 도움이 되며, 나 자신을 더욱 사랑하는 데 필요한 기본이 됩니다.

또한, '자신에게 솔직해지는 것'은 나를 사랑하는 데 있어 필수적입니다. 나는 자신의 진정한 감성과 욕구에 솔직해야 하며, 이를 외면하지 않아야 합니다. 나 자신에게 솔직해지는 것은 때로 어렵게 느껴질 수 있지만, 이 과정은 내 안의 고요함과 사랑을 찾는 데 기여합니다. 나는 내가 원하는 것을 위해 노력하고, 나의 진정한 모습으로 살아가는 것이 중요합니다. 이를 통해 나는 내 삶을 더욱 진정성 있게 만들어갈 수 있습니다.

'성취의 순간을 축하하기'도 나를 사랑하는 연습의 중요한 부분입니다. 나는 작은 성취라도 진심으로 축하하는 습관을 가져야 합니다. 목표를 달성했을 때 자신에게 칭찬하거나, 작은 보상을 주는 것은 나를 사랑하는 마음을 표현하는 방법입니다. 예를 들어, 한 주 동안의 목표를 달성했을 때 스스로에게 좋아하는 간식을 주거나, 나만의 시간을 즐기는 것입니다. 이러한 축하의 순간들은 나의 자존감을 높이고, 나를 더욱 소중히 여기는 마음을 확립하는 데 도움이 됩니다.

또한, '마음을 가라앉히는 명상이나 호흡 연습'은 나를 사랑하는 연습에 필수적입니다. 나는 정기적으로 명상이나 깊은 호흡을 통해 내 마음을 가라앉히고, 내면의 소리를 듣는 시간을 가져야 합니다. 이런 시간은 나의 마음을 정리하고, 스트레스를 해소하는 데 도움을 줍니다. 명상은 내 안의 고요함을 찾고, 나 자신을 사랑하는 데 필요한 공간을 제공하는 중요한 방법입니다.

'자신을 돌보는 일상적인 루틴 만들기'도 나를 사랑하는 데 도움을 줍니다. 나는 매일 규칙적인 일과를 통해 내 몸과 마음을 돌보아야 합니다. 건강한 식사, 규칙적인 운동, 충분한 수면은 나 자신을 소중히 여기고, 사랑하는 행동의 일환입니다. 이러한 루틴은 나의 전반적인 행복과 웰빙에 긍정적인 영향을 미치며, 나를 사랑하는 연습에서 필수적인 요소가 됩니다.

마지막으로, '자기 사랑의 여정을 기록하기'는 나를 사랑하는 연습을 강화하는 데 큰 도움이 됩니다. 나는 나의 성장 과정과 나를 사랑하기 위한 여정을 기록하는 일기를 작성해야 합니다. 이 일기는 내가 어떤 방법으로 나를 사랑하고 있는지를 돌아보는 기회를 제공합니다. 내가 겪은 경험과 느낀 감정들을 적어놓음으로써, 나는 나 자신을 더 깊이 이해하고, 나를 사랑하는 데 필요한 지혜를 얻을 수 있습니다.

　결국, 나를 사랑하는 연습은 감정과 필요 인식하기, 솔직해지기, 성취 축하하기, 명상과 호흡 연습하기, 일상적인 루틴 만들기, 여정 기록하기를 통해 이루어집니다. 이러한 경험들은 나의 내면의 가치를 발견하고, 나를 소중히 여기는 데 도움을 줄 것입니다. 나를 사랑하는 연습은 나를 더욱 강하게 만들고, 나의 삶을 더욱 풍요롭게 만들어줄 것입니다.

　'자기 긍정 선언하기'는 나를 사랑하는 데 중요한 방법입니다. 나는 나에게 긍정적인 선언문을 만들고 이를 매일 반복하는 연습을 해야 합니다. "나는 충분히 가치 있는 존재다," "나는 사랑받을 자격이 있다," "나는 나 자신을 존중한다"와 같은 문구는 나의 마음속에 깊이 새겨질 수 있습니다. 이러한 자기 긍정적인 말은 내 자존감을 높이고, 스스로에 대한 사랑을 더욱 확고히 하는 데 기여합니다. 매일 아침 이러한 선언을 소리 내어 반복함으로써 나는 긍정적인 에너지를 불어넣고, 하루를 자신감 있게 시작할 수 있습니다.

또한, '과거의 상처 치유하기'도 나를 사랑하는 연습에서 빼놓을 수 없는 부분입니다. 나는 과거의 아픔과 상처를 돌아보고, 그것을 치유하는 과정을 가져야 합니다. 이 과정은 시간이 걸릴 수 있지만, 나 자신을 사랑하는 데 필요한 중요한 단계입니다. 내가 겪었던 어려움과 상처를 인정하고, 그 경험에서 배운 교훈을 받아들임으로써 나는 더욱 강한 존재로 성장할 수 있습니다. 과거를 극복하는 것은 나를 사랑하고 소중히 여기는 방법이며, 나의 성장에 큰 도움이 됩니다.

'자신의 가치에 대한 확신'도 필수적입니다. 나는 나의 가치를 스스로 인정하고, 타인의 시선에 흔들리지 않도록 해야 합니다. 주변의 부정적인 평가나 비판에 대해 너무 신경 쓰지 않고, 나 자신이 얼마나 소중한 존재인지를 다시 한 번 상기해야 합니다. 나는 내 삶의 주인공이며, 나의 경험과 가치가 그 누구와도 비교할 수 없는 것임을 잊지 말아야 합니다. 이러한 확신은 나를 더욱 사랑하게 만드는 기반이 됩니다.

'신체적 활동을 통한 사랑 표현'도 중요한 방법입니다. 나는 규칙적인 운동을 통해 나의 신체를 돌보는 것이 필요합니다. 운동은 단순히 체력을 키우는 것을 넘어서, 내 마음의 건강에도 긍정적인 영향을 미칩니다. 나는 운동을 통해 스트레스를 해소하고, 행복 호르몬을 분비시키며, 나 자신에게 긍정적인 메시지를 전할 수 있습니다. 내가 건강한 몸을 가짐으로써 내 존재의 가치를 더욱 높일 수 있습니다.

또한, '자신에게 좋은 것 선택하기'는 나를 사랑하는 실천의 일환입니다. 나는 나에게 유익한 선택을 하고, 나의 행복을 우선시해야 합니다. 건강한 음식을 먹고, 긍정적인 사람들과 함께 시간을 보내는 것, 나의 취미를 즐기는 것 등이 모두 나를 사랑하는 방법입니다. 내가 선택하는 것들이 나에게 긍정적인 영향을 미친다면, 그것은 나를 소중히 여기는 행위가 됩니다. 이러한 선택은 나의 삶을 더욱 풍요롭게 하고, 내 안의 사랑을 키우는 데 기여합니다.

마지막으로, '자기 돌봄을 위한 루틴 만들기'는 나를 사랑하는 연습에서 중요한 부분입니다. 나는 규칙적으로 나를 돌보는 시간을 가져야 합니다. 하루 중 몇 분이라도 자신을 위한 활동을 통해 나의 마음을 돌보고, 재충전하는 시간을 갖는 것이 중요합니다. 이 루틴은 내가 나를 소중히 여기는 행동으로, 내 안의 고요함을 찾는 데 큰 도움이 됩니다. 나를 돌보는 일상은 내가 사랑하는 존재로서의 가치를 느끼게 해줍니다.

결국, 나를 사랑하는 연습은 자기 긍정 선언하기, 과거 상처 치유하기, 가치 확신하기, 신체적 활동 통해 사랑 표현하기, 좋은 선택하기, 자기 돌봄 루틴 만들기를 통해 이루어집니다. 이러한 경험들은 나의 내면의 가치를 발견하고, 나를 소중히 여기는 데 도움을 줄 것입니다. 나를 사랑하는 연습은 나를 더욱 강하게 만들고, 나의 삶을 더욱 풍요롭게 만들어줄 것입니다.

'자기 사랑의 실천을 통한 지속적인 성장'은 나를 사랑하는 연습의 핵심입니다. 나는 나를 사랑하는 과정이 일회성이 아니라 지속적으로 이루어져야 한다는 것을 인식해야 합니다. 매일의 작은 실천들이 모여 나의 사랑의 태도를 변화시키고, 나의 삶을 긍정적으로 변화시킵니다. 나는 작은 목표를 세우고 이를 매일 실천하는 습관을 기르는 것이 좋습니다. 이 목표는 나 자신에게 맞춘 것이어야 하며, 나를 사랑하는 데 필요한 긍정적인 경험을 제공하는 방향으로 설정해야 합니다.

또한, '다양한 자기 돌봄 활동'을 통해 나를 사랑하는 방법을 확장할 수 있습니다. 나는 예술 활동, 요리, 정원 가꾸기, 여행 등의 다양한 방법으로 나 자신을 돌보는 활동을 시도해보아야 합니다. 이러한 활동들은 내게 즐거움을 주고, 내가 누구인지에 대한 깊은 이해를 제공합니다. 내가 즐기는 일을 하면서 내 자신을 돌보는 것은 나를 사랑하는 강력한 방법이 됩니다.

'감사 일기 쓰기' 또한 나를 사랑하는 연습의 중요한 부분입니다. 나는 매일 감사한 일이나 나에게 긍정적인 영향을 미친 사람, 상황 등을 적어보는 시간을 가져야 합니다. 이러한 감사의 기록은 나의 긍정적인 감정을 강화하고, 내 안의 고요함을 유지하는 데 도움이 됩니다. 감사한 마음을 키우는 것은 나 자신을 사랑하는 실천이며, 내가 소중한 존재임을 재확인하게 해줍니다.

'자신의 소중함을 상기시키는 리마인더 만들기'도 효과적입니다. 나는 집이나 사무실에 긍정적인 메시지를 적은 포스트잇을 붙여두거나, 스스로에게 자주 읽어볼 수 있는 문구를 적어 두어야 합니다. 이러한 메시지는 내가 힘들거나 지칠 때마다 나를 다시 사랑할 수 있는 계기를 제공합니다. "나는 충분히 사랑받을 자격이 있다," "나는 나의 고유한 가치가 있다"라는 문구는 나에게 큰 힘이 되어줄 것입니다.

또한, '자기 사랑의 멘토 찾기'도 좋은 방법입니다. 나는 나를 사랑하는 여정에서 긍정적인 영향을 줄 수 있는 멘토를 찾고, 그들의 경험을 통해 나 자신을 더욱 사랑할 수 있는 길을 모색해야 합니다. 멘토는 나에게 영감을 주고, 내가 가고자 하는 방향을 제시해 줄 수 있는 소중한 존재입니다. 그들의 이야기를 듣고 배우면서, 나는 나를 사랑하는 연습을 더욱 발전시킬 수 있습니다.

마지막으로, '자신을 위한 특별한 이벤트 계획하기'는 나를 사랑하는 데 있어 중요한 활동입니다. 나는 나를 위해 특별한 날을 정하고, 그날 나만의 이벤트를 계획해야 합니다. 이 이벤트는 내가 좋아하는 활동을 하거나, 나에게 의미 있는 경험을 하는 것일 수 있습니다. 예를 들어, 혼자서 좋아하는 영화를 보거나, 특별한 음식을 만들어 먹는 것처럼 나를 위한 특별한 순간을 만드는 것은 나를 더욱 사랑하는 방법입니다.

결국, 나를 사랑하는 연습은 지속적인 성장 추구, 다양한 자기 돌봄 활동, 감사 일기 쓰기, 긍정적인 리마인더 만들기, 자기 사랑 멘토 찾기, 특별한 이벤트 계획하기를 통해 이루어집니다. 이러한 경험들은 나의 내면의 가치를 발견하고, 나를 소중히 여기는 데 도움을 줄 것입니다. 나를 사랑하는 연습은 나를 더욱 강하게 만들고, 나의 삶을 더욱 풍요롭게 만들어줄 것입니다.

6부

있는 그대로 소중한 너에게

# 내 삶의 주인공은 나

26

내 삶의 주인공은 바로 나입니다. 이 간단한 사실을 깨닫는 것은 내가 스스로의 삶을 어떻게 살아가야 할지를 결정짓는 중요한 첫걸음입니다. 나는 내 인생의 이야기에서 주인공으로서의 역할을 맡고 있으며, 이 역할을 충실히 수행하기 위해서는 내가 가진 선택의 힘을 인식해야 합니다. 삶은 내 앞에 펼쳐진 무대이며, 나는 그 무대에서 나만의 이야기를 만들어갈 수 있는 기회를 가지고 있습니다.

첫째로, 자기 결정의 중요성을 인식해야 합니다. 나는 매일의 선택을 통해 내 삶의 방향을 결정하고, 나의 꿈과 목표를 향해 나아갈 수 있습니다. 나의 선택이 내 삶을 어떻게 변화시킬지를 깊이 생각하며, 긍정적인 결정을 내리는 것이 중요합니다. 내가 원하는 것을 이루기 위해서는 먼저 내가 무엇을 원하는지를 분명히 해야 합니다. 이 과정에서 나는 나의 진정한 열망과 가치에 귀 기울여야 하며, 이를 바탕으로 나의 선택을 결정해야 합니다.

둘째로, 자신의 목소리를 존중하는 것이 필요합니다. 나는 내 의견과 감정을 소중히 여겨야 하며, 이를 표현하는 것을 두려워하지 말아야 합니다. 내 인생의 주인공으로서 나는 내 이야기를 스스로 써 나갈 권리가 있습니다. 다른 사람의 기대나 사회적 기준에 얽매이지 않고, 내가 진정으로 원하는 삶을 살기 위해 노력해야 합니다. 내 목소리가 나에게 주어진 특별한 도구이며, 나는 이를 통해 내 존재의 가치를 세상에 드러낼 수 있습니다.

또한, 자기 사랑과 자기 수용은 내 삶의 주인공으로서 필수적인 요소입니다. 나는 나 자신을 사랑하고 받아들여야만 진정한 행복을 찾을 수 있습니다. 모든 장점과 단점을 포함하여 나를 있는 그대로 받아들이는 것은 내 자신에게 주는 최고의 선물입니다. 나는 내 안의 고유한 가치를 인정하고, 나의 유일한 존재임을 자랑스럽게 생각해야 합니다. 나를 사랑하는 것은 나의 삶을 더욱 풍요롭게 만드는 길입니다.

'성공과 실패의 교훈을 받아들이는 태도'도 중요합니다. 나는 내 인생에서 마주하는 모든 경험, 즉 성공과 실패를 통해 배운 교훈을 소중히 여겨야 합니다. 실패는 나를 성장하게 만드는 기회이며, 성공은 내가 올바른 길로 가고 있다는 증거입니다. 이 두 가지 모두 내 삶의 주인공으로서의 경험을 풍부하게 만들어줍니다. 나는 실패를 두려워하지 않고, 그 안에서 나를 발견하며 더 나은 방향으로 나아갈 수 있는 기회를 찾는 것이 중요합니다.

마지막으로, 지속적인 성장과 변화의 수용은 내 삶의 주인공으로서 나에게 주어진 또 다른 기회입니다. 나는 언제나 변화할 수 있으며, 나의 성장에 열린 마음을 가져야 합니다. 새로운 경험을 통해 배우고, 나를 발전시키는 것이 필요합니다. 삶의 주인공으로서 나는 나 자신에게 도전하며, 더 나은 내가 되기 위한 여정을 계속해야 합니다. 이러한 과정은 나를 더욱 강하게 만들고, 내 삶의 이야기를 더욱 의미 있게 만들어줄 것입니다.

결국, 내 삶의 주인공은 나라는 사실은 선택의 힘, 내 목소리의 존중, 자기 사랑과 수용, 성공과 실패의 교훈, 지속적인 성장과 변화의 수용을 통해 이루어집니다. 이러한 경험들은 나의 내면의 가치를 발견하고, 나를 소중히 여기는 데 도움을 줄 것입니다. 내 삶의 주인공으로서의 역할은 나를 더욱 강하게 만들고, 나의 삶을 더욱 풍요롭게 만들어줄 것입니다.

'주인공의 삶을 만들어가는 첫걸음'은 자신의 가치와 목표를 명확히 하는 것입니다. 나는 내가 무엇을 원하는지를 구체적으로 정의하는 데 집중해야 합니다. 나의 가치관, 열망, 목표를 이해하고 이를 명확히 하는 것은 내 인생의 방향을 정하는 데 매우 중요합니다. 내가 원하는 것을 알고 이를 추구하는 것은 내 삶의 주인공으로서의 역할을 다하는 첫걸음입니다. 목표는 나의 삶의 이야기를 구성하는 중요한 요소이며, 이를 통해 나는 더 나은 선택을 할 수 있습니다.

또한, 자신의 경험을 적극적으로 반영하기도 필요합니다. 나는 내가 겪은 경험을 통해 배운 것을 삶에 적용해야 합니다. 성공한 경험은 나에게 자신감을 주고, 실패한 경험은 나에게 귀중한 교훈을 제공합니다. 이러한 경험들을 바탕으로 나의 선택을 하고, 내 이야기를 만들어 나가야 합니다. 나는 과거의 경험을 돌아보며, 나의 결정이 어떤 결과를 가져왔는지를 분석하고 이를 통해 나 자신을 발전시킬 수 있습니다.

'내 삶의 주인공으로서의 책임감'도 잊지 말아야 합니다. 나는 내 인생의 방향을 스스로 설정하고, 그에 따른 결과에 책임을 져야 합니다. 다른 사람이나 환경에 책임을 전가하기보다는, 내 선택에 대한 책임을 인정하고 이를 수용하는 것이 중요합니다. 이는 내가 내 삶의 주인공으로서의 역할을 진지하게 받아들이고 있다는 증거입니다. 책임감은 나의 자아를 강화하고, 내가 나의 삶을 주도하고 있다는 믿음을 강화합니다.

또한, 삶의 다양한 역할을 받아들이는 것도 필요합니다. 나는 내 인생에서 다양한 역할을 수행하게 됩니다. 친구, 가족, 직장 동료 등 여러 가지 역할을 맡고 있지만, 그 모든 역할에서 나 자신을 잃지 않는 것이 중요합니다. 각 역할에서 나의 가치를 유지하고, 내가 주인공임을 잊지 말아야 합니다. 이를 통해 나는 다양한 환경 속에서도 나의 정체성을 잃지 않고, 더욱 성장할 수 있습니다.

'긍정적인 태도를 유지하기' 또한 나의 주인공 역할에 큰 영향을 미칩니다. 나는 내 삶의 주인공으로서 긍정적인 태도를 유지해야 합니다. 어려운 상황에서도 긍정적인 시각을 갖고, 내가 가진 것에 감사하는 마음을 잃지 않아야 합니다. 긍정적인 태도는 나를 더 강하게 만들어주고, 어려움을 극복하는 데 필요한 힘을 줍니다. 이러한 태도는 내가 나 자신과 내 삶을 소중히 여기는 데 기여하며, 내 인생의 주인공으로서의 역할을 더욱 부각시킵니다.

마지막으로, 자신을 표현하는 방법을 찾기도 필요합니다. 나는 나의 생각과 감정을 솔직하게 표현할 수 있어야 합니다. 이를 통해 나는 내 인생의 주인공으로서의 목소리를 내고, 나의 이야기를 만들어 나갈 수 있습니다. 글쓰기, 예술, 대화 등 다양한 방법으로 나의 생각을 표현하는 것은 나를 더욱 이해하고 사랑하는 데 도움이 됩니다. 자신을 표현하는 것은 나의 존재를 세상에 드러내는 것이며, 내 삶의 주인공으로서의 역할을 확립하는 데 중요한 과정입니다.

결국, 내 삶의 주인공은 나라는 사실은 내 가치와 목표 명확히 하기, 경험 반영하기, 책임감 가지기, 다양한 역할 받아들이기, 긍정적인 태도 유지하기, 자신 표현하는 방법 찾기를 통해 이루어집니다. 이러한 경험들은 나의 내면의 가치를 발견하고, 나를 소중히 여기는 데 도움을 줄 것입니다. 내 삶의 주인공으로서의 역할은 나를 더욱 강하게 만들고, 나의 삶을 더욱 풍요롭게 만들어줄 것입니다.

'자기 결정권을 행사하기'는 내 삶의 주인공으로서 반드시 필요한 과정입니다. 나는 내 인생의 결정에 있어 스스로의 선택을 존중해야 합니다. 종종 우리는 외부의 압박이나 기대에 휘둘려 진정으로 원하는 길을 간과하기 쉽습니다. 그러나 나는 내 인생의 주인공으로서 자신의 선택을 믿고 이를 따르는 용기를 가져야 합니다. 내가 원하는 것을 분명히 알고, 이를 위해 결단을 내리는 것은 내 삶을 의미 있게 만들어주는 중요한 열쇠입니다.

또한, 자기 표현의 중요성을 깨닫는 것이 필요합니다. 나는 나의 감정과 생각을 솔직하게 표현함으로써 내 정체성을 확립해야 합니다. 주변의 기대나 판단에 맞추기보다, 나 자신을 그대로 드러내는 것은 내 삶의 주인공으로서의 중요한 역할입니다. 글쓰기, 그림 그리기, 또는 말하기 등 여러 방법으로 나를 표현함으로써 나는 내 존재의 가치를 인정받고, 나 스스로를 더욱 사랑할 수 있습니다. 표현은 나의 경험과 생각을 외부 세계와 연결하는 다리 역할을 하며, 나의 이야기를 세상에 전하는 중요한 수단이 됩니다.

'일상의 작은 기쁨을 찾기'도 주인공으로서의 삶을 더욱 풍요롭게 만들어줍니다. 나는 매일의 작은 순간들 속에서 기쁨을 발견하는 연습을 해야 합니다. 아침에 마시는 커피 한 잔, 친구와의 소중한 대화, 좋아하는 음악을 듣는 시간 등 이러한 소소한 기쁨은 나의 삶을 더욱 특별하게 만들어줍니다. 이러한 순간들을 소중히 여기는 것은 나를 사랑하는 데 있어 필수적인 요소입니다. 작은 기쁨이 쌓여 내 삶의 행복과 만족감을 높여주며, 나 자신을 더욱 사랑할 수 있는 기회를 제공합니다.

또한, 자신을 격려하는 연습도 내 삶의 주인공이 되는 데 필수적입니다. 나는 목표를 향해 나아가는 과정에서 스스로를 격려하고 지지해야 합니다. 힘든 순간이 올 때마다 "나는 할 수 있다," "나는 나 자신을 믿는다"라는 긍정적인 문구를 반복하며 내 자신을 격려하는 것이 중요합니다. 이러한 자기 격려는 나에게 힘을 주고, 어려움을 극복하는 데 필요한 에너지를 제공합니다. 내가 나를 믿고 지지하는 만큼, 내 삶의 주인공으로서의 여정이 더욱 의미 있게 됩니다.

마지막으로, 인내와 끈기를 잃지 않는 것이 중요합니다. 나는 내 인생에서 주인공으로서의 역할을 충실히 수행하기 위해 끈기를 가지고 지속적으로 노력해야 합니다. 꿈이나 목표를 이루기 위해서는 시간이 걸릴 수 있으며, 때로는 어려움이 따를 수 있습니다. 그러나 나는 이러한 어려움을 이겨내는 과정에서 성장하게 될 것이며, 이는 내가 더욱 강한 주인공으로 거듭나게 할 것입니다. 인내는 내 목표에 도달하는 데 중요한 요소이며, 내 삶의 이야기를 더욱 풍부하게 만들어주는 힘이 됩니다.

결국, 내 삶의 주인공은 나라는 사실은 자기 결정권 행사하기, 자기 표현의 중요성 깨닫기, 일상의 작은 기쁨 찾기, 자신 격려하기, 인내와 끈기 유지하기를 통해 이루어집니다. 이러한 경험들은 나의 내면의 가치를 발견하고, 나를 소중히 여기는 데 도움을 줄 것입니다. 내 삶의 주인공으로서의 역할은 나를 더욱 강하게 만들고, 나의 삶을 더욱 풍요롭게 만들어 줄 것입니다.

'자신의 이야기를 쓰기'는 내 삶의 주인공으로서 매우 중요한 활동입니다. 나는 매일의 경험과 감정을 통해 나의 이야기를 만들어가고 있으며, 이 과정에서 내 자신을 더욱 깊이 이해하게 됩니다. 나는 나의 삶에서 중요한 순간들을 기록하고, 이를 통해 나의 성장 과정을 돌아보아야 합니다. 예를 들어, 매주 또는 매일 저녁에 하루 동안의 일이나 느낀 감정을 정리하는 일기를 쓰는 것이 좋습니다. 이러한 기록은 내 삶의 여정을 한눈에 볼 수 있게 해주며, 나의 이야기를 다시 읽을 때마다 내가 얼마나 성장했는지를 깨닫게 해줍니다.

또한, 비전 보드 만들기도 나의 주인공 역할을 더욱 강화하는 데 도움이 됩니다. 나는 내가 이루고 싶은 목표나 꿈을 시각적으로 표현하는 비전 보드를 만들 수 있습니다. 보드에는 내가 원하는 삶의 모습, 감정, 성취 등을 나타내는 사진이나 글귀를 붙여놓습니다. 이 보드는 나에게 영감을 주고, 나의 목표를 명확하게 상기시키는 역할을 합니다. 매일 비전 보드를 바라보며 나는 내 꿈을 향해 나아가는 힘을 얻고, 내 삶의 주인공으로서의 책임감을 느끼게 됩니다.

'내 주위의 긍정적인 에너지 찾기'도 내 삶의 주인공으로서 필요한 부분입니다. 나는 나를 지지하고 응원해주는 사람들과의 관계를 소중히 여겨야 합니다. 주변의 긍정적인 에너지는 나에게 큰 힘이 되며, 내 자존감을 높여줍니다. 나는 긍정적인 관계를 형성하고, 서로의 꿈을 지지하는 공동체를 만들어가는 것이 좋습니다. 긍정적인 사람들과 함께하는 시간은 나에게 많은 에너지를 주고, 내가 내 삶의 주인공으로서 더욱 힘차게 나아갈 수 있도록 도와줍니다.

또한, 자신의 한계를 극복하는 도전하기도 필요합니다. 나는 새로운 도전에 스스로를 내어주고, 나의 한계를 넘어서는 경험을 통해 더욱 성장할 수 있습니다. 두려움이나 불안감을 느낄 때, 그것을 기회로 삼아 나를 확장하는 방식으로 대처해야 합니다. 새로운 경험은 나에게 성장의 기회를 주고, 나의 가능성을 더욱 넓혀줍니다. 이를 통해 나는 내 인생의 주인공으로서 새로운 이야기를 만들어갈 수 있습니다.

마지막으로, 내가 선택하는 삶의 방향에 대한 신념 유지하기도 중요합니다. 나는 어떤 선택을 하든지 그 선택이 나를 위해 최선이라는 믿음을 가져야 합니다. 내 선택에 대한 확신은 나를 더욱 강하게 만들고, 내 삶의 주인공으로서의 위치를 공고히 해줍니다. 삶의 방향을 정할 때마다 나는 나 자신에게 질문해야 합니다. "이 선택이 나에게 어떤 의미를 갖는가?" 이러한 질문을 통해 나는 내 인생에서의 주인공 역할을 더욱 확고히 할 수 있습니다.

결국, 내 삶의 주인공은 나라는 사실은 자신의 이야기를 쓰기, 비전 보드 만들기, 긍정적인 에너지 찾기, 한계 극복 도전하기, 선택에 대한 신념 유지하기를 통해 이루어집니다. 이러한 경험들은 나의 내면의 가치를 발견하고, 나를 소중히 여기는 데 도움을 줄 것입니다. 내 삶의 주인공으로서의 역할은 나를 더욱 강하게 만들고, 나의 삶을 더욱 풍요롭게 만들어 줄 것입니다.

'자신의 실패와 성공을 받아들이기' 또한 내 삶의 주인공으로서 필수적인 자세입니다. 나는 나의 실패를 두려워하기보다는, 그것을 성장의 기회로 삼아야 합니다. 실패는 나를 더욱 강하게 만드는 경험이며, 그 과정에서 배운 교훈은 나의 자산이 됩니다. 실패를 겪을 때마다 나는 "이 경험이 나에게 어떤 가치를 주었는가?"라는 질문을 던져보아야 합니다. 이러한 태도는 내 삶의 주인공으로서의 역할을 더욱 확고히 하며, 내 인생의 이야기를 더욱 깊이 있게 만들어줍니다.

  또한, 주변의 소중한 관계를 적극적으로 형성하는 것도 중요합니다. 나는 나의 인생에서 중요한 역할을 하는 사람들과의 관계를 소중히 여겨야 합니다. 친구, 가족, 멘토와의 대화와 소통은 나의 삶의 질을 높여줍니다. 이러한 관계는 서로의 지지를 통해 더 큰 힘을 발휘하게 해주며, 내가 내 삶의 주인공으로서의 책임을 다할 수 있도록 도와줍니다. 나는 긍정적인 에너지를 주고받으며, 서로의 꿈을 응원하는 관계를 통해 나의 성장과 발전을 이끌어갈 수 있습니다.

  '자신의 기준으로 삶을 평가하기'도 내 삶의 주인공으로서의 자세입니다. 나는 다른 사람의 기대나 사회적 기준에 얽매이지 않고, 내 가치와 기준에 따라 내 삶을 평가해야 합니다. 남들이 뭐라고 하든지 상관없이 내가 원하는 방향으로 나아가고, 내 목표를 추구하는 것이 중요합니다. 내 인생은 나만의 것이며, 나만의 길을 걸어가는 것이 진정한 주인공의 모습입니다. 내가 원하는 삶을 사는 것은 나 자신에게 주는 최고의 선물입니다.

또한, 일상 속에서 나의 성취를 인식하는 것도 중요합니다. 나는 매일의 작은 성취를 소중히 여기고, 이를 축하하는 습관을 가져야 합니다. 일상에서 나의 목표를 하나씩 달성할 때마다 스스로를 격려하고, 작은 보상을 주는 것이 좋습니다. 이는 내가 내 삶의 주인공으로서 성장하고 있다는 증거이며, 내 자신에 대한 사랑을 더욱 깊게 만들어줍니다. 작은 성취를 축하하는 것은 내 자존감을 높이고, 나를 소중히 여기는 방법이 됩니다.

마지막으로, 꿈을 실현하기 위한 계획 세우기는 내 삶의 주인공으로서의 필수적인 요소입니다. 나는 내 목표와 꿈을 달성하기 위해 구체적인 계획을 세워야 합니다. 계획을 세움으로써 나는 내가 나아가야 할 방향을 명확히 하고, 실천 가능한 단계로 나누어 목표를 이루어 나갈 수 있습니다. 이러한 계획은 나의 주인공으로서의 역할을 강화하고, 내 인생을 더욱 의미 있게 만들어줍니다. 나는 나의 목표를 향해 한 걸음씩 나아가는 과정을 통해 내 존재의 가치를 확인할 수 있습니다.

결국, 내 삶의 주인공은 나라는 사실은 실패와 성공을 받아들이기, 소중한 관계 형성하기, 내 기준으로 삶 평가하기, 작은 성취 인식하기, 꿈 실현을 위한 계획 세우기를 통해 이루어집니다. 이러한 경험들은 나의 내면의 가치를 발견하고, 나를 소중히 여기는 데 도움을 줄 것입니다. 내 삶의 주인공으로서의 역할은 나를 더욱 강하게 만들고, 나의 삶을 더욱 풍요롭게 만들어줄 것입니다.

'자신의 감정을 존중하기'는 내 삶의 주인공으로서 중요한 자세입니다. 나는 감정이 나의 일부라는 것을 이해하고, 어떤 감정을 느끼든지 이를 억누르지 않고 자연스럽게 받아들여야 합니다. 기쁨, 슬픔, 분노 등 모든 감정은 나의 경험을 통해 형성된 것이며, 이는 나를 더욱 풍요롭게 만들어 줍니다. 내가 느끼는 감정들을 외면하기보다는, 이를 진지하게 받아들이고, 감정을 탐색하는 시간을 가져야 합니다. 감정의 흐름을 인식하고 이를 이해하는 것은 내 삶의 주인공으로서의 역할을 다하는 데 중요한 단계입니다.

 또한, 자신의 욕구를 표현하는 것도 필요합니다. 나는 내가 원하는 것을 솔직하게 표현해야 합니다. 이를 통해 나는 내 욕구와 필요를 충족시키고, 나 자신을 더욱 사랑할 수 있게 됩니다. 나의 목소리가 나의 존재를 드러내는 방법이며, 이를 통해 나는 내 삶의 주인공으로서 나의 이야기를 적극적으로 전할 수 있습니다. 예를 들어, 내가 원하는 것을 다른 사람에게 직접 말하는 것은 내 자존감을 높이고, 나의 가치를 인정받는 데 큰 도움이 됩니다.

 '주변 환경을 긍정적으로 변화시키기'도 내 삶의 주인공이 되는 데 중요한 요소입니다. 나는 나의 삶을 더욱 긍정적이고 유익한 환경으로 바꾸기 위해 노력해야 합니다. 부정적인 사람들과의 관계를 줄이고, 나에게 긍정적인 영향을 주는 사람들과의 시간을 늘리는 것이 필요합니다. 주변 환경은 나의 기분과 에너지에 직접적인 영향을 미치기 때문에, 긍정적인 환경을 만드는 것은 나의 행복과 안녕을 높이는 데 기여합니다.

또한, 자기 배려의 시간을 가지기도 중요합니다. 나는 바쁜 일상 속에서도 나 자신을 돌보는 시간을 확보해야 합니다. 자기 배려는 나를 사랑하는 방법 중 하나이며, 이를 통해 나는 내 마음과 몸을 재충전할 수 있습니다. 하루에 몇 분이라도 나만의 시간을 갖고, 책을 읽거나 음악을 감상하는 등의 활동은 내 마음을 안정시키고, 내 안의 고요함을 찾는 데 도움이 됩니다. 나는 나 자신에게 소중한 시간을 할애함으로써 내 삶의 주인공으로서의 역할을 더욱 확고히 할 수 있습니다.

마지막으로, 내 삶의 비전을 세우고 이를 추구하는 것은 내 삶의 주인공이 되는 데 필수적입니다. 나는 나의 목표와 꿈을 명확히 하고, 이를 이루기 위한 비전을 세워야 합니다. 비전은 내가 나아갈 방향을 제시해 주며, 매일의 선택에 힘을 줍니다. 나는 목표를 향해 나아가며 이 과정을 통해 나 자신을 더욱 사랑하게 되고, 내 삶의 의미를 찾아갈 수 있습니다. 비전을 세우는 것은 내가 내 삶의 주인공으로서 어떤 이야기를 만들고 싶은지를 명확히 하는 과정입니다.

결국, 내 삶의 주인공은 나라는 사실은 감정 존중하기, 욕구 표현하기, 긍정적인 환경 만들기, 자기 배려의 시간 가지기, 비전 세우고 추구하기를 통해 이루어집니다. 이러한 경험들은 나의 내면의 가치를 발견하고, 나를 소중히 여기는 데 도움을 줄 것입니다. 내 삶의 주인공으로서의 역할은 나를 더욱 강하게 만들고, 나의 삶을 더욱 풍요롭게 만들어줄 것입니다.

'자신의 성취를 시각화하기'는 내 삶의 주인공으로서 매우 중요한 과정입니다. 나는 내가 이루고 싶은 목표와 꿈을 명확하게 상상하고, 이를 현실로 만들기 위한 구체적인 비전을 가져야 합니다. 이 과정은 나에게 강력한 동기를 부여하고, 내가 어떤 방향으로 나아가야 할지를 명확하게 합니다. 비전 보드를 만들어 나의 목표를 시각적으로 표현하거나, 내 꿈을 이루는 모습을 머릿속으로 그려보는 것은 내 자신을 더욱 확고히 하고, 나의 가능성을 믿게 만드는 힘이 됩니다.

또한, 자기 돌봄을 위한 정기적인 평가도 필요합니다. 나는 정기적으로 나의 목표와 감정을 점검하고, 내가 어디에 서 있는지를 돌아보아야 합니다. 매주 또는 매달 시간을 정해 나의 진행 상황을 확인하고, 필요한 조정을 하는 것이 좋습니다. 이러한 자가 점검은 내가 내 삶의 주인공으로서 올바른 길을 가고 있는지 확인하는 데 중요한 역할을 합니다. 나는 내 목표에 얼마나 가까워지고 있는지를 알고, 필요할 경우 새로운 전략을 세울 수 있습니다.

'주변의 지혜를 활용하기'도 내 삶의 주인공으로서 필요한 자세입니다. 나는 주변 사람들, 멘토, 책, 강연 등을 통해 다양한 지혜와 경험을 배우고 적용해야 합니다. 이들의 이야기는 나에게 새로운 통찰을 주고, 내 목표를 향해 나아가는 데 도움이 됩니다. 나는 내 삶의 주인공으로서 혼자서 모든 것을 해결할 필요는 없으며, 다른 사람들의 지혜를 수용함으로써 더욱 성장할 수 있습니다.

또한, 자기 성장과 변화를 긍정적으로 바라보는 것이 중요합니다. 나는 나의 성장 과정에서 겪는 변화가 자연스럽고 필수적이라는 것을 인식해야 합니다. 변화는 두려운 것이 아니라, 나를 더욱 강하게 만드는 기회입니다. 나는 변화가 오면 그 속에서 배우고, 발전할 수 있는 긍정적인 마인드를 가져야 합니다. 이러한 태도는 내가 내 삶의 주인공으로서의 역할을 다하는 데 큰 힘이 됩니다.

마지막으로, 매일의 작은 성공을 축하하는 것이 필요합니다. 나는 일상 속에서 이루어진 작은 성취들에 대해 스스로를 칭찬하고 격려해야 합니다. 예를 들어, 아침에 일찍 일어나거나, 작은 일을 해낸 것에 대해 자축하는 것입니다. 이러한 작은 성공의 축하는 나에게 긍정적인 에너지를 주고, 내 삶의 주인공으로서의 자부심을 느끼게 해줍니다. 나를 격려하는 것은 내 자신을 더욱 소중히 여기게 만들며, 내가 이루고자 하는 큰 목표에 대한 의지를 다져줍니다.

결국, 내 삶의 주인공은 나라는 사실은 성취 시각화하기, 자기 돌봄을 위한 평가하기, 주변 지혜 활용하기, 성장과 변화 긍정적으로 바라보기, 작은 성공 축하하기를 통해 이루어집니다. 이러한 경험들은 나의 내면의 가치를 발견하고, 나를 소중히 여기는 데 도움을 줄 것입니다. 내 삶의 주인공으로서의 역할은 나를 더욱 강하게 만들고, 나의 삶을 더욱 풍요롭게 만들어줄 것입니다.

'자신의 이야기를 다른 이와 나누는 것'은 내 삶의 주인공으로서 매우 의미 있는 활동입니다. 나는 내 경험과 이야기를 다른 사람과 공유함으로써, 나의 삶의 이야기가 단순히 나만의 것이 아님을 깨닫게 됩니다. 다른 사람들에게 내 이야기를 나누는 것은 그들과의 연결을 강화하고, 나의 목소리를 세상에 전하는 강력한 방법이 됩니다.

내가 겪은 어려움과 성공을 이야기함으로써, 나는 타인에게 영감을 주고, 또한 나 자신을 더욱 사랑하는 기회를 얻을 수 있습니다. 이야기는 서로를 이해하고 공감하게 만드는 중요한 매개체입니다.

또한, 자기 반성을 통해 배우기도 중요한 과정입니다. 나는 나의 경험에서 교훈을 얻기 위해 주기적으로 자기 반성을 해야 합니다. 어떤 선택이 나에게 긍정적인 영향을 미쳤는지, 어떤 상황에서 내가 더 나은 결정을 내릴 수 있었는지를 돌아보는 것은 나를 더욱 성장하게 합니다. 이러한 자기 반성의 과정은 내가 주인공으로서의 역할을 제대로 수행하고 있는지를 확인하는 중요한 기회입니다. 나의 경험에서 배우는 것은 나의 삶을 더욱 의미 있게 만들어줍니다.

'적극적인 피드백 받기' 또한 나의 성장에 큰 도움을 줍니다. 나는 주변의 신뢰할 수 있는 사람들에게 나의 행동이나 결정에 대한 피드백을 요청하고, 이를 통해 나 자신을 돌아볼 수 있어야 합니다. 타인의 시각에서 나를 보는 것은 나의 성장에 필요한 통찰을 제공하며, 내가 주인공으로서 더 나은 방향으로 나아갈 수 있도록 도와줍니다. 피드백을 통해 나의 장점과 개선할 점을 명확히 할 수 있으며, 이를 통해 더욱 나를 사랑하는 연습을 할 수 있습니다.

또한, 일상의 일관성을 유지하는 것이 중요합니다. 나는 나의 목표와 비전에 따라 일상 속에서 꾸준히 실천하는 습관을 가져야 합니다. 매일의 작은 습관은 나의 성장과 발전에 큰 영향을 미치며, 나를 사랑하는 실천이 됩니다. 일관성 있는 삶은 나의 목표에 한 걸음 더 가까워지게 해주며, 주인공으로서의 역할을 더욱 확고히 만들어 줍니다. 나는 나 자신을 꾸준히 돌보는 것이 필요하며, 이를 통해 내 삶의 방향성을 유지할 수 있습니다.

마지막으로, 자신을 위한 공간 마련하기도 내 삶의 주인공이 되는 데 필요합니다. 나는 내 생각과 감정을 정리할 수 있는 공간을 만들어야 합니다. 이 공간은 내 개인적인 공간일 수도 있고, 편안하게 나 자신을 표현할 수 있는 환경일 수도 있습니다. 내가 좋아하는 장소에서 시간을 보내거나, 나의 생각을 자유롭게 표현할 수 있는 공간을 마련하는 것은 내 마음의 평화를 찾는 데 도움이 됩니다. 이러한 공간은 내가 내 삶의 주인공으로서 성장하고 발전하는 데 필요한 여유를 제공합니다.

결국, 내 삶의 주인공은 나라는 사실은 이야기 나누기, 자기 반성하기, 피드백 받기, 일상 속 일관성 유지하기, 자신을 위한 공간 마련하기를 통해 이루어집니다. 이러한 경험들은 나의 내면의 가치를 발견하고, 나를 소중히 여기는 데 도움을 줄 것입니다. 내 삶의 주인공으로서의 역할은 나를 더욱 강하게 만들고, 나의 삶을 더욱 풍요롭게 만들어줄 것입니다.

있는 그대로의 나를 받아들이기

27

우리는 종종 완벽한 자신을 꿈꾸며, 그러한 이상적인 이미지를 향해 나아가려고 합니다. 하지만 진정한 행복과 평화는 있는 그대로의 나를 받아들이는 것에서 시작됩니다. 나는 나의 장점과 단점, 그리고 나의 모든 경험을 포함한 나 자신을 온전히 받아들이는 것이 중요하다는 것을 깨닫게 되었습니다. 내가 누구인지를 알고, 나의 본질을 이해하는 것은 내 삶의 주인공으로서 나의 가치를 인정하는 과정입니다.

첫째로, 자기 수용의 첫걸음은 나 자신을 있는 그대로 바라보는 것입니다. 나는 나의 모습을 있는 그대로 받아들여야 하며, 나의 감정과 생각을 존중해야 합니다. 여기에는 내 성격, 외모, 취미, 관심사 등 모든 것이 포함됩니다. 나의 단점이나 부족함을 부정하거나 숨기지 않고, 그것이 나의 일부임을 인식하는 것이 필요합니다. 나는 나를 다른 사람과 비교하기보다는, 나만의 독특함과 가치를 인정하는 것이 중요합니다.

둘째로, 자기 연민을 기르는 것도 필수적입니다. 나는 내 자신에 세 연민을 가지며, 나의 감정이나 경험을 이해하고 받아들여야 합니다. 힘든 순간이 올 때, 나는 나 자신을 비난하기보다는 "이 또한 괜찮아, 나는 최선을 다하고 있어"라고 스스로에게 이야기해야 합니다. 자기 연민은 내가 가진 불완전함을 인정하고, 그것을 통해 나 자신을 더 사랑할 수 있게 도와줍니다. 이는 나의 내면의 고통을 줄여주고, 나를 더욱 따뜻하게 감싸는 데 큰 도움이 됩니다.

또한, 자신의 경험을 존중하는 것이 중요합니다. 나는 과거의 경험이 나의 현재를 형성하는 중요한 요소임을 깨닫고, 그 모든 것을 소중히 여겨야 합니다. 나는 힘든 경험이 나를 더욱 강하게 만들었음을 기억하고, 그것이 나의 이야기를 더욱 깊이 있게 해주는 요소라는 사실을 잊지 말아야 합니다. 과거의 경험을 수용하는 것은 나 자신을 받아들이는 데 중요한 단계입니다.

'완벽함에 대한 집착을 내려놓기'도 필요합니다. 나는 완벽할 필요가 없다는 것을 인식하고, 내 불완전함이 나의 매력임을 이해해야 합니다. 우리 모두는 각자의 결점이 있으며, 이는 우리를 독특하게 만들어주는 요소입니다. 나는 나의 단점을 숨기지 않고, 이를 긍정적으로 바라보는 연습을 해야 합니다. 나의 부족함을 받아들이고 사랑하는 것은 나를 있는 그대로 받아들이는 데 큰 도움을 줍니다.

마지막으로, 긍정적인 자기 대화 연습은 나를 사랑하는 데 필수적입니다. 나는 나 자신에게 긍정적인 말을 건네는 연습을 통해 내 자존감을 높이고, 나를 소중히 여기는 태도를 기를 수 있습니다. "나는 충분히 사랑받을 자격이 있다," "나는 나만의 가치가 있다"라는 문구는 내 마음속에 깊이 새겨져야 합니다. 긍정적인 자기 대화는 나를 격려하고, 내 존재의 가치를 확인하게 해줍니다.

결국, 있는 그대로의 나를 받아들이는 과정은 자기 수용하기, 자기 연민 기르기, 경험 존중하기, 완벽함에 대한 집착 내려놓기, 긍정적인 자기 대화 연습하기를 통해 이루어집니다. 이러한 경험들은 나의 내면의 가치를 발견하고, 나를 소중히 여기는 데 도움을 줄 것입니다. 나는 나 자신을 받아들이는 과정을 통해 더욱 강하게 성장하고, 내 삶을 더욱 의미 있게 만들어갈 수 있습니다.

'자기 반성의 중요성'을 이해하는 것은 내 삶의 주인공으로서 필수적입니다. 나는 정기적으로 나 자신을 돌아보며, 내가 어떤 점에서 성장했는지를 점검해야 합니다. 이 반성의 과정은 나의 감정과 행동을 분석하고, 내가 경험한 것에서 어떤 교훈을 얻었는지를 이해하는 데 도움이 됩니다. 나의 반성과 인식은 내가 더욱 발전하고, 나를 사랑하는 데 필요한 지혜를 제공합니다. 주기적인 자기 반성을 통해 나는 내가 원하는 방향으로 나아가고 있다는 것을 확인할 수 있습니다.

또한, 비교의 함정에서 벗어나기는 나를 받아들이는 데 중요한 요소입니다. 나는 타인과의 비교를 줄이고, 나만의 기준으로 나를 평가해야 합니다. 사회나 친구들이 제시하는 기준에 따라 나 자신을 비하하는 것이 아니라, 나의 독특함과 가치를 인정하는 것이 필요합니다. 나의 여정은 다른 사람과의 경쟁이 아니라, 나 스스로의 성장과 발전에 중점을 두어야 합니다. 이러한 태도는 내가 나를 있는 그대로 받아들이는 데 큰 도움이 됩니다.

'불안과 두려움을 수용하는 것'도 중요한 과정입니다. 나는 불안이나 두려움을 느낄 때 이를 억누르기보다는, 감정이 드는 이유를 이해하려고 노력해야 합니다. 이러한 감정은 나에게 중요한 메시지를 전달하며, 나를 더 깊이 이해하는 기회를 제공합니다. 두려움을 느낄 때마다 나는 "이 감정이 내게 무엇을 말하고 있는가?"라고 질문하고, 이를 통해 나의 내면을 탐색해야 합니다. 나의 불안과 두려움을 수용함으로써 나는 더욱 강한 존재로 성장할 수 있습니다.

또한, 자신의 이야기를 다른 사람과 공유하는 것도 나를 받아들이는 과정에 큰 도움이 됩니다. 나는 나의 경험과 감정을 친구나 가족과 나누며, 그들로부터 지지를 받을 수 있습니다. 이야기를 나누는 것은 나를 이해받고 있다는 느낌을 주며, 나의 존재의 가치를 확인할 수 있는 기회를 제공합니다. 이 과정에서 나는 나 자신을 더욱 사랑하게 되고, 나의 진정한 모습을 드러내게 됩니다.

'자신의 한계를 인식하고 받아들이기'도 필요합니다. 나는 모든 것을 완벽하게 해낼 수 없다는 사실을 받아들여야 합니다. 나의 한계를 인식하는 것은 나 자신을 비난하거나 부정하는 것이 아니라, 나의 인간적인 면을 받아들이는 것입니다. 한계를 인정하는 것은 내게 여유를 주고, 나를 더욱 소중히 여기는 데 기여합니다. 내가 인간으로서 겪는 다양한 감정과 경험은 나를 더욱 풍부한 존재로 만들어줍니다.

마지막으로, 자신에게 필요한 것을 알아가는 과정이 필요합니다. 나는 나의 욕구와 필요를 탐색하고, 이를 충족시키기 위해 노력해야 합니다. 내 자신이 필요로 하는 것이 무엇인지 이해하는 것은 나를 더욱 사랑하고 존중하는 데 필수적입니다. 예를 들어, 내가 충분한 휴식이 필요하다고 느낄 때, 그 요구를 받아들이고 시간을 내어 나를 돌보는 것이 중요합니다. 이러한 과정은 나를 있는 그대로 받아들이는 데 기여하며, 나를 소중히 여기는 방법입니다.

결국, 있는 그대로의 나를 받아들이는 과정은 자기 반성하기, 비교에서 벗어나기, 불안과 두려움 수용하기, 이야기 나누기, 한계 인식하기, 필요 알아가기 등을 통해 이루어집니다. 이러한 경험들은 나의 내면의 가치를 발견하고, 나를 소중히 여기는 데 도움을 줄 것입니다. 나는 나 자신을 받아들이는 과정을 통해 더욱 강하게 성장하고, 내 삶을 더욱 의미 있게 만들어 갈 수 있습니다.

'자기 비판에서 자기 수용으로의 전환'은 내가 있는 그대로의 나를 받아들이는 데 중요한 과정입니다. 우리는 종종 스스로에게 너무 가혹하게 대하는 경향이 있습니다. 그러나 이런 비판적인 사고방식은 나를 더욱 힘들게 만들 뿐이며, 나의 자존감을 낮추는 원인이 됩니다. 나는 나의 부족한 점이나 실수에 대해 비판하기보다는, 그것들을 성장의 기회로 삼는 것이 필요합니다. "실수는 나를 더 나은 사람으로 만들어주는 한 과정이다"라는 긍정적인 인식을 통해, 나는 나 자신을 더욱 사랑하게 됩니다.

또한, 소중한 사람들의 피드백을 긍정적으로 수용하기도 필요합니다. 주변 사람들의 조언이나 지적을 받아들이는 것은 나를 성장시키는 중요한 방법입니다. 이때, 나는 그들의 의견을 무조건적으로 받아들이기보다는, 내 입장에서 어떤 부분이 나에게 도움이 되는지를 고려해야 합니다. 이를 통해 나는 나의 강점과 약점을 더욱 분명히 하고, 나를 더 깊이 이해하게 됩니다. 이러한 과정은 나의 성장에 기여하며, 나 자신을 받아들이는 데 중요한 역할을 합니다.

'과거의 나를 이해하고 받아들이기' 또한 내 자신을 받아들이는 과정에서 빼놓을 수 없는 부분입니다. 나는 과거의 나와 화해하고, 그 시절의 나도 소중한 경험을 통해 성장했음을 인식해야 합니다. 내가 과거에 겪었던 고통이나 어려움은 나를 지금의 나로 만들어준 중요한 요소입니다. 과거의 나를 이해하고 받아들이는 것은 나의 현재와 미래를 더욱 풍요롭게 만들어줍니다. 이를 통해 나는 내 삶의 주인공으로서의 역할을 더욱 확고히 할 수 있습니다.

또한, 자신의 몸과 마음을 소중히 여기기도 필요합니다. 나는 내 신체적, 정신적 건강을 존중하고 돌보아야 합니다. 건강한 생활습관을 유지하고,

필요한 경우 전문가의 도움을 받는 것은 나를 소중히 여기는 방법 중 하나입니다. 나의 몸과 마음을 돌보는 것은 내가 내 삶의 주인공으로서 활기차게 살아갈 수 있는 기반이 됩니다. 나를 소중히 여기고, 내 건강을 챙기는 것은 나의 행복에 직접적인 영향을 미칩니다.

'자신의 성장을 위한 목표 설정하기'도 중요한 과정입니다. 나는 내가 이루고 싶은 목표를 설정하고 이를 향해 나아가는 것이 필요합니다. 목표는 나의 삶에 방향성을 부여하고, 나의 잠재력을 끌어낼 수 있는 중요한 도구입니다. 이러한 목표는 나를 발전시키고, 내 인생의 주인공으로서의 역할을 더욱 강화하는 데 기여합니다. 목표를 세우고 이를 달성해 나가는 과정은 내가 나를 받아들이고 사랑하는 데 도움을 줍니다.

마지막으로, 내가 하는 모든 선택에 책임을 지기도 필요합니다. 나는 내 인생에서 내린 모든 선택이 나에게 주어진 기회임을 인식해야 합니다. 이 과정에서 나는 스스로에게 솔직해지고, 내가 원하는 방향으로 나아가기 위해 노력해야 합니다. 내 선택에 대한 책임을 지는 것은 나의 삶을 주도적으로 이끌어가는 데 필수적인 요소입니다. 이를 통해 나는 내가 주인공인 삶을 적극적으로 살아갈 수 있습니다.

결국, 있는 그대로의 나를 받아들이는 과정은 자기 비판에서 수용으로 전환하기, 피드백 긍정적으로 수용하기, 과거의 나와 화해하기, 몸과 마음 소중히 여기는 것, 목표 설정하기, 선택에 책임지기 등을 통해 이루어집니다. 이러한 경험들은 나의 내면의 가치를 발견하고, 나를 소중히 여기는 데 도움을 줄 것입니다. 나는 나 자신을 받아들이는 과정을 통해 더욱 강하게 성장하고, 내 삶을 더욱 의미 있게 만들어갈 수 있습니다.

'자신의 강점과 재능을 인식하기'는 내 자신을 받아들이는 데 있어 중요한 과정입니다. 나는 나의 강점을 인식하고 이를 긍정적으로 받아들여야 합니다. 내 재능이나 특별한 능력은 나의 고유한 가치의 일부이며, 이를 통해 나의 정체성을 형성하게 됩니다. 나는 주변 사람들과 비교하는 대신, 나만의 독특한 강점을 발견하고 이를 활용하는 방법을 모색해야 합니다. 이러한 인식은 나에게 자부심을 주고, 나를 더욱 소중히 여기는 데 도움을 줍니다.

또한, 자신을 표현하는 다양한 방법을 찾는 것이 중요합니다. 나는 나의 감정이나 생각을 다양한 방식으로 표현하는 연습을 해야 합니다. 글쓰기, 그림 그리기, 음악 듣기, 또는 춤추기 등 나를 표현할 수 있는 방법은 다양합니다. 이러한 표현은 나의 내면을 드러내고, 내가 누군지를 이해하는 데 도움을 줍니다. 나 자신을 자유롭게 표현하는 것은 나를 사랑하는 중요한 과정이며, 내 존재의 가치를 강화하는 데 기여합니다.

'감정을 솔직하게 드러내는 것'도 필수적입니다. 나는 내 감정을 숨기거나 억누르지 말고, 솔직하게 표현해야 합니다. 슬픔, 기쁨, 분노 등 모든 감정은 자연스러운 것이며, 이를 인정하는 것은 나의 존재를 소중히 여기는 방법입니다. 감정을 드러내는 것은 나의 정체성을 이해하는 데 도움이 되며, 이는 나를 더욱 사랑하고 받아들이는 데 중요한 역할을 합니다. 나는 내 감정을 표현할 수 있는 안전한 공간을 찾고, 그곳에서 나 자신을 자유롭게 드러낼 수 있어야 합니다.

또한, 나의 변화를 긍정적으로 바라보는 태도를 기르는 것이 필요합니다. 나는 성장 과정에서의 변화가 필연적이라는 것을 인식해야 합니다. 나의 변화는 내 경험의 일부이며, 이는 나를 더욱 강하게 만들어줄 것입니다. 나는 변화가 두렵고 불안할 수 있지만, 이러한 감정은 내가 더 나아지기 위한 과정의 일부라는 것을 받아들여야 합니다. 변화는 내 인생의 주인공으로서 나의 이야기를 풍부하게 만드는 요소입니다.

'자기 돌봄의 시간을 정기적으로 가지기'도 필요합니다. 나는 바쁜 일상 속에서도 자신을 돌보는 시간을 정기적으로 가져야 합니다. 이 시간 동안 나는 내 마음과 몸을 재충전하고, 나의 필요를 살펴보는 것이 좋습니다. 요가, 명상, 독서, 또는 산책과 같은 활동들은 나에게 평화를 가져다주고, 내 마음의 고요함을 유지하는 데 도움을 줄 수 있습니다. 나는 이러한 자기 돌봄을 통해 내 삶의 주인공으로서의 에너지를 회복하게 됩니다.

마지막으로, 자기 사랑의 여정을 기록하는 것도 나를 받아들이는 데 있어 중요한 요소입니다. 나는 내 경험과 감정을 기록하는 일기를 통해 나 자신을 돌아보고, 나의 성장 과정을 확인할 수 있습니다. 이 기록은 내가 걸어온 길을 돌아보는 기회를 주고, 내가 어떤 사람으로 성장했는지를 알게 해줍니다. 내 삶의 이야기를 글로 남기는 것은 내 존재의 가치를 확인하는 데 중요한 작업입니다.

결국, 있는 그대로의 나를 받아들이는 과정은 강점 인식하기, 다양한 표현 방법 찾기, 감정 솔직하게 드러내기, 변화 긍정적으로 바라보기, 자기 돌봄의 시간 가지기, 사랑의 여정 기록하기 등을 통해 이루어집니다. 이러한 경험들은 나의 내면의 가치를 발견하고, 나를 소중히 여기는 데 도움을 줄 것입니다. 나는 나 자신을 받아들이는 과정을 통해 더욱 강하게 성장하고, 내 삶을 더욱 의미 있게 만들어갈 수 있습니다.

'자신의 취향과 스타일을 존중하는 것'은 나를 있는 그대로 받아들이는 데 중요한 요소입니다. 나는 내가 좋아하는 것들, 즉 음악, 패션, 음식 등 나의 취향을 존중해야 합니다. 남들이 어떻게 생각하든지, 내가 좋아하는 것을 즐기는 것은 나의 정체성을 드러내는 방법입니다. 나의 취향을 솔직하게 표현하는 것은 나를 더욱 특별하게 만들고, 나 자신을 받아들이는 데 큰 도움이 됩니다. 예를 들어, 좋아하는 스타일의 옷을 입거나, 좋아하는 음악을 듣는 것은 나를 소중히 여기고 사랑하는 방식입니다.

또한, 나만의 페이스로 살아가기도 필요합니다. 나는 다른 사람들의 속도나 기준에 맞추기보다는, 내 자신만의 페이스를 유지해야 합니다. 각자의 여정은 다르며, 나는 나의 길을 가는 것이 중요합니다. 불필요한 경쟁에서 벗어나고, 나의 고유한 속도에 따라 나아가는 것은 나를 소중히 여기는 방법입니다. 느린 걸음이더라도, 나의 방향이 올바르다면 그것이 가장 가치 있는 선택임을 기억해야 합니다.

'내가 속한 공동체를 소중히 여기기'도 중요합니다. 나는 나를 지지하고 응원해주는 사람들과의 관계를 강화해야 합니다. 긍정적인 영향을 주는 공동체는 내 자신을 더욱 사랑할 수 있는 기반이 됩니다. 나는 이런 사람들과 함께 시간을 보내며, 서로의 이야기를 나누고 경험을 공유하는 것이 좋습니다. 이러한 관계는 나의 존재의 가치를 높여주고, 내가 가진 고유한 매력을 더욱 빛나게 해줍니다.

또한, 내 인생에서의 작은 성공을 기념하는 것이 필요합니다. 나는 목표를 달성했을 때 그 성취를 축하하는 습관을 가져야 합니다. 큰 목표를 이루지 못했더라도, 작은 성공을 소중히 여기고 이를 기념하는 것이 중요합니다. "오늘 나는 새로운 요리를 해냈다," 또는 "이번 주에 운동 계획을 잘 지켰다"와 같은 작은 성취는 나에게 큰 기쁨을 줍니다. 이러한 기념은 내가 나를 소중히 여기고 있다는 것을 확립하는 방법입니다.

'시간을 정해 나 자신을 위해 투자하기'도 내 자신을 받아들이는 데 도움을 줍니다. 나는 정기적으로 나만을 위한 시간을 정해, 좋아하는 활동을 하거나 휴식을 취하는 것이 좋습니다. 이 시간을 통해 나는 내 감정을 정리하고, 내 안의 고요함을 찾을 수 있습니다. 나 자신에게 투자하는 것은 나를 사랑하는 중요한 방법이며, 나의 행복과 건강을 유지하는 데 큰 도움이 됩니다.

마지막으로, 자신에게 선물을 주는 것도 나를 사랑하고 받아들이는 데 좋은 방법입니다. 내가 좋아하는 물건을 사거나, 좋아하는 음식을 즐기는 등 나 자신에게 작은 선물을 주는 것은 나를 소중히 여기는 표현입니다. 이러한 작은 선물은 나에게 큰 기쁨을 주고, 내 삶의 주인공으로서의 자존감을 높이는 데 기여합니다.

결국, 있는 그대로의 나를 받아들이는 과정은 취향 존중하기, 나만의 페이스로 살아가기, 공동체 소중히 여기기, 작은 성공 기념하기, 자기 투자하기, 나에게 선물 주기를 통해 이루어집니다. 이러한 경험들은 나의 내면의 가치를 발견하고, 나를 소중히 여기는 데 도움을 줄 것입니다. 나는 나 자신을 받아들이는 과정을 통해 더욱 강하게 성장하고, 내 삶을 더욱 의미 있게 만들어갈 수 있습니다.

'자신의 감정 기록하기'는 내 자신을 받아들이는 데 중요한 역할을 합니다. 나는 일기를 통해 매일의 감정을 기록하고, 그 날의 경험을 정리하는 시간을 가져야 합니다. 이러한 기록은 내가 느끼는 감정의 흐름을 이해하고, 나의 반응과 행동을 분석하는 데 도움을 줍니다. 감정은 나의 존재를 구성하는 중요한 요소이므로, 이를 받아들이고 이해하는 과정은 내가 나 자신을 사랑하는 데 필수적입니다. 일기를 통해 나는 나의 감정을 자유롭게 표현하고, 나의 이야기를 스스로에게 전달하는 것이 가능합니다.

또한, 나의 가치와 신념을 정립하는 것도 필요합니다. 나는 나 자신이 중요하게 여기는 가치와 신념을 명확히 하고, 이를 바탕으로 삶을 살아가는 것이 중요합니다. 나의 가치가 무엇인지 알아보는 과정은 내 정체성을 더욱 확고히 하고, 나를 더욱 사랑하는 데 기여합니다. 예를 들어, 정직함, 존중, 책임감과 같은 가치가 나에게 얼마나 중요한지를 깊이 고민해보고, 이를 삶에 적용하는 연습을 해야 합니다. 내가 가지고 있는 가치와 신념을 실천함으로써, 나는 더욱 자신을 소중히 여기게 됩니다.

'자신에게 다정해지기'도 내가 나를 받아들이는 데 중요한 부분입니다. 나는 내 자신에게 다정하게 대하고, 나를 비난하거나 harsh한 판단을 내리지 않아야 합니다. 어려운 순간이나 실수를 겪었을 때, 나는 "괜찮아, 누구나 실수할 수 있어"라고 스스로를 위로하는 것이 필요합니다. 이러한 다정함은 나의 내면을 치유하고, 나를 더욱 사랑하게 만드는 긍정적인 에너지를 불러옵니다. 스스로에게 친절하게 대하는 것은 내 존재의 가치를 인정하는 데 큰 도움이 됩니다.

또한, 자신의 감정에 귀 기울이는 것이 필요합니다. 나는 내 마음의 소리에 귀 기울이고, 내가 느끼는 감정이 무엇인지 인식하는 연습을 해야 합니다. 기쁨, 슬픔, 불안, 스트레스 등 다양한 감정을 그대로 느끼고 받아들이는 것이 중요합니다. 감정은 나의 내면에서 나오는 자연스러운 반응이며, 이를 인정하는 것은 나 자신을 존중하는 방법입니다. 나는 감정을 억누르기보다는 이를 솔직하게 드러내고, 감정이 나에게 주는 메시지를 이해하려고 노력해야 합니다.

'자신의 삶에 대한 책임을 지는 것'도 내 자신을 받아들이는 데 필요한 자세입니다. 나는 내 삶의 선택과 행동에 책임을 져야 하며, 이를 통해 내 인생의 주인공으로서의 역할을 강화할 수 있습니다. 나는 남의 기대나 의견에 휘둘리지 않고, 나의 선택에 대한 책임을 인식하며, 이를 통해 나를 더욱 사랑할 수 있습니다. 내 삶의 방향을 내가 정하는 것은 나에게 큰 힘과 자존감을 부여합니다.

마지막으로, 자신의 성장 과정을 인정하고 축하하는 것이 중요합니다. 나는 내 인생의 여정 속에서 이루어진 모든 변화와 성장을 인정해야 합니다. 작은 변화든 큰 변화든, 내가 나아가는 길을 축하하고 기념하는 것은 나를 소중히 여기는 방법입니다. 매일의 작은 성취를 자축하고, 나의 성장을 인정하는 것은 나의 자존감을 높이고, 나 자신을 사랑하는 데 큰 도움이 됩니다. 나는 나의 여정을 함께 걸어가는 친구가 되어, 나의 성장을 응원하고 격려할 수 있어야 합니다.

결국, 있는 그대로의 나를 받아들이는 과정은 감정 기록하기, 가치와 신념 정립하기, 다정해지기, 감정에 귀 기울이기, 삶에 대한 책임 지기, 성장 과정 인정하기를 통해 이루어집니다. 이러한 경험들은 나의 내면의 가치를 발견하고, 나를 소중히 여기는 데 도움을 줄 것입니다. 나는 나 자신을 받아들이는 과정을 통해 더욱 강하게 성장하고, 내 삶을 더욱 의미 있게 만들어갈 수 있습니다.

'자신의 욕구와 필요를 인식하고 존중하기'는 나를 받아들이는 데 있어 매우 중요한 과정입니다. 나는 내가 진정으로 원하는 것이 무엇인지 고민하고, 이를 충족시키기 위한 노력을 해야 합니다. 내 마음의 소리에 귀 기울이며, 내 욕구와 필요를 무시하지 않고 인식하는 것이 필요합니다. 예를 들어, 내가 휴식이 필요하다는 것을 느낀다면, 그 요구를 충족시켜주는 시간과 공간을 마련해야 합니다. 내 욕구를 인정하는 것은 나를 소중히 여기는 방법이며, 나의 존재 가치를 더욱 높여줍니다.

또한, 자신의 장점을 적극적으로 활용하기도 필요합니다. 나는 내 강점을 발견하고 이를 최대한 활용하는 연습을 해야 합니다. 내가 잘하는 일이나 나의 특기를 인식하고, 이를 통해 나를 발전시키는 것이 중요합니다. 예를 들어, 내가 창의적인 재능이 있다면 이를 활용해 새로운 프로젝트를 시도해보거나, 내 생각을 표현하는 기회를 만들어야 합니다. 나의 장점을 활용하는 것은 나를 더욱 사랑하는 데 도움이 되며, 나의 자존감을 높여줍니다.

'타인의 기대에서 벗어나기' 또한 내 자신을 받아들이는 데 필요합니다. 나는 주변의 기대나 사회적 기준에 얽매이지 않고, 내 삶을 살아가야 합니다. 남들이 나에게 요구하는 것과 내가 진정으로 원하는 것을 분리할 필요가 있습니다. 이를 통해 나는 나 자신을 더욱 이해하고, 나의 독립성을 유지할 수 있습니다. 내가 원하는 삶을 사는 것은 내 인생의 주인공으로서 나의 역할을 다하는 방법입니다.

또한, 자신의 감정을 표현할 수 있는 안전한 공간 마련하기도 중요합니다. 나는 내 감정을 자유롭게 표현할 수 있는 공간을 만들어야 합니다. 이 공간은 내가 편안하게 느끼는 곳이거나, 나의 생각을 정리할 수 있는 공간이 될 수 있습니다. 나는 친구와의 대화, 개인적인 일기 쓰기, 또는 창의적인 활동을 통해 내 감정을 표현하는 것을 실천해야 합니다. 이러한 공간은 나의 감정을 안전하게 드러낼 수 있도록 도와주며, 나를 소중히 여기는 방법이 됩니다.

'자신의 이야기를 긍정적으로 재구성하기'도 필요합니다. 나는 과거의 경험을 부정적인 시각에서 벗어나, 긍정적인 시각으로 바라보아야 합니다. 내가 겪었던 어려움이나 실수를 통해 배운 점을 발견하고, 그것이 나를 성장하게 만든 중요한 요소임을 인식해야 합니다. 내 이야기를 긍정적으로 재구성함으로써, 나는 나를 더욱 사랑하고 수용할 수 있습니다. 이러한 과정은 내 삶의 주인공으로서의 역할을 더욱 확고히 만들어줍니다.

마지막으로, 감사하는 마음을 가지는 것은 내가 있는 그대로의 나를 받아들이는 데 도움이 됩니다. 나는 내 삶의 소중한 순간들을 인식하고, 이에 감사하는 마음을 가져야 합니다. 작은 일상 속에서 느끼는 감사의 감정은 나의 마음을 풍요롭게 하고, 내 존재의 가치를 확인하는 데 기여합니다. 매일 감사한 일이나 소중한 순간을 적어보는 것은 나 자신을 긍정적으로 바라보는 데 큰 도움이 됩니다.

결국, 있는 그대로의 나를 받아들이는 과정은 욕구와 필요 인식하기, 장점 활용하기, 타인의 기대에서 벗어나기, 감정 표현의 안전한 공간 마련하기, 이야기 긍정적으로 재구성하기, 감사하는 마음 가지기를 통해 이루어집니다. 이러한 경험들은 나의 내면의 가치를 발견하고, 나를 소중히 여기는 데 도움을 줄 것입니다. 나는 나 자신을 받아들이는 과정을 통해 더욱 강하게 성장하고, 내 삶을 더욱 의미 있게 만들어갈 수 있습니다.

'자신을 있는 그대로 받아들이는 연습'은 내가 내 삶의 주인공으로 살아가기 위한 핵심 요소입니다. 나는 매일 거울을 바라보며 "나는 내가 누구인지 알고 있고, 있는 그대로의 나를 사랑한다"고 말하는 연습을 해야 합니다. 이러한 긍정적인 자기 대화는 내 자존감을 높이고, 내 모습에 대한 수용을 촉진합니다. 거울 앞에서의 이 연습은 나에게 긍정적인 에너지를 주고, 나를 소중히 여기는 태도를 기르는 데 기여합니다. 나는 나를 사랑하는 법을 배워가는 과정이며, 이는 내 성장에 매우 중요한 단계입니다.

또한, 과거의 나를 받아들이기도 중요한 과정입니다. 나는 과거에 겪었던 일들, 특히 힘들었던 기억들을 돌아보며 그 당시의 나에게 연민을 가져야 합니다. 과거의 경험은 나의 일부분이며, 그 모든 경험이 나를 지금의 나로 만들어주었습니다. 나는 그 시절의 아픔이나 실패를 부정하지 않고, 오히려 그것이 나를 더 강하고 지혜롭게 만들어주었다는 것을 깨달아야 합니다. 나를 있는 그대로 받아들이기 위해서는 과거의 나와 화해하는 과정이 필요합니다.

'자신의 감정과 기분을 기록하는 것'도 필요합니다. 나는 나의 감정을 일기나 감정 일지에 기록하여 그 순간을 그대로 받아들이는 연습을 할 수 있습니다. 어떤 기분을 느끼고, 그 이유가 무엇인지 탐구하는 것은 나를 이해하는 데 큰 도움이 됩니다. 이러한 기록은 내가 나를 어떻게 느끼고 있는지를 명확히 하고, 내 감정의 흐름을 인식하는 데 기여합니다. 정기적으로 내 감정을 기록함으로써, 나는 나의 변화와 성장 과정을 더 잘 이해하게 됩니다.

또한, 부정적인 생각 패턴을 변화시키는 것이 중요합니다. 나는 나 자신에 대한 부정적인 생각이 들 때마다 이를 의식적으로 긍정적인 시각으로 전환하는 연습을 해야 합니다. 예를 들어, "나는 부족해"라는 생각 대신 "나는 나만의 장점이 있고, 그로 인해 특별하다"고 스스로에게 말해주는 것입니다. 이러한 연습은 시간이 걸릴 수 있지만, 내가 내 존재를 긍정적으로 바라보는 데 큰 도움이 됩니다.

'내가 좋아하는 것들을 탐색하고 즐기는 것'도 나를 있는 그대로 받아들이는 데 중요합니다. 나는 나의 취향과 흥미를 존중하고, 이를 통해 나를 더 깊이 이해할 수 있습니다. 내가 좋아하는 활동을 즐기고, 새로운 것에 도전함으로써 나는 나의 진정한 모습을 발견하게 됩니다. 이러한 탐색은 나에게 즐거움을 주고, 내 인생의 주인공으로서의 나를 더욱 풍요롭게 만들어줍니다.

마지막으로, 타인과의 비교를 줄이는 것이 필요합니다. 나는 타인과 비교하는 대신 내 고유한 길을 걸어가야 합니다. 비교는 나의 자존감을 낮추고, 나를 소중히 여기는 마음을 방해할 수 있습니다. 나는 나만의 목표와 기준에 따라 나아가고, 나 자신에게 충실해지는 것이 중요합니다. 다른 사람의 성공이나 삶의 방식을 부러워하기보다는, 내 여정의 가치를 인정하고 소중히 여기는 것이 필요합니다.

결국, 있는 그대로의 나를 받아들이는 과정은 자신을 있는 그대로 받아들이기, 과거의 나와 화해하기, 감정 기록하기, 부정적 생각 패턴 변화시키기, 좋아하는 것 탐색하고 즐기기, 비교 줄이기를 통해 이루어집니다. 이러한 경험들은 나의 내면의 가치를 발견하고, 나를 소중히 여기는 데 도움을 줄 것입니다. 나는 나 자신을 받아들이는 과정을 통해 더욱 강하게 성장하고, 내 삶을 더욱 의미 있게 만들어갈 수 있습니다.

소중한 나를 위한 응원

28

　우리는 살아가면서 종종 힘든 순간에 직면하게 됩니다. 이러한 어려움 속에서 내가 스스로를 응원하고 지지하는 것은 매우 중요한 일입니다. '소중한 나를 위한 응원'은 내 자신을 격려하고, 내가 가고자 하는 길을 응원하는 방식입니다. 이 과정은 나의 자존감을 높이고, 나를 더욱 사랑하는 데 기여합니다.

　첫째로, 자기 격려의 힘을 이해하는 것이 필요합니다. 나는 내 마음속의 내면의 목소리를 듣고, 그 목소리에 귀 기울여야 합니다. 힘든 일이 닥쳤을 때, 스스로에게 "나는 할 수 있어, 이겨낼 수 있어"라는 긍정적인 말을 건네는 것이 중요합니다. 이러한 자기 격려는 나에게 힘을 주고, 어려운 상황을 극복하는 데 필요한 에너지를 제공합니다. 나는 나 자신을 격려하는 습관을 기르며, 나의 잠재력을 믿는 것이 필요합니다.

　또한, 자신의 목표를 명확히 설정하기도 중요합니다. 나는 내가 이루고 싶은 목표를 설정하고, 이를 향해 나아가는 과정을 응원해야 합니다. 목표는 내가 나아갈 방향을 제시하고, 나를 동기부여하는 중요한 요소입니다. 내가 원하는 것을 분명히 알고, 이를 향해 나아가는 과정에서 나를 격려하는 것은 내 삶의 주인공으로서의 역할을 다하는 방법입니다. 목표를 세우고 이를 달성하는 과정은 나 자신을 사랑하는 또 다른 방법이 됩니다.

'소중한 나를 위해 시간을 내기'도 필요합니다. 나는 바쁜 일상 속에서도 나만을 위한 시간을 정해, 내가 좋아하는 활동을 하는 것이 중요합니다. 이 시간은 나에게 휴식을 주고, 내 감정을 정리할 수 있는 기회를 제공합니다. 예를 들어, 좋아하는 책을 읽거나, 음악을 감상하며 편안한 시간을 보내는 것은 나를 더욱 사랑하는 데 기여합니다. 나를 위한 시간을 가지는 것은 내 존재의 가치를 확인하는 방법입니다.

또한, 주변의 긍정적인 에너지를 활용하는 것도 도움이 됩니다. 나는 나를 응원하고 지지해주는 사람들과의 관계를 소중히 여겨야 합니다. 가족, 친구, 동료와의 대화는 나에게 긍정적인 영향을 주며, 나의 자존감을 높여줍니다. 이들은 나에게 힘을 주고, 내가 힘든 순간을 극복하는 데 큰 도움을 줄 수 있습니다. 나는 이러한 긍정적인 관계를 유지하고 강화하는 것이 중요합니다.

'자신의 성취를 기념하는 것' 또한 소중한 나를 위한 응원입니다. 나는 내 목표를 향해 나아가는 과정에서 이루어진 모든 작은 성취를 인정하고 축하해야 합니다. 성취를 기념하는 것은 나의 노력을 인정하는 것이며, 이는 나에게 큰 동기부여가 됩니다. 작은 성공도 놓치지 않고 기념함으로써 나는 나를 더욱 사랑하고 존중하는 자세를 기를 수 있습니다.

마지막으로, 자신의 감정을 표현하는 공간 만들기도 필요합니다. 나는 나의 생각과 감정을 자유롭게 표현할 수 있는 공간을 마련하여, 내 감정을 솔직하게 드러내는 연습을 해야 합니다. 일기를 쓰거나, 그림을 그리는 등의 방법으로 나의 내면을 표현하는 것은 나에게 큰 힘이 됩니다. 이러한 공간은 내가 나 자신을 응원하는 중요한 장소가 되어 줄 것입니다.

결국, 소중한 나를 위한 응원은 자기 격려하기, 목표 명확히 설정하기, 시간을 내기, 긍정적인 에너지 활용하기, 성취 기념하기, 감정 표현의 공간 만들기를 통해 이루어집니다. 이러한 경험들은 나의 내면의 가치를 발견하고, 나를 소중히 여기는 데 도움을 줄 것입니다. 나는 나 자신을 응원하는 과정을 통해 더욱 강하게 성장하고, 내 삶을 더욱 의미 있게 만들어 갈 수 있습니다.

'자기 긍정의 문구 만들기'는 소중한 나를 응원하는 훌륭한 방법입니다. 나는 나만의 긍정적인 문구를 만들어 매일 아침 또는 중요한 순간에 이를 읽는 연습을 해야 합니다. 예를 들어, "나는 나의 꿈을 이루기 위해 최선을 다하고 있다," 또는 "나는 누구보다도 나 자신을 사랑한다"와 같은 문구는 내 마음에 힘을 주고, 나를 더욱 긍정적으로 바라보게 만들어 줍니다. 이러한 긍정적인 문구는 내가 힘든 순간에 나를 격려하는 자원으로 작용할 수 있습니다.

또한, 자신의 기쁨을 우선시하기도 중요한 부분입니다. 나는 내 행복과 기쁨을 우선으로 삼고, 이를 위해 필요한 선택을 해야 합니다. 내 기쁨은 나에게 가장 중요한 것이며, 나는 이를 실현하기 위해 노력해야 합니다. 예를 들어, 내가 좋아하는 활동을 하거나, 나를 위한 시간을 마련하는 것이 중요합니다. 내 행복을 소중히 여기는 것은 나를 응원하는 가장 기본적인 방법 중 하나입니다.

'실패를 두려워하지 않고 도전하기'도 나를 응원하는 데 필요합니다. 나는 새로운 도전이나 경험에 대해 두려움을 느낄 수 있지만, 그 두려움을 극복하는 것이 중요합니다. 실패는 나를 성장하게 만드는 소중한 경험이므로, 이를 받아들이고, 도전하는 용기를 가져야 합니다. "실패는 나를 더욱 강하게 만든다"라는 믿음을 가지고 나아간다면, 나는 진정한 주인공으로서의 삶을 살아갈 수 있습니다.

또한, 자신의 기분에 귀 기울이기도 필요합니다. 나는 내 기분이 어떤지, 지금 어떤 감정을 느끼고 있는지를 살펴보아야 합니다. 감정을 무시하거나 억누르지 말고, 이를 인식하고 받아들이는 것이 중요합니다. 내가 느끼는 감정은 나의 존재를 증명하는 중요한 요소이며, 이를 존중하는 것은 나를 사랑하는 데 큰 기여를 합니다. 감정에 귀 기울임으로써, 나는 나 자신을 더욱 깊이 이해하게 되고, 나의 진정한 모습을 받아들일 수 있게 됩니다.

'긍정적인 자기 대화를 통해 나를 지지하기'도 필요한 방법입니다. 나는 스스로에게 긍정적인 말을 건네는 연습을 해야 합니다. "나는 내가 원하는 것을 이룰 수 있는 능력이 있다"라는 문구는 나에게 큰 힘이 됩니다. 이러한 긍정적인 대화는 나의 자존감을 높이고, 나를 더욱 사랑하게 만드는 데 도움을 줍니다. 내가 하는 말이 나의 마음과 감정에 미치는 영향을 인식하고, 긍정적인 언어를 사용하여 나 자신을 지지해야 합니다.

마지막으로, 자신을 위한 작은 보상을 주는 것이 필요합니다. 나는 내 목표를 이루거나, 소중한 성취를 이룬 후에 나에게 작은 보상을 주는 것이 좋습니다. 예를 들어, 내가 목표한 일을 해냈다면, 나 자신에게 좋아하는 간식을 주거나, 휴식을 취하는 시간을 갖는 것이 좋습니다. 이러한 보상은 나의 노력을 인정하고, 나를 사랑하는 방법입니다. 나를 소중히 여기고, 노력의 결과를 기념하는 것은 나의 행복을 증대시키고, 내 삶의 주인공으로서의 자부심을 높여줍니다.

결국, 소중한 나를 위한 응원은 긍정적인 문구 만들기, 기쁨 우선시하기, 도전하기, 기분에 귀 기울이기, 긍정적인 자기 대화, 작은 보상 주기를 통해 이루어집니다. 이러한 경험들은 나의 내면의 가치를 발견하고, 나를 소중히 여기는 데 도움을 줄 것입니다. 나는 나 자신을 응원하는 과정을 통해 더욱 강하게 성장하고, 내 삶을 더욱 의미 있게 만들어갈 수 있습니다.

'소중한 나를 위한 응원'의 또 다른 중요한 측면은 일상의 감사하기입니다. 나는 매일의 작은 순간에서 감사함을 느끼고 이를 기록하는 연습을 해야 합니다. 예를 들어, 아침에 햇살이 비추는 것을 보며 "오늘도 이 아름다운 세상에 살 수 있어 기쁘다"라는 생각을 하거나, 친구와의 소중한 대화를 나누며 "이런 친구가 있어서 행복하다"라는 감정을 표현하는 것입니다. 감사는 나를 더욱 긍정적인 마음으로 이끌어주고, 나 자신을 사랑하는 데 중요한 역할을 합니다. 나는 하루를 마무리하며 그날 감사했던 일들을 기록함으로써 내 마음의 평화를 찾을 수 있습니다.

또한, 나의 한계를 인정하는 것도 필요합니다. 나는 완벽하지 않다는 것을 받아들이고, 인간으로서의 불완전함을 존중해야 합니다. 나의 한계나 약점을 수용하는 것은 나를 더욱 강하게 만들어줄 것입니다. 예를 들어, 어떤 일에서 실패했을 때 "나는 이 상황에서 최선을 다했지만, 결과는 생각한 것과 다를 수 있다"라는 마음가짐을 가져야 합니다. 이러한 태도는 내가 스스로를 격려하고, 나를 소중히 여기는 데 도움을 줍니다.

'주변의 긍정적인 에너지를 활용하기'도 내 자신을 응원하는 데 중요한 방법입니다. 나는 나를 지지하고 격려하는 사람들과의 관계를 소중히 여겨야 합니다. 친구, 가족, 멘토와의 긍정적인 대화는 나에게 힘을 주고, 내 자신을 더욱 사랑하는 데 기여합니다. 이러한 관계는 나에게 따뜻한 지지와 응원을 제공하며, 내가 어려움을 극복하는 데 필요한 에너지를 제공합니다. 나는 이러한 긍정적인 사람들과 함께 시간을 보내고, 서로의 이야기를 나누는 것이 좋습니다.

또한, 자신의 여정을 기록하는 것이 중요합니다. 나는 내가 걸어온 길과 경험한 일들을 일기나 블로그 등을 통해 기록하며, 나의 성장 과정을 돌아보는 것이 필요합니다. 이 기록은 내가 어떤 변화와 성장을 이루었는지를 확인하는 데 큰 도움이 됩니다. 나의 여정을 기록함으로써, 나는 스스로에게 응원의 메시지를 전하고, 내가 얼마나 발전했는지를 확인할 수 있습니다. 이러한 과정은 나의 존재 가치를 인식하고, 나를 더욱 사랑하게 만듭니다.

'긍정적인 목표 설정하기'도 내 자신을 응원하는 데 필요합니다. 나는 구체적이고 현실적인 목표를 설정하여, 그 목표를 향해 나아가는 과정을 즐겨야 합니다. 목표를 이루는 과정에서의 작은 성취를 인정하고 축하하는 것은 나의 자존감을 높여줍니다. 나의 목표는 나에게 동기를 부여하며, 내가 원하는 방향으로 나아가는 데 필요한 에너지를 제공합니다. 목표를 향한 여정은 나를 더욱 성장하게 만들고, 나의 인생에 의미를 더해줍니다.

마지막으로, 자신을 사랑하는 마음가짐을 지속적으로 유지하기가 중요합니다. 나는 매일 자신을 소중히 여기고, 나를 사랑하는 마음을 잃지 않도록 노력해야 합니다. "나는 소중한 존재이며, 나의 삶은 가치가 있다"는 믿음을 잊지 말아야 합니다. 이러한 긍정적인 마인드는 내가 내 삶의 주인공으로서 역할을 다하는 데 필수적입니다. 나는 내가 누군지를 사랑하고, 내 존재의 가치를 인정하는 마음가짐을 지속적으로 기르는 것이 중요합니다.

결국, 소중한 나를 위한 응원은 감사하기, 한계 인정하기, 긍정적인 에너지 활용하기, 여정 기록하기, 긍정적인 목표 설정하기, 사랑하는 마음가짐 유지하기를 통해 이루어집니다. 이러한 경험들은 나의 내면의 가치를 발견하고, 나를 소중히 여기는 데 도움을 줄 것입니다. 나는 나 자신을 응원하는 과정을 통해 더욱 강하게 성장하고, 내 삶을 더욱 의미 있게 만들어갈 수 있습니다.

'소중한 나를 위한 응원의 행동'은 나의 일상에 긍정적인 변화를 가져오는 중요한 요소입니다. 내가 내 자신을 응원하기 위해 실천할 수 있는 다양한 방법들을 찾아보는 것이 필요합니다. 예를 들어, 매일 아침 긍정적인 선언문을 읽거나, 내가 좋아하는 음악을 듣고 춤추는 것처럼 작은 즐거움을 찾는 것이 나를 응원하는 데 큰 도움이 됩니다. 이러한 행동은 내 하루를 활기차고 긍정적으로 시작하는 데 기여하며, 나의 기분을 좋게 만들어 줍니다.

또한, 일상 속 소소한 행복을 찾기도 필요합니다. 나는 매일의 작은 일들에서 행복을 느끼는 연습을 해야 합니다. 좋아하는 커피 한 잔을 마시거나, 날씨가 좋은 날에 산책을 하는 것처럼 일상의 작은 기쁨을 소중히 여기는 것이 중요합니다. 이러한 순간들은 나에게 감사함을 느끼게 해주고, 내 존재의 가치를 재확인하게 만드는 기회를 제공합니다. 작은 행복을 누리며 내 자신을 응원하는 것은 나의 삶을 더욱 풍요롭게 만들어 줍니다.

'스스로에게 편안한 환경을 조성하기'도 중요한 부분입니다. 나는 나에게 편안함과 안정감을 줄 수 있는 공간을 만드는 것이 좋습니다. 내가 좋아하는 인테리어로 방을 꾸미거나, 나만의 아늑한 공간을 만들어 거기서 휴식을 취하는 것은 나를 소중히 여기는 방법입니다. 편안한 환경은 나에게 긍정적인 에너지를 주고, 내가 진정으로 나를 사랑하고 있다는 느낌을 강화해 줍니다. 내가 만들어가는 공간은 내 내면의 평화를 찾는 데 중요한 역할을 하게 됩니다.

또한, 자신의 마음을 드러내는 창작 활동도 소중한 나를 응원하는 방법입니다. 나는 그림 그리기, 글쓰기, 음악 만들기 등 다양한 창작 활동을 통해 내 감정을 표현하고, 내 안의 이야기를 나누어야 합니다. 이러한 활동은 나에게 힐링과 함께, 내 존재의 가치를 느끼게 해줍니다. 창작의 과정에서 나는 나 자신을 더욱 깊이 이해하고, 나의 내면의 목소리를 듣는 기회를 가지게 됩니다.

'마음의 소리를 듣는 명상'도 나를 응원하는 데 큰 도움이 됩니다. 나는 정기적으로 명상을 통해 내 마음의 소리에 귀 기울이고, 현재의 나를 받아들이는 시간을 가져야 합니다. 명상은 나에게 내면의 고요함을 찾아주고, 내가 겪고 있는 감정을 인식할 수 있는 공간을 제공합니다. 이 시간을 통해 나는 나의 감정과 생각을 정리하고, 내 존재를 소중히 여기는 방법을 배우게 됩니다.

마지막으로, 타인에게도 응원의 메시지를 전하는 것은 나를 응원하는 데 있어 긍정적인 영향을 미칩니다. 내가 주변 사람들에게 따뜻한 응원의 말을 건넬 때, 나는 그들과의 관계를 더욱 돈독히 하고, 나 스스로도 긍정적인 에너지를 얻을 수 있습니다. "너는 소중한 존재야"라는 말 한마디가 상대방에게 큰 힘이 될 수 있으며, 이러한 긍정적인 관계는 나의 삶에 더욱 많은 기쁨을 가져다줍니다.

결국, 소중한 나를 위한 응원은 긍정적인 행동 실천하기, 일상 속 행복 찾기, 편안한 환경 조성하기, 창작 활동하기, 마음의 소리 듣는 명상하기, 타인에게 응원하기를 통해 이루어집니다. 이러한 경험들은 나의 내면의 가치를 발견하고, 나를 소중히 여기는 데 도움을 줄 것입니다. 나는 나 자신을 응원하는 과정을 통해 더욱 강하게 성장하고, 내 삶을 더욱 의미 있게 만들어갈 수 있습니다.

'정기적으로 자기 성찰의 시간을 가지기'는 내가 나 자신을 응원하는 중요한 방법 중 하나입니다. 나는 일주일에 한 번 정도 시간을 정해 지난 한 주 동안의 감정과 경험을 돌아보는 시간을 가져야 합니다. 이 시간 동안 나는 어떤 일에서 기쁨을 느꼈는지, 어떤 어려움이 있었는지, 그 과정에서 내가 무엇을 배웠는지를 진지하게 생각해야 합니다. 이러한 성찰은 나에게 나 자신을 더욱 깊이 이해하게 해주고, 내가 어떤 방향으로 나아가야 할지를 명확히 해주는 기회를 제공합니다.

또한, 스스로에게 상을 주는 것도 필요합니다. 나는 나의 목표를 향해 노력한 결과로 작은 성취를 이룰 때마다 스스로에게 작은 보상을 주는 것이 중요합니다. 예를 들어, 목표를 달성했을 때 좋아하는 음식을 먹거나, 소중한 시간을 내어 나만의 취미 활동을 즐기는 것 등이 있습니다. 이러한 상은 나에게 긍정적인 피드백을 주고, 앞으로도 계속해서 나 자신을 응원하게 만드는 동기가 됩니다.

'내가 소중히 여기는 사람들과의 연결'을 강화하는 것도 나를 응원하는 데 필수적입니다. 나는 나를 지지해주고 격려해주는 사람들과의 관계를 소중히 여겨야 합니다. 친구나 가족과 함께 시간을 보내고, 그들과의 대화를 통해 긍정적인 에너지를 나누는 것은 나에게 큰 힘이 됩니다. 이러한 관계는 내가 힘든 시기를 극복하는 데 큰 도움이 되며, 나 자신을 더욱 사랑하게 만들어줍니다.

또한, 나의 일상 속에서 행복한 순간들을 기록하기도 나를 응원하는 데 효과적입니다. 나는 매일의 소중한 순간들을 작은 노트에 기록함으로써, 일상의 기쁨을 잊지 않고 소중히 여길 수 있습니다. 이런 작은 행복은 나에게 큰 위로와 기쁨이 되어주며, 나를 응원하는 긍정적인 자원이 됩니다. 매일의 행복을 기록하는 습관은 내가 얼마나 풍요로운 삶을 살고 있는지를 깨닫게 해줍니다.

'긍정적인 행동을 통해 나 자신을 응원하기'도 중요한 부분입니다. 나는 긍정적인 태도로 나의 하루를 시작하고, 나의 가능성을 믿는 행동을 취해야 합니다. 예를 들어, 아침에 일어날 때마다 거울을 보며 나에게 긍정적인 말을 건네는 것은 나를 응원하는 좋은 습관입니다. "나는 오늘도 멋진 하루를 보낼 수 있어"라는 간단한 다짐이 나의 하루를 긍정적으로 바꿔 줄 수 있습니다.

마지막으로, 정기적으로 나를 위한 '나만의 시간'을 가지는 것이 중요합니다. 나는 내 삶에서 나에게 가장 필요한 시간과 공간을 마련해야 합니다. 이 시간을 활용하여 나의 마음을 편안하게 하고, 내가 진정으로 원하는 것이 무엇인지를 생각할 수 있는 기회를 가져야 합니다. 나를 위한 '나만의 시간'은 내가 나 자신을 사랑하고 돌보는 데 필요한 중요한 요소입니다. 이 시간 동안 나는 나의 기분, 욕구, 목표를 돌아보며, 나의 삶을 더욱 풍요롭게 만들어가는 데 기여할 수 있습니다.

결국, 소중한 나를 위한 응원은 성찰의 시간 가지기, 스스로에게 상 주기, 소중한 사람들과의 연결 강화하기, 행복한 순간 기록하기, 긍정적인 행동 실천하기, 나만의 시간 가지기를 통해 이루어집니다. 이러한 경험들은 나의 내면의 가치를 발견하고, 나를 소중히 여기는 데 도움을 줄 것입니다. 나는 나 자신을 응원하는 과정을 통해 더욱 강하게 성장하고, 내 삶을 더욱 의미 있게 만들어갈 수 있습니다.

'자신을 사랑하는 일상 만들기'는 소중한 나를 응원하는 데 있어 중요한 부분입니다. 나는 매일의 일상 속에서 나를 사랑하고 존중하는 행동을 실천해야 합니다. 예를 들어, 아침에 일어나서 나를 위해 건강한 아침식사를 준비하는 것, 매일 운동을 통해 내 몸을 돌보는 것 등이 포함됩니다. 이러한 작은 습관들은 나에게 긍정적인 에너지를 주고, 내 삶에 대한 만족감을 높여줍니다. 내가 내 몸과 마음을 소중히 여기는 일상은 내가 나 자신을 사랑하는 방법의 일환입니다.

또한, '자기 보살핌'의 시간을 정기적으로 가지는 것도 필요합니다. 나는 바쁜 일상 속에서도 나 자신을 돌보는 시간을 마련해야 합니다. 이 시간 동안 나는 마음이 편안해지는 활동을 선택하여, 내 마음과 몸을 재충전할 수 있는 기회를 가져야 합니다. 예를 들어, 따뜻한 목욕을 하거나, 좋아하는 책을 읽는 것과 같은 활동은 나에게 큰 힐링이 됩니다. 이런 자기 보살핌의 시간은 내가 나를 소중히 여기는 방법이며, 내 존재의 가치를 확인하는 데 중요한 역할을 합니다.

'감정의 건강을 유지하기'도 나를 응원하는 데 필수적입니다. 나는 내 감정을 표현하는 방법을 연습하고, 감정을 억누르지 않도록 해야 합니다. 나의 기분이 어떻든지 간에, 나는 그 감정을 받아들이고 존중해야 합니다. 감정을 적절히 표현하는 것은 내 정신 건강에 도움을 주며, 내가 나 자신을 더욱 사랑할 수 있도록 돕습니다. 내가 겪는 감정의 흐름을 이해하고 받아들임으로써, 나는 내 존재를 소중히 여길 수 있습니다.

또한, 나를 위한 긍정적인 목표를 설정하는 것도 필요합니다. 나는 나 자신이 이루고 싶은 목표를 구체적으로 설정하고, 이를 향해 나아가는 과정을 응원해야 합니다. 목표를 세우는 것은 내가 원하는 삶을 살아가도록 도와주는 중요한 도구이며, 이를 통해 나는 나의 가능성을 믿게 됩니다. 목표를 향해 나아가는 과정은 나 자신을 더욱 소중히 여기고, 나의 자아를 확립하는 데 큰 도움이 됩니다.

'자신의 감정을 솔직하게 나누는 것'도 소중한 나를 위한 응원 방법 중 하나입니다. 나는 믿을 수 있는 사람과 내 마음의 이야기를 나누는 시간을 가져야 합니다. 내 마음속의 감정을 누군가에게 털어놓는 것은 나에게 큰 위안이 되며, 나의 고통을 나누는 과정은 나를 더욱 강하게 만들어줍니다. 이러한 소통은 나의 존재의 가치를 확인하는 기회를 제공하며, 나를 더욱 소중히 여기게 합니다.

마지막으로, 나의 고유한 취향을 존중하고 즐기는 것이 중요합니다. 나는 내가 좋아하는 것들을 자유롭게 즐기고, 이를 통해 나 자신을 더욱 깊이 이해해야 합니다. 내가 좋아하는 음악을 듣거나, 내가 원하는 스타일로 옷을 입는 것과 같은 간단한 행동이 나를 더욱 사랑하게 만드는 데 기여합니다. 나의 취향은 나의 정체성을 나타내는 중요한 요소이며, 이를 존중하는 것은 나를 소중히 여기는 방법입니다.

결국, 소중한 나를 위한 응원은 일상 만들기, 자기 보살핌 시간 가지기,

감정 건강 유지하기, 긍정적인 목표 설정하기, 감정 솔직하게 나누기, 고유한 취향 존중하기를 통해 이루어집니다. 이러한 경험들은 나의 내면의 가치를 발견하고, 나를 소중히 여기는 데 도움을 줄 것입니다. 나는 나 자신을 응원하는 과정을 통해 더욱 강하게 성장하고, 내 삶을 더욱 의미 있게 만들어갈 수 있습니다.

'정기적으로 나의 감정을 점검하기'는 나 자신을 응원하는 데 있어 매우 중요합니다. 나는 하루 중 특정한 시간을 정해 내 감정을 점검하고, 내가 느끼는 감정이 어떤 것인지 알아보는 습관을 들여야 합니다. 이 과정을 통해 나는 내 마음속의 감정과 생각을 명확히 하고, 내 기분의 변화를 인식할 수 있습니다. 매일의 감정을 기록하는 것은 나의 성장과 변화를 이해하는 데 큰 도움이 됩니다. 이러한 감정 점검은 내가 나를 더 잘 이해하게 하고, 필요할 때 스스로를 더욱 잘 지켜줄 수 있는 방법입니다.

또한, 자신의 목표를 다시 설정하고 점검하기도 필요합니다. 나는 시간이 지남에 따라 나의 목표와 우선순위가 변할 수 있음을 인식해야 합니다. 정기적으로 나의 목표를 점검하고, 그것이 여전히 나에게 중요한지, 또는 필요에 따라 수정할 수 있는지를 확인하는 것은 나를 응원하는 방법 중 하나입니다. 목표를 조정함으로써 나는 내 삶의 방향성을 유지할 수 있으며, 나 자신을 더욱 사랑하는 데 기여합니다.

'자신의 독특함을 축하하기'는 소중한 나를 응원하는 중요한 부분입니다. 나는 나만의 독특한 특징과 재능을 인정하고 이를 기념하는 것이 중요합니다. 나는 나의 개성이 나를 특별하게 만든다는 것을 받아들이고, 이를 다른 사람들과 나누는 기회를 가져야 합니다. 나의 독특함은 나의 장점이며, 이를 긍정적으로 바라보는 것은 나 자신을 소중히 여기는 데 큰 도움이 됩니다. 나의 개성을 자랑스럽게 여기고, 이를 통해 나를 더욱 사랑할 수 있게 됩니다.

또한, 스트레스 관리하기도 나를 응원하는 데 필요합니다. 나는 스트레스를 받았을 때 이를 효과적으로 관리하는 방법을 배워야 합니다. 예를 들어, 깊게 숨쉬기, 요가, 명상, 운동 등을 통해 내 마음을 진정시키고, 스트레스를 해소하는 방법을 찾아야 합니다. 이러한 스트레스 관리 기술은 내 마음의 평화를 유지하는 데 도움이 되며, 나를 더욱 소중히 여기는 방법입니다. 스트레스를 줄이는 것은 나의 정신 건강을 유지하고, 긍정적인 에너지를 더해줍니다.

'긍정적인 환경 만들기'도 소중한 나를 응원하는 데 중요한 역할을 합니다. 나는 나를 둘러싼 환경이 나의 기분과 감정에 미치는 영향을 인식하고, 긍정적인 환경을 조성해야 합니다. 정리된 공간에서 생활하고, 나를 지지해주는 사람들과 시간을 보내는 것은 나의 행복을 증대시키는 방법입니다. 긍정적인 환경에서 나는 나 자신을 더 사랑하고, 내 존재의 가치를 더 잘 느낄 수 있습니다.

마지막으로, 자신의 정체성을 재확인하기도 필요합니다. 나는 내 자신이 누구인지, 무엇을 원하는지를 지속적으로 탐색해야 합니다. 나의 가치관, 신념, 목표 등을 깊이 고민하고 이를 정리하는 시간을 가져야 합니다. 이러한 자기 탐색은 내가 진정으로 원하는 것을 발견하게 해주고, 내 존재의 가치를 더욱 명확히 이해하는 데 기여합니다. 나는 나 자신을 사랑하는 여정에서 내 정체성을 재확인하는 것이 필수적임을 잊지 말아야 합니다.

　결국, 소중한 나를 위한 응원은 감정 점검하기, 목표 재설정하기, 독특함 축하하기, 스트레스 관리하기, 긍정적인 환경 만들기, 정체성 재확인하기를 통해 이루어집니다. 이러한 경험들은 나의 내면의 가치를 발견하고, 나를 소중히 여기는 데 도움을 줄 것입니다. 나는 나 자신을 응원하는 과정을 통해 더욱 강하게 성장하고, 내 삶을 더욱 의미 있게 만들어갈 수 있습니다.

　'자신에게 편안함을 주는 루틴 만들기'는 나를 응원하는 데 매우 중요한 역할을 합니다. 나는 일상 속에서 나에게 안정감을 줄 수 있는 루틴을 설정하여, 매일의 삶이 좀 더 행복하게 느껴질 수 있도록 해야 합니다. 예를 들어, 아침에 일어나서 간단한 스트레칭을 하거나, 저녁마다 차 한 잔을 마시며 하루를 돌아보는 시간을 갖는 것은 내 자신을 소중히 여기는 행동입니다. 이러한 루틴은 나에게 내면의 평화를 주고, 하루의 시작과 끝을 긍정적으로 만들어 줍니다.

또한, 감정을 표현하는 다양한 방법을 찾아보는 것도 중요합니다. 나는 감정을 시각적으로 표현하는 그림 그리기, 글쓰기를 통한 나의 생각 정리, 음악 감상을 통한 정서적 해소 등 다양한 방법을 시도해야 합니다. 이러한 표현 활동은 내 감정을 이해하고 소화하는 데 도움을 주며, 나 자신을 더욱 깊이 이해하게 만듭니다. 나의 감정을 표현하는 것은 나를 사랑하는 중요한 방법입니다.

'성장과 변화를 받아들이는 태도'를 기르는 것도 필요합니다. 나는 삶에서의 변화가 불가피하다는 사실을 인식하고, 이를 긍정적으로 받아들이는 자세를 가져야 합니다. 변화는 나의 성장에 필요한 요소이며, 이를 통해 나는 더욱 성숙해질 수 있습니다. 나는 변화가 두려운 것이 아니라, 새로운 기회로 여겨야 합니다. 이러한 태도는 내가 내 삶의 주인공으로서의 역할을 다하는 데 큰 도움이 됩니다.

또한, 나에게 필요한 사람들과의 관계를 맺는 것도 나를 응원하는 데 필요한 요소입니다. 나는 나를 이해하고 지지해주는 사람들과의 관계를 소중히 여기고, 이들과의 소통을 통해 나를 더욱 사랑할 수 있는 기회를 가져야 합니다. 이러한 관계는 나에게 안정감과 행복을 제공하며, 내가 힘든 순간에 필요한 지지와 위로를 줄 수 있는 자원이 됩니다.

'정기적으로 나 자신을 격려하는 활동을 가지기'도 나를 응원하는 데 큰 도움이 됩니다. 나는 스스로에게 격려의 메시지를 전하는 활동을 정기적으로 가져야 합니다. 예를 들어, 매주 일요일에 "지난 주 나는 정말 잘해냈다"는 내용의 편지를 써서 자신에게 보내는 것입니다. 이러한 활동은 나에게 큰 위안이 되며, 나를 더욱 사랑하는 데 도움을 줍니다.

마지막으로, 나를 위한 꿈의 시각화를 연습하는 것도 좋습니다. 나는 내가 이루고 싶은 꿈이나 목표를 시각적으로 상상하고, 그 모습을 생생하게 그려보는 것이 필요합니다. 이러한 시각화는 나의 목표를 더욱 구체적으로 만들어주고, 내가 원하는 삶을 살 수 있도록 동기를 부여해 줍니다. "나는 이러한 모습으로 살고 싶다"는 생각은 나의 존재의 가치를 느끼게 하고, 나 자신을 더욱 사랑하는 데 기여합니다.

결국, 소중한 나를 위한 응원은 루틴 만들기, 감정 표현하기, 변화 수용하기, 필요한 관계 맺기, 정기적인 격려 활동, 꿈의 시각화하기를 통해 이루어집니다. 이러한 경험들은 나의 내면의 가치를 발견하고, 나를 소중히 여기는데 도움을 줄 것입니다. 나는 나 자신을 응원하는 과정을 통해 더욱 강하게 성장하고, 내 삶을 더욱 의미 있게 만들어갈 수 있습니다.

나에게 전하는 위로의 말

29

때때로 우리는 삶의 어려움 속에서 힘들고 지칠 때가 있습니다. 그럴 때 나 자신에게 위로의 말을 전하는 것은 매우 중요한 과정입니다. 나는 나를 지지하고 격려하는 말을 스스로에게 건넬 필요가 있습니다. "너는 소중한 존재야"라는 말로 시작해 보세요. 이 한 마디는 내가 누구인지, 어떤 가치가 있는지를 다시 한 번 상기시켜주는 힘이 있습니다. 나 자신에게 긍정적인 말을 건넴으로써, 나는 나를 더욱 사랑하고, 스스로를 인정하는 기회를 가질 수 있습니다.

"모든 일이 잘될 거야"라는 말도 나에게 위로가 될 수 있습니다. 삶은 예측할 수 없는 일들로 가득 차 있지만, 이러한 어려움 속에서도 나는 강하고, 회복력 있는 존재라는 것을 잊지 말아야 합니다. 힘든 상황에 처해 있을지라도, 나는 내 안에 있는 힘을 믿고 나아갈 수 있습니다. 매일의 작은 도전들이 나를 더욱 단단하게 만들어줄 것이고, 결국에는 내가 원하는 방향으로 나아갈 수 있도록 도와줄 것입니다.

또한, "너의 감정은 소중해"라는 말을 잊지 마세요. 내가 느끼는 감정은 모두 의미가 있으며, 이를 인정하고 존중하는 것이 중요합니다. 슬픔, 불안, 행복, 고통 모두가 나의 경험의 일부이며, 이러한 감정을 소중히 여기는 것은 나의 존재를 더욱 깊이 이해하는 데 도움이 됩니다. 감정을 억누르지 말고, 나 자신에게 솔직하게 표현하세요. "지금의 나는 괜찮아. 나는 내 감정을 느끼고 있고, 그것은 자연스러운 것이야"라는 마음가짐을 가지는 것이 필요합니다.

"너는 혼자가 아니야"라는 말을 스스로에게 전해보세요. 힘든 순간에 혼자라고 느낄 수 있지만, 나를 지지해주는 가족, 친구, 그리고 나와 같은 경험을 가진 사람들과의 연결이 있다는 것을 잊지 말아야 합니다. 나는 언제든지 도움을 요청할 수 있으며, 나를 이해해주고 지지해주는 사람들이 곁에 있다는 것을 인식해야 합니다. 이 연결은 나에게 큰 힘이 되어 줄 것이며, 내가 더 강해질 수 있도록 도와줄 것입니다.

또한, "실수는 성장의 일부야"라는 위로의 말을 상기하세요. 나는 누구나 실수를 할 수 있고, 그 실수가 나를 더욱 성장하게 만드는 기회라는 것을 받아들여야 합니다. 실수는 나의 약점이 아니라, 내가 배우고 발전하는 데 필요한 과정입니다. "나는 실수로부터 배우고, 그것을 통해 더 나은 사람이 될 수 있어"라는 믿음을 가지는 것이 중요합니다. 이 과정에서 나 자신을 비난하기보다는, 나를 이해하고 격려하는 자세를 가져야 합니다.

마지막으로, "너는 나의 가장 큰 친구야"라는 말을 잊지 마세요. 나 자신을 사랑하고, 나를 응원하는 것은 내가 행복한 삶을 살아가는 데 필수적입니다. 나는 나 자신을 가장 잘 아는 친구이자, 나를 지지하고 응원하는 존재입니다. 이러한 마음가짐을 통해 나는 내 삶의 주인공으로서 나를 소중히 여기고, 사랑하는 방법을 배워갈 수 있습니다.

결국, 나에게 전하는 위로의 말은 내가 누구인지, 어떤 가치를 지니고 있는지를 깨닫게 해주며, 나를 더욱 사랑하게 만드는 힘이 됩니다. 이러한 위로의 메시지를 통해 나는 내 삶의 주인공으로서의 역할을 더욱 확고히 할 수 있으며, 나 자신을 더욱 소중히 여기는 삶을 살아갈 수 있게 됩니다.

"어려움 속에서도 너는 성장하고 있어"라는 말을 나 자신에게 전하는 것은 매우 중요합니다. 우리는 때때로 힘든 상황에 처하게 되고, 그 속에서 불안이나 초조함을 느낄 수 있습니다. 하지만 그럴 때일수록 나는 나에게 이렇게 말해야 합니다. "이 상황은 너를 더욱 강하게 만들어줄 거야." 어려움은 나를 성장하게 만드는 기회이며, 나는 이를 통해 더욱 성숙해질 것입니다. 이러한 인식은 내가 겪는 모든 경험이 나에게 중요한 의미가 있음을 깨닫게 해줍니다.

"너의 과거는 너의 현재를 만들어준 소중한 경험이야"라는 위로의 말도 필요합니다. 과거의 나에게 있었던 아픔이나 상처는 나의 성장에 중요한 발판이 되었습니다. 나는 그 시절의 나를 이해하고, 그 경험이 나를 더욱 강하고 지혜롭게 만들어주었다는 사실을 잊지 말아야 합니다. "과거의 나는 그저 내 경험의 한 부분일 뿐이야"라는 마음가짐을 가지면, 나는 더욱 자유롭게 나 자신을 받아들이고 사랑할 수 있습니다.

또한, "매일 조금씩 나아지고 있어"라는 말을 상기해야 합니다. 변화는 한 번에 이루어지지 않으며, 나의 성장 과정은 서서히 이루어집니다. 나는 매일의 작은 발걸음들이 모여 큰 변화를 만든다는 사실을 인정해야 합니다. "하루에 하나의 작은 목표라도 이루는 것이 중요해"라는 마음가짐을 가지며, 나의 일상 속에서 성취감을 느끼는 것이 필요합니다. 이러한 태도는 나에게 꾸준한 동기를 부여해줍니다.

"너는 꿈을 꾸는 자격이 있어"라는 말도 매우 중요합니다. 나는 내가 원하는 꿈과 목표를 가지는 것이 당연하다는 것을 인식해야 합니다. 꿈은 나에게 방향성을 제공하며, 나의 삶을 더욱 의미 있게 만들어줍니다. "내가 원하는 것을 이루기 위해 노력할 자격이 있어"라는 긍정적인 믿음을 가져야 합니다. 이러한 믿음은 나에게 더 큰 가능성을 열어주고, 내가 원하는 삶을 실현할 수 있도록 도와줄 것입니다.

"현재의 너를 사랑해야 해"라는 말을 잊지 마세요. 나는 항상 더 나은 내가 되고 싶어하지만, 현재의 나도 충분히 소중하다는 사실을 기억해야 합니다. "나는 지금 이 순간을 살아가고 있으며, 지금의 나에게도 사랑과 존중을 보내야 해"라는 마음가짐을 가지는 것이 중요합니다. 현재의 나를 받아들이고 사랑하는 것은 내가 성장하는 데 필요한 기반을 다지는 것입니다.

마지막으로, "너는 혼자가 아니야"라는 말을 상기할 필요가 있습니다. 힘든 순간에 나는 종종 외롭다고 느낄 수 있지만, 나를 지지해주는 사람들과의 연결을 잊지 말아야 합니다. "내 곁에는 나를 사랑하고 지지해주는 사람들이 있어"라는 사실은 나에게 큰 위안이 됩니다. 나는 언제든지 도움을 요청할 수 있으며, 나와 같은 경험을 나눈 사람들과의 대화는 나에게 힘이 됩니다.

결국, 나에게 전하는 위로의 말은 내가 누구인지, 어떤 가치를 지니고 있는지를 깨닫게 해주며, 나를 더욱 사랑하게 만드는 힘이 됩니다. 이러한 위로의 메시지를 통해 나는 내 삶의 주인공으로서의 역할을 더욱 확고히 할 수 있으며, 나 자신을 더욱 소중히 여기는 삶을 살아갈 수 있게 됩니다. 나는 나 자신을 격려하고 사랑하는 과정을 통해 더욱 긍정적이고 의미 있는 삶을 만들어갈 수 있습니다.

"모든 것이 괜찮아질 거야"라는 위로의 말을 스스로에게 전하는 것은 매우 중요합니다. 인생에서 어려운 순간이 찾아올 때, 나는 종종 불안과 두려움을 느끼곤 합니다. 하지만 그럴 때마다 "이 또한 지나갈 것이다"라는 마음으로 나를 위로해야 합니다. 모든 고통과 시련은 일시적이며, 언젠가는 내가 다시 일어설 수 있는 날이 올 것이라는 믿음을 가지는 것이 필요합니다. 나는 내면의 힘을 믿고, 이러한 순간들을 극복할 수 있는 능력이 있음을 상기해야 합니다.

"너는 지금 이 순간에도 성장하고 있어"라는 위로의 말도 잊지 말아야 합니다. 나는 내가 처한 상황에서 최선을 다하고 있으며, 이러한 노력들이 나를 더욱 강하게 만들어준다는 것을 인식해야 합니다. 힘든 과정에서도 내가 경험하는 모든 감정과 상황은 나의 성장에 필요한 요소입니다. "현재의 내가 소중하다"는 마음으로 나를 바라보면, 나는 나 자신을 더욱 존중하고 사랑할 수 있습니다.

"너의 힘은 너의 약점에서 나온다"라는 말을 스스로에게 전하는 것도 필요합니다. 나의 약점이나 부족한 점은 나를 더욱 깊이 이해하고, 나의 진정한 모습을 발견하는 기회를 제공합니다. 내가 힘들게 느끼는 순간이 나의 성장에 중요한 발판이 될 수 있으며, 이를 통해 더욱 강한 존재로 거듭날 수 있습니다. "나는 나의 약점을 인정하고, 이를 통해 나를 발전시킬 수 있어"라는 믿음을 가지는 것이 중요합니다.

또한, "너는 언제나 변화를 맞이할 준비가 되어 있어"라는 위로의 메시지는 내가 변화의 순간을 긍정적으로 받아들이는 데 도움을 줍니다. 삶은 항상 변화하며, 변화는 나에게 새로운 기회를 제공합니다. 나는 이러한 변화를 두려워하기보다는, 이를 받아들이고 나의 성장으로 이어지도록 노력해야 합니다. "나는 변화에 잘 적응할 수 있는 능력이 있다"는 마음가짐은 나에게 큰 힘이 됩니다.

"너의 감정은 중요해"라는 말로 나를 위로하는 것도 필요합니다. 나의 감정은 나의 존재의 일부이며, 이를 인정하고 표현하는 것이 중요합니다. 슬픔이나 기쁨, 불안이나 안도감 등 모든 감정은 나를 더 깊이 이해하는 데 도움을 주며, 이를 통해 나의 내면을 더욱 풍요롭게 할 수 있습니다. "내 감정은 나에게 소중하며, 이를 존중해야 한다"는 믿음을 가지는 것이 필요합니다.

마지막으로, "너는 충분히 사랑받을 가치가 있어"라는 위로의 메시지를 스스로에게 전하세요. 나는 나 자신이 사랑받을 가치가 있다는 것을 깊이 인식해야 합니다. 내 존재 자체가 소중하며, 내가 누구이든 간에 사랑받을 권리가 있다는 것을 기억해야 합니다. "나는 사랑받는 존재이며, 나의 가치와 존재를 존중해야 한다"는 믿음은 나를 더욱 사랑하게 만들고, 내가 행복한 삶을 살아가는 데 필요한 힘을 제공합니다.

결국, 나에게 전하는 위로의 말은 내가 누구인지, 어떤 가치를 지니고 있는지를 깨닫게 해주며, 나를 더욱 사랑하게 만드는 힘이 됩니다. 이러한 위로의 메시지를 통해 나는 내 삶의 주인공으로서의 역할을 더욱 확고히 할 수 있으며, 나 자신을 더욱 소중히 여기는 삶을 살아갈 수 있게 됩니다. 나를 위로하는 이 과정은 나의 내면의 가치를 발견하고, 내가 진정으로 원하는 삶을 살아가는 데 큰 도움이 될 것입니다.

"너는 이 세상에 단 하나뿐인 존재야"라는 위로의 말을 잊지 말아야 합니다. 나는 나만의 고유한 특성과 매력을 지닌 특별한 사람이라는 사실을 항상 기억해야 합니다. 세상에 수많은 사람들이 있지만, 나처럼 생각하고 느끼는 사람은 없다는 것을 인식하는 것이 중요합니다. 이 사실은 나의 존재 자체가 얼마나 소중한지를 깨닫게 해줍니다. "나는 나만의 가치가 있으며, 나의 존재가 이 세상에 필요한 이유가 있어"라는 마음가짐은 나를 더욱 사랑하게 만들어 줍니다.

또한, "너는 네가 원하는 삶을 살 자격이 있어"라는 말을 스스로에게 전하는 것이 중요합니다. 나는 원하는 목표를 향해 나아가는 데 필요한 자격과 능력을 지니고 있습니다. 나의 꿈과 목표는 중요하며, 이를 이루기 위해 노력하는 것은 나에게 주어진 권리입니다. "내가 원하는 것을 이루기 위해 노력할 자격이 있다"는 긍정적인 믿음은 내가 나 자신을 더욱 사랑하고 응원하게 만듭니다.

"너의 실수는 너의 성장의 일부야"라는 위로의 메시지도 필요합니다. 나는 실수를 두려워하지 말고, 이를 통해 배우고 성장하는 과정으로 바라보아야 합니다. 실패와 실수는 나를 더욱 강하게 만들고, 내가 원하는 방향으로 나아가는 데 중요한 경험이 됩니다. "실패는 나에게 배우는 기회를 주며, 이를 통해 더 나은 사람이 될 수 있다"는 믿음을 가져야 합니다. 이러한 태도는 나를 더욱 용기 있게 나아가게 해주며, 나를 지지하는 힘이 됩니다.

또한, "현재의 순간을 소중히 여겨라"라는 말을 잊지 마세요. 나는 과거의 후회나 미래의 불안으로부터 벗어나 현재에 집중해야 합니다. 지금 이 순간을 살아가는 것은 나에게 주어진 소중한 기회이며, 이를 즐기고 감사하는 것이 필요합니다. "나는 지금 이 순간을 즐길 자격이 있다"는 마음으로 현재를 받아들이면, 내 삶은 더욱 풍요롭고 행복하게 느껴질 것입니다.

"너의 감정은 충분히 표현할 수 있어"라는 위로의 메시지 또한 나에게 중요합니다. 나는 나의 감정을 솔직하게 표현할 수 있는 권리가 있으며, 이를 통해 나 자신을 더욱 이해하게 됩니다. 감정을 억누르지 말고, 내가 느끼는 모든 감정을 존중하고 표현해야 합니다. "내 감정은 소중하며, 이를 자유롭게 드러낼 수 있다"는 믿음은 나에게 큰 힘을 주고, 나를 지지하는 자원이 됩니다.

마지막으로, "너는 언제든지 다시 시작할 수 있어"라는 말을 상기해야 합니다. 어떤 어려움이나 실패가 있더라도, 나는 언제든지 새로운 시작을 할 수 있는 기회를 가지고 있습니다. "나는 내 삶의 주인공으로서 언제든지 변화를 만들 수 있다"는 마음가짐을 가지면, 두려움이 아닌 기대감으로 앞으로 나아갈 수 있습니다. 이러한 태도는 나에게 긍정적인 에너지를 주고, 삶을 향한 열정을 되살리게 합니다.

결국, 나에게 전하는 위로의 말은 내가 누구인지, 어떤 가치를 지니고 있는지를 깨닫게 해주며, 나를 더욱 사랑하게 만드는 힘이 됩니다. 이러한 위로의 메시지를 통해 나는 내 삶의 주인공으로서의 역할을 더욱 확고히 할 수 있으며, 나 자신을 더욱 소중히 여기는 삶을 살아갈 수 있게 됩니다. 나는 나 자신을 응원하고 사랑하는 과정을 통해 더욱 긍정적이고 의미 있는 삶을 만들어갈 수 있습니다.

"너는 언제나 나 자신을 위한 최선의 선택을 할 수 있어"라는 위로의 말을 스스로에게 전하는 것은 중요합니다. 나는 어려운 결정이나 상황에 처했을 때, 스스로에게 믿음을 주고 지지하는 것이 필요합니다. "내가 내 마음과 직관을 믿는다면, 나는 언제나 올바른 선택을 할 수 있다"라는 확신은 내가 힘든 순간을 극복하는 데 큰 도움이 됩니다. 이러한 믿음은 내가 내 삶의 주인공으로서의 역할을 더욱 확고히 할 수 있게 해줍니다.

또한, "너의 이야기는 중요해"라는 말을 잊지 말아야 합니다. 나는 나의 경험과 감정이 소중한 가치가 있다는 것을 항상 인식해야 합니다. 내가 겪은 일들은 나의 고유한 이야기를 구성하며, 이를 통해 다른 사람들과의 연결을 만들어 갈 수 있습니다. "나는 내 이야기를 공유할 자격이 있으며, 그것은 누군가에게 위로와 힘이 될 수 있다"는 마음가짐을 가져야 합니다. 내 이야기가 누군가에게 긍정적인 영향을 줄 수 있다는 사실은 나의 존재 가치를 높여줍니다.

"너는 네가 원할 때마다 쉬어도 괜찮아"라는 위로의 메시지도 필요합니다. 나는 언제든지 내 몸과 마음이 필요로 하는 만큼 휴식을 취할 수 있는 권리가 있습니다. 삶은 때로 바쁘고 스트레스가 가득 차기 마련이지만, 나는 나의 감정을 소중히 여기고 충분히 쉬어야 합니다. "나는 나를 위해 잠시 멈출 수 있으며, 그렇게 해도 괜찮다"는 믿음은 나에게 큰 안도감을 주고, 재충전할 수 있는 기회를 제공합니다.

또한, "너는 주변 사람들에게 긍정적인 영향을 미치는 존재야"라는 메시지를 스스로에게 전하는 것이 필요합니다. 내가 주변 사람들과의 관계에서 긍정적인 에너지를 전할 수 있다는 사실은 나에게 큰 힘이 됩니다. "나는 나의 작은 행동과 말이 다른 사람에게 힘이 될 수 있다는 것을 믿는다"는 마음은 나를 더욱 가치 있게 느끼게 하며, 나의 존재의 의미를 깊이 이해하게 만들어 줍니다.

"너는 자신을 위해 가장 좋은 선택을 할 자격이 있어"라는 위로의 말도 스스로에게 전해주어야 합니다. 나는 나의 욕구와 필요를 존중하고, 이를 실현하기 위해 최선을 다해야 합니다. "나는 나 자신을 사랑하고, 나를 위해 필요한 것을 할 수 있다"는 믿음은 나를 더욱 사랑하게 만들고, 내 삶의 주도권을 확립하는 데 큰 도움이 됩니다.

마지막으로, "너는 사랑받을 가치가 있는 존재야"라는 말을 잊지 마세요. 나는 내 존재가 사랑받고 존중받을 가치가 있다는 것을 항상 기억해야 합니다. "나는 나의 존재 자체로 소중하며, 나를 사랑하는 것은 자연스러운 일이다"라는 마음가짐은 나를 더욱 사랑하게 만들고, 긍정적인 에너지를 주는 원동력이 됩니다. 내가 사랑받을 자격이 있다는 사실은 나의 자존감을 높이고, 나 자신을 더욱 소중히 여기게 해줍니다.

결국, 나에게 전하는 위로의 말은 내가 누구인지, 어떤 가치를 지니고 있는지를 깨닫게 해주며, 나를 더욱 사랑하게 만드는 힘이 됩니다. 이러한 위로의 메시지를 통해 나는 내 삶의 주인공으로서의 역할을 더욱 확고히 할 수 있으며, 나 자신을 더욱 소중히 여기는 삶을 살아갈 수 있게 됩니다. 나는 나 자신을 응원하고 사랑하는 과정을 통해 더욱 긍정적이고 의미 있는 삶을 만들어갈 수 있습니다.

"너는 언제나 변화할 수 있는 가능성을 가지고 있어"라는 위로의 말을 나 자신에게 전하는 것이 중요합니다. 인생은 변화의 연속이며, 나는 이러한 변화를 수용할 수 있는 능력을 지니고 있습니다. "나는 지금의 나뿐만 아니라, 더 나은 나로 성장할 수 있는 가능성이 있다"는 믿음은 내가 새로운 도전에 나설 수 있는 원동력이 됩니다. 이 말은 나에게 더 큰 꿈을 품고, 나 자신을 향해 긍정적으로 나아갈 수 있도록 도와줍니다.

또한, "너의 감정은 누구나 겪는 자연스러운 반응이야"라는 메시지를 스스로에게 전하는 것도 필요합니다. 나는 감정을 느끼는 것이 인생의 일부이며, 이를 숨기거나 부정할 필요가 없다는 것을 알아야 합니다. 슬픔, 기쁨, 분노, 불안 등 모든 감정은 나의 경험의 일부이며, 이를 인정하고 받아들이는 것이 중요합니다. "내가 느끼는 감정은 나의 자연스러운 반응이며, 이를 존중해야 한다"는 믿음을 가지는 것이 필요합니다. 이러한 태도는 내가 내면을 이해하고, 진정으로 나 자신을 사랑하는 데 기여합니다.

"너는 자신의 길을 걸어갈 권리가 있어"라는 위로의 말도 스스로에게 전해야 합니다. 나는 남들이 정한 기준이나 기대에 휘둘리지 않고, 내가 원하는 길을 선택할 수 있는 권리가 있습니다. "내가 원하는 삶을 살아갈 자유가 있다"는 마음가짐을 가지면, 나는 내 삶의 주체로서 더욱 자율적으로 선택할 수 있게 됩니다. 이러한 태도는 나에게 진정한 행복을 가져다줄 것입니다.

또한, "너는 스스로에게 가장 좋은 친구가 되어야 해"라는 메시지는 매우 중요합니다. 나는 나 자신을 비난하기보다는, 나의 친구처럼 존중하고 격려해야 합니다. 스스로에게 친절하게 대하는 것은 나의 자존감을 높이고, 내 존재의 가치를 더욱 확고히 하는 데 큰 도움이 됩니다. "나는 나의 가장 큰 지지자가 되어야 하며, 나를 소중히 여기는 마음을 가져야 한다"는 생각은 나를 더욱 사랑하게 만드는 원동력이 됩니다.

"너는 지금 이 순간을 살아가고 있어"라는 말을 스스로에게 전하는 것 또한 필요합니다. 나는 과거의 후회나 미래의 불안으로부터 벗어나 현재에 집중해야 합니다. "현재의 나는 그 자체로 소중하며, 이 순간을 즐길 자격이 있다"는 마음가짐은 나에게 큰 위안이 됩니다. 현재를 소중히 여기는 태도는 나의 삶을 더욱 풍요롭고 의미 있게 만들어 줄 것입니다.

마지막으로, "너는 힘들 때마다 일어설 수 있는 능력이 있어"라는 위로의 말은 나에게 큰 힘을 줍니다. 나는 어려움을 겪을 때마다 나에게 이런 말을 건네야 합니다. "너는 과거에도 어려운 순간을 이겨냈고, 앞으로도 그럴 수 있다"는 믿음은 내가 어려움을 극복할 수 있는 힘이 됩니다. 이 말은 나에게 긍정적인 마인드를 유지하게 해주고, 힘든 순간에도 희망을 잃지 않게 만들어 줍니다.

결국, 나에게 전하는 위로의 말은 내가 누구인지, 어떤 가치를 지니고 있는지를 깨닫게 해주며, 나를 더욱 사랑하게 만드는 힘이 됩니다. 이러한 위로의 메시지를 통해 나는 내 삶의 주인공으로서의 역할을 더욱 확고히 할 수 있으며, 나 자신을 더욱 소중히 여기는 삶을 살아갈 수 있게 됩니다. 나는 나 자신을 응원하고 사랑하는 과정을 통해 더욱 긍정적이고 의미 있는 삶을 만들어갈 수 있습니다.

"너는 오늘 하루를 잘 해낼 수 있어"라는 위로의 말을 아침마다 나 자신에게 건네는 것은 매우 중요합니다. 하루를 시작하며 "오늘의 나는 최선을 다할 수 있어"라고 스스로를 격려하는 것은 내가 하루를 긍정적으로 시작하는 데 큰 도움이 됩니다. 이러한 긍정적인 말은 나의 마인드를 활성화시키고, 내가 마주할 모든 일들을 자신감 있게 헤쳐 나갈 수 있도록 해줍니다.

또한, "너의 노력은 결코 헛되지 않아"라는 메시지도 잊지 말아야 합니다. 나는 종종 힘든 일에 부딪히거나, 원하는 결과를 얻지 못할 때가 있습니다. 그럴 때마다 나에게 이렇게 말해야 합니다. "나는 최선을 다했고, 그 과정에서 얻은 경험은 나를 더욱 성장하게 만들 것이다." 이 믿음은 내가 힘든 순간에도 계속해서 나아갈 수 있는 원동력이 됩니다. 노력의 결과는 곧바로 나타나지 않을 수 있지만, 그 과정에서 얻은 배움은 결국 나를 더 나은 사람으로 만들어줄 것입니다.

"너는 지금의 너로도 충분해"라는 말을 스스로에게 전하는 것도 중요합니다. 나는 종종 다른 사람과 비교하며 나 자신을 낮추거나 부족하다고 느낄 수 있습니다. 그러나 그런 순간에는 "나는 지금의 나로도 충분하며, 나만의 고유한 매력이 있다"는 사실을 깨닫는 것이 필요합니다. 나의 존재 자체가 소중하며, 나의 개성을 받아들이고 사랑하는 것이야말로 진정한 자신감으로 이어집니다.

"과거의 나를 이해하고 용서해줘"라는 위로의 말도 필요합니다. 나는 과거의 선택이나 실수로 인해 후회하는 감정을 느낄 수 있습니다. 그러나 이러한 과거는 나를 성장시키는 밑거름이 되었음을 인식해야 합니다. "나는 과거의 나를 용서하고, 그 경험을 통해 배운 것을 소중히 여길 것이다"라는 마음가짐은 나를 더욱 자유롭게 만들어 줄 것입니다. 과거의 나를 이해하고 용서함으로써, 나는 현재의 나를 더욱 사랑할 수 있습니다.

또한, "너는 오늘도 나 자신을 소중히 여길 수 있어"라는 말을 통해 스스로를 다시 한 번 다독여야 합니다. 내가 어떤 상황에 처하든지 간에, 나 자신을 사랑하고 존중하는 것은 가장 중요합니다. "나는 나를 위해 최선을 다하고, 나의 행복을 추구할 자격이 있다"는 긍정적인 믿음을 가지면, 나는 어떤 어려움에도 굳건하게 서 있을 수 있습니다.

"너는 모든 도전을 극복할 수 있는 힘을 지니고 있어"라는 위로의 말도 필요합니다. 나는 힘든 일이나 도전에 부딪혔을 때, 항상 "나는 이러한 상황을 극복할 수 있는 능력이 있다"는 믿음을 가지고 있어야 합니다. 이 믿음은 나를 더욱 강하게 만들고, 내가 원하는 방향으로 나아가게 도와줍니다. 나 자신에게 이런 말을 건네는 것은 내가 얼마나 강한지를 인식하게 해줍니다.

마지막으로, "너의 꿈은 이루어질 수 있어"라는 희망적인 메시지를 스스로에게 전하세요. 나의 꿈과 목표는 내가 갈망하는 것이며, 이를 위해 노력하는 것은 나에게 주어진 권리입니다. "나는 내 꿈을 이루기 위해 최선을 다할 수 있으며, 그 과정에서 얻은 모든 경험이 나를 성장하게 만들 것이다"라는 믿음은 나의 가능성을 확장시켜 줍니다. 내가 꿈꾸는 모든 것들은 노력과 끈기로 이룰 수 있는 것임을 잊지 말아야 합니다.

결국, 나에게 전하는 위로의 말은 내가 누구인지, 어떤 가치를 지니고 있는지를 깨닫게 해주며, 나를 더욱 사랑하게 만드는 힘이 됩니다. 이러한 위로의 메시지를 통해 나는 내 삶의 주인공으로서의 역할을 더욱 확고히 할 수 있으며, 나 자신을 더욱 소중히 여기는 삶을 살아갈 수 있게 됩니다. 나는 나 자신을 응원하고 사랑하는 과정을 통해 더욱 긍정적이고 의미 있는 삶을 만들어갈 수 있습니다.

"너는 네가 원하는 삶을 살아갈 수 있는 힘이 있어"라는 위로의 말을 스스로에게 전하는 것은 매우 중요합니다. 삶은 내가 선택하는 방향으로 나아갈 수 있으며, 그 선택은 나의 자유로운 의지에 달려 있습니다. "나는 내 삶의 주인공이며, 내가 원하는 것을 이루기 위해 노력할 자격이 있다"는 긍정적인 생각은 나에게 큰 힘이 됩니다. 내가 원하는 방향으로 나아가기 위해 끊임없이 노력하는 것은 나의 삶을 더욱 의미 있게 만들어 줍니다.

또한, "너는 지금 이 순간을 즐길 수 있는 권리가 있어"라는 메시지를 잊지 말아야 합니다. 우리는 종종 미래의 일이나 과거의 후회로 인해 현재를 소중히 여기지 못하는 경우가 많습니다. 하지만 나는 지금 이 순간의 소중함을 느끼고, 이를 즐길 자격이 있다는 것을 인식해야 합니다. "나는 지금 이 순간을 감사히 여기며, 모든 경험을 즐길 수 있다"는 마음가짐은 나에게 긍정적인 에너지를 줍니다.

"너는 네 감정을 솔직하게 표현할 수 있어"라는 말로 나를 위로하는 것도 필요합니다. 감정은 내 존재의 중요한 부분이며, 이를 숨기거나 억누르지 않아야 합니다. "나는 내 감정을 자유롭게 표현할 수 있으며, 그 감정은 나의 진정한 목소리다"라는 믿음을 가지는 것이 중요합니다. 감정을 표현함으로써 나는 나 자신을 더욱 깊이 이해하게 되고, 내 존재를 더욱 소중히 여길 수 있습니다.

또한, "너는 끊임없이 배울 수 있는 존재야"라는 위로의 말도 스스로에게 전해야 합니다. 나는 매일 새로운 것을 배우고 성장할 수 있는 기회를 가지고 있습니다. "나는 어떤 경험에서든 배울 점이 있으며, 이를 통해 더욱 지혜롭게 될 수 있다"는 마음가짐은 나에게 긍정적인 변화를 가져옵니다. 실수와 실패도 나의 성장에 중요한 요소라는 것을 잊지 말아야 합니다.

"너는 누구와도 비교할 필요가 없어"라는 메시지도 필요합니다. 비교는 나의 자존감을 낮추고 나를 힘들게 할 수 있습니다. "나는 나만의 길을 걷고 있으며, 나의 속도와 방식으로 나아가면 된다"는 사실을 받아들여야 합니다. 각자 다른 경험과 배경을 가진 사람들이라는 것을 인식하고, 나의 독특함을 존중하는 것이 중요합니다. 나의 여정은 나만의 것이며, 그것을 소중히 여겨야 합니다.

마지막으로, "너는 사랑받을 가치가 있는 존재야"라는 말을 스스로에게 전하는 것은 매우 중요한 일입니다. 나는 내 존재 자체가 사랑받고 존중받을 가치가 있다는 것을 기억해야 합니다. "나는 내 스스로를 사랑할 수 있는 존재이며, 내가 누군가에게 사랑받을 수 있는 자격이 있다"는 믿음을 가지고 살아가야 합니다. 이러한 마음가짐은 나에게 큰 위로가 되며, 나를 더욱 소중히 여기는 데 기여합니다.

결국, 나에게 전하는 위로의 말은 내가 누구인지, 어떤 가치를 지니고 있는지를 깨닫게 해주며, 나를 더욱 사랑하게 만드는 힘이 됩니다. 이러한 위로의 메시지를 통해 나는 내 삶의 주인공으로서의 역할을 더욱 확고히 할 수 있으며, 나 자신을 더욱 소중히 여기는 삶을 살아갈 수 있게 됩니다. 나는 나 자신을 응원하고 사랑하는 과정을 통해 더욱 긍정적이고 의미 있는 삶을 만들어갈 수 있습니다.

오늘도 빛나는 나에게

30

오늘도 다시 하루가 시작되었습니다. 아침 햇살이 나를 감싸고, 새벽의 고요함 속에서 나는 내 자신에게 이렇게 말합니다. "오늘도 나는 빛나는 존재야." 이 짧은 선언은 나에게 큰 힘이 되고, 오늘 하루를 살아가는 데 필요한 긍정적인 에너지를 제공합니다. 나는 나의 존재가 얼마나 소중한지를 다시 한 번 깨닫고, 이 순간을 만끽해야 합니다.

매일 아침, 나는 거울 앞에 서서 내 자신을 바라봅니다. 내 눈에 비친 모습은 여러 감정을 담고 있는 나의 삶의 이야기입니다. "너는 오늘도 빛날 준비가 되어 있어"라는 말을 건네며, 나는 내 자신에게 힘을 주고, 긍정적인 마음가짐을 다집니다. 이 순간, 나는 나의 내면에서부터 나오는 빛을 느끼며, 나의 가능성에 대한 믿음을 확고히 합니다.

"나는 나 자신이 선택한 길을 걸어가고 있다"는 사실을 기억하는 것도 중요합니다. 오늘의 나는 과거의 경험과 선택을 통해 형성된 결과입니다. 내가 겪었던 모든 일들은 나를 지금의 나로 만들어주었고, 이 모든 경험이 나에게 빛나는 오늘을 선사합니다. 나는 나의 선택과 경험을 자랑스럽게 여기고, 이를 통해 더욱 빛나는 삶을 살아갈 것입니다.

또한, "오늘은 나 자신을 위해 최선을 다할 것이다"라는 결심을 해봅니다. 나는 오늘 하루 내가 해야 할 일들, 나의 목표를 향해 나아가는 모든 과정에서 최선을 다할 것입니다. "나는 나를 위해 노력하고, 나의 꿈을 이루기 위해 힘쏠 것이다"라는 다짐은 나를 더욱 열정적으로 만들고, 나의 행동을 긍정적으로 이끌어줍니다. 오늘 하루는 나의 기회를 만들어 줄 것이며, 나는 그 기회를 놓치지 않도록 최선을 다할 것입니다.

나는 또한 "내가 사랑하는 것들을 즐길 자격이 있다"는 사실을 잊지 말아야 합니다. 오늘 하루 나는 내가 좋아하는 활동을 하거나, 나를 행복하게 하는 것들을 즐길 기회를 가져야 합니다. 예를 들어, 나의 좋아하는 음악을 듣거나, 자연 속에서 산책하며 그 아름다움을 만끽하는 것이 그 예입니다. 이러한 소소한 즐거움은 나에게 큰 위로와 힘이 되며, 나를 더욱 빛나게 만들어 줍니다.

"나는 나의 감정을 솔직하게 표현할 권리가 있다"는 것을 상기하는 것도 필요합니다. 내가 느끼는 감정은 모두 소중하며, 이를 숨기지 않고 표현하는 것은 내 존재를 더욱 풍요롭게 만들어줍니다. 감정을 털어놓는 것은 나의 내면을 이해하는 데 도움을 주고, 나 자신을 더 잘 사랑하게 해줍니다. 오늘은 내가 느끼는 모든 감정을 인정하고, 이를 표현하는 하루로 만들겠습니다.

마지막으로, "나는 나를 사랑할 준비가 되어 있다"는 다짐을 가져야 합니다. 나는 나 자신의 친구가 되어, 나를 이해하고 지지해줄 수 있는 존재가 되어야 합니다. "나는 나를 사랑하는 것이 당연하며, 이 사랑이 나를 더욱 빛나게 만든다"는 마음가짐은 내 삶의 모든 면에서 긍정적인 영향을 미칩니다.

결국, 오늘도 빛나는 나에게 전하는 메시지는 내가 누구인지, 어떤 존재인지를 깨닫게 해주며, 나를 더욱 사랑하게 만드는 힘이 됩니다. 나는 내 삶의 주인공으로서의 역할을 확고히 하며, 나 자신을 더욱 소중히 여기는 삶을 살아갈 것입니다. 오늘도 나는 나를 응원하고 사랑하는 과정을 통해 더욱 긍정적이고 의미 있는 삶을 만들어갈 수 있습니다.

"오늘도 내가 할 수 있는 최선을 다하겠다"는 다짐을 다시 한 번 새기며, 나는 하루를 시작합니다. 나의 목표는 단순히 하루를 잘 보내는 것이 아니라, 나에게 주어진 시간과 에너지를 최대한 활용하여 나 자신을 발전시키는 것입니다. 매일의 작은 노력들이 쌓여 나를 더 나은 모습으로 만들어 줄 것이라는 믿음은 나에게 큰 힘이 됩니다. "나는 내 가능성을 믿고, 나의 여정을 소중히 여길 것이다"라는 다짐은 나의 마음속에 깊이 새겨집니다.

오늘 하루, 나는 긍정적인 마인드로 나 자신을 응원하기 위해 다양한 활동을 계획합니다. 나는 운동을 통해 몸을 움직이고, 나의 건강을 챙기기로 결심했습니다. 운동은 나에게 기분 전환의 기회를 주며, 내면의 에너지를 끌어올리는 좋은 방법입니다. "나는 나의 몸을 소중히 여기고, 건강한 삶을 추구할 자격이 있다"는 사실을 잊지 말고, 이를 실천하는 데 집중하겠습니다.

또한, 나는 "오늘은 내가 좋아하는 것을 할 시간이다"라는 메시지를 기억하며, 나를 위한 작은 즐거움을 찾는 데 힘쓸 것입니다. 내가 좋아하는 책을 읽거나, 영화 한 편을 감상하며 나의 마음을 편안하게 만들어 줄 것입니다. 이러한 소소한 즐거움은 나의 일상에 활력을 주고, 나를 더욱 행복하게 만들어줍니다. "나는 내 행복을 소중히 여기고, 이를 누릴 자격이 있다"는 믿음을 가지고 오늘 하루를 만끽하겠습니다.

"나는 나의 감정을 존중하고 표현할 권리가 있다"는 것을 다시 한 번 마음에 새깁니다. 내가 느끼는 모든 감정은 나의 일부이며, 이를 숨기지 않고 인정하는 것이 필요합니다. 오늘은 내가 느끼는 감정들을 솔직하게 받아들이고, 그 감정을 표현하는 날로 만들어야겠습니다. "내 감정은 나의 진정한 목소리이며, 이를 표현함으로써 나를 이해할 수 있다"는 사실을 잊지 않고 살아가겠습니다.

또한, "나는 내 삶의 주인공이다"라는 강한 다짐을 가지고 오늘 하루를 살아가야 합니다. 삶의 주인공이 되는 것은 내가 원하는 방향으로 내 삶을 이끌어 나가는 것과 같은 의미입니다. "나는 나의 꿈과 목표를 향해 나아갈 권리가 있다"는 믿음은 나에게 큰 힘이 됩니다. 오늘은 나의 선택과 결정이 나의 미래에 긍정적인 영향을 미칠 것이라는 사실을 명심하며 살아가겠습니다.

"나는 언제든지 다시 시작할 수 있다"는 희망의 메시지도 나 자신에게 전합니다. 하루 중 어떤 순간에도 새로운 시작을 할 수 있는 기회가 있다는 것을 인식해야 합니다. "나는 과거의 실패에 얽매이지 않고, 언제든지 나의 삶을 새롭게 시작할 수 있다"는 마음가짐은 나에게 용기를 줍니다. 새로운 시작은 항상 나에게 기대와 희망을 가져다주며, 나를 더욱 발전시키는 기회가 될 것입니다.

마지막으로, "나는 나를 사랑할 자격이 있다"는 사실을 절대 잊지 말아야 합니다. 내 존재 자체가 소중하며, 나를 사랑하고 존중하는 것은 나의 기본적인 권리입니다. "나는 나 자신을 사랑하고, 이를 통해 행복한 삶을 살아갈 것이다"라는 믿음은 나를 더욱 빛나게 만들고, 긍정적인 에너지를 주변으로 퍼뜨릴 수 있게 해줍니다.

결국, 오늘도 빛나는 나에게 전하는 이 모든 메시지는 내가 누구인지, 어떤 존재인지에 대한 깊은 깨달음을 줍니다. 나는 오늘도 나 자신을 응원하며, 더욱 의미 있는 삶을 살아갈 수 있는 힘을 갖게 될 것입니다. 나는 나 자신을 사랑하는 이 여정을 통해 나의 빛을 발하고, 더욱 풍요롭고 행복한 삶을 만들어갈 것입니다.

"나는 나의 목표를 이루기 위해 작은 단계를 밟아 나갈 것이다"라는 마음가짐을 가지고 오늘을 맞이합니다. 목표를 이루는 데 있어 한 번에 큰 변화를 기대하기보다는, 작은 노력들이 쌓여 큰 결과를 만들어낼 수 있다는 것을 잊지 말아야 합니다. "나는 매일 조금씩 나아가고 있으며, 그 과정에서 내 자신을 더 사랑하게 된다"는 믿음은 나에게 꾸준한 동기부여를 제공합니다.

오늘도 내가 좋아하는 일에 시간을 할애하는 것을 계획합니다. "나는 나를 위한 시간을 가질 자격이 있다"는 사실을 스스로에게 상기시키며, 내가 좋아하는 취미 활동에 몰두하기로 합니다. 그림을 그리거나 음악을 듣는 것은 내 마음을 치유하고, 나의 내면의 에너지를 회복하는 데 큰 도움이 됩니다. 이러한 활동들은 나에게 기쁨과 만족감을 주며, 나의 삶을 더욱 풍요롭게 만들어 줍니다.

"나는 나의 성과를 축하할 줄 아는 사람이다"라는 다짐을 합니다. 내가 오늘 이룬 작은 목표나 성과를 축하하는 것은 나에게 긍정적인 에너지를 더해줍니다. 나는 스스로에게 칭찬의 말을 건네고, 내가 얼마나 열심히 노력했는지를 인정해야 합니다. "내가 이룬 모든 것들은 나의 노력의 결과이며, 나는 이를 자랑스럽게 여겨야 한다"는 태도는 나를 더욱 성장하게 만들 것입니다.

또한, "나는 나의 부족함을 인정하고 받아들인다"는 마음가짐을 가져야 합니다. 누구나 완벽할 수 없으며, 나의 약점이나 실수는 나를 더욱 강하게 만들 수 있는 기회입니다. "나는 나의 부족함이 나의 성장의 발판이 될 수 있음을 알고 있다"는 믿음을 가지면, 나는 더욱 긍정적인 시각으로 내 자신을 바라볼 수 있습니다. 부족함을 받아들이는 것은 나 자신을 사랑하는 데 있어 필수적인 과정입니다.

"나는 나에게 긍정적인 영향을 주는 사람들과의 관계를 소중히 여긴다"는 다짐도 합니다. 주변에 나를 지지하고 응원해주는 사람들이 있다는 것은 나에게 큰 힘이 됩니다. "나는 소중한 관계를 통해 나의 긍정적인 에너지를 나누고, 이를 통해 나도 더욱 빛나는 존재가 될 수 있다"는 사실을 깨닫고, 소중한 사람들과의 시간을 더욱 의미 있게 보내야 합니다.

"오늘은 나 자신을 위한 특별한 날이다"라는 생각을 하며 하루를 시작합니다. 나는 내가 원하는 방식으로 오늘을 디자인할 수 있는 권리가 있습니다. "나는 나의 욕구와 필요를 존중하고, 이를 실현하기 위해 노력할 것이다"라는 다짐은 나에게 스스로를 더욱 소중히 여길 수 있는 기회를 줍니다. 오늘 하루는 나만을 위한 시간으로 가득 채우고, 내가 사랑하는 모든 것들을 즐길 수 있도록 하겠습니다.

마지막으로, "나는 내 안의 빛을 발견하고, 이를 세상과 나누는 존재이다"라는 생각을 가지고 오늘을 마무리합니다. 나는 나의 빛을 세상에 나누며, 다른 사람들에게도 긍정적인 영향을 미칠 수 있습니다. "내가 가진 빛은 나와 다른 사람들의 삶을 더욱 아름답게 만드는 힘이 있다"는 사실을 잊지 말고, 이를 실천해 나가겠습니다.

결국, 오늘도 빛나는 나에게 전하는 모든 메시지는 내가 누구인지, 어떤 가치를 지니고 있는지를 다시 한 번 깨닫게 해줍니다. 나는 오늘도 나 자신을 응원하며, 더욱 의미 있는 삶을 살아갈 수 있는 힘을 갖게 될 것입니다. 오늘도 나를 사랑하는 이 여정을 통해 나의 빛을 발하고, 더욱 행복한 삶을 만들어갈 것입니다.

"나는 오늘의 나를 존중할 것이다"라는 다짐을 마음에 새깁니다. 매일 아침 나는 나의 상태를 확인하고, 내가 오늘 어떤 기분인지 살펴보는 시간을 가져야 합니다. "나는 지금 어떤 감정을 느끼고 있는가?"라는 질문을 통해 나는 내 마음의 소리를 듣고, 필요한 만큼 나를 보살피는 것이 중요합니다. 오늘 하루가 어떻게 흘러가든지 간에, 내 기분을 존중하는 것은 나에게 중요한 자기 사랑의 시작점이 됩니다.

"나는 나의 직관을 믿는다"는 말로 하루를 시작합니다. 내가 내리는 선택과 결정은 항상 나의 직관과 연결되어 있습니다. "내가 믿는 것이 나를 올바른 길로 인도할 것이다"라는 믿음은 나를 더욱 확고하게 만들어줍니다. 내 마음속의 소리를 듣고, 그것에 따라 행동하는 것이 내가 진정으로 원하는 삶을 살아가는 데 필요한 핵심입니다. 오늘은 내 직관을 신뢰하고, 나를 위해 최선의 선택을 할 수 있는 힘을 발휘할 것입니다.

"나는 오늘도 나의 소중한 꿈을 떠올린다"는 것을 잊지 말아야 합니다. 꿈은 나에게 방향성을 주고, 삶의 목적을 상기시켜주는 중요한 요소입니다. "나는 나의 꿈을 이루기 위해 매일 한 걸음씩 나아갈 것이다"라는 마음가짐을 가지고 오늘 하루를 계획해야 합니다. 꿈을 향해 나아가는 과정은 내 삶을 더욱 의미 있게 만들어 주며, 나는 그 여정을 즐길 자격이 있습니다. 오늘은 나의 꿈에 대해 생각하고, 이를 이루기 위해 어떤 행동을 취할지 구체적으로 고민해 보겠습니다.

또한, "나는 나의 성장을 축하한다"는 생각을 가져야 합니다. 매일의 작은 발전도 소중하며, 나는 이를 인정하고 축하할 수 있어야 합니다. "나는 나의 노력을 감사히 여기고, 그 과정에서 나를 더욱 사랑할 수 있다"는 마음가짐은 나의 자신감을 높여줍니다. 오늘 하루 내가 이룬 작은 성취를 인정하고 축하하며, 나를 격려하는 시간을 가져야겠습니다.

"나는 나의 몸과 마음을 소중히 여길 것이다"라는 다짐도 중요합니다. 나는 내가 건강하게 살기 위해 필요한 것을 소중히 여겨야 하며, 내 몸과 마음을 잘 돌보는 것이 필요합니다. "나는 내 건강을 우선시하고, 내 마음의 소리에 귀 기울일 것이다"라는 생각은 나에게 큰 힘이 됩니다. 오늘 하루는 내가 나를 소중히 여기고, 내 몸과 마음을 건강하게 유지하기 위해 필요한 조치를 취하는 날로 만들겠습니다.

"나는 내가 사랑하는 사람들과의 시간을 소중히 여긴다"는 사실을 다시 한 번 마음에 새깁니다. 나는 주변 사람들과의 관계를 더욱 깊이 있게 만들고, 그들과의 소중한 순간을 간직하는 것이 필요합니다. "나는 나를 지지해주는 사람들과의 관계를 소중히 여기고, 그들과의 시간을 즐길 자격이 있다"는 믿음은 나에게 행복을 더해줍니다. 오늘은 소중한 사람들과의 만남을 계획하고, 그들과의 대화 속에서 나의 에너지를 충전할 것입니다.

마지막으로, "나는 오늘도 나 자신을 사랑한다"는 메시지를 스스로에게 전합니다. 나의 존재는 소중하며, 나를 사랑하고 존중하는 것은 내가 누릴 수 있는 권리입니다. "나는 나 자신에게 최선을 다할 것이며, 내 행복을 추구하는 여정을 지속할 것이다"라는 마음가짐은 나를 더욱 빛나게 만들고, 긍정적인 에너지를 주는 원천이 됩니다.

결국, 오늘도 빛나는 나에게 전하는 이 모든 메시지는 내가 누구인지, 어떤 가치를 지니고 있는지를 다시 한 번 깨닫게 해줍니다. 나는 오늘도 나 자신을 응원하며, 더욱 의미 있는 삶을 살아갈 수 있는 힘을 갖게 될 것입니다. 오늘도 나를 사랑하는 이 여정을 통해 나의 빛을 발하고, 더욱 행복한 삶을 만들어갈 것입니다.

"나는 나의 내면의 목소리를 존중한다"는 마음가짐을 가져야 합니다. 삶의 다양한 상황에서 나는 종종 외부의 압력이나 타인의 기대에 휘둘리기 쉽습니다. 그러나 내가 진정으로 원하는 것이 무엇인지, 나의 내면에서 울리는 목소리를 듣는 것은 매우 중요합니다. "나는 나의 감정을 귀 기울여 듣고, 그것을 소중히 여길 것이다"라는 결심은 내가 내 삶을 더 나은 방향으로 이끌어가는 데 필수적입니다.

"나는 매일 나 자신에게 긍정적인 말을 건넨다"는 습관을 들이는 것도 필요합니다. 아침마다 거울을 보며 스스로에게 긍정적인 말을 건네는 것은 나를 사랑하는 좋은 방법입니다. "나는 오늘도 충분히 잘할 수 있어"라는 다짐은 나에게 자신감을 주고, 하루를 시작하는 데 필요한 에너지를 불어넣습니다. 이러한 긍정적인 자기 대화는 나의 하루를 더욱 빛나게 만들어 줄 것입니다.

"나는 실패를 두려워하지 않는다"는 생각을 깊이 새기고, 오늘 하루를 맞이하겠습니다. 실패는 나의 성장 과정에서 피할 수 없는 부분입니다. "나는 실패를 통해 배우고, 더욱 강해질 것이다"라는 믿음을 가져야 합니다. 내가 실패를 경험할 때마다 그것이 나를 더욱 단단하게 만들어준다는 사실을 기억한다면, 나는 두려움 없이 새로운 도전에 나설 수 있습니다.

또한, "나는 나의 한계를 넘어서기 위해 노력할 것이다"라는 다짐을 세워야 합니다. 나 자신에게 도전하고, 새로운 목표를 설정하는 것은 나의 성장을 촉진하는 중요한 방법입니다. "나는 나의 안전지대에서 벗어나, 나를 더욱 성장시키기 위해 노력할 자격이 있다"는 믿음은 내가 한계를 넘어서는 데 큰 동기를 부여합니다. 오늘은 나에게 도전하는 순간을 만들고, 그 과정을 통해 새로운 나를 발견할 것입니다.

"나는 나의 취미와 관심사를 즐길 자격이 있다"는 생각을 항상 떠올려야 합니다. 내가 좋아하는 활동은 나를 행복하게 만들고, 내 내면의 에너지를 충전하는 데 도움을 줍니다. "나는 오늘 나의 취미에 시간을 투자할 것이며, 이를 통해 나를 더욱 사랑할 것이다"라는 다짐은 나의 일상에 기쁨과 활력을 불어넣습니다. 오늘은 내가 좋아하는 활동을 하며, 나 자신을 위한 특별한 시간을 가져야겠습니다.

"나는 나에게 긍정적인 영향을 주는 환경을 만들어갈 것이다"라는 결심도 중요합니다. 나는 내 주위의 환경이 나의 감정과 기분에 큰 영향을 미친다는 사실을 인식해야 합니다. "나는 나에게 필요한 긍정적인 요소를 내 삶에 끌어들일 수 있다"는 믿음은 나를 더욱 행복하게 만들어 줄 것입니다. 오늘은 나에게 긍정적인 영향을 주는 공간과 사람들로 가득 채우는 날로 만들어야겠습니다.

마지막으로, "나는 내 인생의 주인공이며, 오늘도 나의 이야기를 쓰고 있다"는 사실을 항상 기억해야 합니다. 나의 삶은 내가 직접 만들어가는 것이며, 매일의 선택이 나의 이야기를 구성합니다. "나는 나의 선택을 통해 더욱 빛나는 나를 만들어갈 것이다"라는 믿음은 나에게 큰 힘이 됩니다. 오늘도 나의 이야기를 써 내려가며, 나 자신을 더욱 사랑하고 존중하는 시간을 가져야겠습니다.

결국, 오늘도 빛나는 나에게 전하는 이 모든 메시지는 내가 누구인지, 어떤 가치를 지니고 있는지를 다시 한 번 깨닫게 해줍니다. 나는 오늘도 나 자신을 응원하며, 더욱 의미 있는 삶을 살아갈 수 있는 힘을 갖게 될 것입니다. 오늘도 나를 사랑하는 이 여정을 통해 나의 빛을 발하고, 더욱 행복한 삶을 만들어갈 것입니다.

"나는 오늘 내 감정의 변화를 이해할 수 있는 존재이다"라는 마음가짐을 가져야 합니다. 하루를 시작하며 나의 감정이 어떤지를 살펴보는 것은 내 자신을 더욱 깊이 이해하는 데 큰 도움이 됩니다. "내가 느끼는 모든 감정은 나의 일부이며, 이를 인정하는 것이 중요하다"는 믿음은 나를 더욱 진실하게 바라보게 해줍니다. 오늘은 내가 느끼는 감정을 솔직하게 받아들이고, 그 감정을 표현할 수 있는 방법을 찾아야겠습니다.

"나는 나의 목표를 향해 오늘도 한 걸음 나아갈 것이다"라는 결심을 잊지 말아야 합니다. 작은 목표라도 하루에 하나씩 달성하는 것은 나에게 큰 성취감을 줍니다. "나는 매일의 작은 노력들이 모여 큰 변화를 만들어낼 것이라는 것을 믿는다"는 생각은 나에게 동기를 부여하며, 나의 성장에 중요한 역할을 합니다. 오늘도 나의 목표를 향해 나아가며, 그 과정에서 나를 격려하고 응원하는 시간을 가져야겠습니다.

"나는 내 주변의 긍정적인 에너지를 받아들인다"는 마음가짐을 가지고, 나의 일상 속에서 긍정적인 사람들과의 만남을 소중히 여겨야 합니다. 긍정적인 대화와 소통은 나에게 큰 힘이 되며, 나의 기분을 좋게 만드는 데 도움이 됩니다. "나는 나를 지지해주고 사랑해주는 사람들과의 관계를 소중히 여기고, 이들과의 시간을 즐길 것이다"라는 생각은 나에게 큰 위안이 됩니다. 오늘은 소중한 사람들과의 만남을 계획하며, 그들과 함께 시간을 보내는 것이 중요합니다.

"나는 내 자신의 목소리를 높일 수 있는 용기가 있다"는 믿음을 가져야 합니다. 나는 나의 생각과 감정을 표현하는 것이 자연스럽고 중요하다는 것을 인식해야 합니다. "나는 내가 원하는 것을 말할 자격이 있으며, 내 목소리가 중요하다"는 생각은 나를 더욱 강하게 만들어 줍니다. 오늘은 내 의견과 생각을 솔직하게 표현할 수 있는 기회를 가져야겠습니다.

"나는 내 존재 자체로 사랑받을 가치가 있다"는 것을 기억하며, 하루를 마무리합니다. 나의 존재는 소중하며, 누군가에게 긍정적인 영향을 미칠 수 있는 힘이 있습니다. "나는 사랑받을 자격이 있으며, 이를 느끼고 살아갈 것이다"라는 믿음은 나를 더욱 행복하게 만들어 줍니다. 오늘 하루 내가 만나는 사람들에게 긍정적인 영향을 줄 수 있도록 노력하며, 그들과의 관계에서 나의 가치를 발견해야겠습니다.

또한, "나는 내 자신의 행복을 추구할 권리가 있다"는 사실을 잊지 말아야 합니다. 나는 나 자신이 행복할 자격이 있으며, 그 행복을 위해 필요한 노력을 기울일 것입니다. "나는 오늘 나를 위해 할 수 있는 모든 것을 할 것이다"라는 결심은 나에게 큰 힘을 줍니다. 나의 행복은 나의 선택에 달려 있으며, 이를 위해 최선을 다할 것입니다.

마지막으로, "나는 나를 위해 최선을 다하는 존재다"라는 믿음을 가지고 오늘을 맞이합니다. 내가 나를 소중히 여기고 사랑하는 것은 내가 살아가는 데 있어 가장 중요한 일입니다. "나는 내 삶의 주인공이며, 오늘도 나의 이야기를 멋지게 써 나갈 것이다"라는 다짐은 나에게 긍정적인 에너지를 불어넣습니다.

결국, 오늘도 빛나는 나에게 전하는 이 모든 메시지는 내가 누구인지, 어떤 가치를 지니고 있는지를 다시 한 번 깨닫게 해줍니다. 나는 오늘도 나 자신을 응원하며, 더욱 의미 있는 삶을 살아갈 수 있는 힘을 갖게 될 것입니다. 오늘도 나를 사랑하는 이 여정을 통해 나의 빛을 발하고, 더욱 행복한 삶을 만들어갈 것입니다.

"나는 나의 감정을 진정으로 받아들인다"라는 다짐을 통해 오늘을 시작합니다. 내 마음속의 감정들이 무엇이든 간에, 그것은 나의 일부이며, 나의 존재를 더욱 깊이 이해하는 데 필요한 중요한 요소입니다. "나는 오늘의 감정이 어떤 것이든지 간에 그 감정을 존중할 것이다"라는 마음가짐을 가지며, 내 안의 소리를 귀 기울여 듣기로 결심합니다. 슬픔이나 기쁨, 불안과 안도감 모두가 나의 소중한 경험이자 성장의 일부라는 사실을 기억하는 것이 중요합니다.

"나는 나를 위한 작은 기쁨을 찾을 것이다"라는 계획을 세웁니다. 하루 중 나 자신을 위해 할 수 있는 작은 행동들을 계획하는 것은 나의 행복을 높이는 좋은 방법입니다. 예를 들어, 내가 좋아하는 커피를 한 잔 마시거나, 잠깐의 산책을 통해 자연의 아름다움을 느끼는 것 등이 있을 수 있습니다. "나는 나를 위해 소소한 기쁨을 찾을 자격이 있다"는 믿음을 가지고, 하루를 더욱 풍요롭게 만드는 방법을 찾아야 합니다.

"나는 내 성장의 과정을 존중한다"는 사실을 상기합니다. 나의 여정에는 기복이 있을 수 있지만, 나는 그 모든 과정이 나를 더욱 강하게 만들어 준다는 것을 인식해야 합니다. "나는 실패와 성공 모두가 나를 성장하게 하는 귀중한 경험임을 이해한다"는 마음가짐은 나에게 긍정적인 태도를 불어넣습니다. 오늘은 나의 과거를 받아들이고, 그로 인해 나에게 주어진 기회를 소중히 여길 것입니다.

또한, "나는 나 자신에게 부드럽고 친절할 것이다"라는 다짐을 합니다. 나는 스스로에게 지나치게 비판적이지 않도록 주의해야 하며, 나를 친구처럼 대하는 것이 중요합니다. "나는 나의 작은 실수나 부족함을 이해하고, 이를 통해 나를 더욱 사랑하게 된다"는 마음가짐을 가지며, 나를 포용하는 하루를 만들어야겠습니다.

"나는 주변 사람들과의 관계를 소중히 여긴다"는 사실을 다시 한 번 생각합니다. 사람들과의 관계는 나에게 큰 힘이 되며, 나를 지지해주는 존재가 있다는 것은 정말 큰 행복입니다. "나는 소중한 사람들과의 소통을 통해 긍정적인 에너지를 주고받을 것이다"라는 믿음을 가지고, 오늘은 나의 관계를 더욱 깊이 있게 만들어갈 수 있는 기회를 가져야 합니다.

또한, "나는 긍정적인 변화의 주체가 될 것이다"라는 다짐도 중요합니다. 나는 내 삶의 변화에 책임을 지고, 원하는 방향으로 나아가기 위해 노력해야 합니다. "나는 내 결정과 행동이 내 미래를 형성할 수 있음을 알고 있다"는 마음가짐은 나에게 큰 동기를 제공합니다. 오늘은 나의 목표를 향해 한 발짝 더 나아갈 수 있는 기회를 만들어야겠습니다.

마지막으로, "나는 나를 소중히 여기고 사랑하는 존재다"라는 확신을 가지고 하루를 마무리합니다. 나의 존재 자체가 소중하며, 이를 존중하고 사랑하는 것은 나의 권리입니다. "나는 매일 나 자신을 사랑하고 존중할 수 있는 선택을 할 것이다"라는 마음가짐은 나에게 행복과 평화를 가져다줄 것입니다.

결국, 오늘도 빛나는 나에게 전하는 이 모든 메시지는 내가 누구인지, 어떤 가치를 지니고 있는지를 다시 한 번 깨닫게 해줍니다. 나는 오늘도 나 자신을 응원하며, 더욱 의미 있는 삶을 살아갈 수 있는 힘을 갖게 될 것입니다. 오늘도 나를 사랑하는 이 여정을 통해 나의 빛을 발하고, 더욱 행복한 삶을 만들어갈 것입니다.

"나는 나의 꿈을 현실로 만들 수 있는 힘이 있다"라는 다짐을 통해 오늘을 시작합니다. 나의 꿈은 단순한 희망이 아니라, 내가 이루어야 할 목표입니다. "나는 내 꿈을 향해 한 걸음씩 나아갈 수 있는 능력이 있다"는 믿음은 나에게 긍정적인 에너지를 줍니다. 오늘은 내가 원하는 목표를 다시 한번 떠올리고, 이를 이루기 위해 필요한 계획을 세워보겠습니다.

"나는 매일 나에게 긍정적인 자극을 줄 것이다"라는 결심도 매우 중요합니다. 나는 긍정적인 정보를 섭취하고, 내 주변에 나를 응원해주는 사람들과 함께하는 시간을 소중히 여겨야 합니다. "나는 나의 마음을 밝게 하고, 긍정적인 사고 방식을 키울 수 있는 환경을 만들 것이다"는 믿음은 나를 더 밝고 희망적으로 만들어 줍니다. 오늘은 긍정적인 메시지를 나누거나, 내게 영감을 주는 책이나 영화를 통해 내 마음을 채우는 날로 삼겠습니다.

또한, "나는 내게 주어진 순간을 소중히 여길 것이다"라는 마음가짐을 가져야 합니다. 나는 매일의 소중한 순간들을 감사히 여기고, 이를 통해 행복을 느껴야 합니다. "나는 지금 이 순간이 나의 삶에서 얼마나 중요한지를 이해하고, 이를 누릴 수 있다"는 사실을 인식해야 합니다. 오늘은 주변의 작은 아름다움에 눈을 돌리며, 그 순간들을 만끽할 것입니다.

"나는 내 주변의 긍정적인 사람들과의 관계를 더욱 깊이 있게 발전시킬 것이다"라는 다짐도 필요합니다. 사람들은 서로의 삶에 큰 영향을 미치며, 나는 나를 지지해주는 사람들과의 관계를 소중히 여겨야 합니다. "나는 오늘 소중한 사람들과의 대화를 통해 긍정적인 에너지를 나눌 것이다"라는 마음을 가지고, 그들과의 소통을 통해 더욱 뜻깊은 순간을 만들어야겠습니다.

또한, "나는 내 감정을 솔직하게 표현할 수 있는 존재다"라는 사실을 상기해야 합니다. 내 감정은 내 삶의 중요한 부분이며, 이를 억누르지 않고 솔직하게 드러내는 것은 나에게 큰 힘이 됩니다. "나는 나의 감정을 숨기지 않고, 이를 통해 나를 더욱 깊이 이해할 수 있다"는 믿음은 나를 더욱 자유롭게 만들어 줍니다. 오늘은 내 감정을 솔직하게 표현하는 기회를 가지겠습니다.

"나는 내 자신에게 친절할 것이다"라는 다짐은 나를 더욱 사랑하고 존중하는 데 필수적입니다. 나 자신에게 부드럽고 이해심을 가지는 것은 나의 자존감을 높이고, 긍정적인 에너지를 불어넣어줍니다. "나는 오늘 나를 위로하고, 필요한 만큼 휴식을 취할 자격이 있다"는 생각을 통해 내 몸과 마음을 소중히 여기겠습니다.

마지막으로, "나는 매일 나의 소중함을 느낄 것이다"라는 생각으로 하루를 마무리합니다. 나의 존재는 이 세상에서 유일무이하며, 나만의 가치가 있습니다. "나는 나 자신을 사랑하고, 나의 삶을 더욱 의미 있게 만들어갈 것이다"라는 믿음은 나에게 행복과 만족감을 가져다줍니다. 오늘 하루도 나의 빛을 발휘하며, 더욱 행복한 삶을 만들어갈 것입니다.

결국, 오늘도 빛나는 나에게 전하는 이 모든 메시지는 내가 누구인지, 어떤 가치를 지니고 있는지를 다시 한 번 깨닫게 해줍니다. 나는 오늘도 나 자신을 응원하며, 더욱 의미 있는 삶을 살아갈 수 있는 힘을 갖게 될 것입니다. 오늘도 나를 사랑하는 이 여정을 통해 나의 빛을 발하고, 더욱 행복한 삶을 만들어갈 것입니다.

에필로그 _

삶의 여정에서 소중한 나

삶은 한 편의 긴 여정과 같습니다. 이 여정 속에서 우리는 많은 경험과 감정을 겪으며, 매일매일 변화하는 자신을 발견하게 됩니다. 나는 이 에필로그를 통해, 내 삶의 모든 순간들이 나에게 얼마나 소중한지를 다시 한 번 되새기고자 합니다. "나는 나의 여정을 소중히 여기고, 나의 존재를 기념하는 사람이다"라는 생각은 나의 마음속 깊이 자리 잡고 있습니다.

내가 겪었던 어려움과 아픔, 그리고 기쁨과 행복 모두가 나를 더욱 성장하게 만든 중요한 요소입니다. "나는 과거의 모든 경험이 나를 지금의 나로 만들어 주었다는 사실을 잊지 않을 것이다"라는 다짐은 나의 정체성을 더욱 확고히 해줍니다. 이 여정 속에서 나는 내가 누구인지, 무엇을 원하는지를 발견하게 되었고, 그 과정은 나에게 큰 힘이 되었습니다.

나는 나의 감정과 경험을 통해 나 자신을 더욱 깊이 이해하게 되었고, 이를 통해 나를 사랑하는 법을 배웠습니다. "나는 내 감정이 소중하다는 것을 알고, 이를 인정하고 받아들이는 것이 중요하다는 것을 깨달았다"는 생각은 나의 삶을 더욱 풍요롭게 만들어주었습니다. 내 감정은 나의 이야기를 구성하는 중요한 요소이며, 나는 이를 통해 나 자신을 더욱 사랑하고 존중하게 되었습니다.

또한, "나는 나의 성장과 발전을 위해 끊임없이 노력할 것이다"라는 결심을 합니다. 이 여정에서 나는 항상 더 나은 내가 되고 싶어하며, 그 과정에서 나를 위한 노력을 아끼지 않겠습니다. "나는 나의 꿈을 향해 나아가는 과정에서 소중한 경험을 얻고, 이를 통해 더욱 풍요로운 삶을 만들어갈 것이다"라는 믿음은 나에게 큰 희망과 동기를 줍니다.

이제 나는 주변의 소중한 사람들과의 관계도 더욱 깊이 있게 발전시키고자 합니다. "나는 나를 지지해주는 사람들과의 시간을 소중히 여기며, 이들과의 관계를 통해 더 큰 행복을 느낄 것이다"라는 다짐을 가지고, 오늘도 사랑과 긍정의 에너지를 나누는 날로 만들겠습니다. 주변의 사랑은 나의 삶을 더욱 풍요롭게 만들어주며, 나의 존재를 더욱 특별하게 만들어줍니다.

마지막으로, "나는 내 삶의 주인공이며, 매일매일 나의 이야기를 만들어가는 존재다"라는 사실을 항상 마음에 새겨야 합니다. 나는 내 선택과 결정이 내 삶을 형성하며, 그 과정에서 내 존재의 가치를 느껴야 합니다. "나는 내가 원하는 삶을 살아갈 자격이 있으며, 이를 위해 최선을 다할 것이다"라는 믿음은 나에게 큰 용기와 힘이 됩니다.

결국, 삶의 여정에서 소중한 나는 나 자신을 사랑하고 존중하는 법을 배운 존재입니다. 나는 이 여정을 통해 나의 내면의 빛을 발견하고, 이를 세상과 나누는 삶을 살아가고자 합니다. 내 존재는 이 세상에서 중요한 의미를 가지며, 나는 매일매일 나의 가치를 느끼고, 소중한 나로서의 삶을 더욱 빛나게 만들어갈 것입니다.

"나는 오늘도 나 자신에게 친절할 것이다"라는 다짐을 통해 내 여정을 이어갑니다. 삶의 길에서 만나는 수많은 도전과 어려움 속에서도, 나는 내 자신을 사랑하고 존중하는 법을 배워가고 있습니다. "나는 나를 비난하기보다는 이해하고 지지하는 존재가 되어야 한다"는 생각은 나에게 큰 위안이 됩니다. 나는 나 자신에게 친절함을 베풀어주고, 필요할 때는 나를 위한 휴식과 회복의 시간을 가질 수 있는 권리가 있습니다.

나는 나의 한계를 인정하고, 이를 통해 성장하는 법을 배우고 있습니다. "나는 완벽하지 않지만, 나의 불완전함은 나를 더욱 특별하게 만들어준다"는 마음가짐은 나를 더욱 자유롭게 만들어 줍니다. 실패나 실수는 나의 성장 과정에서 필수적인 요소이며, 이를 통해 나의 가능성을 넓히고 있습니다. "나는 나의 부족함을 수용하고, 이를 통해 더 나은 내가 될 수 있다"는 믿음은 나에게 큰 힘이 됩니다.

또한, "나는 내 꿈을 이루기 위해 필요한 모든 자원을 찾아낼 수 있다"는 사실을 상기합니다. 나는 내가 원하는 목표를 이루기 위해 필요한 지식과 경험을 찾고, 이를 통해 나의 가능성을 최대한으로 발휘할 수 있는 능력이 있습니다. "나는 언제든지 배우고 성장할 수 있는 기회를 가질 수 있다"는 생각은 나에게 새로운 도전에 대한 두려움을 덜어줍니다. 나는 매일 새로운 것을 배우고, 나의 꿈을 향해 한 걸음씩 나아갈 준비가 되어 있습니다.

"나는 내 주변의 소중한 사람들과의 관계를 더욱 깊이 있게 만들겠다"는 결심을 합니다. 관계는 나의 삶을 더욱 풍요롭게 만들어 주며, 나를 지지해주는 사람들과의 소통은 나에게 큰 힘이 됩니다. "나는 사랑과 지지를 주고받는 관계를 소중히 여기고, 이를 통해 더욱 행복한 삶을 살아갈 것이다"라는 다짐은 나에게 긍정적인 에너지를 불어넣습니다. 오늘은 소중한 사람들과의 시간을 즐기고, 그들과의 깊은 대화를 나누며 나의 관계를 더욱 발전시킬 것입니다.

또한, "나는 나의 내면의 소리를 듣고, 이를 통해 나를 이해할 수 있다"는 믿음을 가져야 합니다. 나는 내 감정과 욕구를 귀 기울여 듣고, 그 소리에 따라 나의 선택을 해야 합니다. "나는 나의 감정을 무시하지 않고, 이를 통해 진정한 나를 발견할 수 있다"는 생각은 나를 더욱 진실하게 바라보게 해줍니다. 오늘은 내 마음의 소리를 들어주고, 그 감정을 존중하는 시간을 가지겠습니다.

"나는 내 삶의 주인공이며, 오늘도 나의 이야기를 멋지게 써 나갈 것이다"라는 사실을 잊지 말아야 합니다. 나의 선택과 결정이 나의 삶을 형성하며, 그 과정에서 내 존재의 가치를 느껴야 합니다. "나는 나의 꿈을 향해 최선을 다하고, 매일매일 나의 가치를 느끼며 살아갈 것이다"라는 다짐은 나에게 큰 힘이 됩니다.

결국, 삶의 여정에서 소중한 나는 나 자신을 사랑하고 존중하는 법을 배운 존재입니다. 나는 이 여정을 통해 나의 내면의 빛을 발견하고, 이를 세상과 나누는 삶을 살아가고자 합니다. 내 존재는 이 세상에서 중요한 의미를 가지며, 나는 매일매일 나의 가치를 느끼고, 소중한 나로서의 삶을 더욱 빛나게 만들어갈 것입니다.

"나는 나의 여정이 특별하다는 것을 인식한다"는 사실을 깊이 새깁니다. 각자의 삶에는 고유한 경험과 이야기가 담겨 있으며, 나 역시 나만의 이야기를 쓰고 있습니다. "나는 나의 여정이 얼마나 소중한지를 알고 있으며, 이를 통해 나의 정체성을 더욱 확고히 해 나갈 것이다"라는 마음가짐은 나에게 큰 자부심을 줍니다. 삶의 모든 순간이 나를 구성하는 요소이며, 이러한 경험들은 내가 나아갈 방향을 제시해줍니다.

"나는 내 삶의 모든 경험을 통해 배운다"는 믿음은 나를 더욱 성장하게 만듭니다. 나의 여정에서 만나는 도전과 역경은 단순한 장애물이 아니라, 나의 강점을 발견하게 해주는 기회입니다. "나는 모든 상황에서 배우고,

이를 나의 자산으로 삼겠다"는 생각은 나에게 힘과 희망을 줍니다. 과거의 경험을 통해 나를 이해하고, 이를 통해 더욱 성숙한 사람이 되어가고 있습니다.

또한, "나는 나의 감정을 솔직하게 표현할 수 있는 존재다"라는 사실을 기억해야 합니다. 감정은 나의 경험을 구성하는 중요한 요소이며, 이를 표현함으로써 나는 내면의 소리를 더욱 명확하게 들을 수 있습니다. "나는 나의 감정을 억누르지 않고, 솔직하게 드러내며 나를 더욱 이해할 수 있을 것이다"라는 다짐은 나의 성장에 필수적입니다. 오늘은 나의 감정을 솔직하게 표현하는 시간을 가지며, 이를 통해 내 마음을 더욱 잘 이해할 수 있을 것입니다.

"나는 나의 존재 자체가 가치가 있다는 것을 기억해야 한다"는 생각은 언제나 나를 격려해줍니다. 내 존재는 우연이 아니며, 이 세상에서 나만의 역할이 있습니다. "나는 내 존재가 다른 사람들에게 긍정적인 영향을 미칠 수 있음을 믿으며, 나 자신을 소중히 여겨야 한다"는 마음가짐은 나에게 큰 힘을 줍니다. 나는 나의 가치를 알고, 이를 통해 주변에 긍정적인 영향을 끼치는 존재가 되고자 합니다.

"나는 매일 조금씩 더 나은 내가 될 것이다"라는 믿음은 나에게 지속적인 동기를 제공합니다. 나의 발전은 한 번에 이루어지는 것이 아니며, 작은 변화들이 모여 큰 결과를 만들어냅니다. "나는 오늘도 나를 위해 한 가지

작은 목표를 세우고 이를 이룰 것이다"라는 다짐은 나에게 구체적인 방향성을 제공합니다. 이러한 작은 노력들이 쌓여 나를 더 나은 방향으로 이끌어줄 것임을 확신합니다.

마지막으로, "나는 내 삶의 주인공으로서 나의 이야기를 써 나갈 것이다"라는 다짐을 되새깁니다. 나는 내 삶의 선택과 결정이 내가 되고 싶은 사람으로 만들어 줄 것이라는 사실을 항상 염두에 두어야 합니다. "나는 내가 원하는 방향으로 나아갈 수 있는 능력이 있으며, 이를 통해 나의 이야기를 풍성하게 만들어갈 것이다"라는 믿음은 나에게 큰 힘과 용기를 줍니다.

결국, 오늘도 소중한 나에게 전하는 이 모든 메시지는 내가 누구인지, 어떤 가치를 지니고 있는지를 다시 한 번 깨닫게 해줍니다. 나는 오늘도 나 자신을 응원하며, 더욱 의미 있는 삶을 살아갈 수 있는 힘을 갖게 될 것입니다. 오늘도 나를 사랑하는 이 여정을 통해 나의 빛을 발하고, 더욱 행복한 삶을 만들어갈 것입니다.

"나는 오늘도 새로운 시작을 할 수 있는 기회를 가진다"는 사실을 마음에 새깁니다. 매일 아침은 나에게 새로운 기회와 가능성을 가져다줍니다. "어제의 나는 나의 성장의 일부이며, 오늘의 나는 더욱 빛날 수 있다"는 믿음을 가지고 하루를 시작해야 합니다. 새로운 시작은 언제나 나에게 희망과 동기를 불어넣어 주며, 나는 그 가능성을 열어두어야 합니다.

"나는 나의 선택이 나의 삶을 형성한다"는 것을 잊지 말아야 합니다. 나는 매일의 작은 결정들이 나의 미래를 만들어 간다는 사실을 인식해야 합니다. "나는 내 삶에서 적극적인 주체로서, 내가 원하는 방향으로 나아갈 것이다"라는 결심은 나에게 큰 힘을 줍니다. 오늘은 내가 내리는 모든 선택에 책임을 지고, 그 결과를 받아들이는 자세를 가져야겠습니다.

또한, "나는 나의 몸과 마음을 소중히 여길 것이다"라는 마음가짐은 나의 행복을 위한 기본입니다. 나는 내 몸이 필요로 하는 것을 잘 이해하고, 내 마음의 소리를 귀 기울여 들어야 합니다. "나는 내 건강과 안녕을 위해 필요한 모든 것을 할 자격이 있다"는 믿음은 나를 더욱 사랑하고 돌보는 데 큰 도움이 됩니다. 오늘은 내 건강을 챙기기 위해 필요한 시간을 확보하고, 내 몸과 마음을 아끼는 방법을 찾아야겠습니다.

"나는 매일 나의 성장과 발전을 축하할 것이다"라는 생각은 나의 동기부여에 중요한 역할을 합니다. 작은 성취라도 그것을 인정하고 축하하는 것은 나에게 큰 기쁨을 줍니다. "나는 내가 이룬 모든 것에 감사하며, 앞으로 나아갈 수 있는 힘을 얻을 것이다"라는 다짐은 나를 더욱 긍정적으로 만들어 줍니다. 오늘은 나의 작은 성취들을 기념하고, 그 과정에서 느끼는 모든 감정들을 존중할 것입니다.

"나는 나 자신에게 부드럽고 친절해야 한다"는 것을 항상 명심해야 합니다. 내가 내 자신에게 거는 기대가 클수록, 나는 나를 더 비판적으로 바라볼 수 있습니다. 그러나 "나는 나의 존재가 충분히 소중하다는 것을 알고, 이를 위해 친절하게 대할 것이다"라는 마음가짐은 나에게 큰 위안과 힘이 됩니다. 오늘은 나 자신에게 긍정적인 말을 건네고, 필요한 만큼 나를 위해 시간을 가질 것입니다.

"나는 주변 사람들과의 관계에서 사랑과 긍정적인 에너지를 나누겠다"는 다짐을 합니다. 인간관계는 나의 삶을 더욱 풍요롭게 만들어 주며, 나를 지지해주는 사람들과의 소통은 매우 중요합니다. "나는 나의 사랑을 나누고, 상대방에게도 긍정적인 영향을 미칠 수 있는 존재가 될 것이다"라는 생각은 나에게 큰 행복을 줍니다. 오늘은 소중한 사람들과의 만남을 계획하며, 그들과의 시간을 통해 긍정적인 에너지를 나누겠습니다.

"나는 내 인생의 주인공으로서 나의 이야기를 계속 써 나갈 것이다"라는 다짐은 오늘도 나를 더 강하게 만듭니다. 나의 이야기는 내가 직접 선택하고 만들어가는 것이며, 그 과정에서 나 자신을 더욱 사랑하게 됩니다. "나는 내가 원하는 삶을 살아갈 자격이 있으며, 이를 위해 최선을 다할 것이다"라는 믿음은 나에게 큰 힘을 줍니다.

결국, 삶의 여정에서 소중한 나는 나 자신을 사랑하고 존중하는 법을 배운 존재입니다. 나는 이 여정을 통해 나의 내면의 빛을 발견하고, 이를 세상과 나누는 삶을 살아가고자 합니다.

내 존재는
이 세상에서 중요한 의미를 가지며,
나는 매일매일 나의 가치를 느끼고,
소중한 나로서의 삶을
더욱 빛나게 만들어갈 것입니다.

오늘도 나는
나 자신에게 힘을 주고,
더욱 행복한 삶을 향해
나아갈 것입니다.

있는 그대로 소중한 너에게

저　　자　정기남
발 행 일　2024. 11. 08
출 판 사　도서출판 애플북
I S B N　979-11-93285-15-2(03810)
발 행 처　도서출판 애플북

이 책은 저작권법에 따라 보호받는 저작물이므로
무단 전재와 무단 복제를 금지합니다.